SQLD

수제비
수험생 입장에서
제대로 쓴 **비**법서

| 비전공자를 위한 섬세한 가이드 | 학습 능률을 극대화 시키는 팁 | 학습지원센터를 통한 빠른 피드백 | 빠른 합격을 위한 동영상 강의 |

정보처리기술사연구회 지음

수제비 SQLD

초판인쇄 2021년 10월 20일
초판발행 2021년 11월 05일
2판 발행 2022년 9월 15일
저자 정보처리기술사연구회
발행인 이봉규
발행처 워너출판사
주소 서울 금천구 가산디지털1로 75-15 와이즈타워 203호
팩스 070-7614-3156
정가 32,000원
ISBN 979-11-92498-13- 3 (13000)

저자와의
협의하에
인지생략

이책에 실린 내용에 대한 저작권은 도서출판 워너에듀에 있으므로 함부로 복사·복제할 수 없습니다.

추천평

📋 이정윤

현재 기업, 공공부문, 대학 등 다양한 부분에서 널리 쓰이는 SQL기술은 이미 많은 분이 당연하게 필요로 하는 능력이 되었고 이를 목적에 맞게 사용하기 위해서는 이론과 실무능력이 필수적입니다.

이를 위해 "수제비"에서 IT 실무 전문가들이 모여 이론 지식과 실무경험을 바탕으로 심혈을 기울여 전공자는 물론 비전공자분들도 쉽고 빠르게 이해할 수 있는 SQLD 수험서를 만들었습니다.

모든 자격증의 합격률은 수험서의 올바른 가이드가 얼마나 중요한지를 말해줍니다. 많은 분이 수제비의 가이드를 믿고 열정적으로 나아가신다면 목적하시는 그곳에 남들과는 다른 속도로 도달하시리라 믿기에 이 책을 강력히 추천합니다.

- 이정윤(정보관리기술사, 미라콤아이앤씨 아키텍처그룹)

📋 강은성

전산업에 디지털 트랜스포메이션이 가속화 되어가고 있습니다. 이제는 업무를 수행하는 모든 임직원들이 IT에 대한 지식을 보유하고 있어야 하며, 이는 선택이 아닌 필수가 된 상황입니다.

그 중 빅데이터 시대에 걸맞게 데이터를 다루는 기초 기술인 SQL에 대한 기업의 요구는 증가하고 있고, 그 중 기본으로 생각하는 것이 바로 SQL개발자 자격입니다. 본 도서는 이러한 SQL개발자 자격을 획득하기 위해 최적화된 커리큘럼으로 구성되어 있습니다.

데이터 모델링에 대한 이론적 지식과 함께 실제 SQL을 다루는 내용을 예제 기반으로 설명함으로써 시험을 준비하는 많은 수험자들에게 도움이 될 것입니다.

또한, 어려운 데이터 모델링에 대한 쉬운 설명으로 전공자, 비전공자 상관없이 쉽게 볼 수 있도록 구성하였습니다. 특히, 비전공자들에게 이 책을 추천합니다.

- 강은성(정보관리기술사, 프로젝트 관리 전문가)

| 추 | 천 | 평 |

📋 홍정현

1970년대 초 IBM 연구소에서 근무하던 E.F.Codd 박사는 관계 대수의 원리를 이용해 데이터를 효율적으로 관리할 수 있다는 논문을 발표하였습니다. 이 논문을 바탕으로 프로토타입 프로젝트가 진행되었고, 관계형 데이터베이스의 시초라고 할 수 있는 System R이 탄생했습니다. System R은 비록 상용화되진 못했지만 Oracle, MySQL, MS-SQL과 같이 상업적으로 성공한 RDBMS들의 탄생에 영향을 미쳤습니다. 이후 관계형 데이터베이스는 보다 다양한 종류의 인덱스를 적용하고 옵티마이저의 쿼리(Query) 최적화 능력을 높여왔으며, 데이터 저장 구조를 지속적으로 개선시켜 왔습니다. 그 결과 안전성, 신뢰성, 성능이 지속적으로 향상되었고 이러한 이유로 현대에 이르러 정부기관은 물론, 민간 기업과 대학 등 대부분의 조직에서 데이터의 활용과 관리를 위한 솔루션으로 관계형 데이터베이스 시스템을 사용하고 있습니다.

SQL(Structured Query Language)은 사용자가 관계형 데이터베이스를 관리하고 제어하며, 활용하기 위한 가장 낮은 수준의 인터페이스라고 할 수 있습니다. 즉, UI가 제공되어 WYSIWYG하게 동작하는 데이터베이스 관리 프로그램의 각 메뉴와 명령들은 결국 SQL로 변환 된 후 데이터베이스에 전달됩니다. 데이터베이스 입장에서 SQL은 세상과 소통하기 위한 유일한 언어라고 할 수 있습니다. SQL은 데이터의 조회, 저장, 수정, 삭제와 같은 기본적인 데이터 조작에서 부터 데이터베이스를 생성하거나 운영체제 상에 저장 공간을 할당하는 등 관리적인 명령도 포함합니다. 또한, 현재 데이터베이스 상태를 확인하여 비정상적인 세션을 종료하거나 사용자에 대한 권한을 할당하고 회수하는 등 데이터베이스 제어 역할도 수행합니다. 데이터베이스를 보다 폭 넓고 깊은 수준에서 다루기 위해서는 SQL에 대한 이해와 학습은 필수 과정이라고 할 수 있습니다.

현대에 이르러 전통적인 소프트웨어 개발자는 물론, 현업 실무자들도 개인 업무 효율성과 데이터에 기반한 조직 단위 의사결정을 위해 SQL을 활용하는 사례가 늘어나고 있습니다. 특히, 최근 현장에 불어닥친 Digital Transformation 과 같은 흐름은 실무자 개개인에게 IT적 사고와 역량을 요구하고 있습니다. 그 중에서도 관계형 데이터베이스와 SQL에 대한 이해는 기본적인 소양으로 간주되고 있으며, 앞으로는 이러한 역량이 재직자와 구직자, 개발자와 비개발자를 구분하지 않고 자연스럽게 요구될 가능성이 높습니다.

이 책은 한국데이터산업진흥원에서 주관하는 SQLD(SQL Developer) 자격검정 수험서로서, 다년간 데이터베이스 분야에서 근무한 실무자들이 SQL을 처음 접하는 수험생들을 위해 쓴 책입니다. 특히, SQLD 시험 전 범위(모델링, SQL)에 실무자의 경험에 기반한 설명으로 수험생들이 쉽게 이해할 수 있게 쓰여졌습니다. 또한, 이 책을 통해 데이터베이스 모델링과 SQL을 이해한 후 실제 SQLD 합격을 위한 키워드 기반의 두음 단어를 제공하는 부분에서 저자의 꼼꼼함을 엿볼 수 있습니다.

부디 이 책을 통해 현장 실무자들과 업무 관리자들의 SQL 역량이 많이 향상될 수 있기를 바랍니다.

- 홍정현(정보관리기술사, EDWARDS Korea)

📋 조재원

소프트웨어 개발자 혹은 엔지니어가 기업의 정형데이터를 기반으로 IT관련 업무를 수행하기 위해서는 SQL에 대한 능력이 기본이며, 데이터분석가가 빅데이터 분석업무를 수행 시 데이터 가공 등을 위해 SQL에 대한 능력이 필수로 요구됩니다.

이렇게 IT관련 업무 수행을 위해 반드시 필요한 SQL 관련 능력의 개발과 측정을 위해 한국데이터산업 진흥원에서 SQLD 자격검증이 시행중이나, 비전공자나 실제 SQL에 대한 경험이 없는 전공자의 경우 기출문제를 기반으로 한 암기 위주의 학습을 할 수 밖에 없는 상황입니다.

이러한 상황을 해결하기 위해 정보기술 분야의 전문가가 실무 중심의 학습서를 집필하였습니다. 충분하고 쉬운 설명과 실무 기반의 예시를 통하여 누구나 쉽게 SQL에 대해 이해하고 SQLD 자격을 취득하는데 큰 도움이 될 것으로 확신합니다. SQLD 자격 취득과 더불어 SQL에 대한 실무 능력을 향상시키고 싶으신 수험자 분들에게 추천드립니다.

- 조재원(NCS 정보통신분야 집필위원, 정보관리기술사, opentext 기술위원)

 **출간목적**

'수제비' SQLD를 소개합니다.

SQLD(SQL Developer, SQL 개발자)는 데이터베이스와 데이터 모델링에 대한 지식을 바탕으로 최적의 성능을 가진 SQL을 작성할 수 있는 개발 역량에 대한 자격증입니다. 응시자격에 제한 없기 때문에 데이터 전문인력 뿐만 아니라 비전공자 응시가 가능하며, 개발자를 포함하여 학생, 일반인 까지 데이터에 관심이 있는 다수가 시험을 치르고 있습니다. 출제 기준을 보면 데이터 모델링의 이해 내용이 10문제(20%)를 차지하고, SQL 기본 및 활용 내용이 40문제(80%)를 차지하고 있습니다. 특히 실무적인 관점에서 SQL을 이해하고 작성해야 하는 SQL 기본 및 활용 내용이 비중이 높기 때문에, 비전공자가 자격증을 취득하기에는 매우 험난한 과정이 필요할 것으로 예상됩니다.

그래서!!! SQLD 비법서(수제비)는 IT 비전공자 수험생 입장에서 제대로 만들어진 책입니다. 어려운 실무적 용어와 SQL을 쉽게 풀어 쓰고 암기하기 위한 여러 장치들을 마련했습니다.

첫째, 최단기 합격을 위해 꼭 필요한 내용만을 담백하게!

IT분야의 최고 전문가 집단의 오랜 연구를 통한 SQLD 합격까지의 최단기 솔루션을 제안합니다. 대용량 데이터베이스에 대한 전문 지식과 실무 경험을 바탕으로 다양한 관점에서 시험 출제 빈도를 분석하여 출제 비중이 높은 내용 위주로 구성 했습니다. 출제 비중이 낮고 이해하기 어려운 개념들은 과감하게 제외함으로써 꼭 필요한 내용만을 실었습니다.

둘째, SQLD 합격을 위한 다양한 솔루션 제공!

책의 목적인 SQLD 합격을 위한 다양한 방안을 제공합니다. 두음쌤을 통한 암기비법, 출제 배경과 핵심 내용을 알 수 있는 학습 POINT, 핵심만 뽑은 천기누설 예상문제, 마지막 최종 점검을 위한 최종모의고사, 중요도에 따른 별점 등을 제공합니다.

셋째, IT 비전공자 입장에서 제대로 쓴 책!

IT 비전공자가 SQLD를 보는 이유는 데이터에 대한 관심과 취업 시 채용 우대 때문일 것입니다. 시간은 항상 모자라고 실무적인 용어와 SQL은 어려워서 결국 시험에서 떨어지는 악순환! 벼랑 끝의 심정으로 공부에 매진하는 수험생 여러분들의 마음을 최대한 이해하고, 핵심 개념과 구성으로 좀 더 친절하게 설명할 수 있도록 집필하였습니다.

넷째, 집필진이 상주하는 수제비 학습 지원센터 (cafe.naver.com/soojebi)

책으로 학습하는데 잘 이해가 되지 않거나 궁금한 사항이 있을 때, 수제비 학습센터를 이용해보세요! 집필진은 수험생의 궁금한 점을 풀어주기 위해 커뮤니티에 상주합니다. 책에서 개선이 필요한 사항에 대해서는 가감없이 의견을 올려주시면 더 나은 책이 될 수 있도록 다음 개정판에 적극 반영하겠습니다.

끝으로 이 책을 통해 학습하는 모든 수험생 여러분이 최단기 합격 뿐만 아니라 데이터 역량을 강화할 수 있도록 서포트하겠습니다.

📖 이 책의 활용방안

① 학습 중요도(★~★★★★★) 구분

수험생의 학습 우선순위를 별점 기준으로 가이드합니다.

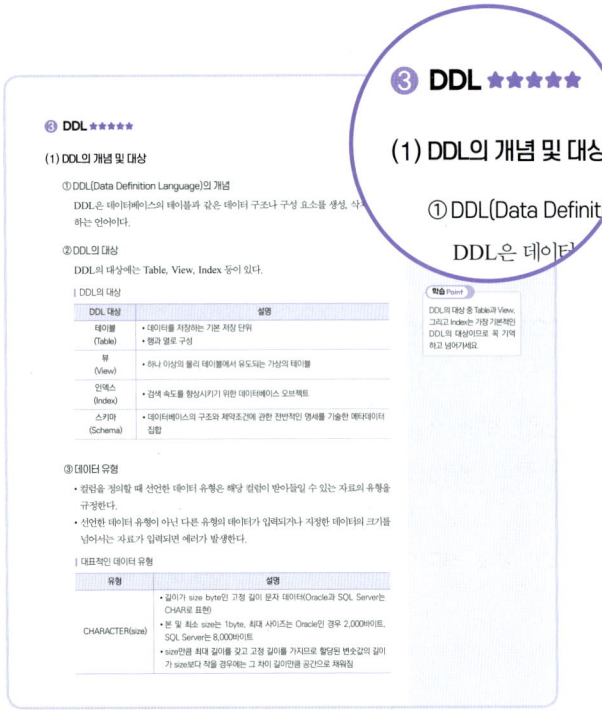

★★★★★ : 가장 중요한 내용이고 시험에 출제 빈도 또한 높은 내용이므로 반드시 숙지해야 하는 개념입니다. 두음쌤의 두음을 이용해 꼭 암기도 하세요. 시험 전 날엔 꼭 다시 한번 확인하시기 바랍니다.

★★★★ : 출제 비중과 빈도가 모두 높은 내용입니다. 문제 난이도 역시 높을 수 있습니다. 꼭! 이해하고 암기해야 할 내용입니다.

이 책의 활용방안

② 두음쌤

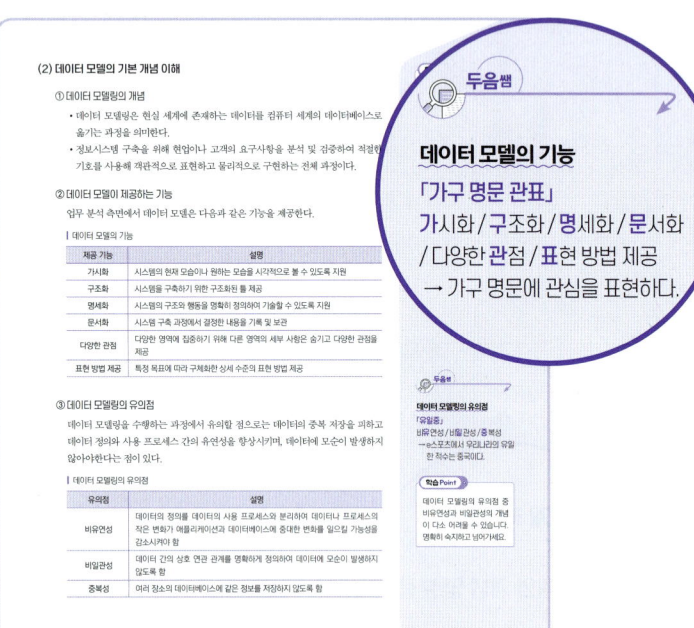

- 시험에 출제 빈도가 높은 내용을 대상으로 반드시 암기해야 할 '핵심키워드'와 용어들을 엄선하여 두음으로 쉽게 암기할 수 있도록 정리 하였습니다.
- 기억력 학습법에 기반한 '두음 암기법'을 통해 SQLD를 누구보다 빨리 합격할 수 있도록 지원합니다.
- 두음 암기를 좀 더 효율적으로 할 수 있도록 '스토리텔링'을 가미하여 머리에 쏙쏙 들어오도록 구성하였습니다.

③ 학습 Point

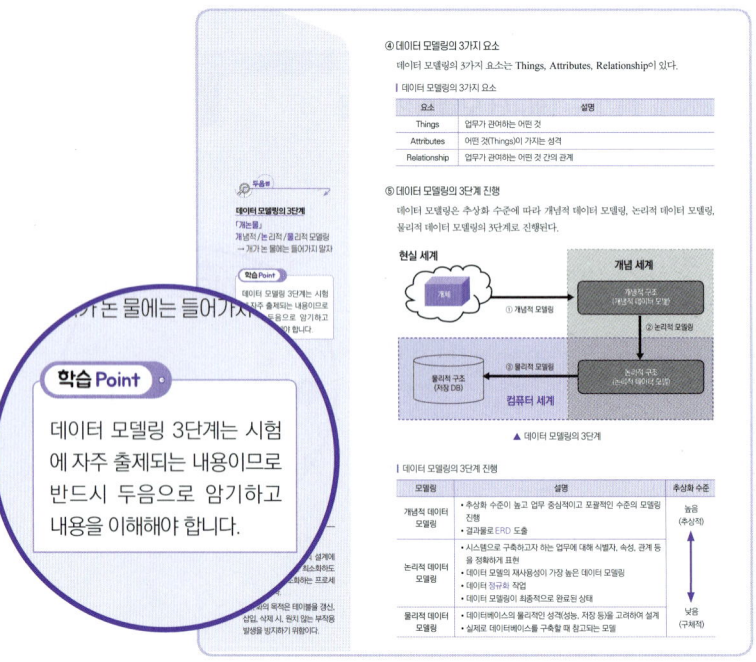

- 좀 더 바른 학습 방향을 제시하고 개념을 이해하는데 도움이 되는 내용을 학습할 수 있도록 돕습니다.
- 시험에 필요하거나 알아두면 도움이 될 수 있는 추가적인 개념도 안내합니다.

④ 잠깐! 알고가기

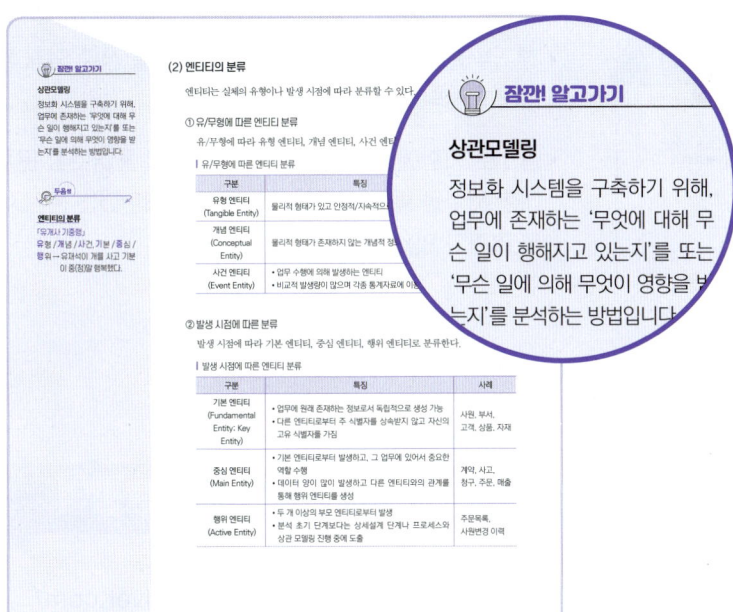

- 학습을 하면서 모르는 용어가 나오면 전체 내용을 이해하기 어려울 때가 있습니다. 이럴 땐 '잠깐! 알고가기' 코너를 통해 어려운 용어나 몰랐던 용어를 알고 나서 학습하면 내용을 이해하는데 도움이 됩니다.

⑤ 개념 박살내기

- 이해하기 어려울 수 있는 개념이나 내용을 예제를 통해 조금 더 쉽게 가이드합니다. SQL 예제 같은 경우는 실제로 코드를 작성하고 실행해 본다면 이해하고 기억하는데 도움이 됩니다. '개념 박살내기' 코너를 통해 '내 것'으로 만들어 보시기 바랍니다.

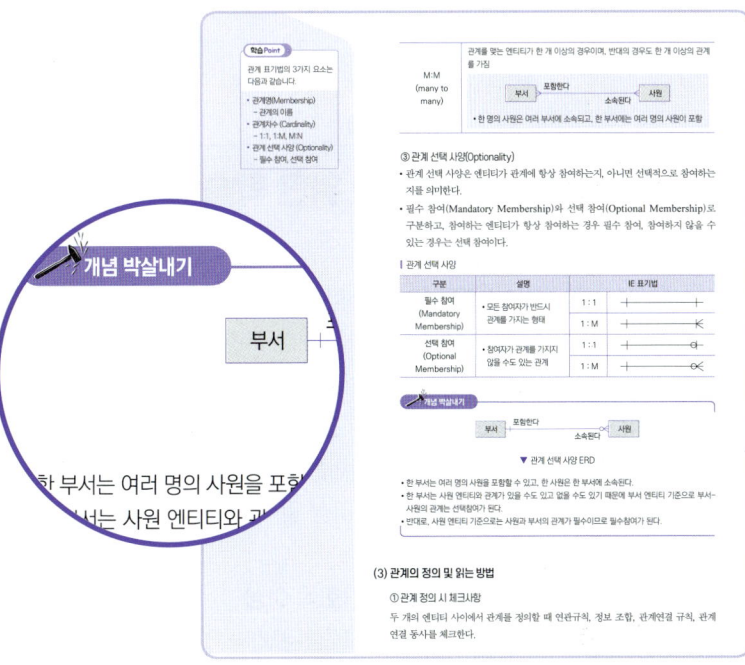

이 책의 활용방안 11

이 책의 활용방안

6 문제 활용방안 (천기누설 | 예상문제)

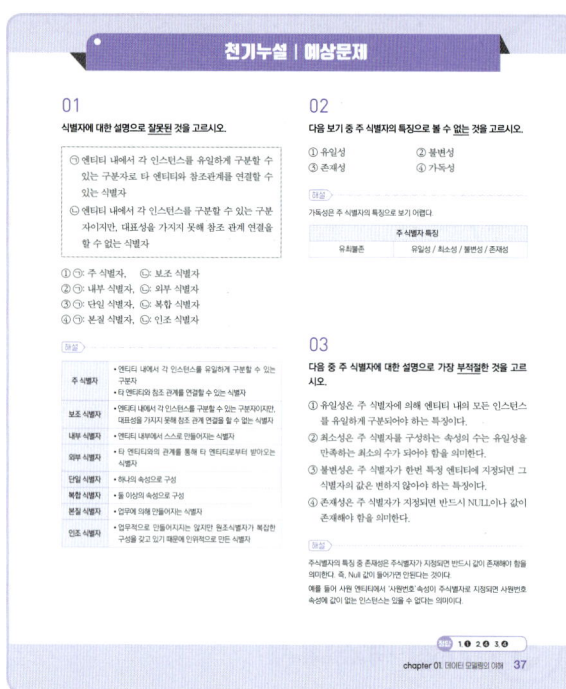

- '천기누설 | 예상문제'는 최근 기출문제를 심도 있게 분석하여 엄선된 빈출문제를 제공합니다.
- 실제로 시험에 임한다는 자세로 문제를 풀어보고 문제에 대한 해설을 통해 심도있게 내용을 이해한다면 반드시 좋은 결과가 있을 것입니다.

카페 활용방법

- 수제비 학습 지원센터 (cafe.naver.com/soojebi)를 이용하세요!
- 합격수기, 시험후기, 그것이 알고싶다(Q&A), 각종 자료실, 교재에 바란다, 동영상 강의, 시험 일정 등 다양한 컨텐츠를 제공합니다.
- 질문을 올려주시면 최대한 빨리 답변을 드리는 One-Stop 수험자 맞춤 서비스를 지원합니다.

7 시간이 없는 수험생을 위한 학습 방법

SQLD를 준비하는 대부분의 수험생은 IT 비전공자 입니다.
특히 시간이 없는 비전공 수험생을 위한 기간별 단기 합격 비법을 제안합니다!

▶ **학습기간 한 달(30일) 기준** ☞ **2회독 이상**
- **1회독** : 이론학습(전체) → 문제풀이(천기누설 | 예상문제)
- **2회독** : 이론학습(★★★★ 이상 위주) → 문제풀이(오답 위주)

▶ **학습기간 보름(15일) 기준** ☞ **1회독 이상**
- **1회독** : 문제풀이(천기누설 | 예상문제) → 이론학습(오답 위주 이론 확인)

CONTENTS

CHAPTER 01 데이터 모델링의 이해

1. 데이터 모델링의 이해 — 16
- ❶ 데이터 모델의 이해 ★ — 16
  - 천기누설 | 예상문제 — 23
- ❷ 엔티티 ★★ — 29
  - 천기누설 | 예상문제 — 32
- ❸ 속성 ★★ — 36
  - 천기누설 | 예상문제 — 39
- ❹ 관계 ★★ — 42
  - 천기누설 | 예상문제 — 46
- ❺ 식별자 ★ — 48
  - 천기누설 | 예상문제 — 51

2. 데이터 모델과 성능 — 54
- ❶ 정규화와 성능 ★★ — 54
  - 천기누설 | 예상문제 — 60
- ❷ 반정규화와 성능 ★★ — 62
  - 천기누설 | 예상문제 — 65
- ❸ 대용량 데이터에 따른 성능 ★ — 67
  - 천기누설 | 예상문제 — 71
- ❹ DB 구조와 성능 ★ — 73
  - 천기누설 | 예상문제 — 76
- ❺ 분산 데이터베이스 데이터에 따른 성능 ★ — 77
  - 천기누설 | 예상문제 — 78

CHAPTER 02 SQL 기본 및 활용

1. SQL 기본 — 82
- ❶ 정보 요구사항 ★ — 82
  - 천기누설 | 예상문제 — 84
- ❷ 관계형 데이터베이스 개요 ★ — 85
  - 천기누설 | 예상문제 — 89
- ❸ DDL ★★★★★ — 91
  - 천기누설 | 예상문제 — 101
- ❹ DML ★★★★ — 111
  - 천기누설 | 예상문제 — 117
- ❺ TCL ★★ — 122
  - 천기누설 | 예상문제 — 127
- ❻ WHERE 절 ★★★★ — 131
  - 천기누설 | 예상문제 — 143
- ❼ FUNCTION ★★★★ — 150
  - 천기누설 | 예상문제 — 158
- ❽ GROUP BY, HAVING 절 ★★★ — 164
  - 천기누설 | 예상문제 — 169
- ❾ ORDER BY 절 ★★★ — 174
  - 천기누설 | 예상문제 — 179
- ❿ 조인 ★★★★ — 186
  - 천기누설 | 예상문제 — 191

2. SQL 활용 — 197
- ❶ 표준 조인 ★★★★ — 197
  - 천기누설 | 예상문제 — 211
- ❷ 집합 연산자 ★★★★ — 219
  - 천기누설 | 예상문제 — 224
- ❸ 계층형 질의 ★★★ — 230
  - 천기누설 | 예상문제 — 237
- ❹ 서브 쿼리 ★★★ — 242
  - 천기누설 | 예상문제 — 254
- ❺ 그룹 함수 ★★★★★ — 260
  - 천기누설 | 예상문제 — 267
- ❻ 윈도우 함수 ★★★★★ — 278
  - 천기누설 | 예상문제 — 287
- ❼ DCL ★★ — 297
  - 천기누설 | 예상문제 — 302
- ❽ 절차형 SQL ★ — 305
  - 천기누설 | 예상문제 — 309

3. SQL 최적화 기본 원리 — 311
- ❶ 옵티마이저와 실행계획 ★ — 311
  - 천기누설 | 예상문제 — 317
- ❷ 인덱스 기본 ★★ — 319
  - 천기누설 | 예상문제 — 324
- ❸ 조인 수행 원리 ★★ — 327
  - 천기누설 | 예상문제 — 333

최종모의고사 1회 — 335
최종모의고사 2회 — 363
찾아보기 — 388

STRUCTURED
QUERY
LANGUAGE
DEVELOPER

CHAPTER 01

데이터 모델링의 이해

1. 데이터 모델링의 이해	16
❶ 데이터 모델의 이해 ★	16
❷ 엔티티 ★★	29
❸ 속성 ★★	36
❹ 관계 ★★	42
❺ 식별자 ★	48

2. 데이터 모델과 성능	54
❶ 정규화와 성능 ★★	54
❷ 반정규화와 성능 ★★	62
❸ 대용량 데이터에 따른 성능 ★	67
❹ DB 구조와 성능 ★	73
❺ 분산 데이터베이스 데이터에 따른 성능 ★	77

CHAPTER 01 데이터 모델링의 이해

1 데이터 모델링의 이해

❶ 데이터 모델의 이해

(1) 모델링의 이해

① 모델링(Modeling)의 개념
- 모델링은 현실 세계를 특정한 목적에 따라 단순화, 추상화하여 이용하기 쉬운 형식으로 표현하는 과정이다.
- 현실 세계를 단순화, 추상화, 명확화하기 위해 일정한 표기법을 사용하여 표현하는 기법이다.

② 모델링의 특징

모델링의 특징에는 필요한 기능만 선택하는 단순화, 비슷한 수준끼리 통합하여 표현하는 추상화, 모호함을 제거하는 명확화가 있다.

| 모델링의 특징 |

특징	설명
단순화	• 목적을 위해 필요한 기능만 선택 • 복잡한 현실을 제한된 언어나 표기법을 이용해 쉽고 단순하게 표현
추상화	• 필요한 부분이나 중요한 부분을 통합하여 표현 • 현실 세계를 일정한 형식에 맞춰 표현
명확화	• 대상에 대한 모호함을 제거하고 정확하게 기술

모델링의 특징
「단추명」
단순화 / 추상화 / 명확화
→ 단추구멍

학습 Point
모델링의 3대 특징을 두음으로 잘 암기하고, 단순화, 추상화, 명확화를 제대로 이해하고 넘어가세요.

(2) 데이터 모델의 기본 개념 이해

① 데이터 모델링의 개념

- 데이터 모델링은 현실 세계에 존재하는 데이터를 컴퓨터 세계의 데이터베이스로 옮기는 과정이다.
- 정보시스템 구축을 위해 현업이나 고객의 요구사항을 분석 및 검증하여 적절한 기호를 사용해 객관적으로 표현하고 물리적으로 구현하는 전체 과정이다.

> **학습 Point**
> 데이터 모델링의 다양한 정의는 다음과 같습니다.
> - 정보시스템을 구축하기 위한 데이터 관점의 업무 분석 기법
> - 현실 세계의 데이터(What)에 대해 약속된 표기법에 따라 표현하는 과정
> - 데이터베이스를 구축하기 위한 분석/설계의 과정

② 데이터 모델의 기능

업무 분석 측면에서 데이터 모델은 다음과 같은 기능을 제공한다.

| 데이터 모델의 기능 |

기능	설명
가시화	시스템의 현재 모습이나 원하는 모습을 시각적으로 볼 수 있도록 지원
구조화	시스템을 구축하기 위한 구조화된 틀을 제공
명세화	시스템의 구조와 행동을 명확히 정의하여 기술할 수 있도록 지원
문서화	시스템 구축 과정에서 결정한 내용을 기록 및 보관
다양한 관점	다양한 영역에 집중하기 위해 다른 영역의 세부 사항은 숨기고 다양한 관점을 제공
표현 방법 제공	특정 목표에 따라 구체화한 상세 수준의 표현 방법 제공

데이터 모델의 기능
「가구 명문 관표」
가시화 / 구조화 / 명세화 / 문서화 / 다양한 관점 / 표현 방법 제공
→ 가구 명문에 관심을 표현하다.

③ 데이터 모델링의 유의점

데이터 모델링을 수행하는 과정에서 유의할 점은 데이터 정의와 사용 프로세스 간의 유연성을 향상시키고, 데이터의 중복 저장을 피하며, 데이터에 모순이 발생하지 않아야 한다는 점이 있다.

| 데이터 모델링의 유의점 |

유의점	설명
비유연성	데이터의 정의를 데이터의 사용 프로세스와 분리하여 데이터나 프로세스의 작은 변화가 애플리케이션과 데이터베이스에 중대한 변화를 일으킬 가능성을 감소시켜야 함
비일관성	데이터 간의 상호 연관 관계를 명확하게 정의하여 데이터에 모순이 발생하지 않도록 함
중복성	여러 장소의 데이터베이스에 같은 정보를 저장하지 않도록 함

데이터 모델링의 유의점
「유일중」
비유연성 / 비일관성 / 중복성
→ e스포츠에서 우리나라의 유일한 적수는 중국이다.

> **학습 Point**
> 데이터 모델링의 유의점 중 비유연성과 비일관성의 개념이 다소 어려울 수 있습니다. 명확히 숙지하고 넘어가세요.

④ 데이터 모델링의 3가지 요소

데이터 모델링의 3가지 요소는 Things, Attributes, Relationship이 있다.

요소	설명
Things	업무가 관여하는 어떤 것
Attributes	어떤 것(Things)이 가지는 성격
Relationship	업무가 관여하는 어떤 것 간의 관계

⑤ 데이터 모델링의 3단계 진행

데이터 모델링은 추상화 수준에 따라 개념적 데이터 모델링, 논리적 데이터 모델링, 물리적 데이터 모델링의 3단계로 진행된다.

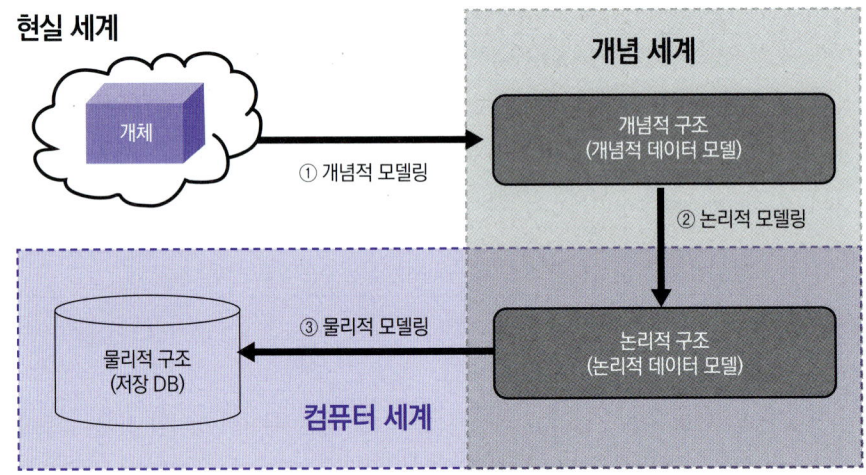

▲ 데이터 모델링의 3단계

모델링	설명	추상화 수준
개념적 데이터 모델링	• 추상화 수준이 높고 업무 중심적이고 포괄적인 수준의 모델링 진행 • 결과물로 ERD 도출	높음 (추상적)
논리적 데이터 모델링	• 시스템으로 구축하고자 하는 업무에 대해 식별자, 속성, 관계 등을 정확하게 표현 • 데이터 모델의 재사용성이 가장 높은 데이터 모델링 • 데이터 정규화 작업 • 데이터 모델링이 최종적으로 완료된 상태	
물리적 데이터 모델링	• 데이터베이스의 물리적인 성격(성능, 저장 등)을 고려하여 설계 • 실제로 데이터베이스를 구축할 때 참고되는 모델	낮음 (구체적)

두음샘

데이터 모델링의 3단계
「개논물」
개념적 / 논리적 / 물리적 모델링
→ 개가 논 물에는 들어가지 말자

학습 Point
데이터 모델링 3단계는 시험에 자주 출제되는 내용이므로 반드시 두음으로 암기하고 내용을 이해해야 합니다.

학습 Point
논리적 데이터 모델에서의 외래키는 물리적 데이터 모델에서 반드시 구현되지는 않습니다.

잠깐! 알고가기

ERD
(Entity Relationship Diagram)
데이터 모델을 표현하는 방법으로, 개체(Entity)와 개체(Entity) 간의 관계를 이해하기 쉽도록 약속된 도형으로 표시한다.

잠깐! 알고가기

정규화(Normalization)
- 관계형 데이터베이스의 설계에서 데이터의 중복을 최소화하도록 데이터를 구조화하는 프로세스(과정)이다.
- 정규화의 목적은 테이블을 갱신, 삽입, 삭제 시, 원치 않는 부작용 발생을 방지하기 위함이다.

(3) 데이터 독립성과 데이터베이스 3단계 구조

① 데이터 독립성의 개념
- 데이터 독립성은 하위 단계의 데이터 구조가 변경되더라도 상위 단계에 영향을 미치지 않는 속성이다.
- 데이터베이스 구조의 변경으로 인해 응용프로그램에 그 영향이 미치지 않도록 하는 것이다.

② 데이터베이스 3단계 구조
- **ANSI-SPARC**에서는 일반 사용자가 데이터베이스를 쉽게 이해 및 사용할 수 있도록 3단계 데이터베이스 구조를 제안했다.
- 데이터베이스 3단계 구조를 통해 데이터 독립성을 확보할 수 있다.

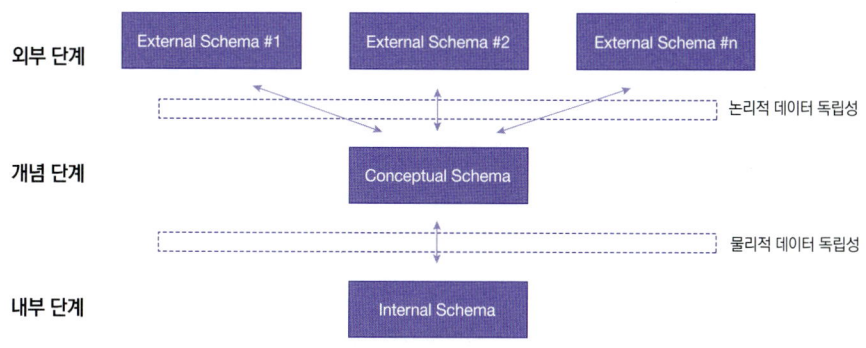

▲ 데이터베이스의 3단계 구조

잠깐! 알고가기

ANSI-SPARC(American National Standards Institute, Standards Planning And Requirements Committee)
미국의 컴퓨터 및 정보처리에 관한 표준화 위원회이다.

| 데이터베이스 3단계 구조 |

단계	스키마	설명
외부 단계 (External Level)	외부 스키마 (External Schema)	• 개별 사용자 관점에서 데이터베이스를 이해 및 표현 • 각각의 사용자나 응용 프로그래머가 접근하는 데이터베이스 정의
개념 단계 (Conceptual Level)	개념 스키마 (Conceptual Schema)	• 전체 사용자들의 관점을 통합, 조직 전체의 관점에서 이해 및 표현 • 데이터베이스에 저장되는 데이터 간의 관계를 기술
내부 단계 (Internal Level)	내부 스키마 (Internal Schema)	• 저장 장치의 관점에서 데이터베이스를 이해 및 표현 • 데이터가 물리적 장치에 실제로 저장되는 방법을 표현

데이터 모델링은 통합 관점의 개념 스키마를 만드는 과정이다.

두음쌤

데이터베이스 3단계 구조
「외개내」
외부 / 개념 / 내부 단계

학습 Point

데이터베이스 3단계 구조는 데이터베이스 모델링의 3단계 진행과 혼동하기 쉽습니다. 반드시 잘 구분하여 이해하고 넘어가세요.

(4) 데이터 모델의 표기법인 ERD 이해

① ERD(Entity Relationship Diagram)의 개념

ERD는 데이터 모델을 표현하는 방법으로, 개체(Entity)와 개체(Entity) 간의 관계를 이해하기 쉽게 약속된 도형으로 표시하는 표기법이다.

② ER 모델 표기법

ER 모델 표기법은 IE/Crow's Foot, Case*Method/Barker, UML이 있다.

표기법	그림	설명
IE/ Crow's Foot	부서 ―포함한다/소속된다― 직원	• 1981년에 Clive Finkelstein과 James Martin이 발표 • 까마귀 발 모양의 표기법 • 가장 많이 사용
Case*Method/ Barker	부서 ―1 / 0..N― 직원	• 영국 컨설팅 회사 CACI에 의해 처음 개발, 리처드 바커(Richard Barker)에 의해 지속적 업그레이드 • 오라클에서 Case Method (Custom Development Method)로 채택하여 사용
UML	《Relationship》 《Entity》 부서 1 직원을 포함한다 0..N 《Entity》 직원	• 스테레오 타입을 이용하여 엔티티 표현 • UML로 표현하여 데이터 모델링 할 때 사용

학습 Point

IE 표기법은 1:N 관계에서는 N 쪽에 새 발을 표시하고, 선택, 필수 참여 관계에서는 선택 참여에 O, 필수 참여에 | 표시 합니다.

학습 Point

ERD 표기법 중 IE 표기법과 Barker 표기법은 실무에서 자주 사용되므로 꼭 숙지하세요.

③ ERD 작성 순서

ERD를 작성하는 순서는 엔티티 생성/배치 → 엔티티 간의 관계 설정 → 관계명 표시 → 관계 차수/선택성 표시 순으로 진행한다.

| ERD 작성 순서

순서	절차	설명
1	엔티티 생성	엔티티를 그림
2	엔티티 배치	각각의 엔티티를 적절하게 배치
3	관계 설정	관련 있는 엔티티 간의 관계를 설정하고 연결
4	관계명 표시	연결된 관계에 관계명을 기술
5	관계 차수 및 선택성 표시	엔티티 내에 인스턴스들의 관계 참여도를 나타내는 관계 차수(Cardinality)를 표현하고 필수/선택 표시

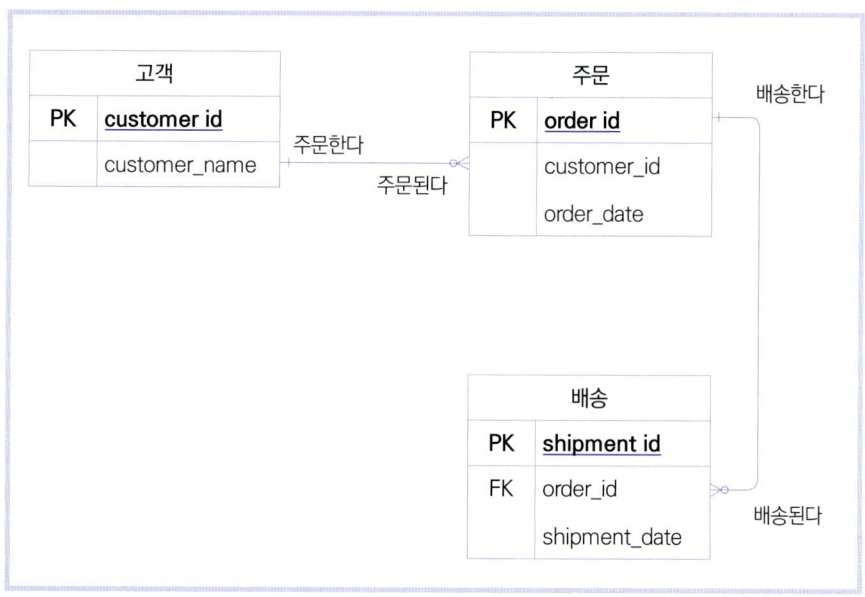

▲ ERD 사례

> **학습 Point**
> ERD 사례에서 PK는 기본키인 Primary Key의 약자이고, FK는 외래키인 Foreign Key의 약자입니다.

④ 관계 차수와 선택성

관계가 참여하는 성격 중 엔티티 내에 인스턴스들이 얼마나 관계에 참여하는지를 나타내는 관계 차수(Cardinality)를 표현한다.

| 관계 차수와 선택성

관계	선택성	IE 표기법	Barker 표기법
1:1	필수	─┼────────┼─	────────────
1:1	선택	─┼────────○─	------------
1:M	필수	─┼────────≪─	──────────≪
1:M	선택	─┼────────⦉─	----------≪

천기누설 | 예상문제

01

데이터 모델링에 대한 설명 중 가장 알맞은 것을 고르시오.

① 실제로 데이터베이스를 구축할 때 참고되는 모델은 논리적 데이터 모델링이다.
② 논리 모델링의 외래키는 물리 모델에서 반드시 구현되지는 않는다.
③ 데이터 모델링의 3가지 요소는 Process, Attributes, Relationship이다.
④ 논리 모델링 → 물리 모델링 → 개념 모델링 단계로 갈수록 구체적이다.

해설
- 실제로 데이터베이스를 구축할 때 참고되는 모델은 물리적 데이터 모델링이다.
- 데이터 모델링의 3가지 요소는 Things, Attributes, Relationship이 있다.
- 개념 모델링 → 논리 모델링 → 물리 모델링 단계로 갈수록 구체적이다.

데이터 모델링의 3단계	
개논물	개념적 / 논리적 / 물리적

02

물리적인 스키마 설계를 하기 전 단계를 가리키면서 데이터 모델링이 최종적으로 완료된 상태라고 정의할 수 있는 모델링 단계는 무엇인지 고르시오.

① 개념적 데이터 모델링
② 논리적 데이터 모델링
③ 물리적 데이터 모델링
④ 추상적 데이터 모델링

해설
- 논리적 데이터 모델은 데이터 모델링이 최종적으로 완료된 상태라고 정의할 수 있다.
- 물리적인 스키마 설계를 하기 전 단계의 '데이터 모델' 상태를 일컫는 말이다.

개념적 데이터 모델링	추상화 수준이 높고 업무 중심적이고 포괄적인 수준의 모델링 진행
논리적 데이터 모델링	시스템으로 구축하고자 하는 업무에 대해 식별자, 속성, 관계 등을 정확하게 표현
물리적 데이터 모델링	데이터베이스의 물리적인 성격(성능, 저장 등)을 고려하여 설계

정답 1.② 2.②

03

추상화 수준이 가장 높고 포괄적인 수준의 모델링 진행하는 모델링 단계는 무엇인지 고르시오.

① 개념적 데이터 모델링
② 논리적 데이터 모델링
③ 물리적 데이터 모델링
④ 요구 데이터 모델링

해설

데이터 모델링의 3단계 진행은 다음과 같다.

개념적 데이터 모델링	• 추상화 수준이 높고 업무 중심적이고 포괄적인 수준의 모델링 진행 • 결과물로 ERD 도출
논리적 데이터 모델링	• 시스템으로 구축하고자 하는 업무에 대해 식별자, 속성, 관계 등을 정확하게 표현 • 데이터 모델의 재사용성이 가장 높은 데이터 모델링 • 데이터 정규화 작업 • 데이터 모델링이 최종적으로 완료된 상태
물리적 데이터 모델링	• 데이터베이스의 물리적인 성격(성능, 저장 등)을 고려하여 설계 • 실제로 데이터베이스를 구축할 때 참고되는 모델

04

다음 보기 중 현실 세계를 표현하는 모델링의 특징이라고 보기 어려운 것을 고르시오.

① 추상화   ② 구체화
③ 단순화   ④ 명확화

해설

모델링의 특징	
단추명	단순화 / 추상화 / 명확화

05

현실 세계를 이해하기 쉽게 표현하는 것을 모델링이라고 한다. 다음 중 모델링의 특징으로 보기에 어려운 것을 고르시오.

① 단순화는 특정 목적을 위해 필요한 기능만을 선택하는 것을 의미한다.
② 추상화는 필요한 부분이나 중요한 부분을 통합하여 표현하는 것이다.
③ 명확화는 대상에 대한 모호함을 제거하고 정확하게 기술하는 것이다.
④ 구체화는 누구나 이해하기 쉽도록 현상을 자세히 표현하는 것이다.

해설

- 모델링의 특징에는 대표적으로 단순화, 추상화, 명확화가 있다.
- 구체화는 모델링의 특징이라고 보기 어렵다.

모델링의 특징	
단추명	단순화 / 추상화 / 명확화

정답 3.① 4.② 5.④

06

다음 중 데이터 모델이 제공하는 기능을 설명한 것으로 적절하지 <u>않은</u> 것을 고르시오.

① 시스템의 현재 모습이나 원하는 모습을 시각적으로 볼 수 있도록 지원한다.
② 시스템을 구축하기 위한 구조화된 틀을 제공한다.
③ 다양한 영역을 표현하기 위해 모든 영역에 대해 자세한 설명을 지원한다.
④ 시스템의 구조와 행동을 명확히 정의하여 기술할 수 있도록 지원한다.

해설

- 데이터 모델이 제공하는 기능에는 가시화, 구조화, 명세화, 문서화 등이 있다.
- ①번은 가시화에 대한 설명, ②번은 구조화, ④은 명세화에 대한 설명이다.

가시화	시스템의 현재 모습이나 원하는 모습을 시각적으로 볼 수 있도록 지원
구조화	시스템을 구축하기 위한 구조화된 틀 제공
명세화	시스템의 구조와 행동을 명확히 정의하여 기술할 수 있도록 지원
문서화	시스템 구축 과정에서 결정한 내용을 기록 및 보관
다양한 관점	다양한 영역에 집중하기 위해 다른 영역의 세부 사항은 숨기고 다양한 관점을 제공
표현 방법 제공	특정 목표에 따라 구체화한 상세 수준의 표현 방법 제공

07

다음 중 데이터 모델링 수행 시 유의해야 할 사항을 <u>잘못</u> 설명한 것을 고르시오.

① 동일한 데이터를 여러 곳에 저장하여 장애에 대비한다.
② 데이터의 정의를 데이터의 사용 프로세스와 분리하여 유연성을 높인다.
③ 데이터에 모순이 발생하지 않도록 데이터 간의 상호 연관 관계를 명확하게 정의하여 데이터의 일관성이 유지되도록 한다.
④ 여러 장소의 데이터베이스에 같은 정보를 저장하지 않도록 하여 중복성을 낮춘다.

해설

데이터 모델링을 할 때 유의할 사항은 다음과 같다.

비유연성	데이터의 정의를 데이터의 사용 프로세스와 분리하여 데이터나 프로세스의 작은 변화가 애플리케이션과 데이터베이스에 중대한 변화를 일으킬 가능성을 감소시켜야 함
비일관성	데이터 간의 상호 연관 관계를 명확하게 정의하여 데이터에 모순이 발생하지 않도록 함
중복성	여러 장소의 데이터베이스에 같은 정보를 저장하지 않도록 함

정답 6. ③ 7. ①

08

다음 설명은 데이터 모델링 수행 시 유의사항에 관한 내용이다. ㉠, ㉡, ㉢ 에 들어갈 수 있는 특성을 바르게 나열한 것을 고르시오.

> 데이터 모델링을 하는 경우, 데이터 간의 상호 연관 관계를 명확하게 정의하여 데이터에 모순이 발생하지 않도록 (㉠)을 감소시키고, 여러 장소의 데이터베이스에 같은 정보를 저장하지 않도록 하여 (㉡)을 최소화 한다. 또한, 데이터의 정의를 데이터의 사용 프로세스와 분리하여 (㉢)을 낮추어야 한다.

① ㉠: 중복성, ㉡: 비유연성, ㉢: 비일관성
② ㉠: 비일관성, ㉡: 중복성, ㉢: 비유연성
③ ㉠: 비일관성, ㉡: 중복성, ㉢: 분산성
④ ㉠: 비유연성, ㉡: 비일관성, ㉢: 분산성

해설

데이터 모델링을 할 때 유의할 사항은 다음과 같다.

비유연성	데이터의 정의를 데이터의 사용 프로세스와 분리하여 데이터나 프로세스의 작은 변화가 애플리케이션과 데이터베이스에 중대한 변화를 일으킬 가능성을 감소시켜야 함
비일관성	데이터 간의 상호 연관 관계를 명확하게 정의하여 데이터에 모순이 발생하지 않도록 함
중복성	여러 장소의 데이터베이스에 같은 정보를 저장하지 않도록 함

09

데이터 모델링은 추상화 수준에 따라 3단계로 진행이 된다. 다음 중 데이터 모델링의 3단계에 해당하지 않는 것을 고르시오.

① 개념적 모델링 단계
② 물리적 모델링 단계
③ 구체적 모델링 단계
④ 논리적 모델링 단계

해설

데이터 모델링의 3단계	
개논물	개념적 / 논리적 / 물리적

10

다음 중 ANSI-SPARC에서 정의한 데이터베이스 3단계 구조(Three-Level Architecture)의 스키마들로 짝지어진 것을 고르시오.

① 개념 스키마 – 논리 스키마 – 물리 스키마
② 외부 스키마 – 개념 스키마 – 내부 스키마
③ 외부 스키마 – 논리 스키마 – 내부 스키마
④ 개념 스키마 – 외부 스키마 – 내부 스키마

해설

ANSI-SPARC에서 제시하는 데이터베이스 3단계 구조는 외부 단계, 개념 단계, 내부 단계로 구성된다.

데이터 모델링의 3단계	
외개내	외부 스키마 / 개념 스키마 / 내부 스키마

정답 8.② 9.③ 10.②

11

다음 보기의 데이터 모델링 개념에 대한 설명에서 (㉠), (㉡)에 들어갈 단어로 가장 적절한 것을 고르시오.

> **보기**
>
> 추상화 수준이 높고 업무 중심적이고 포괄적인 수준의 모델링을 진행하는 것을 (㉠) 데이터 모델링이라고 한다. (㉡) 데이터 모델링은 데이터베이스의 물리적 성격을 고려하여 실제로 데이터베이스에 이식할 수 있도록 모델링을 진행하는 것이다.

① ㉠: 논리적, ㉡: 물리적
② ㉠: 물리적, ㉡: 개념적
③ ㉠: 개념적, ㉡: 논리적
④ ㉠: 개념적, ㉡: 물리적

해설

데이터 모델링 3단계 진행에서 개념적 데이터 모델링 단계와 물리적 데이터 모델링 단계에 대한 설명이다.

개념적 데이터 모델링	추상화 수준이 높고 업무 중심적이고 포괄적인 수준의 모델링 진행
논리적 데이터 모델링	시스템으로 구축하고자 하는 업무에 대해 식별자, 속성, 관계 등을 정확하게 표현
물리적 데이터 모델링	데이터베이스의 물리적인 성격(성능, 저장 등)을 고려하여 설계

12

다음 중 ANSI-SPARC에서 정의한 데이터베이스 3단계 구조(Three-Level Architecture)에서 보기의 내용이 설명하는 스키마 구조로 가장 적절한 것을 고르시오.

> (㉠)는 각각의 사용자나 응용 프로그래머가 접근하는 데이터베이스를 정의한다.
> (㉡)는 전체 사용자 관점을 통합하여 조직 전체 관점에서 이해하고 표현한다.
> (㉢)는 저장 장치 관점에서 데이터베이스를 이해 및 표현한다.

① ㉠ 외부 스키마, ㉡ 내부 스키마, ㉢ 개념 스키마
② ㉠ 개념 스키마, ㉡ 외부 스키마, ㉢ 내부 스키마
③ ㉠ 내부 스키마, ㉡ 개념 스키마, ㉢ 외부 스키마
④ ㉠ 외부 스키마, ㉡ 개념 스키마, ㉢ 내부 스키마

해설

ANSI-SPARC에서 제시하는 데이터베이스 3단계 구조의 내용은 다음과 같다.

외부 스키마	• 개별 사용자 관점에서 데이터베이스를 이해 및 표현 • 각각의 사용자나 응용 프로그래머가 접근하는 데이터베이스 정의
개념 스키마	• 전체 사용자들의 관점을 통합, 조직 전체의 관점에서 이해 및 표현 • 데이터베이스에 저장되는 데이터 간의 관계를 기술
내부 스키마	• 저장 장치의 관점에서 데이터베이스를 이해 및 표현 • 데이터가 물리적 장치에 실제로 저장되는 방법을 표현

정답 11. ④ 12. ④

13

다음 중 ERD를 작성하는 순서로 적절한 것을 고르시오.

> ㉠ 엔티티를 그린다.
> ㉡ 관련 있는 엔티티 간의 관계를 설정하고 연결한다.
> ㉢ 각각의 엔티티를 적절하게 배치한다.
> ㉣ 연결된 관계에 관계명을 기술한다.
> ㉤ 관계 차수를 표현하고 필수/선택 표시를 한다.

① ㉠-㉡-㉢-㉣-㉤
② ㉠-㉢-㉡-㉣-㉤
③ ㉠-㉡-㉣-㉢-㉤
④ ㉠-㉢-㉣-㉡-㉤

[해설]

ERD를 작성하는 순서는 엔티티 생성/배치 → 엔티티 간의 관계 설정 → 관계명 표시 → 관계 차수/선택성 표시 순으로 진행한다.

14

다음 IE 표기법에 대한 설명으로 가장 적절한 것을 고르시오.

① 일대일 관계이고 필수 참여이다.
② 일대일 관계이고 선택 참여이다.
③ 일대다 관계이고 필수 참여이다.
④ 일대다 관계이고 선택 참여이다.

[해설]

가로 방향 선에 수직으로 실선이 그어져 있는 경우 필수 관계를 의미하고, 오른쪽 끝부분처럼 까마귀 발 모양의 표시는 다수의 관계가 있음을 의미한다.

15

다음 중 ERD에 대한 설명으로 가장 부적절한 것을 고르시오.

① ERD는 개체와 개체 간의 관계를 이해하기 쉽게 약속된 도형으로 표시하는 방법이다.
② 1976년 피터첸(Peter Chen)에 의해 Entity-Relationship Model(E-R Model)이 제안되었다.
③ 일반적으로 ERD를 작성하는 방법은 엔티티 도출 → 엔티티 배치 → 관계 설정 → 관계명 기술 순서로 작성한다.
④ 물리적 데이터베이스를 고려하여 작성해야 한다.

[해설]

ERD는 반드시 물리적 데이터베이스를 고려해서 작성하지는 않는다.
ERD는 개념적 데이터 모델링 단계에서 만들기 때문에 물리적 데이터베이스를 고려해서 작성하지는 않는다.

정답 13. ② 14. ③ 15. ④

② 엔티티 ★★

(1) 엔티티의 개념 및 특징

① 엔티티(Entity)의 개념
- 엔티티는 실체 또는 객체라는 뜻으로, 업무에 필요하고 유용한 정보를 저장/관리하기 위한 집합적인 것(Things)이다.
- 엔티티는 인스턴스의 집합을 의미한다.

② 엔티티의 특징

엔티티가 다음의 특징을 만족해야 적절한 엔티타라 할 수 있다.

특징	설명
업무 정보	구축하는 시스템의 업무에서 반드시 필요하고, 관리가 필요한 정보
식별 가능	각각의 인스턴스를 식별 가능한 유일한 식별자 존재
인스턴스의 집합	• 영속적으로 존재하는 인스턴스의 집합 • 인스턴스는 '한 개'가 아닌 '두 개 이상'
업무 프로세스에 이용	엔티티는 업무 프로세스에 의해 반드시 이용
속성을 포함	• 엔티티는 반드시 속성을 포함 • 한 개의 엔티티는 두 개 이상의 속성을 갖음 • 식별자만 존재하고 일반 속성이 없는 객체는 엔티티가 될 수 없음 (단, 관계 엔티티의 경우에는 주 식별자만 있어도 엔티티로 인정)
관계의 존재	• 엔티티는 다른 엔티티와 한 개 이상의 관계가 존재 • 통계성 엔티티 도출, 코드성 엔티티 도출, 시스템 처리 시 내부 필요에 의한 엔티티 도출 같은 경우에는 관계 생략 가능

예

수제비 병원에는 여러 명의 환자가 존재하고 각 환자에 대한 이름, 전화번호 등을 관리해야 한다.
▶ 병원은 수제비 병원 1개이므로 엔티티가 될 수 없고, 환자는 2개 이상의 속성(이름, 전화번호)과 2개 이상의 인스턴스를 가지므로 엔티티가 될 수 있다. 이름과 전화번호는 엔티티의 속성으로 인식될 수 있다.

학습 Point

엔티티의 다양한 정의는 다음과 같습니다.
- 변별할 수 있는 사물 〈Peter Chen (1976)〉
- 데이터베이스 내에서 변별 가능한 객체 〈C.J Date (1986)〉
- 정보를 저장할 수 있는 어떤 것 〈James Martin (1989)〉
- 정보가 저장될 수 있는 사람, 장소, 물건, 사건 그리고 개념 등 〈Thomas Bruce (1992)〉

학습 Point

정의들의 공통점은 다음과 같습니다.
- 엔티티는 사람, 장소, 물건, 사건, 개념 등의 명사에 해당한다.
- 엔티티는 업무상 관리가 필요한 관심사에 해당한다.
- 엔티티는 저장이 되기 위한 '어떤 것'이다.

잠깐! 알고가기

인스턴스(Instance)
어느 특정한 순간에 데이터베이스에 저장되어 나타난 정보의 모임(특정 시점의 데이터 값)이다.

잠깐! 알고가기

**주 식별자
(Primary Key; PK; 기본키)**
유일성과 최소성을 만족하며 엔티티를 대표하는 식별자이다.

(2) 엔티티의 분류

엔티티는 실체의 유형이나 발생 시점에 따라 분류할 수 있다.

① 유/무형에 따른 엔티티 분류

유/무형에 따라 유형 엔티티, 개념 엔티티, 사건 엔티티로 분류한다.

유/무형에 따른 엔티티 분류

분류	설명	사례
유형 엔티티 (Tangible Entity)	물리적 형태가 있고 안정적/지속적으로 활용되는 엔티티	사원, 물품, 강사
개념 엔티티 (Conceptual Entity)	물리적 형태가 존재하지 않는 개념적 정보의 엔티티	조직, 보험상품
사건 엔티티 (Event Entity)	• 업무 수행에 의해 발생하는 엔티티 • 비교적 발생량이 많으며 각종 통계자료에 이용 가능	주문, 미납, 청구

② 발생 시점에 따른 엔티티 분류

발생 시점에 따라 기본 엔티티, 중심 엔티티, 행위 엔티티로 분류한다.

발생 시점에 따른 엔티티 분류

분류	설명	사례
기본 엔티티 (Fundamental Entity; Key Entity)	• 업무에 원래 존재하는 정보로서 독립적으로 생성 가능한 엔티티 • 다른 엔티티로부터 주 식별자를 상속받지 않고 자신의 고유 식별자를 가짐	사원, 부서, 고객, 상품, 자재
중심 엔티티 (Main Entity)	• 기본 엔티티로부터 발생하고, 그 업무에 있어서 중요한 역할을 수행하는 엔티티 • 데이터 양이 많이 발생하고 다른 엔티티와의 관계를 통해 행위 엔티티를 생성	계약, 사고, 청구, 주문, 매출
행위 엔티티 (Active Entity)	• 두 개 이상의 부모 엔티티로부터 발생하는 엔티티 • 분석 초기 단계보다는 상세설계 단계나 프로세스와 상관 모델링 진행 중에 도출	주문목록, 사원변경 이력

두음쌤

엔티티의 분류

「유개사 기중행」
유형 / 개념 / 사건, 기본 / 중심 / 행위
→ 유재석이 개를 사고 기분이 중(정)말 행복했다.

잠깐! 알고가기

상관 모델링

정보화 시스템을 구축하기 위해, 업무에 존재하는 '무엇에 대해 무슨 일이 행해지고 있는지'를 또는 '무슨 일에 의해 무엇이 영향을 받는지'를 분석하는 방법이다.

(3) 엔티티의 명명 규칙

엔티티에 이름을 부여하는 규칙은 일반적으로 다음과 같다.

| 엔티티의 명명 규칙

명명 규칙	설명
업무 용어	업무에서 사용하는 용어를 우선 사용
약어 미사용	약어 사용 시 이해관계자 간 오해 발생 가능
단수 명사	서술식이나 복수형보다는 단수형 명사 사용
이름 유일성	모든 엔티티에서 유일한 이름 부여
의미와 일치	엔티티의 생성 의미대로 이름 부여

> **학습 Point**
> 엔티티나 속성에 이름을 부여하는 규칙은 시험에 자주 출제됩니다. 반드시 이해하고 넘어가세요.

천기누설 | 예상문제

01

엔티티, 인스턴스, 속성, 속성값에 대한 관계 설명 중 **틀린** 것을 고르시오.

① 한 개의 엔티티는 두 개 이상의 인스턴스 집합이어야 한다.
② 한 개의 엔티티는 두 개 이상의 속성을 갖는다.
③ 하나의 속성은 하나 이상의 속성값을 가진다.
④ 하나의 엔티티의 인스턴스는 다른 엔티티의 인스턴스 간의 관계인 페어링(Pairing)을 가진다.

> [해설]
> 하나의 속성은 하나의 속성값을 가지며 하나 이상의 속성값을 가지는 경우 정규화가 필요함

02

발생 시점에 따른 엔티티 분류에 의한 중심 엔티티가 **아닌** 것을 고르시오.

① 매출   ② 청구
③ 주문   ④ 사원

> [해설]
> 사원, 부서, 고객, 상품, 자재와 같이 업무에 원래 존재하는 정보로서 독립적으로 생성 가능한 엔티티는 기본 엔티티에 속한다.

기본 엔티티	• 업무에 원래 존재하는 정보로서 독립적으로 생성 가능한 엔티티 • 다른 엔티티로부터 주 식별자를 상속받지 않고 자신의 고유 식별자를 가짐	사원, 부서, 고객, 상품, 자재
중심 엔티티	• 기본 엔티티로부터 발생하고, 그 업무에 있어서 중요한 역할을 수행하는 엔티티 • 데이터 양이 많이 발생하고 다른 엔티티와의 관계를 통해 행위 엔티티를 생성	계약, 사고, 청구, 주문, 매출
행위 엔티티	• 두 개 이상의 부모 엔티티로부터 발생하는 엔티티 • 분석 초기 단계보다는 상세설계 단계나 프로세스와 상관 모델링 진행 중에 도출	주문목록, 사원변경 이력

03

다음 시나리오에서 엔티티로 가장 적절한 것을 고르시오.

> A 회사는 여러 명의 직원이 존재하고 각 직원에 대한 이름, 주소 등을 관리해야 한다.
> (단, 업무 범위와 데이터의 특성은 상기 시나리오에 기술되어 있는 사항만을 근거하여 판단해야 함)

① 회사   ② 직원
③ 이름   ④ 주소

> [해설]
> A 회사는 1개이므로 엔티티가 될 수 없다. 직원은 2개 이상의 인스턴스를 가질 수 있으므로 엔티티로서 성립할 수 있고 이름과 주소는 직원 엔티티의 속성으로 인식될 수 있다.

04

다음 중 엔티티의 특징을 설명한 것으로 적절하지 **않은** 것을 고르시오.

① 엔티티는 구축하는 시스템의 업무에서 반드시 필요하고 관리가 필요한 정보이다.
② 엔티티는 반드시 속성을 가져야 한다. 단, 설계상의 이유로 없을 수도 있다.
③ 엔티티는 다른 엔티티와 한 개 이상의 관계가 존재한다. 단, 통계성 엔티티나 코드성 엔티티의 경우에는 관계 생략이 가능하다.
④ 엔티티는 인스턴스의 집합으로서 두 개 이상의 인스턴스를 포함한다.

> [해설]
> 엔티티는 2개 이상의 속성을 포함해야 한다. 식별자만 존재하고 일반 속성이 없는 객체는 엔티티가 될 수 없다. 단, 관계 엔티티의 경우에는 주 식별자만 있어도 엔티티로 인정한다.

정답 1.❸ 2.❹ 3.❷ 4.❷

05

다음 중 엔티티의 특징으로 가장 부적절한 것을 고르시오.

① 엔티티는 반드시 속성을 가져야 한다.
② 엔티티는 한 개의 인스턴스를 가지는 것만으로 충분한 의미를 부여할 수 있다.
③ 데이터로서 존재하지만, 업무에서 필요로 하지 않으면 해당 업무의 엔티티로 성립될 수 없다.
④ 엔티티는 다른 엔티티와 관계가 존재한다. 단, 통계성 엔티티나 코드성 엔티티의 경우 관계를 생략할 수 있다.

[해설]

엔티티는 영속적으로 존재하는 인스턴스의 집합으로, 2개 이상의 인스턴스를 가져야 의미가 있다.

06

엔티티의 일반적인 특징으로 가장 적절한 것을 고르시오.

① 다른 엔티티와의 관계를 가지지 않는다.
② 엔티티는 업무 프로세스에 의해 이용되지 않을 수 있다.
③ 유일한 식별자에 의해 식별할 수 있어야 한다.
④ 엔티티는 속성을 포함하지 않아도 된다.

[해설]

엔티티의 특징은 다음과 같다.

업무 정보	구축하는 시스템의 업무에서 반드시 필요하고, 관리가 필요한 정보
식별 가능	각각의 인스턴스를 식별 가능한 유일한 식별자 존재
인스턴스의 집합	• 영속적으로 존재하는 인스턴스의 집합 • 인스턴스는 '한 개'가 아닌 '두 개 이상'
업무 프로세스에 이용	엔티티는 업무 프로세스에 의해 반드시 이용
속성을 포함	• 엔티티는 반드시 속성을 포함 • 식별자만 존재하고 일반 속성이 없는 객체는 엔티티가 될 수 없음(단, 관계 엔티티의 경우에는 주식별자만 있어도 엔티티로 인정)
관계의 존재	• 엔티티는 다른 엔티티와 한 개 이상의 관계가 존재 • 통계성 엔티티 도출, 코드성 엔티티 도출, 시스템 처리 시 내부 필요에 의한 엔티티 도출 같은 경우에는 관계 생략 가능

정답 5. ❷ 6. ❸

07

다음 중 엔티티를 발생 시점에 따라 분류한 설명으로 적절하지 않은 것을 고르시오.

① 기본 엔티티는 업무에 원래 존재하는 정보로서 독립적으로 생성이 가능한 엔티티이다.
② 중심 엔티티는 기본 엔티티로부터 발생하고, 그 업무에 있어서 중요한 역할을 수행하는 엔티티이다.
③ 사건 엔티티는 업무 수행에 의해 발생하는 엔티티이다.
④ 행위 엔티티는 두 개 이상의 부모 엔티티로부터 발생하는 엔티티이다.

해설

사건 엔티티는 유형/무형에 따른 엔티티 분류이다.

기본 엔티티	• 업무에 원래 존재하는 정보로서 독립적으로 생성 가능 • 다른 엔티티로부터 주 식별자를 상속받지 않고 자신의 고유 식별자를 가짐
중심 엔티티	• 기본 엔티티로부터 발생하고, 그 업무에 있어서 중요한 역할 수행 • 데이터 양이 많이 발생하고 다른 엔티티와의 관계를 통해 행위 엔티티를 생성
행위 엔티티	• 두 개 이상의 부모 엔티티로부터 발생 • 분석 초기 단계보다는 상세설계 단계나 프로세스와 상관 모델링 진행 중에 도출

08

다음은 유형/무형에 따른 엔티티 분류를 설명하는 내용이다. (㉠), (㉡)에 들어갈 알맞은 단어는 무엇인지 고르시오.

(㉠)는 물리적 형태가 있고 안정적/지속적으로 활용되는 엔티티로서 직원, 상품, 학생 등을 예로 들 수 있다. 이와 달리 개념 엔티티는 물리적 형태가 존재하지 않는 개념적 정보의 엔티티를 의미한다. 마지막으로 (㉡)는 업무 수행에 의해 발생하는 엔티티를 의미하며 비교적 발생량이 많고 각종 통계자료에 이용도 가능하다.

① ㉠: 유형 엔티티, ㉡: 행위 엔티티
② ㉠: 유형 엔티티, ㉡: 사건 엔티티
③ ㉠: 기본 엔티티, ㉡: 행위 엔티티
④ ㉠: 중심 엔티티, ㉡: 사건 엔티티

해설

유형/무형에 따른 엔티티 분류에는 유형/개념/사건 엔티티가 있다.

유형 엔티티	물리적 형태가 있고 안정적/지속적으로 활용되는 엔티티
개념 엔티티	물리적 형태가 존재하지 않는 개념적 정보의 엔티티
사건 엔티티	• 업무 수행에 의해 발생하는 엔티티 • 비교적 발생량이 많으며 각종 통계자료에 이용 가능

정답 7. ③ 8. ②

09

다음 중 업무에 원래 존재하는 정보로서 독립적으로 생성할 수 있고 다른 엔티티로부터 주 식별자를 상속받지 않고 자신의 고유한 주 식별자를 갖는 엔티티로 가장 적절한 것을 고르시오.

① 기본 엔티티(키 엔티티)
② 중심 엔티티(메인 엔티티)
③ 행위 엔티티
④ 개념 엔티티

해설

발생 시점에 따른 엔티티 분류에 따른 기본 엔티티(키 엔티티)에 대한 설명이다.

기본 엔티티	• 업무에 원래 존재하는 정보로서 독립적으로 생성 가능 • 다른 엔티티로부터 주 식별자를 상속받지 않고 자신의 고유 식별자를 가짐
중심 엔티티	• 기본 엔티티로부터 발생하고, 그 업무에 있어서 중요한 역할 수행 • 데이터 양이 많이 발생하고 다른 엔티티와의 관계를 통해 행위 엔티티를 생성
행위 엔티티	• 두 개 이상의 부모 엔티티로부터 발생 • 분석 초기 단계보다는 상세설계 단계나 프로세스와 상관 모델링 진행 중에 도출

10

다음 중 엔티티의 이름을 부여하는 방법으로서 가장 적절하지 <u>않은</u> 것을 고르시오.

① 업무에서 사용하는 용어를 사용하여 의미를 분명하게 한다.
② 서술식이나 복수형보다는 단수형 명사를 사용한다.
③ 약어를 사용하여 엔티티의 이름을 간결하고 사용하기 쉽게 한다.
④ 모든 엔티티에서 유일한 이름으로 부여한다.

해설

엔티티의 이름을 약어로 사용하는 경우 이해관계자 간에 오해가 발생할 수 있으므로 가능한 약어를 사용하지 않도록 해야 한다.

업무 용어	업무에서 사용하는 용어를 우선 사용
약어 미사용	약어 사용 시 이해관계자 간 오해 발생 가능
단수 명사	서술식이나 복수형보다는 단수형 명사 사용
이름 유일성	모든 엔티티에서 유일한 이름 부여
의미와 일치	엔티티의 생성 의미대로 이름 부여

정답 9. ① 10. ③

❸ 속성 ★★

(1) 속성의 개념 및 특징

① 속성(Attribute)의 개념
- 속성은 업무에서 필요한 데이터로, 의미상 더는 분리할 수 없는 최소의 데이터 단위이다.
- 속성은 엔티티를 설명하는 역할을 하고 인스턴스의 구성 요소가 된다.

② 속성의 특징

특징	설명
업무 정보	• 해당 업무에서 필요하고 관리하고자 하는 정보
함수적 종속성	• 데이터가 가지고 있는 속성 간의 관계에 의해 결정되고 종속되는 현상 • 정규화 이론에 근간하여 정해진 주 식별자에 함수적 종속성을 가져야 함 • 데이터의 기준값을 결정자(Determinant)라고 하고, 종속되는 값을 종속자(Dependent)라고 함
유일 값	• 하나의 속성은 하나의 값만 소유 • 하나의 속성에 여러 개의 값이 있는 경우, 별도의 엔티티를 이용하여 분리

> **학습 Point**
> Y는 X에 종속한다고 할 때 (X →Y), X는 Y의 결정자이고, Y는 X의 종속자입니다.

(2) 엔티티, 인스턴스, 속성, 속성값 간의 관계 및 표기법

① 엔티티, 인스턴스, 속성, 속성값의 관계

관계	설명
엔티티와 인스턴스	한 개의 엔티티는 두 개 이상의 인스턴스 집합
엔티티와 속성	한 개의 엔티티는 두 개 이상의 속성 포함
속성과 속성값	한 개의 속성은 한 개의 속성값으로 구성

> **학습 Point**
> 일반적으로 엔티티는 반드시 주 식별자 속성 외의 속성을 1개 이상 가져야 합니다. 하지만, 관계 엔티티의 경우에는 주 식별자 속성만으로도 엔티티 구성이 될 수도 있습니다.

② 속성의 표기법

속성은 엔티티 내에 이름을 포함하여 표현한다.

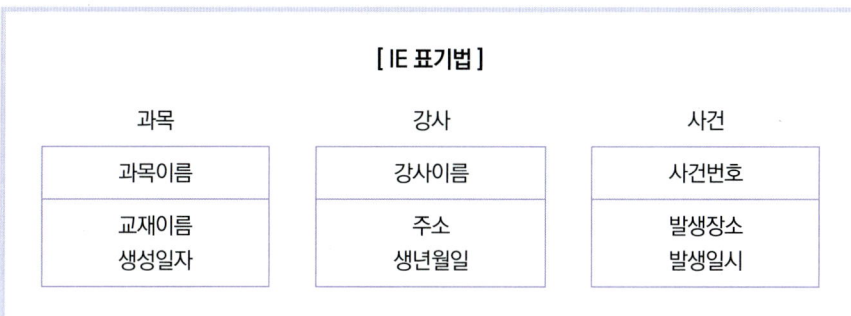

▲ 속성 표기법

> **학습 Point**
>
> 과목, 강사, 사건은 엔티티이고, 네모 박스 전체는 속성이고, 그중에 네모 박스 상단에 과목이름, 강사이름, 사건번호는 PK(기본키)입니다.

(3) 속성의 분류

① 속성의 특성에 따른 분류

속성을 특성에 따라 분류하면, 업무로부터 추출한 기본 속성, 새로 만들거나 변형하여 정의하는 설계 속성, 그리고 다른 속성의 영향으로 발생하는 파생 속성이 있다.

분류	설명
기본 속성	• 가장 일반적인 속성으로, 업무로부터 추출한 속성 예 원금, 예치 기간
설계 속성	• 데이터 모델링이나 업무를 규칙화하기 위해 새로 만들거나 변형하여 정의하는 속성 • 코드성 속성, '일련번호'와 같은 속성 등 예 예금분류
파생 속성	• 다른 속성에 영향을 받아 발생하는 속성 • 일반적으로, 계산된 값들이 파생 속성에 해당 • 데이터 정합성 유지를 위해 될 수 있으면 적게 정의하도록 함 예 이자

> **두음샘**
>
> **속성의 특성에 따른 분류**
> 「기설파」
> 기본 / 설계 / 파생
> → 속성으로(빠르게) 기본을 설파하자

② 엔티티 구성방식에 따른 속성의 분류

구성방식에 따라 PK(Primary Key; 기본키) 속성, FK(Foreign Key; 외래키) 속성, 일반 속성으로 분류한다.

분류	설명
PK(Primary Key) 속성	인스턴스 식별할 수 있는 속성
FK(Foreign Key) 속성	다른 엔티티와의 관계에서 포함된 속성
일반 속성	엔티티에 포함되어 있고 PK/FK에 포함되지 않은 속성

엔티티 구성방식에 따른 속성의 분류

(4) 도메인

- 도메인은 속성이 가질 수 있는 값의 범위이다.
- 엔티티 내에서 속성에 대한 데이터 타입과 크기, 제약사항 등을 지정하는 것이다.

도메인의 특징

특징	설명
타입과 크기	엔티티 내에서 속성에 대한 데이터 타입과 크기 지정
NOT NULL	엔티티 내에서 속성에 대한 NOT NULL 지정
제약사항	엔티티 내에서 속성에 대한 Check 조건을 지정

속성(컬럼)	도메인
학점	0.0 ~ 4.5 실수
주소	20자리 문자열
학번	10자리 문자열

▲ 도메인 사례

> **잠깐! 알고가기**
>
> **NULL**
> NULL은 '모르는 값' 또는 '값의 부재'를 의미한다.

(5) 속성의 명명 규칙

속성의 명명 규칙

명명 규칙	설명
업무 용어	현업 업무에서 사용하는 용어를 우선 사용
약어 미사용	약어 사용 시 이해관계자 간 오해 발생 가능
단수 명사	서술식 용어나 복수형 명사보다는 단수형 명사로 사용
이름 유일성	전체 데이터 모델에서 유일한 이름 부여

천기누설 | 예상문제

01

다음이 설명하고 있는 데이터 모델링의 구성 요소로 가장 적절한 것을 고르시오.

> - 업무에서 필요한 데이터로, 의미상 더는 분리할 수 없는 최소의 데이터 단위이다.
> - 엔티티를 설명하는 역할을 하고 인스턴스의 구성 요소가 된다.

① 속성(Attribute)
② 값(Value)
③ 관계(Relationship)
④ 테이블(Table)

해설
다음은 속성에 대한 설명이다.

> 데이터 모델링에서 속성이란 업무에서 필요한 데이터로, 의미상 더는 분리할 수 없는 최소의 데이터 단위이다.
> 속성은 엔티티를 설명하는 역할을 하고 인스턴스의 구성 요소가 된다.

02

다음 중 속성에 대한 설명으로 가장 부적절한 것을 고르시오.

① 업무에서 필요하고 관리하고자 하는 정보이다.
② 하나의 속성은 2개 이상의 값을 가질 수 있다.
③ 한 개의 엔티티는 두 개 이상의 속성을 가진다.
④ 인스턴스의 구성 요소면서 엔티티를 설명하는 역할을 한다.

해설
- 하나의 속성은 한 개의 속성값만 가질 수 있다.
- 2개 이상의 속성값을 갖는 경우에는 속성을 분리하거나 별도의 엔티티로 분리하는 것이 바람직하다.

03

다음 중 속성의 분류하는 조건이 다른 하나를 고르시오.

① 기본 속성
② 설계 속성
③ 파생 속성
④ PK(Primary Key) 속성

해설
기본 속성, 설계 속성, 파생 속성은 속성의 특성에 따른 분류이고, PK(Primary Key) 속성은 엔티티 구성방식에 따른 분류에 해당한다.

속성의 특성에 따른 분류	
기설파	기본 / 설계 / 파생

정답 1.① 2.② 3.④

04

다음 중 데이터 모델링이나 업무를 규칙화하기 위해 새로 만들거나 변형하여 정의하는 속성으로, 코드성 속성이나 '일련번호'와 같은 속성으로 가장 적절한 것을 고르시오.

① 파생 속성(Derived Attribute)
② 기본 속성(Basic Attribute)
③ 설계 속성(Designed Attribute)
④ PK 속성(Primary Key Attribute)

해설

다음은 속성의 특성에 따른 분류에 대한 설명이다.

기본 속성	• 가장 일반적인 속성으로, 업무로부터 추출한 속성
설계 속성	• 데이터 모델링이나 업무를 규칙화하기 위해 새로 만들거나 변형하여 정의하는 속성 • 코드성 속성, '일련번호'와 같은 속성 등
파생 속성	• 다른 속성에 영향을 받아 발생하는 속성 • 일반적으로, 계산된 값들이 파생 속성에 해당 • 데이터 정합성 유지를 위해 될 수 있으면 적게 정의하도록 함

05

다음 중 ㉠, ㉡, ㉢이 설명하는 속성을 순서대로 나열한 것을 고르시오.

> ㉠ 가장 일반적인 속성으로, 업무로부터 추출한 속성이다.
> ㉡ 데이터 모델링이나 업무를 규칙화하기 위해 새로 만들거나 변형하여 정의하는 속성이다.
> ㉢ 다른 속성에 영향을 받아 발생하는 속성으로, 일반적으로 계산된 값을 저장하는 데 사용하기 위한 속성이 이에 해당한다.

① ㉠: 파생 속성, ㉡: 기본 속성, ㉢: 설계 속성
② ㉠: 기본 속성, ㉡: 설계 속성, ㉢: 파생 속성
③ ㉠: 설계 속성, ㉡: 파생 속성, ㉢: 기본 속성
④ ㉠: 기본 속성, ㉡: PK 속성, ㉢: 파생 속성

해설

속성의 특성에 따른 분류에는 기본 속성, 설계 속성, 파생 속성이 있다.

정답 4. ③ 5. ②

06

다음 (㉠)에 들어갈 용어로 가장 적절한 것을 고르시오.

> 속성이 가질 수 있는 값의 범위를 의미하는 것으로, 엔티티 내에서 속성에 대한 데이터 타입과 크기, 제약 사항 등을 지정하는 것이다.
>
> [사례]
>
> | 속성(컬럼) | (㉠) |
> |---|---|
> | 학점 | 0.0 ~ 4.5 실수 |
> | 주소 | 20자리 문자열 |
> | 학번 | 10자리 문자열 |

① 인스턴스(Instance)
② 도메인(Domain)
③ 튜플(Tuple)
④ 속성사전(Attribute Dictionary)

해설

속성의 도메인에 대한 설명이다.
도메인은 엔티티 내에서 속성에 대한 데이터 타입과 크기를 지정하고 NOT NULL 제약조건이나 CHECK 조건 설정 등을 통해 정할 수 있다.

07

다음 중 속성의 이름을 부여하는 방법으로 적절하지 않은 것을 고르시오.

① 약어를 사용하게 되면 이해관계자 간에 오해가 발생할 수 있으므로 약어의 사용은 가능한 제한한다.
② 서술식 용어나 복수형 명사보다는 단수형 명사를 사용한다.
③ 현업 업무에서 사용하는 용어를 우선하여 사용한다.
④ 타 엔티티와의 관계를 고려하여 가능하면 동일한 이름을 사용한다.

해설

속성의 이름은 전체 데이터 모델에서 유일한 이름을 부여하는 것이 바람직하다.

정답 6.② 7.④

❹ 관계 ★★

(1) 관계의 개념 및 분류

① 관계(Relationship)의 개념
- 데이터 모델에서 관계는 개체(인스턴스)와 개체 간의 의미 있는 연관성을 뜻하며 개체 집합들 사이의 대응 관계를 말한다.
- 엔티티의 인스턴스 사이에서 서로에게 연관성이 부여된 상태를 의미한다.

② 관계의 페어링(Pairing)
- 관계의 페어링은 엔티티 안에 인스턴스가 개별적으로 짝을 갖는 것이다.
- 인스턴스 각각의 관계를 페어링이라고 한다.

> **개념 박살내기**
>
> ■ 관계의 페어링
>
>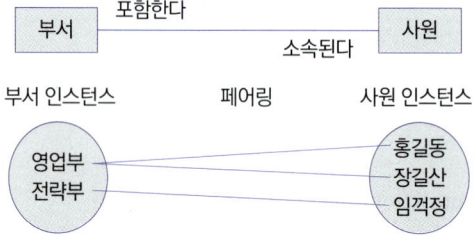
>
> - 부서 인스턴스의 영업부는 사원 인스턴스의 홍길동, 장길산과 페어링 되어 있다.

③ 관계의 분류
- 관계는 존재에 의한 관계와 행위에 의한 관계로 구분될 수 있다.

| 관계의 분류 |

분류	설명
존재에 의한 관계	존재의 형태에 의해 관계 형성 [부서]─○<[사원] • 사원은 부서가 존재하기 때문에 항상 속해야 하는 관계 • 부서는 사원을 포함할 수 있음
행위에 의한 관계	행위의 형태에 의해 관계 형성 [고객]─○<[주문] • 고객이 주문하면 주문이 발생 • 주문은 고객에 행위에 의해 발생

학습 Point
- ERD에서는 존재적 관계와 행위에 의한 관계를 구분하지 않고 단일화된 표기법을 사용하지만, 클래스 다이어그램에서는 이것을 구분하여 연관 관계(실선)와 의존 관계(점선)로 표현합니다.
- 간혹 시험에 출제될 수 있으므로 이해하고 넘어가야 합니다.

(2) 관계의 표기법

관계의 표기법을 이해하기 위해서는 관계명(관계의 이름), 관계차수, 관계 선택 사양을 함께 이해해야 한다.

① 관계명(Membership)

- 관계명(관계 이름)은 엔티티 간의 관계에 맺어진 형태이다.
- 각각의 관계는 시작되는 쪽과 받는 쪽, 두 개의 관계명을 가진다.
- 관점에 따라 능동적이거나 수동적으로 명명된다.
- 관계명을 정의할 때는 될 수 있으면 애매한 동사는 피하고 현재형으로 표현한다.

> **개념 박살내기**
>
> ■ 관계명 사례
>
>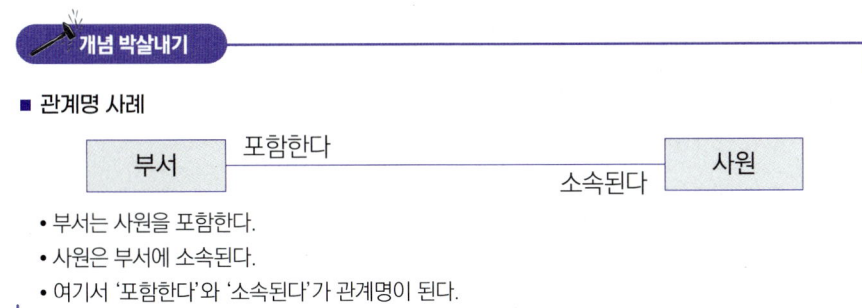
>
> - 부서는 사원을 포함한다.
> - 사원은 부서에 소속된다.
> - 여기서 '포함한다'와 '소속된다'가 관계명이 된다.

② 관계 차수(Degree/Cardinality)

- 관계 차수는 두 개의 엔티티 간의 관계에서 참여자의 수를 표현한다.
- 관계 차수는 1:1, 1:M, M:M 관계가 있다.

| 관계 차수 종류 |

종류	설명
1:1 (One to One)	관계를 맺는 엔티티가 하나의 관계만을 가지는 경우 사원 —등록한다/작성된다— 병역사항 • 사원은 한 개의 병역사항만 등록하고 병역사항은 한 사원에 의해 한 개만 작성
1:M (One to Many)	관계를 맺는 엔티티가 한 개 이상의 경우이며, 반대의 방향은 한 개의 관계만을 가지는 경우 부서 —포함한다/소속된다— 사원 • 한 명의 사원은 한 부서에 소속되고 한 부서에는 여러 사원을 포함

> **학습 Point**
>
> 관계 표기법의 3가지 요소는 다음과 같습니다.
>
> - 관계명(Membership)
>   - 관계의 이름
> - 관계차수 (Cardinality)
>   - 1:1, 1:M, M:N
> - 관계 선택 사양 (Optionality)
>   - 필수 참여, 선택 참여

M:N (Many to Many)	관계를 맺는 엔티티가 한 개 이상의 경우이며, 반대의 경우도 한 개 이상의 관계를 가짐 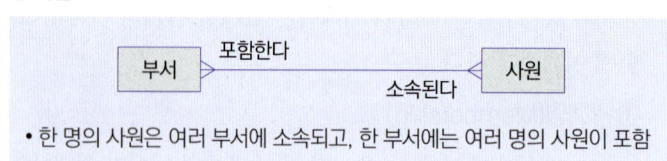 • 한 명의 사원은 여러 부서에 소속되고, 한 부서에는 여러 명의 사원이 포함	

③ 관계 선택 사양(Optionality)

- 관계 선택 사양은 엔티티가 관계에 항상 참여하는지, 아니면 선택적으로 참여하는지를 의미한다.
- 필수 참여(Mandatory Membership)와 선택 참여(Optional Membership)로 구분하고, 참여하는 엔티티가 항상 참여하는 경우 필수 참여, 참여하지 않을 수 있는 경우는 선택 참여이다.

관계 선택 사양 종류			
종류	설명	IE 표기법	
필수 참여 (Mandatory Membership)	• 모든 참여자가 반드시 관계를 가지는 형태	1 : 1	
		1 : M	
선택 참여 (Optional Membership)	• 참여자가 관계를 가지지 않을 수도 있는 형태	1 : 1	
		1 : M	

> **개념 박살내기**
>
> ■ 관계 선택 사양 ERD
>
>
>
> - 한 부서는 여러 명의 사원을 포함할 수 있고, 한 사원은 한 부서에 소속된다.
> - 한 부서는 사원 엔티티와 관계가 있을 수도 있고 없을 수도 있기 때문에 부서 엔티티 기준으로 부서-사원의 관계는 선택참여가 된다.
> - 반대로, 사원 엔티티 기준으로는 사원과 부서의 관계가 필수이므로 필수참여가 된다.

(3) 관계의 정의 및 읽는 방법

① 관계 정의 시 체크 사항

두 개의 엔티티 사이에서 관계를 정의할 때 연관규칙, 정보 조합, 관계연결 규칙, 관계 연결 동사를 체크한다.

관계 정의 시 체크 사항

체크 사항	설명
연관규칙	두 개의 엔티티 사이에 연관규칙이 존재하는가?
정보 조합	두 개의 엔티티 사이에 정보의 조합이 발생하는가?
관계연결 규칙	업무기술서, 장표에 관계연결에 대한 규칙이 서술되어 있는가?
관계연결 동사(Verb)	업무기술서, 장표에 관계연결을 가능하게 하는 동사(Verb)가 있는가?

관계 체크 사항
「연조규동」
연관규칙 / 정보 조합 / 관계연결
규칙 / 관계연결 동사
→ 연어를 조합한 규동이 먹고 싶다.

② 관계의 정의 읽기

데이터 모델을 읽는 방법은 먼저 관계에 참여하는 기준 엔티티를 하나 또는 각각으로 읽고, 대상 엔티티의 개수(하나, 하나 이상)를 읽고 관계 선택 사양과 관계명을 읽는다.

관계의 정의 읽기

순서	읽기	설명	예시
1	하나의/각각의	기준이 되는 엔티티를 한 개(One) 또는 각각 읽음	각각의
2	기준 엔티티	기준 엔티티를 읽음	사원은
3	관계 차수	관련 엔티티의 관계 차수(한 개 또는 한 개 이상)를 읽음	하나의
4	관련 엔티티	관련 엔티티를 읽음	부서에
5	선택사양	관계 선택 사양(항상 또는 때때로)을 읽음	항상
6	관계명	관계명을 읽음	소속된다.

- 기준이 되는 엔티티를 한 개(One) 또는 각각으로 읽음
- 대상(Target) 엔티티의 관계 차수(한 개 또는 한 개 이상)를 읽음
- 관계 선택 사양(필수 또는 선택)과 관계명을 읽음

1. 하나의 (각각의)	2. 기준 엔티티	3. 관계 차수	4. 관련 엔티티	5. 선택사양 (필수ㅣ선택)	6. 관계명
각각의	사원은	한	부서에	항상	소속된다
각	부서에는	여러	사원을	때때로	포함한다.

01

모델링의 관계에 대한 설명으로 가장 적절하지 않은 것을 고르시오.

① 데이터 모델에서 관계는 개체(인스턴스)와 개체 간의 의미 있는 연관성을 뜻하며 개체 집합들 사이의 대응 관계를 말한다.
② 엔티티가 인스턴스의 논리적 표현이라면 관계는 관계 페어링의 논리적 표현이다.
③ 관계 표기법을 이해하기 위해서는 관계명(관계의 이름), 관계차수, 관계선택사양을 함께 이해해야 한다.
④ 관계는 존재에 의한 관계와 연관에 의한 관계로 구분될 수 있다.

[해설]
관계는 존재에 의한 관계와 행위에 의한 관계로 구분될 수 있다.
존재에 의한 관계는 부서와 사원의 관계처럼 '소속'이라는 존재의 형태에 의해 관계가 형성된 것이다. 이와 달리 행위에 의한 관계는 고객과 주문의 관계와 같이 고객이 '주문한다'는 행위에 의해 발생하는 관계이다.

02

데이터 모델링에서 관계 선택 사양(Optionality)은 엔티티가 관계에 항상 참여하는지, 아니면 선택적으로 참여하는지를 의미한다. 다음 중 ERD에 대한 설명으로 바르지 않은 것을 고르시오.

① 한 부서는 여러 명의 사원을 포함할 수 있고, 한 사원은 한 부서에 소속된다.
② 사원은 한 부서에 소속될 수도 있고 소속이 안 될 수도 있다.
③ 부서 엔티티 기준으로 부서–사원의 관계는 선택 참여이다.
④ 사원 엔티티 기준으로 사원과 부서의 관계가 필수이므로 필수 참여가 된다.

[해설]
사원은 한 부서에 반드시 소속되어야 한다.
관계 선택 사양(Optionality)은 필수 참여(Mandatory Membership)와 선택 참여(Optional Membership)로 구분하고, 참여하는 엔티티가 항상 참여하는 경우 필수 참여, 참여하지 않을 수 있는 경우는 선택 참여이다.

정답 1.④ 2.②

03

다음 중 두 개의 엔티티 사이에 관계를 정의할 때 체크하는 사항으로 적절하지 <u>않은</u> 것을 고르시오.

① 업무기술서, 장표에 관계연결을 가능하게 하는 명사(Noun)가 있는가?
② 업무기술서, 장표에 관계연결에 대한 규칙이 서술되어 있는가?
③ 두 개의 엔티티 사이에 연관규칙이 존재하는가?
④ 두 개의 엔티티 사이에 정보의 조합이 발생하는가?

해설

업무기술서, 장표에 관계연결을 가능하게 하는 동사(Verb)가 존재해야 한다.

관계 체크 사항	
「연조규동」	연관규칙 / 정보 조합 / 관계연결 규칙 / 관계연결 동사

04

다음 ERD를 보고 두 개의 엔티티 사이의 관계를 가장 바르게 읽은 것을 고르시오.

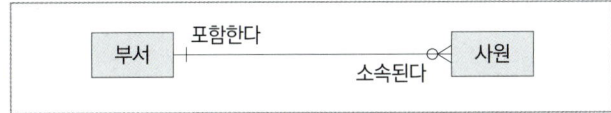

① 각 부서에는 여러 사원을 때때로 포함한다.
② 각 부서는 여러 사원을 반드시 포함한다.
③ 모든 부서에는 여러 사원을 항상 포함한다.
④ 각각의 사원은 여러 부서에 소속될 수 있다.

해설

관계를 읽는 방법은 다음과 같다.

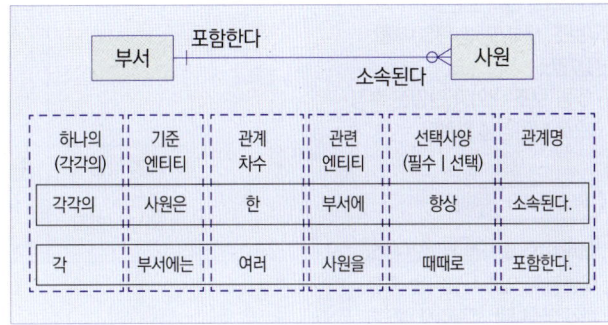

정답 3.① 4.①

주 식별자 특징
「유최불존」
유일성 / 최소성 / 불변성 / 존재성
→ 유일하게 채(최)소값만 불변하는 존재다.

참조 무결성
(Referential Integrity)
외래키(FK; Foreign Key) 값은 NULL이거나 참조 테이블의 기본키(PK; Primary Key) 값과 동일해야 한다는 규정이다.

식별자 분류
「주보 내외 단복 본인」
주/보조, 내부/외부, 단일/복합, 본질/인조
→ 주방 보조 내외가 단일한 복장으로 본인임을 알린다.

학습 Point

대체 여부에 따른 분류인 본질식별자와 인조식별자는 혼동하기 쉽습니다. 헷갈리지 않도록 개념을 잘 숙지하고 넘어가세요.

학습 Point

주 식별자 도출 기준은 다음과 같습니다.
1. 해당 업무에서 자주 이용되는 속성을 주식별자로 지정한다.
2. 명칭, 내역 등과 같이 이름으로 기술되는 것들은 가능하면 주식별자로 지정하지 않는다.
3. 복합으로 주식별자를 구성할 경우 너무 많은 속성이 포함되지 않도록 한다.

❺ 식별자 ★

(1) 식별자 개념

① 식별자의 개념
- 식별자는 하나의 엔티티에 구성된 여러 개의 속성 중에 엔티티를 대표할 수 있는 속성이다.
- 엔티티 내에서 각각의 인스턴스를 유일하게 구분할 수 있는 구분자이다.

② 식별자의 종류

| 식별자의 종류 |

종류		설명
주식별자		• 엔티티 내에서 각 인스턴스를 유일하게 구분할 수 있는 구분자 • 타 엔티티와 참조관계를 연결할 수 있는 식별자 • 유일성, 최소성, 불변성, 존재성을 만족해야 함
	유일성	주 식별자에 의해 엔티티 내의 모든 인스턴스를 유일하게 구분함
	최소성	주 식별자를 구성하는 속성의 수는 유일성을 만족하는 최소의 수가 되어야 함
	불변성	주 식별자가 한 번 특정 엔티티에 지정되면 그 식별자의 값은 변하지 않아야 함
	존재성	주 식별자가 지정되면 반드시 데이터 값이 존재(NULL 안됨)
대체식별자		주식별자를 대체할 수 있는 식별자로, 주식별자의 특징과 일치
외부식별자		• 타 엔티티와의 관계를 통해 타 엔티티로부터 받아오는 식별자 • 참조 무결성 제약조건에 따른 특징이 있고, 주식별자의 특징과는 일치하지 않음

(2) 식별자 분류

| 식별자 분류 |

분류	식별자	설명
대표성 여부	주식별자	• 엔티티 내에서 각 인스턴스를 유일하게 구분할 수 있는 식별자 • 타 엔티티와 참조관계를 연결할 수 있는 식별자
	보조식별자	• 엔티티 내에서 각 인스턴스를 구분할 수 있는 구분자이지만, 대표성을 가지지 못해 참조 관계 연결을 할 수 없는 식별자
스스로 생성 여부	내부식별자	• 엔티티 내부에서 스스로 만들어지는 식별자
	외부식별자	• 타 엔티티와의 관계를 통해 타 엔티티로부터 받아오는 식별자
속성 수	단일식별자	• 하나의 속성으로 구성된 식별자
	복합식별자	• 둘 이상의 속성으로 구성된 식별자
대체 여부	본질식별자	• 업무에 의해 만들어지는 식별자
	인조식별자	• 업무적으로 만들어지지는 않지만 원조식별자가 복잡한 구성을 갖고 있기 때문에 인위적으로 만든 식별자

(3) 식별자 표기법

• 식별자에 대한 분류법을 데이터 모델에서 표현하면 다음 그림과 같다.

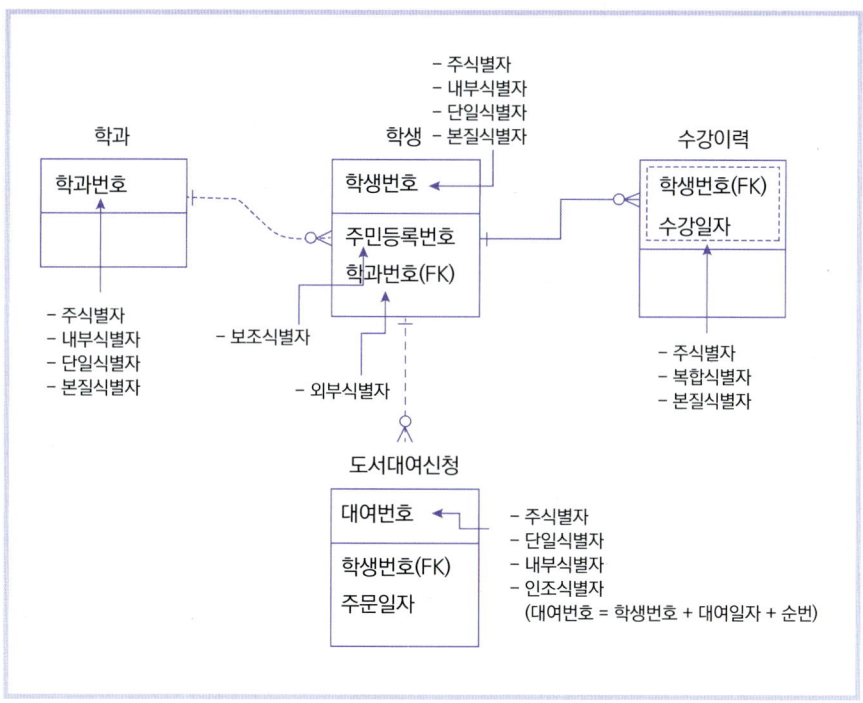

▲ 식별자 분류와 표기

> **학습 Point**
>
> 비식별자 관계로 연결하는 것을 고려해야 하는 경우는 다음과 같습니다.
>
> 1. 자식 엔티티에서 부모로부터 받은 속성이 필수가 아니어도 되므로 부모 없는 자식이 생성될 수 있는 경우
> 2. 엔티티별로 데이터의 생명주기를 다르게 관리할 경우
> 3. 여러 개의 엔티티가 하나의 엔티티로 통합되었지만, 각각의 엔티티가 별도의 관계를 가지는 경우
> 4. 자식 엔티티에서 별도의 주식별자를 생성하는 것이 더 유리한 경우
> 5. 모든 관계가 식별자 관계로 연결되면 SQL WHERE 절에서 비교하는 항목이 증가되어 조인에 참여하는 테이블에 따라 SQL 문장이 길어져 SQL 문의 복잡성이 증가되는 것을 방지하기 위해 비식별자 관계를 고려

(4) 식별자 관계와 비식별자 관계

① 식별자 관계와 비식별자 관계

엔티티 간의 관계에서 부모와 자식 간의 관계에 의해 외부식별자가 생성되는데, 부모로부터 받은 외부식별자를 자식 엔티티의 주 식별자로 사용 여부에 따라 식별자 관계와 비식별자 관계로 구분이 된다.

> **학습 Point**
>
> 도서대여신청 엔티티에서 학생번호 + 대여일자 + 순번을 주식별자로 삼기에는 복잡하므로 대여번호라는 식별자를 인위로 만들었습니다. 따라서, 대여번호는 학생번호 + 대여일자 + 순번의 식별자를 대체하고 있으므로 대체 여부에 따라 인조 식별자가 됩니다.

식별자 관계	비식별자 관계
부모로부터 받은 식별자를 자식 엔티티의 주 식별자로 이용하는 관계	부모 엔티티로부터 받은 속성을 자식 엔티티의 주 식별자로 사용하지 않고 일반적인 속성으로만 사용하는 관계

식별자 관계와 비식별자 관계

② 식별자 관계와 비식별자 관계 비교

강한 관계인 식별자 관계와 약한 관계인 비식별자 관계를 비교하면 다음과 같다.

| 식별자 관계와 비식별자 관계 비교

항목	식별자 관계	비식별자 관계
목적	• 강한 연결관계 표현	• 약한 연결관계 표현
자식 주식별자 영향	• 자식의 주식별자 구성에 포함됨	• 자식의 일반속성에 포함됨
표기법	• 실선	• 점선
연결 고려사항	• 반드시 부모엔티티에 종속되어야 하는 경우 • 자식 주식별자 구성에 부모 주식별자 포함이 필요한 경우 • 상속받은 주식별자 속성을 타 엔티티에 이전이 필요한 경우	• 약한 종속관계 • 자식 주식별자를 독립적으로 구성 • 상속받은 주 식별자 속성을 타 엔티티에 차단 필요한 경우 • 부모 쪽에 관계참여가 선택관계
특징	• 식별자의 길이가 길어져 개발이 복잡해지고 성능 문제 발생 가능	• 부모키가 자식테이블로 내려가지 않아 식별자의 길이가 길어지지 않음

천기누설 | 예상문제

01

식별자 분류에 대한 설명으로 가장 적절한 것을 고르시오.

> ㉠ 엔티티 내에서 각 인스턴스를 유일하게 구분할 수 있는 구분자로 타 엔티티와 참조관계를 연결할 수 있는 식별자
> ㉡ 엔티티 내에서 각 인스턴스를 구분할 수 있는 구분자이지만, 대표성을 가지지 못해 참조 관계 연결을 할 수 없는 식별자

① ㉠: 주식별자, ㉡: 보조식별자
② ㉠: 내부식별자, ㉡: 외부식별자
③ ㉠: 단일식별자, ㉡: 복합식별자
④ ㉠: 본질식별자, ㉡: 인조식별자

해설

주식별자	• 엔티티 내에서 각 인스턴스를 유일하게 구분할 수 있는 구분자 • 타 엔티티와 참조 관계를 연결할 수 있는 식별자
보조식별자	• 엔티티 내에서 각 인스턴스를 구분할 수 있는 구분자이지만, 대표성을 가지지 못해 참조 관계 연결을 할 수 없는 식별자
내부식별자	• 엔티티 내부에서 스스로 만들어지는 식별자
외부식별자	• 타 엔티티와의 관계를 통해 타 엔티티로부터 받아오는 식별자
단일식별자	• 하나의 속성으로 구성
복합식별자	• 둘 이상의 속성으로 구성
본질식별자	• 업무에 의해 만들어지는 식별자
인조식별자	• 업무적으로 만들어지지는 않지만 원조식별자가 복잡한 구성을 갖고 있기 때문에 인위적으로 만든 식별자

02

다음 보기 중 주식별자의 특징으로 볼 수 <u>없는</u> 것을 고르시오.

① 유일성 ② 불변성
③ 존재성 ④ 가독성

해설

가독성은 주식별자의 특징으로 보기 어렵다.

주 식별자 특징	
유최불존	유일성 / 최소성 / 불변성 / 존재성

03

다음 중 주식별자에 대한 설명으로 가장 <u>부적절</u>한 것을 고르시오.

① 유일성은 주식별자에 의해 엔티티 내의 모든 인스턴스를 유일하게 구분되어야 하는 특징이다.
② 최소성은 주식별자를 구성하는 속성의 수는 유일성을 만족하는 최소의 수가 되어야 함을 의미한다.
③ 불변성은 주식별자가 한번 특정 엔티티에 지정되면 그 식별자의 값은 변하지 않아야 하는 특징이다.
④ 존재성은 주식별자가 지정되면 반드시 NULL이나 값이 존재해야 함을 의미한다.

해설

주식별자의 특징 중 존재성은 주식별자가 지정되면 반드시 값이 존재해야 함을 의미하므로 NULL 값이 들어가면 안된다는 것이다.

> 예) 사원 엔티티에서 '사원번호' 속성이 주식별자로 지정되면 사원번호 속성에 값이 없는 인스턴스는 있을 수 없음

정답 1.① 2.④ 3.④

04

다음 중 식별자 분류체계에 대한 설명으로 알맞은 내용을 모두 고르시오.

> ㉠ 식별자는 대표성 여부에 따라 주 식별자와 보조 식별자로 구분한다.
> ㉡ 식별자는 스스로 생성 여부에 따라 내부 식별자와 외부 식별자로 구분한다.
> ㉢ 식별자는 속성의 수에 따라 단일 식별자와 복합 식별자로 구분한다.
> ㉣ 식별자는 대체 여부에 따라 본질 식별자와 인조 식별자로 구분한다.

① ㉡
② ㉠, ㉡, ㉢
③ ㉠, ㉡, ㉣
④ ㉠, ㉡, ㉢, ㉣

[해설]

분류	식별자	설명
대표성 여부	주식별자	• 엔티티 내에서 각 인스턴스를 유일하게 구분할 수 있는 구분자 • 타 엔티티와 참조관계를 연결할 수 있는 식별자
	보조식별자	• 엔티티 내에서 각 인스턴스를 구분할 수 있는 구분자이지만, 대표성을 가지지 못해 참조 관계 연결을 할 수 없는 식별자
스스로 생성 여부	내부식별자	• 엔티티 내부에서 스스로 만들어지는 식별자
	외부식별자	• 타 엔티티와의 관계를 통해 타 엔티티로부터 받아오는 식별자
속성 수	단일식별자	• 하나의 속성으로 구성
	복합식별자	• 둘 이상의 속성으로 구성
대체 여부	본질식별자	• 업무에 의해 만들어지는 식별자
	인조식별자	• 업무적으로 만들어지지는 않지만 원조식별자가 복잡한 구성을 갖고 있기 때문에 인위적으로 만든 식별자

05

다음 중 식별자로 지정하기에 가장 **부적절**한 것을 고르시오.

① 학번
② 일련번호
③ 이름
④ 주민번호

[해설]

식별자는 하나의 엔티티에 구성된 여러 개의 속성 중에 엔티티를 대표할 수 있는 속성이고 각각의 인스턴스를 유일하게 구분할 수 있는 구분자이다.
이름은 동명이인이 있을 수도 있고 또는 개명을 통해 이름이 변경되는 경우가 있을 수 있으므로 식별자로 지정하기에 적절하지 않다.

06

다음 중 엔티티 내에 주 식별자를 도출하는 기준을 묶은 것으로 가장 적절한 것을 고르시오.

> ㉠ 상품명, 구매 물품 등과 같이 이름으로 기술되는 것들을 주식별자로 지정한다.
> ㉡ 복합으로 주식별자를 구성할 경우 너무 많은 속성을 포함하지 않도록 한다.
> ㉢ 해당 업무에서 자주 이용되는 속성을 주식별자로 지정한다.
> ㉣ 자주 수정되는 속성을 주식별자로 지정한다.

① ㉠, ㉡
② ㉡, ㉢
③ ㉢, ㉣
④ ㉡, ㉣

[해설]

- 상품명, 구매 물품 등과 같이 이름으로 기술되는 것들을 주 식별자로 지정하지 않는다.
- 복합 속성으로 주식별자를 구성할 경우 속성의 개수는 최소한으로 한다.
- 해당 업무에서 자주 이용되는 속성으로 한다.

정답 4.④ 5.③ 6.②

07

다음 중 비식별자 관계에 대한 설명으로 가장 부적절한 것을 고르시오.

① 부모 엔티티로부터 받은 속성을 자식 엔티티의 주식별자로 사용하지 않고 일반적인 속성으로만 사용하는 관계를 말한다.
② 상호 간에 연관성이 약할 경우, 비식별자 관계를 고려한다.
③ 상속받은 주식별자를 다른 엔티티까지 계속 전달하기 위해 비식별자 관계를 고려한다.
④ 자식 테이블에서 독립적인 Primary Key의 구조를 가지기 원할 때는 비식별자 관계를 고려한다.

해설

상속받은 주식별자를 다음 엔티티까지 계속 전달하기 위해서는 식별자 관계를 고려해야 한다.

정답 7. ③

2 데이터 모델과 성능

❶ 정규화와 성능 ★★

(1) 성능 데이터 모델링의 개요

① 성능 데이터 모델링의 개념
- 성능 데이터 모델링은 분석/설계 단계부터 데이터베이스 성능을 고려한 데이터 모델링을 수행하는 기법이다.
- SQL이 아닌 데이터 모델을 중심으로 성능에 대한 데이터 모델링을 수행한다.

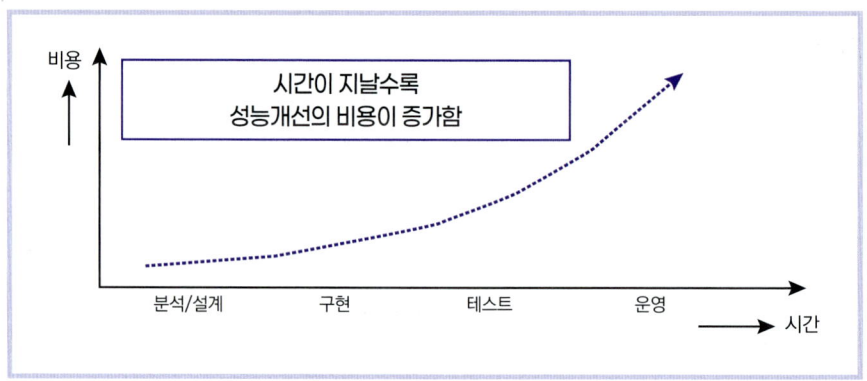

▲ 성능 데이터 모델링의 중요성

② 성능 데이터 모델링의 절차
- 논리 모델링 단계에서는 데이터베이스 정규화를 수행한다.
- 물리 모델링 단계에서는 용량산정과 트랜잭션 유형 파악을 통해 반정규화를 수행하고, 이력 유형, PK/FK 순서, 슈퍼 타입/서브 타입을 통해 데이터 구조를 조정한다.

순서	절차	설명
1	정규화	데이터 중복을 제거하여 데이터 처리 성능을 향상
2	용량산정	데이터베이스의 현재 용량과 예상 증가량을 조사
3	트랜잭션 유형 파악	데이터의 분할 및 조인 여부 조사
4	반정규화	테이블, 컬럼, 관계에 대해 반정규화 수행
5	데이터 구조 조정	이력 유형, PK/FK 순서, 슈퍼 타입/서브 타입 조정
6	데이터 모델 검증	성능 관점에서 데이터 모델을 검증

두음샘

성능 데이터 모델링의 절차

「정용 트반 구검」
정규화 / 용량산정 / 트랜잭션 유형 파악 / 반정규화 / 데이터 구조 조정 / 데이터 모델 검증
→ 내가 정녕(용) 트로피 반개를 구걸(검)해야겠는가!

학습 Point

성능 데이터 모델링의 개념과 절차를 이해하고 넘어가세요.

(2) 데이터베이스 정규화

① 데이터베이스 정규화(DB Normalization)의 개념
- 데이터베이스 정규화는 관계형 데이터 모델에서 데이터의 중복성을 제거하여 이상현상을 방지하고, 데이터의 일관성을 유지하기 위해 무손실 분해하는 과정이다.
- 함수적 종속성(Functional Dependency)의 성질을 이용해서 데이터베이스 정규화를 수행한다.

> **잠깐! 알고가기**
>
> **이상 현상 (Anomaly)**
> 릴레이션을 조작할 때, 데이터가 불필요하게 중복되어 일관성이 유지되지 못하는 현상을 의미한다.

② 함수적 종속성(Functional Dependency)
- 함수적 종속성은 데이터가 가지고 있는 속성 간의 관계에 의해 결정되고 종속되는 현상이다.
- 데이터의 기준 값을 결정자(Determinant)라고 하고, 종속되는 값을 종속자(Dependent)라고 한다.

│함수적 종속성의 표현

> (결정자) → (종속자)

> 🔖 **개념 박살내기**
>
> ■ **함수적 종속성의 예제**
> 주민등록번호가 이름과 나이에 영향을 주는 관계를 함수적 종속성으로 표현하면 다음과 같다.
>
> > (주민등록번호) → (이름, 나이)
>
> (주민등록번호)는 결정자이고, (이름, 나이)는 종속자이다.

> **학습 Point**
> 주민등록번호를 알면 이름과 나이를 알 수 있지만, 이름과 나이는 알고 있더라도 나이가 같은 동명이인이 있을 수도 있기 때문에 주민등록번호를 특정할 수 없습니다.

함수적 종속성의 유형

유형	설명
부분 함수 종속성	• 복합식별자의 부분적인 속성이 일반 속성을 결정하는 상태 ▲ 부분 함수 종속성 예제
완전 함수 종속성	• 식별자의 전체 속성이 일반 속성을 결정하는 상태 ▲ 완전 함수 종속성 예제
이행 함수 종속성	• 식별자가 아닌 일반 속성이 다른 일반 속성을 결정하는 상태 ▲ 이행 함수 종속성 예제
결정자 함수 종속성	• 후보키가 아닌 결정자가 존재하는 상태 ▲ 결정자 함수 종속성 예제

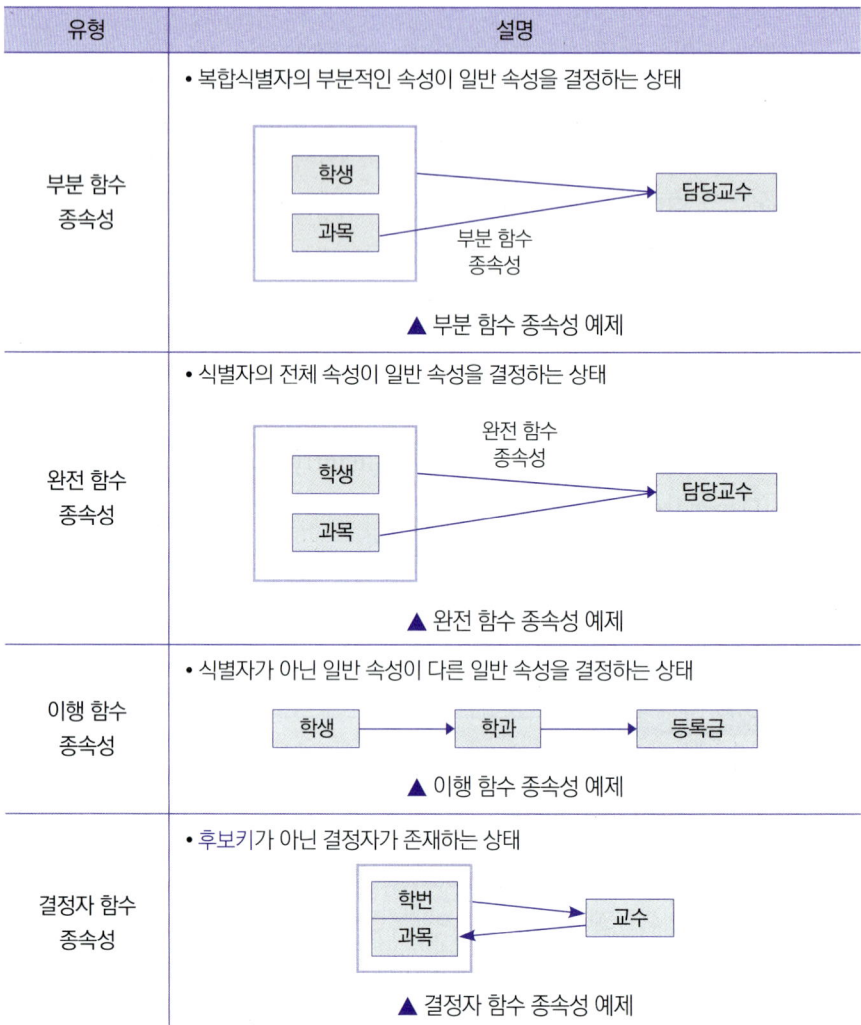

③ 데이터베이스 정규화 단계

일반적으로 데이터베이스 정규화는 함수적 종속성에 근거해서 수행한다.

데이터베이스 정규화 단계

단계	설명
1차 정규화	• 테이블 내의 속성값을 원자값으로 구성하는 단계
2차 정규화	• 부분 함수 종속성을 제거하는 단계 • 일반 속성은 모두 완전 함수적 종속성 관계
3차 정규화	• 이행 함수 종속성을 제거하는 단계
BCNF (Boyce-Codd Normal Form)	• 결정자 함수 종속성을 제거하는 단계

 잠깐! 알고가기

후보키 (Candidate Key)

릴레이션에서 튜플을 유일하게 식별할 수 있는 속성들의 집합으로, 유일성과 최소성을 만족한다.

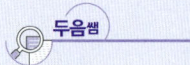 두음쌤

데이터베이스 정규화 단계

「원부이결」
원자값 / 부분 함수 종속성 / 이행 함수 종속성 / 결정자 함수 종속성
→ 소원이니 부디 이겨(결)라

 잠깐! 알고가기

원자값 (Atomic Value)

더는 분리되지 않는 값이다. 1차 정규화에서 하나의 속성에는 하나의 값만을 저장할 수 있다.

학습 Point

하나의 속성에 하나 이상의 값을 가지는 경우에는 1차 정규화를 통해 원자값을 가질 수 있도록 합니다.

학습 Point

정규화는 5차 정규화까지 있으나 SQLD에서는 1/2/3차 정규화, BCNF를 알고 계시면 크게 무리 없습니다.

개념 박살내기

■ 1차 정규화 예제

이름	이메일주소
홍 길 동	hong@sqld.net; gildong.hong@sqld.net

↓ 1차 정규화 수행

이름	이메일주소
홍 길 동	hong@sqld.net
홍 길 동	gildong.hong@sqld.net

▲ 1차 정규화

이메일 주소 속성에 2개의 중복되는 값이 존재한다. 속성값을 원자 값으로 구성하기 위해서, 2개의 이메일 주소를 각각의 레코드로 구성한다.

> **학습 Point**
> 정규형은 정규화를 충족시키는 상태입니다. 예를 들어, 1차 정규형은 1차 정규화가 수행된 상태입니다.

> **학습 Point**
> 로우 단위의 중복뿐만 아니라, 컬럼 단위의 중복도 1차 정규화의 대상입니다.
> 예 취미1, 취미2 등

개념 박살내기

■ 2차 정규화 예제

학생	과목	담당교수
홍 길 동	데이터베이스	이순신
장 보 고	데이터베이스	이순신
허 준	소프트웨어공학	스티브

↓ 2차 정규화 수행

학생	과목
홍 길 동	데이터베이스
장 보 고	데이터베이스
허 준	소프트웨어공학

과목	담당교수
데이터베이스	이순신
소프트웨어공학	스티브

▲ 2차 정규화

> **학습 Point**
> 데이터 모델에서 주식별자는 밑줄로 표시합니다. 앞으로 자주볼테니 기억해두세요.

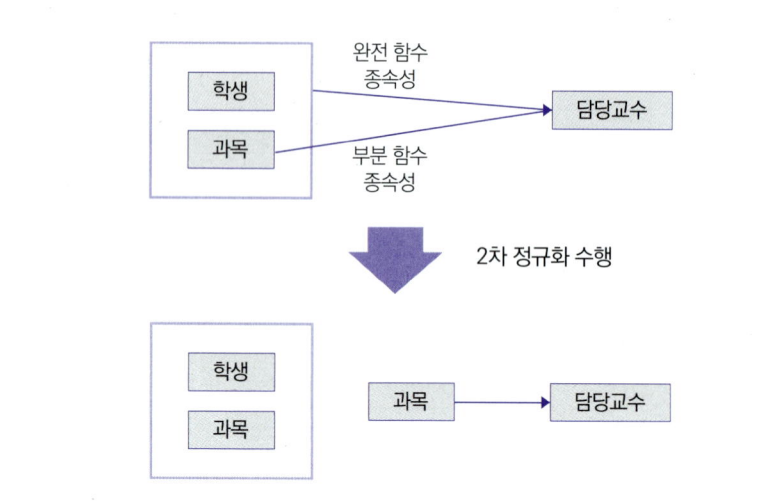

▲ 2차 정규화의 함수적 종속성

결정자의 부분 속성인 과목이 일반 속성인 담당교수를 결정하므로, 부분 함수 종속성이 존재한다. 부분 함수 종속성의 결정자인 과목과 종속자인 담당교수 속성을 별도의 릴레이션으로 구성한다.

- 2차 정규화 이전 : (학생, 과목) → (담당교수)
- 2차 정규화 이후 : (학생, 과목), (과목) → (담당교수)

개념 박살내기

■ 3차 정규화 예제

학생	학과	등록금
홍길동	컴퓨터공학과	300만원
장보고	이러닝학과	400만원
허 준	이러닝학과	400만원

3차 정규화 수행

학생	학과
홍길동	컴퓨터공학과
장보고	이러닝학과
허 준	이러닝학과

학과	등록금
컴퓨터공학과	300만원
이러닝학과	400만원

▲ 3차 정규화

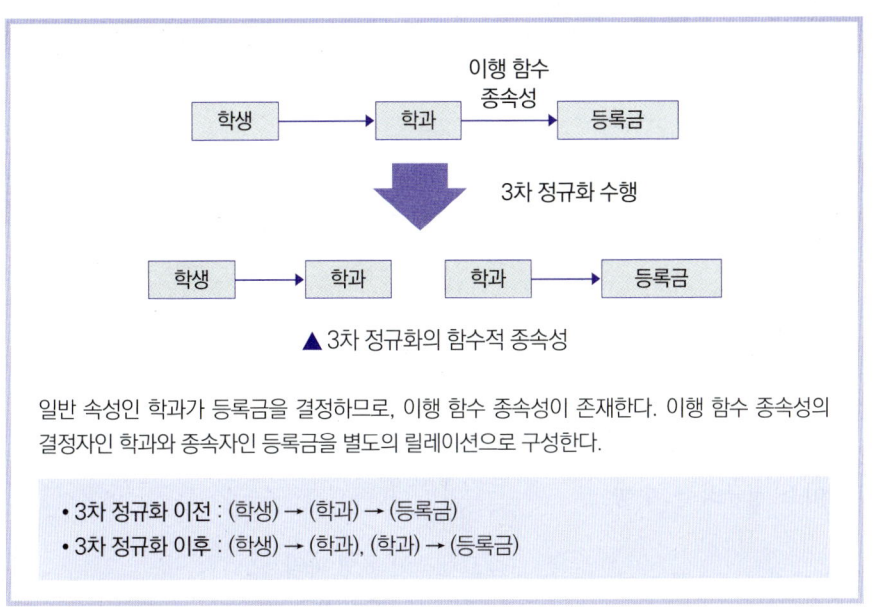

▲ 3차 정규화의 함수적 종속성

일반 속성인 학과가 등록금을 결정하므로, 이행 함수 종속성이 존재한다. 이행 함수 종속성의 결정자인 학과와 종속자인 등록금을 별도의 릴레이션으로 구성한다.

- 3차 정규화 이전 : (학생) → (학과) → (등록금)
- 3차 정규화 이후 : (학생) → (학과), (학과) → (등록금)

(3) 데이터베이스 정규화의 성능 고려사항

- 정규화를 하면 데이터 처리 조건에 따라 성능이 향상될 수도 있지만, 반대로 성능이 저하될 수도 있다.
- 정규화로 인해 조인이 증가하는 경우에는 데이터 조회 성능이 저하될 수 있다.
- 데이터 조회와 입력/수정/삭제의 성능이 Trade-Off 되어 발생하기도 한다.

| 데이터베이스 정규화의 성능 고려사항

처리 유형	고려사항
조회	• 데이터 처리 조건에 따라, 성능이 다르게 나타남 • 단일 테이블 조회 시, 데이터 중복이 제거되어 조회 성능이 향상됨 • 다수의 테이블을 조인하여 조회하는 경우에는 I/O 증가와 조인 연산으로 조회 성능이 저하되기도 함
입력, 수정, 삭제	• 데이터 중복이 제거되어, 일반적으로 성능이 향상됨

천기누설 | 예상문제

01

다음 중 성능 데이터 모델링에 대한 설명으로 <u>틀린</u> 것을 고르시오.

① 성능 데이터 모델링은 데이터베이스 구축 단계에서 성능을 고려한 데이터 모델링을 수행하는 기법이다.
② 성능 데이터 모델링은 SQL이 아닌 데이터 모델을 중심으로 성능에 대한 데이터 모델링을 수행한다.
③ 논리 모델링 단계에서는 데이터베이스 정규화를 수행한다.
④ 물리 모델링 단계에서는 용량산정과 트랜잭션 유형 파악을 통해 반정규화를 수행한다.

[해설]
성능 데이터 모델링은 분석/설계 단계부터 데이터베이스 성능을 고려한 데이터 모델링을 수행하는 기법이다.

02

다음 중 성능 데이터 모델링의 절차로 가장 적절한 것을 고르시오.

> ㉠ 데이터 구조 조정
> ㉡ 데이터 모델 검증
> ㉢ 반정규화
> ㉣ 용량산정
> ㉤ 정규화
> ㉥ 트랜잭션 유형 파악

① ㉣ → ㉤ → ㉥ → ㉢ → ㉠ → ㉡
② ㉣ → ㉤ → ㉥ → ㉢ → ㉡ → ㉠
③ ㉤ → ㉣ → ㉥ → ㉢ → ㉠ → ㉡
④ ㉤ → ㉣ → ㉥ → ㉢ → ㉡ → ㉠

[해설]

	성능 데이터 모델링의 절차
적용 트반 구검	정규화 / 용량산정 / 트랜잭션 유형 파악 / 반정규화 / 데이터 구조 조정 / 데이터 모델 검증

정답 1.❶ 2.❸

03

다음은 함수적 종속성에 대한 설명이다. 빈칸에 들어갈 용어를 각각 작성하시오.

> 함수적 종속성은 데이터가 가지고 있는 속성 간의 관계에 의해 결정되고 종속되는 현상이다. 데이터의 기준값을 (　　　　　)(이)라고 하고, 종속되는 값을 (　　　　　)(이)라고 한다.

해설

함수적 종속성에서 데이터의 기준값을 결정자라고 하고, 종속되는 값을 종속자라고 한다.

04

데이터베이스 정규화의 성능 고려사항으로 가장 적절하지 <u>않은</u> 것을 고르시오.

① 정규화를 하면 데이터 조회와 입력/수정/삭제의 성능이 Trade-Off 되어 발생하기도 한다.
② 정규화를 하면 단일 테이블을 조회할 때, 데이터 중복이 제거되어 조회 성능이 향상된다.
③ 다수의 테이블을 조인하여 조회하는 경우에도 조회 성능이 향상된다.
④ 입력/수정/삭제의 경우에 데이터 중복이 제거되어, 일반적으로 성능이 향상된다.

해설

다수의 테이블을 조인하여 조회하는 경우에는 I/O 증가와 조인 연산으로 조회 성능이 저하되기도 한다.

05

데이터베이스 정규화는 관계형 데이터 모델에서 데이터의 중복성을 제거하여 이상 현상을 방지하고, 데이터의 일관성을 유지하기 위해 무손실 분해하는 과정이다. 함수적 종속성 다이어그램의 정규화 단계로 가장 알맞은 것을 고르시오.

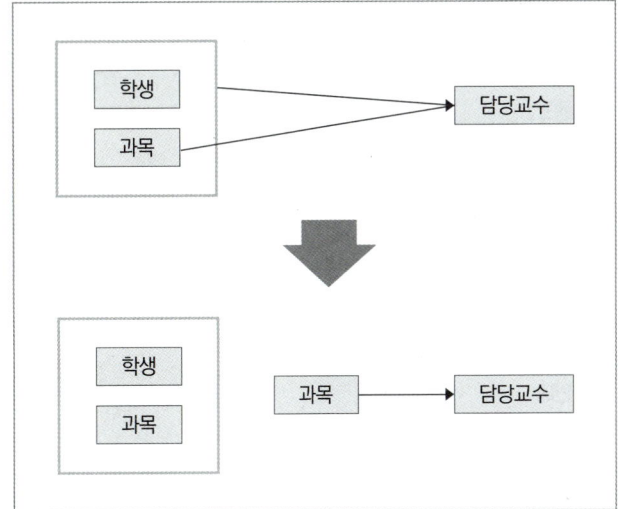

① 1차 정규화
② 2차 정규화
③ 3차 정규화
④ BCNF(Boyce-Codd Normal Form)

해설

정규화 이전의 릴레이션에서는 결정자의 부분 속성인 과목이 일반 속성인 담당 교수를 결정하므로, 부분 함수 종속성이 존재한다. 부분 함수 종속성을 제거하기 위해서는 2차 정규화를 수행해야 한다.

정답 3. 결정자(Determinant), 종속자(Dependent) 4. ❸ 5. ❷

❷ 반정규화와 성능 ★★

(1) 반정규화(De-Normalization)의 개념

- 반정규화는 시스템의 성능 향상, 개발 및 운영의 단순화를 위해 정규화된 데이터 모델을 중복, 통합, 분리하는 데이터 모델링 기법이다.
- 반정규화는 역정규화 또는 비정규화라고 부르기도 한다.

(2) 반정규화 절차

- 반정규화는 대상을 조사하고, 다른 방법을 먼저 유도한 후, 반정규화를 수행한다.
- 반정규화는 데이터의 일관성을 유지하는 비용이 더 발생하기 때문에, 반정규화를 수행하기 전에 대안을 검토하는 작업을 선행한다.

반정규화 절차

절차	방법	설명
1. 반정규화 대상조사	범위처리 빈도수 조사	일정한 범위를 조회하는 프로세스가 많은지 확인
	대량의 범위처리 조사	대량의 데이터 범위를 자주 처리하는지 확인
	통계성 프로세스 조사	통계 정보를 필요로 하는 프로세스가 있는지 확인
	테이블 조인 개수 조사	테이블에 조인의 개수가 많은지 확인
2. 다른 방법 유도	뷰(View) 테이블 생성	성능을 고려한 뷰를 생성
	클러스터링 적용	클러스터링 팩터에 의해 저장방식을 다르게 적용
	인덱스의 조정	인덱스 변경 및 생성
	애플리케이션 로직 변경	응용 애플리케이션에서 로직을 구사하는 방법을 변경함으로써 성능을 향상
3. 반정규화 적용	테이블 반정규화	테이블 병합, 분할, 추가
	컬럼 반정규화	중복 컬럼, 파생 컬럼, 이력 컬럼 추가
	관계 반정규화	중복관계 추가

반정규화 대상조사
「빈대통조」
빈도수 / 대량범위 / 통계성 / 조인
→ 빈대를 통에 조금 넣는다

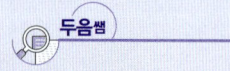

다른 방법 유도
「뷰클인애」
뷰 테이블 / 클러스터링 / 인덱스 / 애플리케이션
→ 뷰가 클래스가 있네(인애)

(3) 반정규화 기법

반정규화 기법에는 테이블 반정규화, 컬럼 반정규화, 관계 반정규화가 있다.

| 반정규화 기법

대상	기법	설명		
테이블	테이블 병합	• 1:1 관계, 1:M 관계, 슈퍼/서브 타입 테이블 병합		
		1:1 관계	• 1:1 관계의 테이블을 병합 • 테이블 병합으로 데이터의 중복이 발생하지 않음	
		1:M 관계	• 1:M 관계의 테이블을 병합 • 참여도가 1인 테이블에서 데이터의 중복이 발생	
		슈퍼/서브 타입	• 슈퍼 타입과 서브 타입을 하나의 테이블로 병합	
	테이블 분할	• 테이블을 수직 또는 수평으로 분할		
		수평 분할	• 행을 기준으로 테이블을 분할	
		수직 분할	• 컬럼을 기준으로 테이블을 분할	
		• 테이블에서 특정 컬럼만 조회할 때, Disk I/O를 낮추기 위해서 수직 분할 이용		
	테이블 추가	– 중복, 통계(집계), 이력, 부분 테이블 추가		
		중복 테이블 추가	• 원격 환경에서 테이블 구조를 중복으로 구성 • DB Link 제거	
		통계(집계) 테이블 추가	• 대량의 데이터를 GROUP BY, SUM과 같은 함수로 요약해서 저장	
		이력 테이블 추가	• 이력 관리용 테이블을 추가	
		부분 테이블 추가	• 디스크 I/O를 줄이기 위해 자주 사용되는 컬럼에 대해 새로운 테이블로 추가	
컬럼	중복 컬럼 추가	• 조인을 감소시키기 위해 다수 테이블에 중복된 컬럼을 추가		
	파생 컬럼 추가	• 계산에 의한 성능 부하를 예방하기 위해 미리 값을 계산한 컬럼을 추가		
	이력 컬럼 추가	• 이력 데이터에서 최근 값을 조회하기 위한 기능성 컬럼을 추가		
	임시 컬럼 추가	• 애플리케이션 오작동 시 이전 데이터로 복구하기 위한 임시 컬럼을 추가		
	기본키(PK)에 의한 컬럼 추가	• 단일속성인 PK가 복합 의미를 갖는 경우에 개별 의미를 일반 속성에 포함		
관계	중복관계 추가	• 여러 경로를 거쳐야 조인이 가능한 경우 추가적인 관계를 생성해서 성능을 향상		

잠깐! 알고가기

DB Link
현재의 데이터베이스에서 다른 데이터베이스에 접속하기 위한 객체이다. DB Link를 통해서 서로 다른 데이터베이스 간의 원격 조인이 가능하다.

테이블 반정규화 기법
「병분추」
병합 / 분할 / 추가
→ 병에 걸리면 부(분)추를 먹어라

컬럼 반정규화 기법
「중파이 임기」
중복 / 파생 / 이력 / 임시 / 기본키
→ 중학교 때 파이썬 배우고 임시로 기억하기

학습 Point
FK에 대한 속성 추가는 반정규화 기법이 아닌 논리 데이터 모델링에서 관계를 연결할 때 사용하는 기법입니다.

학습 Point
반정규화의 절차와 기법을 알고 넘어가세요.

잠깐! 알고가기

중복성의 원리

중복성의 원리에는 테이블의 중복성, 컬럼의 중복성, 관계의 중복성이 있다.

학습 Point

반정규화의 성능 고려사항을 이해하고 넘어가세요.

(4) 반정규화의 성능 고려사항

- 중복성의 원리를 이용해서 데이터 조회 성능을 향상시키는 역할을 한다.
- 데이터를 조회할 때 디스크 I/O양이 많아서 성능 저하가 예상되는 경우에 반정규화를 수행해서 성능을 향상시킨다.
- 정규화로 인해 엔티티가 증가하고 조인의 개수가 많아지는 경우에 반정규화를 고려한다.

천기누설 | 예상문제

01

다음 중 반정규화의 절차에 대한 설명 중에서 가장 적절한 것을 고르시오.

① 반정규화는 반정규화 대상조사, 반정규화 적용, 다른 방법 유도의 순서로 수행한다.
② 반정규화를 수행하기 전에 대안을 검토하는 작업을 선행해야 한다.
③ 반정규화 대상조사 방법에는 뷰(View) 생성, 클러스터링 적용, 인덱스 변경이 있다.
④ 다른 방법 유도에는 범위처리 빈도수 조사, 대량의 범위처리 조사, 통계성 프로세스 조사 방법이 있다.

[해설]

- 반정규화는 반정규화 대상조사, 다른 방법 유도, 반정규화 적용의 순서로 수행한다.
- 반정규화 대상조사 방법에는 범위처리 빈도수 조사, 대량의 범위처리 조사, 통계성 프로세스 조사 방법이 있다.
- 다른 방법 유도에는 뷰(View) 생성, 클러스터링 적용, 인덱스 변경이 있다.

02

다음 중 계산에 의한 성능 부하를 예방하기 위해 미리 값을 계산한 컬럼을 추가하는 반정규화 기법은 무엇인지 고르시오.

① 중복 컬럼 추가
② 파생 컬럼 추가
③ 이력 컬럼 추가
④ 임시 컬럼 추가

[해설]

컬럼 반정규화 기법은 다음과 같다.

중복 컬럼 추가	조인을 감소시키기 위해 다수 테이블에 중복된 컬럼을 추가
파생 컬럼 추가	계산에 의한 성능 부하를 예방하기 위해 미리 값을 계산한 컬럼을 추가
이력 컬럼 추가	이력 데이터에서 최근 값을 조회하기 위한 기능성 컬럼을 추가
임시 컬럼 추가	애플리케이션 오작동 시 이전 데이터로 복구하기 위한 임시 컬럼을 추가
기본키(PK)에 의한 컬럼 추가	단일속성인 PK가 복합 의미를 갖는 경우에 개별 의미를 일반 속성에 포함

정답 1. ② 2. ②

03

다음 중 반정규화의 성능 고려사항으로 가장 적절하지 <u>않은</u> 것을 고르시오.

① 중복성의 원리를 이용해서 데이터의 저장 용량을 감소시키는 역할을 한다.
② 데이터를 조회할 때 디스크 I/O양이 많아서 성능 저하가 예상되는 경우에 반정규화를 수행해서 성능을 향상시킨다.
③ 정규화로 인해 엔티티가 증가하고 조인의 개수가 많아지는 경우에 반정규화를 고려한다.
④ 반정규화는 데이터의 일관성을 유지하는 비용이 더 발생하기 때문에, 반정규화를 수행하기 전에 대안을 검토하는 작업을 선행한다.

[해설]

반정규화는 중복성의 원리를 이용해서 데이터 조회 성능을 향상시키는 역할을 한다.

04

반정규화 대상이 아닌 것을 고르시오.

① 자주 사용되는 테이블에 접근하는 프로세스의 수가 많고 항상 일정한 범위만을 조회하는 경우
② 테이블에 대량의 데이터가 있고 대량의 데이터 범위를 자주 처리하는 경우에 처리 범위를 일정하게 줄이지 않으면 성능을 보장할 수 없을 경우
③ 통계성 프로세스에 의해 통계 정보를 필요로 할 때 별도의 통계 테이블을 생성해야 하는 경우
④ 테이블에 지나치게 많은 조인과 Sorting, Order by 프로세스가 많은 경우

[해설]

- Sorting, Order by 구문은 반정규화 대상이 아니다.
- 반정규화 대상을 조사하는 방법은 다음과 같다.

범위처리 빈도수 조사	일정한 범위를 조회하는 프로세스가 많은지 확인
대량의 범위처리 조사	대량의 데이터 범위를 자주 처리하는지 확인
통계성 프로세스 조사	통계 정보를 필요로 하는 프로세스가 있는지 확인
테이블 조인 개수	테이블에 조인의 개수가 많은지 확인

정답 3.① 4.④

❸ 대용량 데이터에 따른 성능 ★

(1) 대용량 데이터의 성능 저하 원인

테이블에 저장되는 데이터의 양이 많거나 컬럼의 수가 많은 경우에는 데이터베이스의 성능 저하가 발생할 수 있다.

| 대용량 데이터의 성능 저하 원인

원인	설명
데이터의 양이 많은 경우	• 데이터의 양이 많아지면 인덱스의 용량이 커져서, 인덱스 변경이 필요한 입력, 수정, 삭제 트랜잭션에서 성능 저하가 발생 • 데이터양의 증가로 인덱스의 Tree 구조가 커지면, 인덱스 단계가 깊어지면서 조회 성능도 저하됨
컬럼의 수가 많은 경우	• 컬럼의 수가 많아지면 데이터가 다수 블록에 저장되므로, 다수의 I/O를 발생시켜서 성능 저하가 발생 • 로우 체이닝(Row Chaining), 로우 마이그레이션(Row Migration) 현상 발생 | 로우 체이닝 (Row Chaining) | 하나의 로우가 다수의 블록에 저장되는 현상 | | 로우 마이그레이션 (Row Migration) | 데이터에 대한 수정이 발생할 때, 기존 블록이 아닌 새로운 블록에 저장하는 현상 | • 트랜잭션이 접근하는 컬럼 유형을 분석하여 테이블을 분리하면 디스크 I/O가 줄어들어 조회 성능을 향상시킬 수 있음

(2) 대용량 데이터의 성능 향상 방법

- 대용량 데이터의 성능 향상 방법에는 하나의 테이블을 다수의 파티션(Partition)으로 분할하는 파티셔닝 기법과 하나의 테이블을 다수의 테이블로 분할하는 수평 분할/수직 분할 방법이 있다.
- 파티셔닝의 결과는 하나의 테이블이지만, 수평 분할/수직 분할의 결과는 다수의 테이블이다.

| 대용량 데이터의 성능 향상 방법

방법	설명
파티셔닝 (Partitioning)	• 하나의 테이블을 다수의 파티션(Partition)으로 분할하는 기법 • 물리적 파티셔닝을 통해 데이터를 파티션 단위로 관리 • 부하를 각 파티션으로 분산시켜 성능을 향상
테이블 분할	• 하나의 테이블을 다수의 테이블로 분할하는 기법 • 테이블 분할을 통해서 I/O를 줄이고 성능을 향상

① 파티셔닝(Partitioning)
- 파티셔닝은 하나의 테이블을 다수의 파티션(Partition)으로 분할하는 기법이다.
- 대용량 테이블을 보다 작은 파티션으로 관리함으로써 성능 저하를 방지하고 데이터 관리를 용이하게 하는 기법이다.

| 파티셔닝의 유형

유형	설명
레인지 파티셔닝 (Range Partitioning)	• 파티션 키 값의 범위를 기준으로 파티션을 구분하는 기법 • 값의 범위 혹은 기간에 따른 데이터 조회와 보관, 삭제가 용이 • 대용량의 테이블에서 데이터의 보관 주기에 따라 데이터를 쉽게 삭제하는 것이 가능 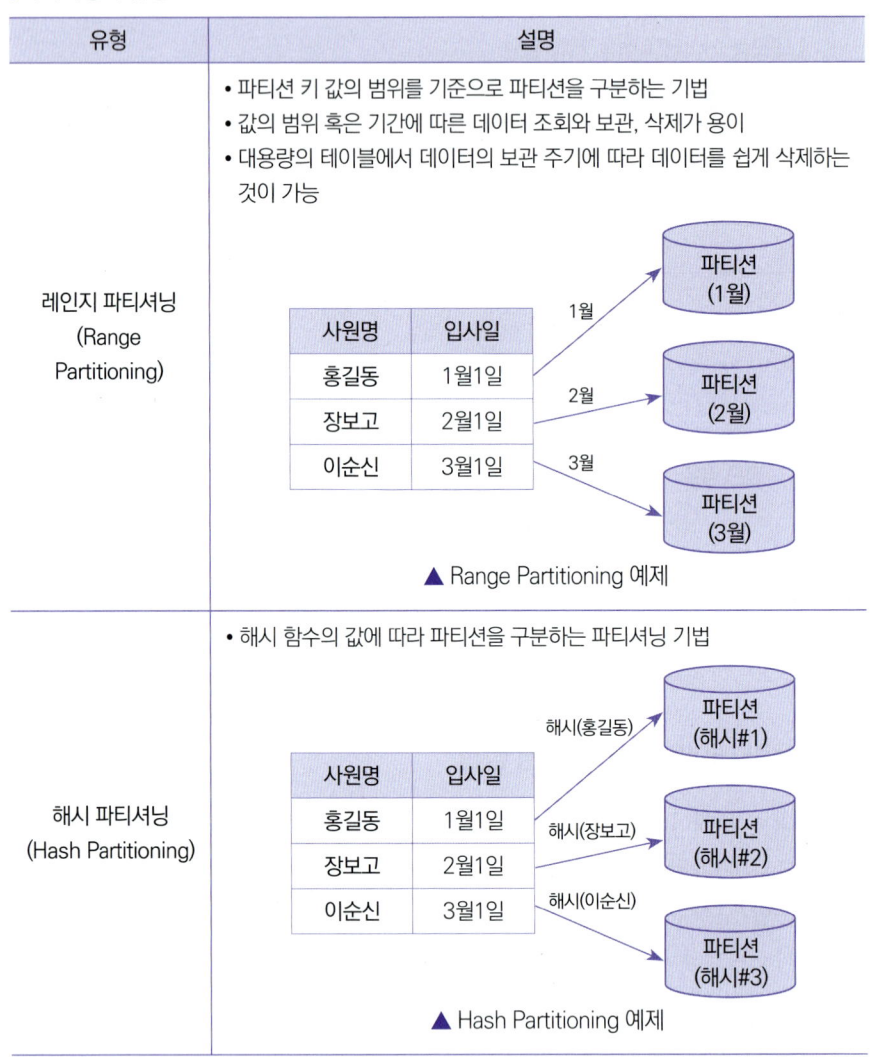 ▲ Range Partitioning 예제
해시 파티셔닝 (Hash Partitioning)	• 해시 함수의 값에 따라 파티션을 구분하는 파티셔닝 기법 ▲ Hash Partitioning 예제

유형	설명
리스트 파티셔닝 (List Partitioning)	• 파티션에 값 목록(리스트)을 할당해서 파티션을 구분하는 기법 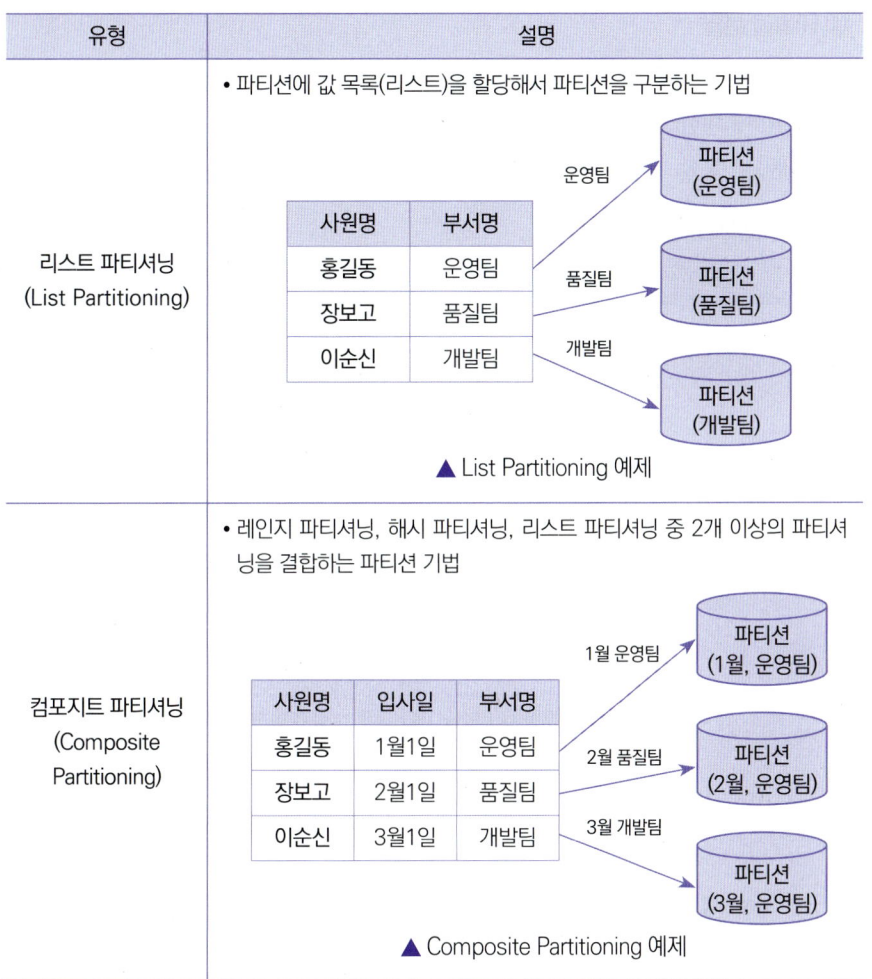▲ List Partitioning 예제
컴포지트 파티셔닝 (Composite Partitioning)	• 레인지 파티셔닝, 해시 파티셔닝, 리스트 파티셔닝 중 2개 이상의 파티셔닝을 결합하는 파티션 기법 ▲ Composite Partitioning 예제

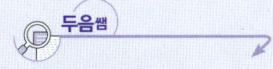

파티셔닝의 유형
「레해리컴」
레인지 파티셔닝 / 해시 파티셔닝 / 리스트 파티셔닝 / 컴포지트 파티셔닝
→ 레스토랑에서 해리가 컴퓨터를 한다.

② 테이블 분할

- 테이블 분할은 하나의 테이블을 다수의 테이블로 분할하는 기법으로써 테이블 접근에 대한 I/O를 줄이고 성능을 향상시킨다.
- 테이블 분할 기준에 따라 수평 분할과 수직 분할로 구분한다.

| 테이블 분할의 유형 |

유형	설명
수평 분할	하나의 테이블을 다수의 테이블로 수평 분할하는 기법 예 년도 컬럼을 기준으로 테이블을 수평 분할 | 년도 | 매출금액 | | 2019 | 1,000,000 | | 2020 | 1,100,000 | | 2021 | 1,210,000 | → | 년도 | 매출금액 | | 2019 | 1,000,000 | | 년도 | 매출금액 | | 2020 | 1,100,000 | | 2021 | 1,210,000 |
수직 분할	하나의 테이블을 다수의 테이블로 수직 분할하는 기법 예 매출금액 컬럼과 재고금액 컬럼을 기준으로 테이블을 수직 분할 | 년도 | 매출금액 | 재고금액 | | 2020 | 1,100,000 | 1,650,000 | | 2021 | 1,210,000 | 1,815,000 | → | 년도 | 매출금액 | | 2020 | 1,100,000 | | 2021 | 1,210,000 | | 년도 | 재고금액 | | 2020 | 1,650,000 | | 2021 | 1,815,000 |

천기누설 | 예상문제

01

다음 중 대용량 데이터의 성능 저하 원인으로 가장 적절하지 않은 것을 고르시오.

① 데이터의 양이 많아지면 인덱스의 용량이 커져서, 인덱스 변경이 필요한 입력, 수정, 삭제 트랜잭션에서 성능 저하가 발생한다.
② 데이터양의 증가로 인덱스의 Tree 구조가 커지면, 인덱스 단계가 깊어지면서 조회 성능도 저하된다.
③ 컬럼의 수가 많아지면 데이터가 다수 블록에 저장되므로, 다수의 I/O를 발생시켜서 성능 저하가 발생한다.
④ 컬럼의 수가 많아지면 하나의 로우가 다수의 블록에 저장되는 로우 마이그레이션(Row Migration) 현상이 발생할 수 있다.

[해설]

로우 마이그레이션은 데이터에 대한 수정이 발생할 때, 기존 블록이 아닌 새로운 블록에 저장하는 현상이다.

로우 체이닝	하나의 로우가 다수의 블록에 저장되는 현상
로우 마이그레이션	데이터에 대한 수정이 발생할 때, 기존 블록이 아닌 새로운 블록에 저장하는 현상

02

다음 중 대용량 데이터의 성능 향상 방법에 대한 설명으로 가장 적절하지 않은 것을 고르시오.

① 파티셔닝(Partitioning)은 하나의 테이블을 다수의 파티션(Partition)으로 분할하는 기법이다.
② 파티셔닝은 물리적 파티셔닝을 통해 데이터를 파티션 단위로 관리하고, 부하를 각 파티션으로 분산시켜 성능을 향상시킨다.
③ 테이블 분할은 하나의 테이블을 다수의 테이블로 분할하는 기법으로써 테이블 접근에 대한 성능은 향상되지만, I/O가 증가하는 단점이 있다.
④ 테이블 분할은 테이블 분할 기준에 따라 수평 분할과 수직 분할로 구분한다.

[해설]

테이블 분할은 하나의 테이블을 다수의 테이블로 분할하는 기법으로써 테이블 접근에 대한 I/O를 줄이고 성능을 향상시킨다.

정답 1. ④ 2. ③

03

다음이 설명하는 파티셔닝(Partitioning) 유형으로 가장 적절한 것을 고르시오.

> 파티션 키 값의 범위를 기준으로 파티션을 구분하는 기법으로 값의 범위 혹은 기간에 따른 데이터 조회와 보관, 삭제가 용이하다. 대용량의 테이블에서 데이터의 보관 주기에 따라 데이터를 쉽게 삭제하는 것이 가능한 파티셔닝 기법이다.

① 레인지 파티셔닝(Range Partitioning)
② 해시 파티셔닝(Hash Partitioning)
③ 리스트 파티셔닝(List Partitioning)
④ 컴포지트 파티셔닝(Composite Partitioning)

해설

레인지 파티셔닝	파티션 키 값의 범위를 기준으로 파티션을 구분하는 기법
해시 파티셔닝	해시 함수의 값에 따라 파티션을 구분하는 파티셔닝 기법
리스트 파티셔닝	파티션에 값 목록을 할당해서 파티션을 구분하는 기법
컴포지트 파티셔닝	레인지 파티셔닝, 해시 파티셔닝, 리스트 파티셔닝 중 2개 이상의 파티셔닝을 결합하는 파티션 기법

정답 3. ①

❹ DB 구조와 성능 ★

(1) 슈퍼 타입과 서브 타입 데이터 모델의 성능 고려사항

① 슈퍼 타입과 서브 타입 데이터 모델의 변환 방법

슈퍼 타입과 서브 타입 데이터 모델은 물리 모델링 단계에서 1:1 타입, 슈퍼+서브 타입, All in One 타입으로 변환할 수 있다.

| 슈퍼 타입과 서브 타입 데이터 모델의 변환 방법

방법	설명
1:1 타입 (One to One Type)	슈퍼 타입과 서브 타입 모델을 개별 테이블로 생성 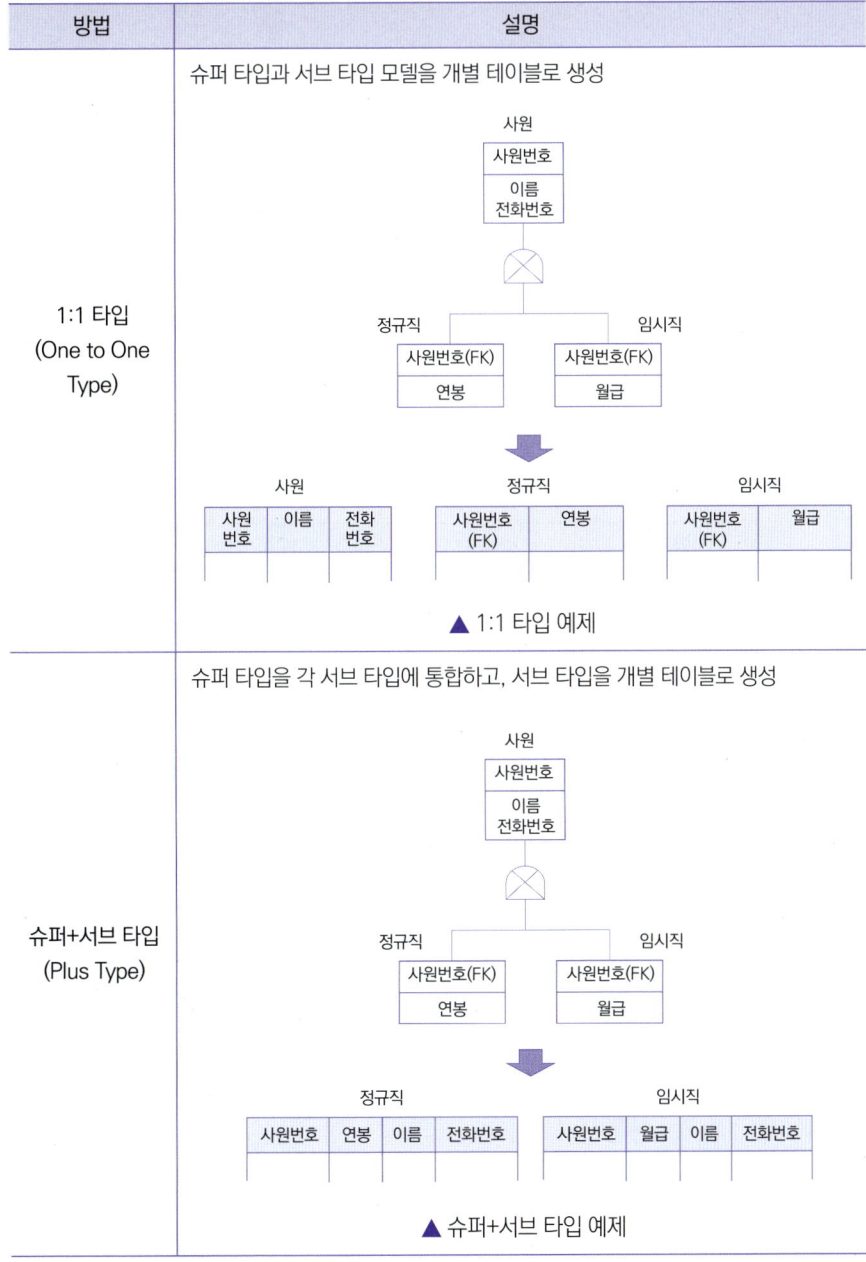▲ 1:1 타입 예제
슈퍼+서브 타입 (Plus Type)	슈퍼 타입을 각 서브 타입에 통합하고, 서브 타입을 개별 테이블로 생성 ▲ 슈퍼+서브 타입 예제

학습 Point

슈퍼 타입과 서브 타입의 데이터 모델을 변환하기 위해서는 트랜잭션의 특성을 고려해야 합니다.

1. 1:1 타입(One to One Type): 개별 트랜잭션
2. 슈퍼+서브 타입(Plus Type): 슈퍼 타입+서브 타입 트랜잭션
3. All in One 타입(Single Type): 전체 트랜잭션

All in One 타입 (Single Type)

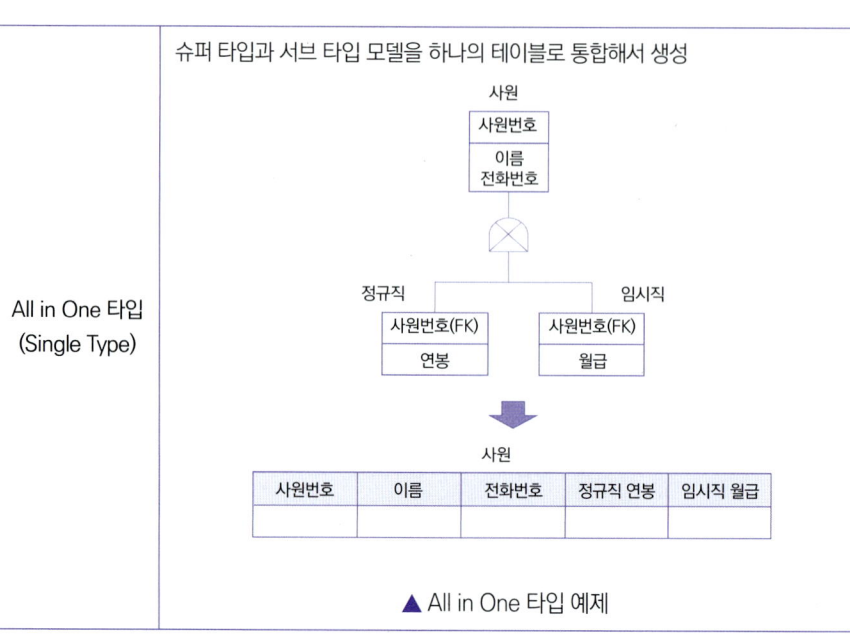

▲ All in One 타입 예제

② 슈퍼 타입과 서브 타입 데이터 모델의 성능 고려사항

트랜잭션의 특성을 고려하지 않고 슈퍼 타입과 서브 타입 데이터 모델을 변환하면 데이터베이스의 성능이 저하되는 문제가 발생한다.

| 슈퍼 타입과 서브 타입 데이터 모델의 성능 고려사항

고려사항	설명
개별 트랜잭션 발생	• 슈퍼 타입과 서브 타입 각각에 업무 트랜잭션이 독립적으로 발생하는 경우에는 1:1 타입으로 변환 • 개별 트랜잭션에 맞게 테이블을 생성함으로써 디스크 I/O를 줄일 수 있음 • 트랜잭션은 항상 서브타입 개별로 처리하는데 테이블은 하나로 통합하여 변환하면 불필요하게 많은 양의 데이터가 집적되어 있어 성능이 저하됨
슈퍼 타입+서브 타입 트랜잭션 발생	• 슈퍼 타입과 서브 타입을 묶어서 트랜잭션이 발생하는 경우에는 슈퍼+서브 타입으로 변환 • 슈퍼 타입을 각 서브 타입에 필요한 속성만 통합함으로써 디스크 I/O를 줄일 수 있음 • 슈퍼 타입 및 서브타입 간에 조인이 다수 발생할 수 있으며, 서브타입이 다수인 경우 관리하기에 용이하지 않음 • 트랜잭션은 항상 슈퍼 타입과 서브타입을 함께 처리하는데 개별로 유지하면 조인에 의해 성능이 저하됨

학습 Point

슈퍼 타입과 서브 타입 데이터 모델의 변환 방법과 성능 고려 사항을 이해하고 넘어가세요.

고려사항	설명
전체 트랜잭션 발생	• 전체를 하나로 묶어 트랜잭션이 발생하는 경우에는 All in One 타입으로 변환 • 전체를 통합함으로써 관리하기에 용이하고, 조인이 줄어들어 성능이 향상됨 • 다수의 속성을 하나의 테이블에 저장하기 때문에, I/O 효율이 좋지 않음 • 서브타입 간에 조인이 다수 발생할 수 있으며, 서브타입이 다수인 경우 관리하기에 용이하지 않음 • 트랜잭션은 항상 전체를 대상으로 일괄 처리하는데 테이블은 서브타입 별로 개별 유지하는 것으로 변환하면 Union 연산에 의해 성능이 저하됨

(2) 기본키(PK), 외래키(FK) 성능 고려사항

기본키는 인덱스와 PK 컬럼 순서를 고려해야 하고, 외래키는 인덱스와 업무적 활용도를 고려해야 한다.

기본키(PK), 외래키(FK) 성능 고려사항

고려사항	설명
기본키(PK)	• PK 제약조건을 구현하기 위해서 Unique 인덱스를 사용 • Random Access를 위해 Unique 인덱스를 사용하면 데이터 조회 성능이 향상됨 • 복합 컬럼으로 구성된 PK에서 등치조건(=)이나 범위조건(BETWEEN, 〈, 〉)을 사용하는 컬럼을 선두 컬럼으로 정해야 인덱스를 효율적으로 이용 가능 • PK 컬럼 순서를 조정하지 않으면, 데이터 조회 성능이 저하될 수 있음
외래키(FK)	• FK 속성에 대해 인덱스를 생성하지 않으면, 데이터 조회 성능이 저하될 수 있음 • FK 속성에 기본정책으로 인덱스를 생성하고, 업무적으로 자주 활용되지 않는 경우에 인덱스 삭제를 고려함

> **학습 Point**
>
> PK 컬럼 순서를 결정하는 기준은 등치 조건과 범위 조건입니다.
>
> 1. 등치조건(=)
> 2. 범위조건(BETWEEN, 〈, 〉)

천기누설 | 예상문제

01
다음 중 슈퍼 타입과 서브 타입 데이터 모델의 성능 고려사항으로 가장 적절하지 <u>않은</u> 것을 고르시오.

① 슈퍼 타입과 서브 타입 각각에 업무 트랜잭션이 독립적으로 발생하는 경우에는 1:1 타입으로 변환한다.
② 슈퍼 타입과 서브 타입을 묶어서 트랜잭션이 발생하는 경우에는 슈퍼+서브 타입으로 변환한다.
③ 전체를 하나로 묶어 트랜잭션이 발생하는 경우에는 All in One 타입으로 변환한다.
④ 슈퍼 타입과 서브 타입에 개별 트랜잭션이 발생하는 경우에도 전체를 하나로 통합하면 조인이 줄어들어 성능이 향상된다.

[해설]
개별 트랜잭션이 아닌 전체 트랜잭션이 발생하는 경우에 전체를 하나로 통합하는 방안을 고려해야 한다.

02
기본키(PK)와 외래키(FK)의 성능 고려사항으로 가장 적절한 것을 고르시오.

① PK 제약조건을 구현하기 위해서 Unique 인덱스를 사용할 수 없다.
② 복합 컬럼으로 구성된 PK에서 등치조건(=)을 사용하는 컬럼을 선두 컬럼으로 정해야 인덱스를 효율적으로 이용할 수 있다.
③ FK 속성에 대해 인덱스를 생성하지 않더라도 데이터 조회 성능이 저하되지 않는다.
④ FK 속성은 업무적으로 자주 사용하지 않더라도 인덱스는 반드시 생성해야 한다.

[해설]
- PK 제약조건을 구현하기 위해서 Unique 인덱스를 사용한다.
- FK 속성에 대해 인덱스를 생성하지 않으면, 데이터 조회 성능이 저하될 수 있다.
- FK 속성은 업무적으로 자주 활용되지 않는 경우에 인덱스 삭제를 고려해야 한다.

정답 1. ④ 2. ②

❺ 분산 데이터베이스 데이터에 따른 성능 ★

(1) 분산 데이터베이스의 개념

- 분산 데이터베이스는 네트워크를 통해 물리적으로 분산된 데이터베이스를 하나의 논리적 데이터베이스로 사용하는 시스템이다.
- 다수의 지역으로 노드를 분산시켜 데이터베이스 성능을 향상시킨다.
- 분산 데이터베이스 구성으로 데이터 백업이 가능하지만, 데이터가 실시간으로 동기화 되지는 않는다.

(2) 분산 데이터베이스의 투명성

분산 데이터베이스는 6가지 투명성 특징을 가진다.

| 분산 데이터베이스의 투명성

투명성	설명
지역사상 투명성	지역 DBMS와 물리적 DB 사이의 매핑을 보장하는 성질
중복 투명성	데이터가 다수의 물리적인 공간에 중복으로 저장되어 있는지 알 필요가 없는 성질
분할 투명성	하나의 논리적 릴레이션이 다수의 단편으로 분할되어 저장되는 성질
위치 투명성	데이터의 물리적인 위치를 명시할 필요가 없는 성질
장애 투명성	지역 데이터베이스, 네트워크 장애가 발생하더라도 데이터 무결성을 보존하는 성질
병행 투명성	다수의 트랜잭션을 수행해도 데이터의 일관성을 유지하는 성질

(3) 분산 데이터베이스의 성능 고려사항

- 원거리 서버에 접속할 때 발생하는 네트워크 부하와 트랜잭션 집중 현상은 기존 데이터베이스의 성능 저하를 발생시킨다.
- 데이터를 분산 환경으로 구성하면 근거리 서버 접속이 가능해져 Global Single Instance(GSI)보다 더 빠른 성능을 제공할 수 있다.

 두음쌤

분산 데이터베이스의 투명성
「지중 분위 장병」
지역 / 중복 / 분할 / 위치 / 장애 / 병행 투명성
→ 지중해 분위기를 장병들은 느끼고 싶어요

 잠깐! 알고가기

Global Single Instance(GSI)
통합된 데이터베이스 구조를 의미하며, 분산 데이터베이스와는 대치되는 개념이다.

학습 Point
분산 데이터베이스의 개념과 투명성 특징을 이해하고 넘어 가세요.

천기누설 | 예상문제

01

다음 중 분산 데이터베이스의 투명성에 대한 설명으로 가장 적절한 것을 고르시오.

① 지역사상 투명성: 지역 데이터베이스, 네트워크 장애가 발생하더라도 데이터 무결성을 보존하는 성질
② 중복 투명성: 데이터가 다수의 물리적인 공간에 중복으로 저장되어 있는지 알 필요가 없는 성질
③ 분할 투명성: 데이터의 물리적인 위치를 명시할 필요가 없는 성질
④ 위치 투명성: 하나의 논리적 릴레이션이 다수의 단편으로 분할되어 저장되는 성질

해설

분산 데이터베이스의 투명성은 다음과 같다.

지역사상 투명성	지역 DBMS와 물리적 DB 사이의 매핑을 보장하는 성질
중복 투명성	데이터가 다수의 물리적인 공간에 중복으로 저장되어 있는지 알 필요가 없는 성질
분할 투명성	하나의 논리적 릴레이션이 다수의 단편으로 분할되어 저장되는 성질
위치 투명성	데이터의 물리적인 위치를 명시할 필요가 없는 성질
장애 투명성	지역 데이터베이스, 네트워크 장애가 발생하더라도 데이터 무결성을 보존하는 성질
병행 투명성	다수의 트랜잭션을 수행해도 데이터의 일관성을 유지하는 성질

02

다음 중 분산 데이터베이스의 성능 고려사항으로 가장 적절하지 않은 것을 고르시오.

① 원거리 서버에 접속할 때 발생하는 네트워크 부하와 트랜잭션 집중 현상은 기존 데이터베이스의 성능 저하를 발생시킨다.
② 데이터를 분산 환경으로 구성하면 근거리 서버 접속이 가능해져 Global Single Instance(GSI)보다 더 빠른 성능을 제공할 수 있다.
③ 통합된 데이터베이스를 구축하기 위해서 분산 데이터베이스를 고려해야 한다.
④ 백업 시스템을 구축하는 경우에 분산 기능을 적용하여 구성할 수 있다.

해설

통합된 데이터베이스 구조는 분산 데이터베이스와는 대치되는 개념이다.

정답 1. ❷ 2. ❸

MEMO

STRUCTURED
QUERY
LANGUAGE
DEVELOPER

CHAPTER

02

SQL 기본 및 활용

1. SQL 기본 — 82

① 정보 요구사항 ★ — 82
② 관계형 데이터베이스 개요 ★ — 85
③ DDL ★★★★★ — 91
④ DML ★★★★ — 111
⑤ TCL ★★ — 122
⑥ WHERE 절 ★★★★ — 131
⑦ FUNCTION ★★★★ — 150
⑧ GROUP BY, HAVING 절 ★★★ — 164
⑨ ORDER BY 절 ★★★ — 174
⑩ 조인 ★★★★ — 186

2. SQL 활용 — 197

① 표준 조인 ★★★★ — 197
② 집합 연산자 ★★★★ — 219
③ 계층형 질의 ★★★ — 230
④ 서브 쿼리 ★★★ — 242
⑤ 그룹 함수 ★★★★★ — 260
⑥ 윈도우 함수 ★★★★★ — 278
⑦ DCL ★★ — 297
⑧ 절차형 SQL ★ — 305

3. SQL 최적화 기본 원리 — 311

① 옵티마이저와 실행계획 ★ — 311
② 인덱스 기본 ★★ — 319
③ 조인 수행 원리 ★★ — 327

CHAPTER 02 SQL 기본 및 활용

1 SQL 기본

❶ 정보 요구사항 ★

(1) 정보 요구사항의 개념

- 정보 요구사항은 특정한 목적의 정보시스템 개발을 위해 업무의 개선 사항이나 신규 개발 사항을 요청하는 내용이다.
- 정보 요구사항은 현행 시스템 분석, 사용자 요구사항 수집, 제안요청서, 사업 수행 계획서 등을 이용하여 수집 가능하다.

(2) 정보 요구사항 생명주기 모형

- 정보 요구사항의 생명주기는 정보 요구사항 수집, 정보 요구사항 분석/정의, 정보 요구사항 상세화, 정보 요구사항 검증으로 이루어진다.
- 정보 요구사항 생명주기 모형을 반복적으로 수행하여 사용자의 정보 요구사항이 정보시스템에 누락 없이 반영되어야 한다.

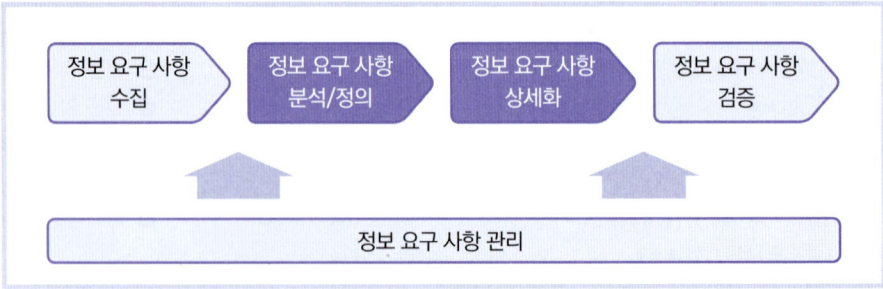

▲ 정보 요구사항 생명주기

▎정보 요구사항 생명주기

순서	단계	설명
1	정보 요구사항 수집	• 사용자의 정보 요구사항을 수집하는 단계 • 사용자 면담, 관련 문서, 설문, 워크샵, 현행 시스템 분석 등을 통해 수집
2	정보 요구사항 분석 및 정의	• 사용자로부터 수집된 정보 요구사항을 정리하는 단계 • 방법론에서 제시하는 다양한 기법을 이용하여 분석 및 정의
3	정보 요구사항 상세화	• 정보 요구사항의 개별 사항을 상세히 분석 및 기록하는 단계 • 정보 요구사항이 시스템에 정확히 반영될 수 있도록 상세히 작성
4	정보 요구사항 검증	• 사용자의 정보 요구사항을 비즈니스 관점, 조직 관점, 애플리케이션 관점과 상관분석을 통해 누락 없이 반영되었는지 검증하는 단계

 두음쌤

정보 요구사항 생명주기
「수분상검」
수집 / 분석 / 상세화 / 검증
→ 생명주기는 수십 분 동안 상세히 검증하자

 잠깐! 알고가기

상관분석
(Correlation Analysis)
도출된 정보 요구사항을 다른 영역(기능, 프로세스, 조직 등)과 비교 분석하는 방법이다. 이를 통해 정보 요구사항이 완전하고 효과적으로 도출되었는지 파악한다.

(3) 정보 요구사항 유형

사용자의 정보 요구사항은 유형별로 기능 개선 요건, 성능 개선 요건, 외부 인터페이스 요건, 보안 개선 요건 등으로 구분할 수 있다.

▎정보 요구사항 유형

유형	설명
외부 인터페이스 요건	• 시스템의 모든 입력과 출력에 관한 요건
기능 개선 요건	• 시스템에서 입력을 받아 처리하고 출력을 만들어 내는 주요 활동이나 프로세스에 대한 요건
성능 개선 요건	• 사용자가 원하는 성능 개선 사항 • 동시 사용자 수, 처리하는 정보의 양과 종류, 트랜잭션 소요 시한 등의 요건
보안 개선 요건	• 중요 데이터에 대한 훼손, 변조, 도난, 유출에 대한 물리적 접근 통제(제한 구역, 통제 구역 등) 및 사용 통제(인증, 암호화, 방화벽 등)에 대한 요건

천기누설 | 예상문제

01

다음 중 정보요구사항의 생명주기 모형의 절차가 가장 적절하게 나열된 것을 고르시오.

① 정보 요구사항 수집 → 정보 요구사항 상세화 → 정보 요구사항 분석/정의 → 정보 요구사항 검증
② 정보 요구사항 분석/정의 → 정보 요구사항 수집 → 정보 요구사항 상세화 → 정보 요구사항 검증
③ 정보 요구사항 수집 → 정보 요구사항 검증 → 정보 요구사항 상세화 → 정보 요구사항 분석/정의
④ 정보 요구사항 수집 → 정보 요구사항 분석/정의 → 정보 요구사항 상세화 → 정보 요구사항 검증

해설

정보 요구사항 생명주기	
수분상검	수집 / 분석 / 상세화 / 검증

정답 1. ④

❷ 관계형 데이터베이스 개요 ★

(1) 데이터베이스

- 데이터베이스는 여러 사람이 공유하고 사용할 목적으로 컴퓨터 시스템에 전자적 방식으로 저장된 구조화된 정보 또는 데이터의 체계적인 집합이다.
- 자료를 구조화하여 중복된 데이터를 없애고 효율적인 처리를 할 수 있도록 관리된다.
- 데이터베이스를 관리 및 제어하고, 다수의 사용자가 데이터베이스 내의 데이터에 접근하여 이용할 수 있도록 해주는 소프트웨어를 데이터베이스관리시스템(DBMS; Database Management System)이라고 한다.

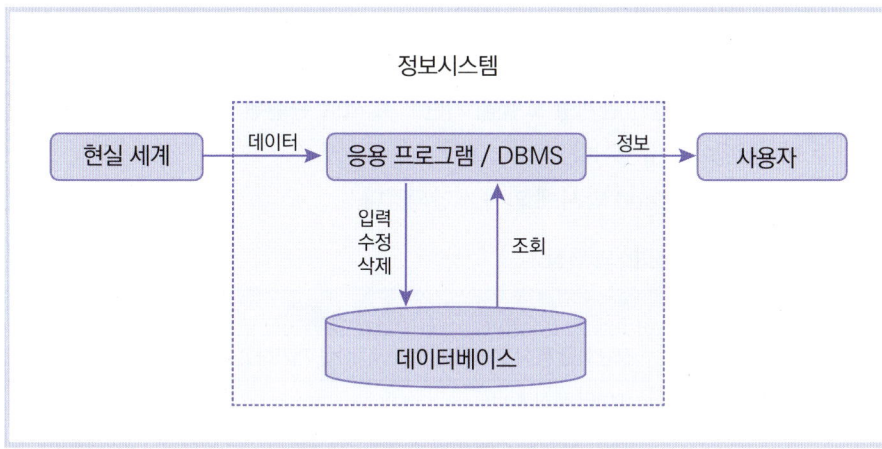

▲ 데이터베이스

(2) 데이터베이스 유형

| 데이터베이스 유형

유형	설명
계층형	• 데이터 간의 관계를 트리 형태로 구성되어 있는 모델 • 계층 간 일대다(1:N) 형태로 구성 가능 • 데이터를 세그먼트(레코드) 단위로 관리하고 세그먼트 간의 계층을 트리 구조로 관리
네트워크형	• 계층형 데이터베이스의 단점을 보완하여 데이터 간에 다대다(N:N) 구성이 가능한 망형 모델
관계형	• 키(Key)와 값(Value)으로 이루어진 데이터들을 행과 열로 구성된 테이블 구조로 저장 및 관리하는 데이터베이스 모델 • SQL(Structured Query Language)을 사용하여 데이터를 처리

객체 지향형	• 객체 지향 프로그래밍 개념에 기반하여 만들어진 데이터베이스 모델이며 정보를 객체의 형태로 표현
객체 관계형	• 관계형 데이터베이스에 객체 지향 개념을 도입한 데이터베이스 모델 • 객체 지향 개념을 지원하는 표준 SQL 사용 가능
NoSQL	• 정형 데이터뿐만이 아니라 영상이나 이미지와 같은 비정형 데이터도 관리하기 위한 데이터베이스 모델
NewSQL	• New와 SQL의 합성어이고, 관계형 데이터베이스와 NoSQL의 장점을 결합한 데이터베이스 모델

(3) 관계형 데이터베이스

① 관계형 데이터베이스 개념

- 관계형 데이터베이스는 키(Key)와 값(Value)들의 관계를 직관적이고 간단하게 표현하는 방법인 관계형 모델을 기반으로 서로 관련된 데이터를 저장 및 관리하는 데이터베이스 유형이다.
- 1970년 E.F.Codd 박사에 의해 제안되었다.

| 관계형 데이터베이스의 특징

특징	설명
정규화	정규화를 통해 이상 현상(Anomaly)을 제거하고 중복을 배제
데이터 표준화	데이터 품질 확보
무결성 보장	다양한 제약조건을 통해 조건에 위배되는 데이터 입력이나 중요 데이터 삭제를 방지
회복성	시스템 다운, 재해/재난 등의 상황에서도 데이터를 회복/복구할 수 있는 기능 제공
동시 사용	동시성 관리, 병행 제어를 통해 많은 사용자들이 동시에 데이터를 조작 가능
보안 기능 제공	DBMS에 의해 인증된 사용자만이 참조할 수 있도록 보안 기능 제공

② 관계형 데이터베이스 주요 용어

관계형 데이터베이스 주요 용어

용어	설명
테이블	• 같은 속성을 공유하는 행(Row)들의 모임 • 행과 컬럼의 2차원 구조를 가진 데이터 저장소
열(Column)	• 테이블의 세로 방향 • 각각의 열은 유일한 이름을 가지고 있고, 자신만의 데이터 타입을 가짐 • 속성(Attribute)
행(Row)	• 테이블에서 가로 방향 • 관계된 데이터의 묶음 • 튜플(Tuple) 또는 레코드(Record)
값(Value)	• 각각의 행과 열에 대응하는 값
키(Key)	• 테이블에서 행의 식별자로 이용되는 열 • 기본키(Primary Key)
관계(Relationship)	• 테이블 간의 관계 • 일대일(One-to-One), 일대다(One-to-Many), 다대다(Many-to-Many)

(3) SQL(Structured Query Language)

SQL은 관계형 데이터베이스에서 데이터의 정의(Definition), 데이터 조작(Manipulation), 데이터 제어(Control) 등을 위해 사용하는 언어이다.

SQL 문장의 종류

SQL 종류	명령어	설명
데이터 정의어 (DDL; Data Definition Language)	CREATE ALTER RENAME DROP TRUNCATE	• 테이블이나 인덱스 같은 데이터 구조를 정의하거나 수정, 삭제하는데 사용되는 명령어
데이터 조작어 (DML; Data Manipulation Language)	SELECT INSERT UPDATE DELETE	• 데이터베이스에 들어 있는 데이터를 조회하거나 변경하기 위한 명령어
데이터 제어어 (DCL; Data Control Language)	GRANT REVOKE	• 데이터베이스에 접근하거나 객체들을 사용할 수 있는 권한을 제어하기 위한 명령어
트랜잭션 제어어 (TCL; Transaction Control Language)	COMMIT ROLLBACK SAVEPOINT	• 트랜잭션을 제어하기 위한 명령어

(4) TABLE

- 테이블은 데이터를 저장하는 객체(Object)로서 관계형 데이터베이스의 기본 단위이다.
- 테이블의 세로 방향을 열(Column), 가로 방향을 행(Row), 열과 행이 겹치는 하나의 공간을 필드(Field)라고 한다.

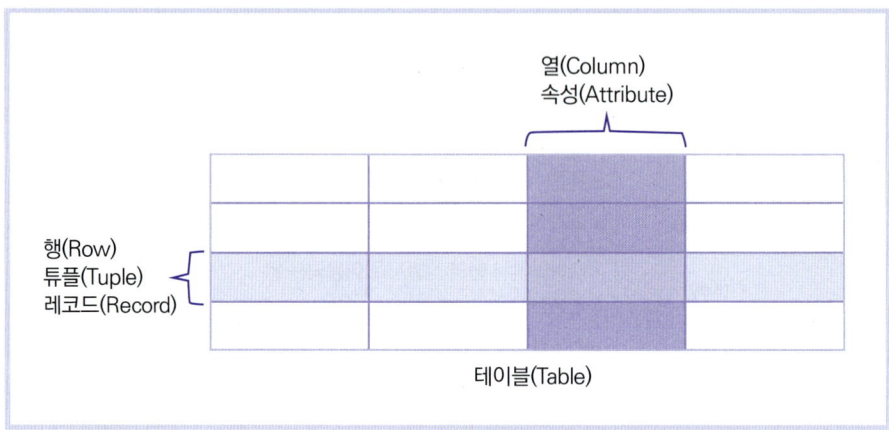

▲ 테이블의 구조

천기누설 | 예상문제

01

다음 중 SQL에 대한 설명으로 가장 적절하지 <u>않은</u> 것을 고르시오.

① SQL은 관계형 데이터베이스에서 데이터의 정의(Definition), 데이터 조작(Manipulation), 데이터 제어(Control) 등을 위한 언어이다.
② DDL은 테이블이나 인덱스 같은 데이터 구조를 정의하거나 수정, 삭제하는데 사용되는 언어이다.
③ DML은 트랜잭션을 제어하기 위한 언어이다
④ DCL은 데이터베이스에 접근하거나 객체들을 사용할 수 있는 권한을 제어하기 위한 언어이다.

【해설】
- 데이터 조작어는 데이터베이스에 들어있는 데이터를 조회하거나 변경하기 위한 언어이다.
- 트랜잭션을 제어하기 위한 언어는 트랜잭션 제어(TCL, Transaction Control Language) 이다.

03

다음 중 데이터베이스 시스템 언어의 종류와 해당되는 명령어가 <u>잘못</u> 연결된 것을 고르시오.

① DML – SELECT
② TCL – COMMIT
③ DCL – DROP
④ DML – UPDATE

【해설】
DROP은 DDL의 명령어이다.

데이터 정의어(DDL)	CREATE, ALTER, RENAME, DROP, TRUNCATE
데이터 조작어(DML)	SELECT, INSERT, UPDATE, DELETE
데이터 제어어(DCL)	GRANT, REVOKE
트랜잭션 제어어(TCL)	COMMIT, ROLLBACK, SAVEPOINT

02

DML, DCL, DDL이 <u>잘못</u> 짝지어진 것을 고르시오.

① DCL – SELECT
② DML – DELETE
③ DDL – CREATE
④ DDL – ALTER

【해설】
SELECT는 DML이다.

데이터 정의어(DDL)	CREATE, ALTER, RENAME, DROP, TRUNCATE
데이터 조작어(DML)	SELECT, INSERT, UPDATE, DELETE
데이터 제어어(DCL)	GRANT, REVOKE
트랜잭션 제어어(TCL)	COMMIT, ROLLBACK, SAVEPOINT

정답 1. ③ 2. ① 3. ③

04

다음이 설명하는 데이터베이스의 구성 요소는 무엇인지 고르시오.

> - 데이터베이스에서 데이터를 저장하는 객체(Object)로서 관계형 데이터베이스의 기본 단위이다.
> - 이것의 세로 방향을 열(Column), 가로 방향을 행(Row)이라고 한다.

① 인스턴스
② 테이블
③ 스키마
④ 인덱스

[해설]

테이블은 데이터베이스에서 데이터를 저장하는 객체(Object)로서 관계형 데이터베이스의 기본 단위이다.

인스턴스	어느 특정한 순간에 데이터베이스에 저장되어 나타난 정보의 모임
테이블	데이터를 저장하는 기본 저장 단위
스키마	데이터베이스의 구조와 제약조건에 관한 전반적인 명세를 기술한 메타 데이터 집합
인덱스	검색 속도를 향상시키기 위한 데이터베이스 오브젝트

정답 4. ②

❸ DDL ★★★★★

(1) DDL의 개념 및 대상

① DDL(Data Definition Language)의 개념

DDL은 데이터베이스의 테이블과 같은 데이터 구조나 구성 요소를 생성, 삭제, 변경하는 언어이다.

② DDL의 대상

DDL의 대상에는 테이블, 뷰, 인덱스, 스키마 등이 있다.

DDL 대상	설명
테이블 (Table)	• 데이터를 저장하는 기본 저장 단위 • 행과 열로 구성
뷰 (View)	• 하나 이상의 물리 테이블에서 유도되는 가상의 테이블
인덱스 (Index)	• 검색 속도를 향상시키기 위한 데이터베이스 오브젝트
스키마 (Schema)	• 데이터베이스의 구조와 제약조건에 관한 전반적인 명세를 기술한 메타데이터 집합

> **학습 Point**
> DDL의 대상 중 Table과 View, 그리고 Index는 가장 기본적인 DDL의 대상이므로 꼭 기억하고 넘어가세요.

> **잠깐! 알고가기**
> **메타데이터(Metadata)**
> 다른 데이터를 설명해 주는 데이터이다.

③ 데이터 유형

- 컬럼을 정의할 때 선언한 데이터 유형은 해당 컬럼이 받아들일 수 있는 자료의 유형을 규정한다.
- 선언한 데이터 유형이 아닌 다른 유형의 데이터가 입력되거나 지정한 데이터의 크기를 넘어서는 자료가 입력되면 에러가 발생한다.

유형	설명
CHARACTER(size)	• 길이가 size byte인 고정 길이 문자 데이터(Oracle과 SQL Server는 CHAR로 표현) • 기본 및 최소 size는 1byte, 최대 사이즈는 Oracle인 경우 2,000바이트, SQL Server는 8,000바이트 • size만큼 최대 길이를 갖고 고정 길이를 가지므로 할당된 변숫값의 길이가 size보다 작을 경우에는 그 차이 길이만큼 공간으로 채워짐

> **학습 Point**
> VARCHAR와 VARCHAR 2는 동일한 의미의 가변 길이 문자열이지만, 오라클 측에서 장래에 VARCHAR를 다른 용도로 사용할 예정이므로 VARCHAR 2 데이터 유형을 권장합니다. SQL Server에서는 VARCHAR를 사용합니다.

> **학습 Point**
> CHAR는 길이가 서로 다를 경우 짧은 쪽에 공백을 추가하여 같은 내용인지 판단하고, VARCHAR(가변 길이 문자형)는 비교 시 서로 길이가 다를 경우 서로 다른 내용으로 판단합니다.

DDL의 명령어
「크알리 드트」
CREATE / ALTER / RENAME / DROP / TRUNCATE
→ 큰 알이 두 트럭

유형	설명
VARCHAR(size)	• CHARACTER VARYING의 약자로 가변 길이 문자 데이터(최대 사이즈 지정 필요) • Oracle에서는 VARCHAR2(size), SQL Server는 VARCHAR(size) 사용 • 기본 및 최소 size는 1byte, 최대 사이즈는 Oracle인 경우 4,000바이트, SQL Server는 8,000바이트 • size만큼 최대 길이를 가질 수 있지만, 가변 길이로 조정되므로 할당된 변숫값의 byte만 적용됨
NUMERIC	• 정수, 실수 등의 숫자 데이터 • Oracle은 NUMBER(p, s) 형태로 사용하며 p는 전체 자릿수, s는 소수 부분 자릿수 지정 • SQL Server는 10가지 이상의 숫자 타입을 가지고 있음
DATETIME	• 날짜와 시각 데이터(Oracle은 DATE, SQL Server는 DATETIME으로 표현) • Oracle은 1초 단위, SQL Server는 3.33ms(milli-second) 단위 관리

(2) DDL의 명령어

DDL 명령어는 유형에 따라 생성, 수정, 삭제로 나눌 수 있고 유형별 명령어에는 **CREATE, ALTER, RENAME, DROP, TRUNCATE**가 있다.

| DDL의 명령어 |

유형	명령어	설명
생성	CREATE	새로운 데이터베이스 개체 생성
수정	ALTER	이미 존재하는 데이터베이스 개체에 대한 변경
	RENAME	개체의 이름을 변경
삭제	DROP	이미 존재하는 데이터베이스 개체 삭제
	TRUNCATE	데이터베이스 개체에서 내용 삭제

① CREATE 명령어

CREATE 명령은 데이터베이스, 테이블, 인덱스 등을 생성하는 명령어이다.

㉮ CREATE TABLE 문법

테이블을 생성하기 위한 CREATE TABLE 문법은 다음과 같다.

CREATE TABLE 문법

문법	설명
CREATE TABLE 테이블명 (　컬럼명 데이터 유형 [NOT NULL], 　[컬럼명 데이터 유형 [NOT NULL], …] 　CONSTRAINT 기본키명 PRIMARY KEY(컬럼명), 　CONSTRAINT 고유키명 UNIQUE(컬럼명[, 컬럼명, …]), 　CONSTRAINT 외래키명 FOREIGN KEY(컬럼명) 　REFERENCES 참조테이블(참조테이블_기본키), 　CONSTRAINT 제약조건명 CHECK(조건식));	테이블 이름, 컬럼 목록, 데이터 유형 등을 명시하여 테이블을 생성 ■ 구성 요소 | 데이터 유형	CHAR, VARCHAR 등
[NOT NULL]	NULL 값 허용 여부
PRIMARY KEY	기본키 선언
UNIQUE	고유키 설정
FOREIGN KEY	외래키 선언
CONSTRAINT	제약조건 설정	

테이블 생성 시 주의사항

주의사항	설명
적절한 이름	• 테이블의 이름은 객체를 의미할 수 있는 적절한 이름을 사용 • 가능한 단수형 사용
테이블 이름 중복	• 다른 테이블과 이름이 중복되지 않도록 함
컬럼 이름 중복	• 한 테이블 안에서는 컬럼 이름이 중복될 수 없음
데이터 유형	• 컬럼 뒤에 데이터 유형을 반드시 지정
문자로 시작	• 테이블 이름과 컬럼 이름은 반드시 문자로 시작 • 데이터베이스 공급업체(벤더)별로 이름 길이에 대한 제한 있음 • A-Z, a-z, 0-9, _, $, # 문자만 허용
예약어	• 벤더에서 사전에 정의한 예약어는 사용 불가

학습 Point

PRIMARY KEY(기본키)는 테이블당 한 개만 지정할 수 있지만, FOREIGN KEY(외래키)는 여러 개 지정할 수 있습니다.

 잠깐! 알고가기

고유키 (Unique Key)
테이블에 저장된 행 데이터를 고유하게 식별하기 위한 키다.

 잠깐! 알고가기

예약어(Reserved Word)
이미 문법적인 용도로 사용되고 있는 단어로 식별자로 사용할 수 없다.

■ CREATE TABLE 예제
다음 조건에 맞는 테이블을 생성한다.

▼ 테이블 생성 조건

테이블명	• EMP
테이블 설명	• 사원의 정보를 가지고 있는 테이블
컬럼	• EMP_ID (사원ID) 고정문자 8자리 • EMP_NAME (사원이름) 가변문자 20자리 • DEPT_ID (부서ID) 고정문자 4자리 • BIRTH_DATE (생년월일) 날짜
제약조건	• 기본키(PRIMARY KEY) → EMP_ID (제약조건명은 EMP_PK) • 값이 반드시 존재 (NOT NULL) → EMP_NAME, EMP_ID

▼ Oracle 예제

```
CREATE TABLE EMP(
    EMP_ID       CHAR(8) NOT NULL
  , EMP_NAME     VARCHAR2(20) NOT NULL
  , DEPT_ID      CHAR(4)
  , BIRTH_DATE   DATE
  , CONSTRAINT EMP_PK PRIMARY KEY(EMP_ID)
);
```

> **학습 Point**
> CONSTRAINT EMP_PK는 생략이 가능하며, 생략된 경우에는 DBMS에서 제약조건 이름을 자동으로 생성합니다.

⑭ 제약조건

- 제약조건은 사용자가 원하는 조건의 데이터만 유지하기 위한 방법이다.
- 제약조건은 테이블의 특정 컬럼에 설정하는 제약이다.

제약조건의 종류

종류	설명
PRIMARY KEY (기본키)	• 테이블에 저장된 행 데이터를 고유하게 식별하기 위한 기본키 정의 • 하나의 테이블에 하나의 기본키 제약만 정의 가능 • 기본키는 단일 컬럼, 또는 여러 개의 컬럼으로 구성 가능 • 기본키 제약을 정의하면 DBMS는 자동으로 UNIQUE 인덱스를 생성 • 기본키를 구성하는 컬럼에는 NULL 입력 불가 **PRIMARY KEY = UNIQUE KEY & NOT NULL**
UNIQUE KEY (고유키)	• 테이블에 저장된 행 데이터를 고유하게 식별하기 위한 고유키 정의 • NULL은 고유키 제약의 대상이 아님 (NULL 입력 가능)
NOT NULL	• NULL 값 입력 금지
CHECK	• 입력할 수 있는 값의 범위 등을 제한 • CHECK 제약으로는 TRUE 또는 FALSE로 평가할 수 있는 논리식을 지정
FOREIGN KEY (외래키)	• 관계형 데이터베이스에서 테이블 간의 관계를 정의하기 위해 기본키를 다른 테이블의 외래키로 복사하여 생성
DEFAULT	• 해당 필드의 기본값을 설정 • 데이터를 입력할 때(INSERT) 컬럼의 값이 지정되지 않았을 때 자동으로 입력될 기본값(DEFAULT)을 설정

> **잠깐 알고가기**
>
> **NULL**
>
> NULL(ASCII 코드 00번)은 '모르는 값' 또는 '값의 부재'를 의미한다. 공백(BLANK, ASCII 코드 32번)이나 숫자 0(ZERO, ASCII 코드 48번)과는 다른 값이고 조건에 맞는 데이터가 없을 때의 공집합과도 다르다.

⑮ 무결성

- 무결성은 데이터베이스에 저장된 값들이 정확하고 일관성 있는 데이터임을 나타내는 특성이다.
- 무결성의 종류에는 개체 무결성, 참조 무결성 등이 있다.

무결성의 종류

종류	설명	DBMS 제약조건
개체 무결성	• 기본키 제약이라고도 하며, 하나의 테이블에 중복된 행이 존재하지 않도록 규정	UNIQUE, PRIMARY KEY
참조 무결성	• 행을 입력, 수정, 삭제할 때 연관되는 다른 테이블과의 데이터가 정확하게 유지되도록 규정 • 참조 관계에 있는 두 테이블의 데이터가 항상 일관된 값을 가져야 함	FOREIGN KEY

㉔ 참조 무결성 규칙 정의

관계 테이블의 모든 외부 식별자 값은 관련 있는 관계 테이블의 모든 주 식별자 값이 존재해야 한다.

자식 테이블에 인스턴스 입력 시 참조 무결성 규칙

규칙	설명
DEPENDENT	대응되는 부모 테이블에 인스턴스가 존재할 때만 자식 테이블에 입력 허용
AUTOMATIC	자식 테이블의 인스턴스 입력을 항상 허용하고, 대응되는 부모 테이블에 인스턴스가 없는 경우 이를 자동으로 생성
SET NULL	자식 테이블에 인스턴스의 입력을 항상 허용하고, 대응되는 부모 테이블에 인스턴스가 없는 경우 자식 테이블의 FK(외래키)를 NULL 값으로 입력
SET DEFAULT	자식 테이블에 인스턴스의 입력을 항상 허용하고, 대응되는 부모 테이블에 인스턴스가 없는 경우 FK(외래키)를 지정된 기본값으로 입력

부모 테이블의 인스턴스 삭제(또는 수정) 시 참조 무결성 규칙

규칙	설명
RESTRICT	대응되는 자식 테이블의 인스턴스가 없는 경우에만 부모 테이블의 인스턴스 삭제를 허용
CASCADE	부모 테이블의 인스턴스 삭제를 항상 허용하고, 대응되는 자식 테이블의 인스턴스를 자동 삭제
SET NULL	부모 테이블의 인스턴스 삭제를 항상 허용하고, 대응되는 자식 테이블의 인스턴스가 존재하면 FK(외래키)를 NULL 값으로 수정
SET DEFAULT	부모 테이블의 인스턴스 삭제를 항상 허용하고, 대응되는 자식 테이블의 인스턴스가 존재하면 FK(외래키)를 기본값으로 수정

⑪ SELECT 문장을 통한 테이블 생성

- CTAS(Create Table ~ AS Select)라고 하며 SELECT 문장을 이용하여 테이블을 생성할 수 있는 방법이다.
- CTAS 방법을 사용하여 컬럼별로 데이터 유형을 재정의하지 않고 테이블을 생성할 수 있다.
- CTAS 예제(Oracle)

> CREATE TABLE EMP_TEMP AS SELECT * FROM EMP;
> → ORACLE에서 EMP 테이블과 같은 내용으로 EMP_TEMP 테이블 생성

- CTAS 예제(SQL Server)

> SELECT * INTO EMP_TEMP FROM EMP;
> → EMP 테이블과 같은 내용으로 EMP_TEMP 테이블 생성

② ALTER 명령어

ALTER 명령은 컬럼이나 제약조건을 추가/삭제하기 위한 명령어이다.

ALTER TABLE 문법

구분	문법	설명
컬럼 추가 (ADD)	ALTER TABLE 테이블명 ADD 컬럼명 데이터 유형 [기본값] [NOT NULL];	테이블에 컬럼 추가
컬럼 수정 (MODIFY)	ALTER TABLE 테이블명 MODIFY 컬럼명 데이터 유형 [기본값] [NOT NULL];	컬럼의 데이터 유형, 기본값, NOT NULL 등의 제약조건에 대한 변경
컬럼 삭제 (DROP COLUMN)	ALTER TABLE 테이블명 DROP COLUMN 삭제할 컬럼명;	컬럼을 삭제
컬럼명 수정 (RENAME COLUMN)	ALTER TABLE 테이블명 RENAME COLUMN 기존 컬럼명 TO 새로운컬럼명;	컬럼명을 변경
제약조건 삭제 (DROP CONSTRAINT)	ALTER TABLE 테이블명 DROP CONSTRAINT 제약조건명;	기존 제약조건 삭제
제약조건 추가 (ADD CONSTRAINT)	ALTER TABLE 테이블명 ADD CONSTRAINT 제약조건명 제약조건 (컬럼명);	테이블에 제약조건 추가

학습 Point
- CTAS의 특징으로 기존 테이블의 제약조건 중에 NOT NULL만 복제 테이블에 적용되고, 기본키, 고유키, 외래키, CHECK 등의 제약 조건은 없어집니다.
- 컬럼 속성에 Identity를 사용했다면 Identity 속성도 적용됩니다.

학습 Point

SQL Server에서는 여러 개의 컬럼(COLUMN)을 동시에 수정할 수 없습니다.

개념 박살내기

■ ALTER TABLE 예제

문법	설명
ALTER TABLE EMP ADD ADDRESS VARCHAR2(80);	EMP 테이블에 VARCHAR2 유형의 ADDRESS 컬럼 추가
ALTER TABLE EMP MODIFY ADDRESS DEFAULT NULL;	EMP 테이블의 ADDRESS 컬럼의 데이터 유형 조건으로 NULL을 DEFAULT로 지정
ALTER TABLE EMP DROP COLUMN ADDRESS;	EMP 테이블의 ADDRESS 컬럼 삭제
ALTER TABLE EMP RENAME COLUMN A TO B;	EMP 테이블의 기존 컬럼명 A를 새로운 컬럼명 B로 변경
ALTER TABLE EMP DROP CONSTRAINT EMP_PK;	EMP 테이블의 기본키 제약조건 삭제
ALTER TABLE EMP ADD CONSTRAINT EMP_PK PRIMARY KEY(EMP_ID);	EMP 테이블에 EMP_PK라는 이름으로 EMP_ID를 기본키로 지정

③ RENAME 명령어

RENAME TABLE은 테이블의 이름을 변경하는 명령어이다.

| RENAME TABLE 문법

문법	설명
RENAME 변경_전_테이블명 TO 변경_후_테이블명;	테이블 이름을 변경

 예

RENAME EMP TO EMP_BACKUP;
→ EMP 테이블의 이름을 EMP에서 EMP_BACKUP으로 변경

학습 Point

SQL Server에서는 sp_rename을 이용하여 테이블 이름을 변경할 수 있습니다.

sp_rename 변경_전_테이블명, 변경_후_테이블명;
예 sp_rename 'EMP', 'EMP_BACKUP';

④ DROP TABLE 명령어

DROP 명령은 불필요한 테이블을 삭제하기 위한 명령어이다.

DROP TABLE 문법

문법	설명	
DROP TABLE 테이블명 [CASCADE CONSTRAINT];	테이블 모든 데이터와 구조까지 완전 삭제	
	[CASCADE CONSTRAINT]	테이블의 PRIMARY KEY, UNIQUE KEY를 참조하는 다른 테이블의 참조 무결성 제약도 함께 삭제

DROP TABLE 사원;
→ 사원 테이블을 테이블 정의까지 완전히 삭제

> **학습 Point**
> SQL Server에는 CASCADE CONSTRAINT 옵션이 없습니다. 따라서 테이블을 삭제하기 전에 참조하는 FOREIGN KEY 제약조건이나 참조하는 테이블을 먼저 삭제해야 합니다.

⑤ TRUNCATE TABLE 명령어

TRUNCATE 명령은 테이블에 저장된 모든 행을 제거하고 저장 공간을 재사용할 수 있도록 해제하는 명령어이다.

TRUNCATE TABLE 문법

문법	설명
TRUNCATE TABLE 테이블명;	• 테이블의 모든 행을 삭제 • 최초 생성된 초기 상태로 만듦

TRUNCATE TABLE 사원;
→ 사원 테이블의 모든 행을 삭제하고 저장 공간을 재사용

> **학습 Point**
> TRUNCATE는 DDL이지만, 데이터를 지우는 DML 성격도 포함하고 있습니다.

⑥ DROP, TRUNCATE, DELETE 비교

DROP, TRUNCATE, DELETE는 테이블/데이터를 삭제하는 명령어로 비교하면 다음과 같다.

| DROP, TRUNCATE, DELETE 비교 | | | |

구분	DROP	TRUNCATE	DELETE
명령어 종류	DDL	DDL	DML
Rollback	불가능	불가능	COMMIT 이전이면 ROLLBACK 가능
Commit	Auto Commit	Auto Commit	사용자 Commit
Release	테이블이 사용했던 Storage를 모두 Release	테이블이 사용했던 Storage 중 최초 테이블 생성 시 할당된 Storage만 남기고 Release	사용했던 Storage는 Release 되지 않음
삭제 상태	테이블 정의까지 완전히 삭제	최초 생성된 초기 상태로 만듦	데이터만 삭제
삭제 로그	로그 기록 없음	로그 기록 없음	로그 기록 있음

천기누설 | 예상문제

01

다음 설명에 해당하는 SQL의 종류로 가장 적절한 것은 무엇인지 고르시오.

> - 데이터베이스의 테이블과 같은 데이터 구조나 구성 요소를 생성, 삭제, 변경하는 언어이다.
> - 명령어에는 CREATE, ALTER, RENAME, DROP, TRUNCATE가 있다.

① DML(Data Manipulation Language)
② DDL(Data Definition Language)
③ DCL(Data Control Language)
④ TCL(Transaction Control Language)

해설

SQL의 종류에는 DDL, DML, DCL, TCL이 있다.

데이터 정의어 (DDL)	테이블이나 인덱스 같은 데이터 구조를 정의하거나 수정, 삭제하는데 사용되는 명령어 CREATE, ALTER, RENAME, DROP, TRUNCATE
데이터 조작어 (DML)	데이터베이스에 들어있는 데이터를 조회하거나 변경하기 위한 명령어 SELECT, INSERT, UPDATE, DELETE
데이터 제어어 (DCL)	데이터베이스에 접근하거나 객체들을 사용할 수 있는 권한을 제어하기 위한 명령어 GRANT, REVOKE
트랜잭션 제어어(TCL)	트랜잭션을 제어하기 위한 명령어 COMMIT, ROLLBACK

02

다음 중 SQL에서 사용하는 데이터 유형에 대한 설명으로 적절한 것을 모두 고르시오.

> ㉠ CHARACTER(n)는 길이가 n byte인 고정 길이 문자 데이터이다.
> ㉡ VARCHAR(n)는 가변 길이 문자 데이터로 최대 길이는 n byte이다.
> ㉢ NUMERIC은 정수, 실수 등의 숫자 데이터이다
> ㉣ DATETIME은 날짜와 시각 데이터로 Oracle은 1초 단위, SQL Server는 3.33ms 단위로 관리한다.

① ㉠, ㉢
② ㉡
③ ㉡, ㉢, ㉣
④ ㉠, ㉡, ㉢, ㉣

해설

SQL에서 사용하는 데이터 유형에는 대표적으로 CHARACTER, VARCHAR, NUMERIC, DATETIME 등이 있다.

CHARACTER (size)	- 길이가 size byte인 고정 길이 문자 데이터(Oracle과 SQL Server는 CHAR로 표현) - 기본 및 최소 size는 1바이트, 최대 사이즈는 Oracle 인 경우 2,000 바이트, SQL Server는 8000 바이트 - size만큼 최대 길이를 갖고 고정 길이를 가지므로 할당된 변숫값의 길이가 size보다 작을 경우에는 그 차이 길이만큼 공간으로 채워짐
VARCHAR (size)	- CHARACTER VARYING의 약자로 가변 길이 문자 데이터 (최대 사이즈 지정 필요) - Oracle에서는 VARCHAR2(size), SQL Server는 VARCHAR(size) 사용 - 기본 및 최소 size는 1바이트, 최대 사이즈는 Oracle인 경우 4,000바이트, SQL Server는 8,000바이트 - size만큼 최대 길이를 가질 수 있지만, 가변 길이로 조정되므로 할당된 변숫값의 byte만 적용됨
NUMERIC	- 정수, 실수 등의 숫자 데이터 - Oracle은 NUMBER(p, s) 형태로 사용하며 p는 전체 자릿수, s는 소수 부분 자릿수 지정 - SQL Server는 10가지 이상의 숫자 타입을 가지고 있음
DATETIME	- 날짜와 시각 데이터(Oracle은 DATE, SQL Server는 DATETIME으로 표현) - Oracle은 1초 단위, SQL Server는 3.33ms(millisecond) 단위 관리

정답 1. ② 2. ④

03

다음 중 CHAR와 VARCHAR에 대한 설명으로 적절하지 <u>않은</u> 것을 고르시오.

① CHAR 데이터 타입은 고정 길이를 가지므로 할당된 변숫값의 길이가 지정한 길이보다 작은 경우 그 차이만큼 공간으로 채워진다.
② CHAR 유형의 두 값을 비교할 때, 길이가 서로 다르면 짧은 쪽에 공백을 추가하여 같은 내용인지 판단한다.
③ VARCHAR 데이터 타입은 가변 길이로 조정되므로 할당된 변숫값의 byte만 적용된다.
④ VARCHAR 유형의 두 값을 비교할 때, 길이가 서로 다르면 긴 쪽의 길이로 맞춘 후 같은 내용인지 판단한다.

(해설)
VARCHAR 유형의 두 값을 비교할 때, 길이가 서로 다를 경우 서로 다른 내용으로 판단한다.

04

다음 중 DDL의 명령어로만 이루어진 것을 고르시오.

① COMMIT, ROLLBACK
② CREATE, ALTER, DELETE, TRUNCATE
③ GRANT, REVOKE
④ CREATE, ALTER, DROP, TRUNCATE

(해설)

DDL의 명령어	
크알리드트	CREATE / ALTER / RENAME / DROP / TRUNCATE

05

다음 중 DDL의 대상에 대한 설명으로 가장 <u>부적절한</u> 것을 고르시오.

① Table은 데이터를 저장하는 기본 저장 단위로, 행과 열로 구성된다.
② View는 하나 이상의 물리 테이블에서 유도되는 가상의 테이블이다.
③ Index는 속성의 데이터 타입과 크기, 제약조건 등을 지정한 정보이다.
④ 스키마는 데이터베이스의 구조와 제약조건에 관한 전반적인 명세를 기술한 메타데이터 집합이다.

(해설)
DDL의 대상은 다음과 같다.

테이블	데이터를 저장하는 기본 저장 단위
뷰	하나 이상의 물리 테이블에서 유도되는 가상의 테이블
인덱스	검색 속도를 향상시키기 위한 데이터베이스 오브젝트
스키마	데이터베이스의 구조와 제약조건에 관한 전반적인 명세를 기술한 메타데이터 집합

06

다음 내용 중 <u>잘못된</u> 것을 고르시오.

① CREATE TABLE 구문은 DDL 문장이다.
② 데이터 유형에는 CHAR, VARCHAR, DATETIME 등이 있다.
③ CONSTRAINT는 제약사항을 지정하기 위한 것으로 기본키, 외래키, 고유키 등을 지정한다.
④ UNIQUE KEY는 한 개의 컬럼에만 지정할 수 있다.

(해설)
- UNIQUE KEY는 테이블에 저장된 행 데이터를 고유하게 식별하기 위한 키다.
- 하나의 테이블에서 여러 컬럼에 지정할 수 있다.

정답 3.④ 4.④ 5.③ 6.④

07

다음 중 테이블 생성 시 주의사항으로 적절하지 않은 것을 모두 고른 것을 고르시오.

> ㉠ 테이블의 이름은 객체를 의미할 수 있는 적절한 이름을 사용하고 가능한 단수형을 사용한다.
> ㉡ 테이블의 이름은 다른 테이블의 이름과 중복되지 않도록 한다.
> ㉢ 테이블 이름과 컬럼 이름은 숫자로 시작할 수 있지만 특수 문자는 제한된다.
> ㉣ 컬럼 뒤에 데이터 유형 지정은 생략이 가능하다.
> ㉤ 한 테이블 안에서는 컬럼 이름이 중복될 수 없다.

① ㉠, ㉡
② ㉡, ㉢
③ ㉢, ㉣
④ ㉣, ㉤

해설

테이블 생성 시 주의사항은 다음과 같다.

> - 테이블과 컬럼의 이름은 반드시 문자로 시작해야 한다.
> - 숫자로는 시작할 수 없고 벤더에서 사전에 정의한 예약어도 사용이 불가능하다.
> - 컬럼 뒤에 데이터 유형은 반드시 지정되어야 한다.

08

다음 중 물리적 테이블 명으로 가장 적절한 것을 고르시오.

① EMP-1
② 1_EMP
③ EMP_1
④ EMP(1)

해설

테이블 이름 생성 시 규칙은 다음과 같다.

> - 테이블의 이름은 반드시 문자로 시작해야 한다.
> - 벤더에서 사전에 정의한 예약어는 사용하면 안되고 영문 대/소문자 (A-Z, a-z)와 숫자(0-9), _, $, # 문자만 허용된다.

정답 7. ③ 8. ③

09

다음의 데이터 모델과 같은 테이블을 생성하는 DDL 문장으로 올바른 것을 고르시오. (단, DBMS는 Oracle을 기준으로 한다.)

EMP
EMP_ID; VARCHAR2(20) NOT NULL
EMP_NAME; VARCHAR2(20) NOT NULL
EMP_POSITION; VARCHAR2(50) NULL
EMP_BIRTH; DATE NULL

① CREATE TABLE EMP (
   EMP_ID VARCHAR2(20) NOT NULL
  , EMP_NAME VARCHAR2(20) NOT NULL
  , EMP_POSITION VARCHAR2(50) NULL
  , EMP_BIRTH DATE NULL
  , ADD CONSTRAINT PRIMARY KEY(EMP_ID)
   );

② CREATE TABLE EMP (
   EMP_ID VARCHAR2(20) NOT NULL
  , EMP_NAME VARCHAR2(20) NOT NULL
  , EMP_POSITION VARCHAR2(50) NULL
  , EMP_BIRTH DATE NULL
  , CONSTRAINT EMP_PK PRIMARY KEY(EMP_ID)
   );

③ CREATE TABLE EMP (
   EMP_ID VARCHAR2(20)
  , EMP_NAME VARCHAR2(20)
  , EMP_POSITION VARCHAR2(50)
  , EMP_BIRTH DATE
   );
   ALTER TABLE EMP ADD CONSTRAINT EMP_PK PRIMARY KEY ON (EMP_ID);

④ CREATE TABLE EMP (
   EMP_ID VARCHAR2(20) NOT NULL
  , EMP_NAME VARCHAR2(20) NOT NULL
  , EMP_POSITION VARCHAR2(50) NULL
  , EMP_BIRTH DATE NULL
   );
   ALTER TABLE EMP ADD PRIMARY KEY EMP_PK ON (EMP_ID);

해설

- ①은 ADD CONSTRAINT PRIMARY KEY(EMP_ID) 부분에 문법적 오류가 있다. CONSTRAINT EMP_PK PRIMARY KEY(EMP_ID)로 수정되어야 한다.
- ③은 NOT NULL 조건이 지정되지 않았고, PRIMARY KEY ON(EMP_ID)도 문법에 맞지 않다.
- ④는 ALTER TABLE EMP ADD PRIMARY KEY EMP_PK ON (EMP_ID); 부분에 CONSTRAINT 키워드가 누락되었다.

정답 9. ❷

10

EMP 테이블을 (가)와 같은 형태에서 (나)와 같은 형태로 변경하고자 한다. DDL 문을 바르게 작성한 것을 고르시오. (단, DBMS는 Oracle을 기준으로 한다.)

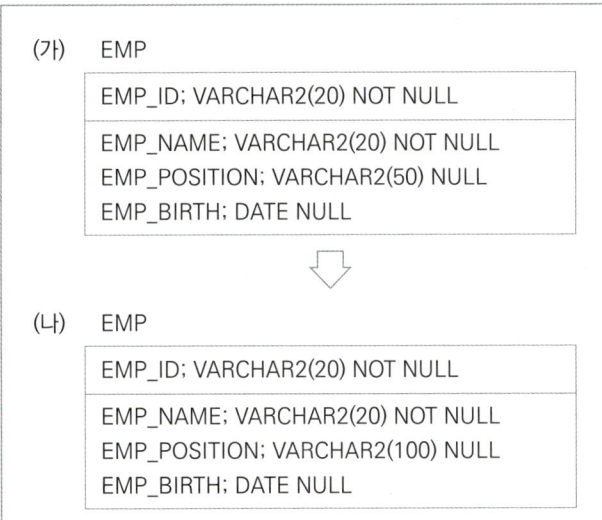

① ALTER TABLE EMP
   ADD EMP_POSITION VARCHAR2(100);
② ALTER TABLE EMP
   MODIFY EMP_POSITION VARCHAR2(100);
③ ALTER TABLE EMP
   RENAME COLUMN EMP_POSITION
   VARCHAR2(100);
④ ALTER TABLE EMP
   ADD COLUMN EMP_POSITION
   VARCHAR2(100);

해설

- VARCHAR2 데이터 타입의 최대 길이를 변경하기 위한 DDL 명령은 ALTER TABLE ~ MODIFY ~; 를 이용한다.
- ALTER TABLE 문법은 다음과 같다.

컬럼 추가 (ADD)	ALTER TABLE 테이블명 ADD 컬럼명 데이터 유형 [기본값] [NOT NULL];
컬럼 수정 (MODIFY)	ALTER TABLE 테이블명 MODIFY 컬럼명 데이터 유형 [기본값] [NOT NULL];
컬럼 삭제 (DROP COLUMN)	ALTER TABLE 테이블명 DROP COLUMN 삭제할 컬럼명;
컬럼명 수정 (RENAME COLUMN)	ALTER TABLE 테이블명 RENAME COLUMN 기존컬럼명 TO 새로운컬럼명;
제약조건 삭제 (DROP CONSTRAINT)	ALTER TABLE 테이블명 DROP CONSTRAINT 제약조건명;
제약조건 추가 (ADD CONSTRAINT)	ALTER TABLE 테이블명 ADD CONSTRAINT 제약조건명 제약조건 (컬럼명);

정답 10. ②

11

다음 중 테이블에서 컬럼을 삭제하기 위한 SQL 문장으로 가장 적절한 것을 고르시오. (단, DBMS는 Oracle을 기준으로 한다.)

① ALTER TABLE 테이블명 DROP 컬럼명;
② ALTER TABLE 테이블명 DROP COLUMN 컬럼명;
③ ALTER TABLE 테이블명 DELETE COLUMN 컬럼명;
④ ALTER TABLE 테이블명 DELETE 컬럼명;

[해설]

- 특정 테이블의 컬럼 삭제 시에 사용하는 DDL 문은 "ALTER TABLE 테이블명 DROP COLUMN 컬럼명"이다.
- ALTER TABLE 문법은 다음과 같다.

컬럼 추가 (ADD)	ALTER TABLE 테이블명 ADD 컬럼명 데이터 유형 [기본값] [NOT NULL];
컬럼 수정 (MODIFY)	ALTER TABLE 테이블명 MODIFY 컬럼명 데이터 유형 [기본값] [NOT NULL];
컬럼 삭제 (DROP COLUMN)	ALTER TABLE 테이블명 DROP COLUMN 삭제할 컬럼명1 [, 삭제할 컬럼명2, …];
컬럼명 수정 (RENAME COLUMN)	ALTER TABLE 테이블명 RENAME COLUMN 기존 컬럼명 TO 새로운컬럼명;
제약조건 삭제 (DROP CONSTRAINT)	ALTER TABLE 테이블명 DROP CONSTRAINT 제약조건명;
제약조건 추가 (ADD CONSTRAINT)	ALTER TABLE 테이블명 ADD CONSTRAINT 제약조건명 제약조건 (컬럼명);

12

다음 중 테이블의 이름을 변경하기 위한 DDL 문장으로 가장 적절한 것을 고르시오. (단, DBMS는 Oracle을 기준으로 한다.)

① ALTER TABLE 테이블명1 RENAME 테이블명2;
② ALTER TABLE 테이블명1 MODIFY 테이블명2;
③ RENAME 테이블명1 TO 테이블명2;
④ RENAME 테이블명1, 테이블명2;

[해설]

RENAME 문법은 다음과 같다.

RENAME 변경_전_테이블명 TO 변경_후_테이블명;

13

다음 중 NULL에 대한 설명으로 옳은 내용을 모두 고르시오.

㉠ '모르는 값' 또는 '값의 부재'를 의미한다.
㉡ VARCHAR 유형인 경우엔 공백문자, NUMBER 유형인 경우엔 0을 의미한다.
㉢ NULL과의 비교는 '알 수 없음'을 반환한다.
㉣ NULL과의 연산은 NULL을 반환한다.

① ㉠, ㉡, ㉣   ② ㉠, ㉡, ㉢
③ ㉡, ㉢, ㉣   ④ ㉠, ㉢, ㉣

[해설]

NULL의 의미는 다음과 같다.

NULL(ASCII 코드 00번)은 '모르는 값' 또는 '값의 부재'를 의미한다. 공백(BLANK, ASCII 코드 32번)이나 숫자 0(ZERO, ASCII 코드 48번)과는 다른 값이고 조건에 맞는 데이터가 없을 때의 공집합과도 다르다.

정답 11. ② 12. ③ 13. ④

14

다음 중 테이블 생성 시 컬럼에 설정할 수 있는 제약조건(Constraint)에 대한 설명으로 바르지 <u>않은</u> 것을 고르시오.

① PK: 기본키로 하나의 테이블당 1개만 생성이 가능하고 여러 개의 컬럼으로 구성이 가능하다.
② FK: 외래키로 하나의 테이블당 여러 개 생성이 가능하다.
③ UNIQUE: 테이블에 저장된 행 데이터를 고유하게 식별할 수 있도록 값이 중복되지 않고 NULL 입력이 불가능하다.
④ NOT NULL: NULL 입력을 금지한다.

해설

- UNIQUE는 NULL 입력이 가능하다.
- 제약조건은 다음과 같다.

PRIMARY KEY (기본키)	• 테이블에 저장된 행 데이터를 고유하게 식별하기 위한 기본키 정의 • 하나의 테이블에 하나의 기본키 제약만 정의 가능 • 기본키는 단일 컬럼, 또는 여러 개의 컬럼으로 구성 가능
FOREIGN KEY (외래키)	• 관계형 데이터베이스에서 테이블 간의 관계를 정의하기 위해 기본키를 다른 테이블의 외래키로 복사하여 생성
UNIQUE KEY (고유키)	• 테이블에 저장된 행 데이터를 고유하게 식별하기 위한 고유키 정의 • NULL은 고유키 제약의 대상이 아님 (NULL 입력 가능)
NOT NULL	• NULL 값 입력 금지

15

다음 중 외래키(FK; Foreign Key)에 대한 설명으로 가장 적절하지 <u>않은</u> 것을 고르시오.

① 한 테이블에 하나만 존재해야 한다.
② 테이블 생성 시 설정할 수 있다.
③ 외래키 값은 널 값을 가질 수 있다.
④ 외래키 값은 참조 무결성 제약을 받을 수 있다.

해설

외래키는 기본키와 달리 하나의 테이블에 여러 개의 외래키를 설정할 수 있다.

16

다음 중 EMP 테이블을 삭제 시 삭제 로그를 기록하고 테이블의 데이터만 삭제하기 위한 SQL 문으로 가장 적절한 것을 고르시오.

① TRUNCATE TABLE EMP;
② DROP TABLE EMP;
③ DELETE FROM EMP;
④ DELETE * FROM EMP;

해설
- DROP TABLE은 테이블의 정의까지 완전히 삭제하고, TRUNCATE TABLE은 최초 생성된 초기 상태로 만들지만, 로그를 남기지는 않는다.
- DROP, TRUNCATE, DELETE의 차이는 다음과 같다.

구분	DROP	TRUNCATE	DELETE
Release	테이블이 사용했던 Storage를 모두 Release	테이블이 사용했던 Storage 중 최초 테이블 생성 시 할당된 Storage만 남기고 Release	사용했던 Storage는 Release 되지 않음
삭제 상태	테이블 정의까지 완전히 삭제	최초 생성된 초기 상태로 만듦	데이터만 삭제
삭제 로그	로그 기록 없음	로그 기록 없음	로그 기록 있음

17

다음 중 DROP과 DELETE, TRUNCATE 명령어에 대해 비교한 설명으로 맞지 않는 것을 고르시오.

① DROP과 TRUNCATE는 DDL에 속하고 DELETE는 DML에 속한다.
② 테이블에 대하여 WHERE 조건절이 없는 DELETE 명령을 수행하면 TRUNCATE 명령을 수행했을 때와 같이 모든 데이터를 삭제할 수 있다.
③ DROP 명령어는 테이블 정의까지 완전히 삭제하고, TRUNCATE 명령어는 테이블을 초기 상태로 만든다.
④ DROP과 TRUNCATE는 로그를 기록하지만, DELETE는 로그를 기록하지 않는다.

해설
- DROP과 TRUNCATE는 로그를 기록하지 않고, DELETE는 로그를 기록한다.
- DROP, TRUNCATE, DELETE의 차이는 다음과 같다.

구분	DROP	TRUNCATE	DELETE
명령어 종류	DDL	DDL	DML
Rollback	불가능	불가능	COMMIT 이전이면 ROLLBACK 가능
Commit	Auto Commit	Auto Commit	사용자 Commit
Release	테이블이 사용했던 Storage를 모두 Release	테이블이 사용했던 Storage 중 최초 테이블 생성 시 할당된 Storage만 남기고 Release	사용했던 Storage는 Release 되지 않음
삭제 상태	테이블 정의까지 완전히 삭제	최초 생성된 초기 상태로 만듦	데이터만 삭제
삭제 로그	로그 기록 없음	로그 기록 없음	로그 기록 있음

정답 16. ③ 17. ④

18

다음과 같이 A, B와 같은 테이블이 선언되어 있을 때, 다음 중 DELETE FROM A;를 수행한 후에 B 테이블에 남아 있는 데이터로 가장 적절한 것을 고르시오.

```
CREATE TABLE A(
    COL1 INTEGER PRIMARY KEY,
    COL2 INTEGER
);

CREATE TABLE B(
    COL3 INTEGER PRIMARY KEY,
    COL4 INTEGER REFERENCES A(COL1)
    ON DELETE SET NULL
);
```

[A] 테이블

COL1	COL2
1	10
2	20

[B] 테이블

COL3	COL4
101	1
102	2

① (101, 1)과 (102, 2)
② (101, NULL)과 (102, 2)
③ (101, NULL)과 (102, NULL)
④ (NULL, NULL)과 (NULL, NULL)

해설

참조 무결성 제약조건에 대한 문제이다.
- COL4 INTEGER REFERENCES A(COL1) ON DELETE SET NULL 구문의 의미는 COL4 컬럼의 데이터 타입은 INTEGER이고 테이블 A의 COL1 컬럼을 참조한다. 또한, COL1 삭제 시 COL4는 NULL로 지정하라는 의미이다.
- 테이블 A를 삭제하는 경우 테이블 B의 COL4에 있는 데이터는 NULL로 지정된다.

19

다음은 SQL SERVER에서 테이블의 컬럼을 변경하기 위한 쿼리이다. 다음 SQL 문을 완성하시오. (단, DEPT는 테이블명이고, COL은 컬럼명이다.)

```
_____ DEPT _____
COL VARCHAR(10) NOT NULL;
```

해설

SQL SERVER에서는 ALTER COLUMN, ORACLE에서는 MODIFY이다.

정답 18. ③ 19. ALTER TABLE, ALTER COLUMN

20

다음과 같은 테이블이 있을 때 모든 SQL이 수행된 이후의 결과는 무엇인지 고르시오.

[A] 테이블

COL1	VARCHAR2(30)
COL 2	NUMBER

[SQL]
INSERT INTO A(COL1, COL2) VALUES('AB', NULL);
INSERT INTO A(COL1, COL2) VALUES('BC', 5);
ALTER TABLE A MODIFY COL2 DEFAULT 10;
INSERT INTO A(COL1, COL2) VALUES('XY', NULL);
INSERT INTO A(COL1) VALUES('EXD');
SELECT SUM(COL2) FROM A;

① 5
② 10
③ 15
④ 25

해설

- INSERT INTO A(COL1, COL2) VALUES('AB', NULL);과 INSERT INTO A(COL1, COL2) VALUES('BC', 5);를 실행한 후의 테이블은 다음과 같다.

COL1	COL2
AB	NULL
BC	5

- ALTER TABLE A MODIFY COL2 DEFAULT 10;을 통해 COL2에 값을 지정하지 않을 경우 10이 기본값으로 들어가게 된다.
- INSERT INTO A(COL1, COL2) VALUES('XY', NULL);를 수행한 후의 테이블은 다음과 같다.

COL1	COL2
AB	NULL
BC	5
XY	NULL

- INSERT INTO A(COL1) VALUES('EXD');를 수행하게 되면, COL2에 값이 지정되어 있지 않기 때문에 기본값 10이 들어간다.

COL1	COL2
AB	NULL
BC	5
XY	NULL
EXD	10

- SELECT SUM(COL2) FROM A;를 수행하면 NULL 값을 제외한 숫자의 합을 구하게 되므로 15가 된다.

21

문자열이 들어갈 때 빈 공간을 채우는 형태의 데이터 타입은 무엇인지 고르시오.

① VARCHAR2
② CHAR
③ DATE
④ NUMBER

해설

- 지정된 길이보다 짧은 문자열이 들어갈 때 빈 공간을 채우는 형태의 데이터 타입은 CHARACTER(또는 CHAR) 타입이다.
- VARCHAR2는 가변 길이 문자 데이터로, 지정된 길이보다 짧은 문자열이 입력될 경우 입력된 값의 길이만큼만 적용된다.
- DATE는 날짜와 시각 데이터이고 NUMBER는 정수나 실수 등의 숫자 데이터이다.

정답 20. ③ 21. ②

④ DML ★★★★

(1) DML(Data Manipulation Language)의 개념

- DML은 데이터베이스에 저장된 데이터를 조회, 입력, 수정, 삭제하는 데 사용하는 질의어이다.
- DML은 비절차적 데이터 조작어이며, 사용자가 무슨(What) 데이터를 원하는지만을 명세한다.
- C언어와 같은 호스트 프로그램 속에 삽입되어 사용되는 DML은 데이터 부속어(Data Sub Language)라고 한다.

(2) DML의 유형

- DML의 4가지 유형에는 SELECT, INSERT, UPDATE, DELETE가 있다.

| DML의 유형 |

유형	동작	설명
SELECT	데이터 조회	테이블을 구성하는 레코드 중에서 전체 또는 조건을 만족하는 레코드를 조회하는 명령어
INSERT	데이터 입력	테이블에 새로운 레코드를 입력할 때 사용하는 명령어
UPDATE	데이터 수정	테이블에 있는 레코드 중에서 특정 레코드의 내용을 변경할 때 사용하는 명령어
DELETE	데이터 삭제	테이블에 있는 레코드 중에서 특정 레코드를 삭제할 때 사용하는 명령어

DML의 유형
「세인업데」
SELECT / INSERT / UPDATE / DELETE
→ 세인이 집에 없데

레코드 (Record)
관계형 데이터베이스에서는 행(Row)을 레코드(Record) 또는 튜플(Tuple)로 정의한다.

잠깐! 알고가기

WILDCARD

WILDCARD(*)를 사용해서 테이블의 모든 컬럼을 조회할 수 있다.

예 SELECT * FROM 테이블명;

잠깐! 알고가기

ESCAPE

SELECT 절에서 문자열을 사용하기 위해 홑 따옴표(')를 사용하므로, 문자열 안에 홑 따옴표(')를 포함하고자 하는 경우에는 ESCAPE를 해야 한다. ESCAPE 방법으로 홑 따옴표(')를 두 번 연속으로 사용하면 문자열의 의미를 가진다.

예 SELECT 'He''s going' FROM DUAL;

(3) DML의 명령어

① SELECT 명령어

SELECT 명령어는 데이터의 내용을 조회할 때 사용하는 명령어이다.

SELECT 명령어 문법

문법	설명
SELECT [ALL | DISTINCT] 　　컬럼명 AS 별명 FROM 테이블명;	• SELECT 절에서 명시한 컬럼을 FROM 절의 테이블에서 조회 • ALL, DISTINCT 키워드는 생략 가능하며, 생략 시에는 기본적으로 ALL로 인식 <table><tr><td>ALL</td><td>중복되는 데이터가 있어도 모두 조회하는 기능 (Default)</td></tr><tr><td>DISTINCT</td><td>중복된 데이터가 있는 경우에 중복을 제거하여 1건만 조회하는 기능</td></tr></table> • AS 키워드를 이용해서 컬럼의 별명(ALIAS) 변경 가능 • AS 키워드는 생략 가능 • SELECT 절에서 WILDCARD 및 ESCAPE 사용 가능

개념 박살내기

■ **SELECT 명령어 예제**

EMP 테이블에서 데이터를 조회하는 예제이다.

SELECT EMP_ID 　　, EMP_NAME 　　, DEPT_ID 　　, MGR_ID 　　, SALARY AS SAL FROM EMP;	• SELECT 절에서 명시한 EMP_ID, EMP_NAME, DEPT_ID, MGR_ID, SALARY 컬럼을 FROM 절의 EMP 테이블에서 조회 • AS 키워드를 이용해서 SALARY 컬럼의 별명을 SAL로 변경

▼ 조회 결과

EMP_ID	EMP_NAME	DEPT_ID	MGR_ID	SAL
101	김철수	10	NULL	4500000
102	홍길동	10	101	4000000
103	장보고	10	101	3500000
104	이순신	10	103	3000000
105	유관순	10	104	2500000
106	박영희	20	NULL	5000000
107	허준	20	106	4000000
108	정약용	20	106	3500000
109	스티브	20	107	3000000

② INSERT 명령어

INSERT 명령어는 데이터의 내용을 입력할 때 사용하는 명령어이다.

INSERT 명령어 문법

문법	설명
INSERT INTO 테이블명 (컬럼명) VALUES (입력값);	• 데이터를 입력하고자 하는 테이블의 컬럼을 정의하여 데이터 입력 • 컬럼과 입력값은 1:1 매핑되며, 정의하지 않은 컬럼은 디폴트로 NULL 입력
INSERT INTO 테이블명 VALUES (입력값);	• 컬럼을 생략하는 경우 모든 컬럼을 대상으로 데이터 입력 • 입력값은 테이블의 컬럼 수와 같아야 함

> **학습 Point**
>
> DBMS 유형에 따라 데이터 입력이나 수정 시 자동 형 변환(Type Conversion)이 일어나기도 합니다.
>
> 예 NUMBER 타입으로 정의된 컬럼에 문자형 '10'을 입력하면 DBMS에서 자동 형 변환되어 숫자 10이 저장
>
> 예 VARCHAR2 타입으로 정의된 컬럼에 숫자 10을 입력하면 문자 '10'으로 자동 형 변환되어 저장

🔨 개념 박살내기

■ INSERT 명령어 예제

EMP 테이블에 데이터를 입력하는 예제이다.

INSERT INTO EMP(EMP_ID, EMP_NAME) VALUES (101, '김철수');	• EMP 테이블에서 EMP_ID, EMP_NAME 컬럼에 데이터를 각각 입력 • 정의하지 않은 나머지 컬럼은 NULL 입력
INSERT INTO EMP VALUES (102, '홍길동', 10, 101, 4000000);	• EMP 테이블에서 모든 컬럼을 대상으로 데이터를 순서에 맞게 입력

▼ 입력 결과

EMP_ID	EMP_NAME	DEPT_ID	MGR_ID	SALARY
101	김철수	NULL	NULL	NULL
102	홍길동	10	101	4000000

③ UPDATE 명령어

UPDATE 명령어는 데이터의 내용을 수정할 때 사용하는 명령어이다.

UPDATE 명령어 문법

문법	설명
UPDATE 테이블명 SET 컬럼명 = 입력값 WHERE 조건;	• UPDATE 문의 테이블에서 SET 절의 컬럼을 입력값으로 수정 • WHERE 절에서 데이터 수정 조건을 정의

개념 박살내기

■ UPDATE 명령어 예제

[EMP] 테이블

EMP_ID	EMP_NAME	DEPT_ID	MGR_ID	SALARY
101	김철수	NULL	NULL	NULL
102	홍길동	10	101	4000000

UPDATE EMP 　SET DEPT_ID = 10 　　, SALARY = 4500000 WHERE EMP_ID = 101;	• EMP 테이블의 DEPT_ID 컬럼을 10 값으로 수정하고, SALARY 컬럼을 4500000 값으로 수정 • WHERE 절에서 EMP_ID 컬럼이 101인 레코드를 대상으로 EMP 테이블의 데이터를 수정

▼ 수정 결과

EMP_ID	EMP_NAME	DEPT_ID	MGR_ID	SALARY
101	김철수	10	NULL	4500000
102	홍길동	10	101	4000000

④ DELETE 명령어

DELETE 명령어는 데이터의 내용을 삭제할 때 사용하는 명령어이다.

DELETE 명령어

문법	설명
DELETE [FROM] 테이블명 WHERE 조건;	• DELETE 문의 테이블에서 WHERE 절의 조건에 맞는 데이터를 삭제 • FROM 키워드는 생략 가능

학습 Point

- 의외로 많은 수험생분이 다음 쿼리가 문제가 될 것이 없다고 알고 계십니다.

  예) DELETE * FROM 테이블명 WHERE 조건;

- SELECT 명령어와 혼동되어서 그런 것 같은데, DELETE 명령어에 *가 들어가지 않습니다. 시험에도 나온적이 있으니 꼭 기억해 두세요.

 개념 박살내기

■ DELETE 명령어 예제

[EMP] 테이블

EMP_ID	EMP_NAME	DEPT_ID	MGR_ID	SALARY
101	김철수	10	NULL	4500000
102	홍길동	10	101	4000000

DELETE FROM EMP 　　WHERE EMP_ID = 101;	• EMP 테이블에서 EMP_ID 컬럼이 101 값인 데이터를 삭제

▼ 삭제 결과

EMP_ID	EMP_NAME	DEPT_ID	MGR_ID	SALARY
102	홍길동	10	101	4000000

> **학습 Point**
> DML은 SQL에서 가장 기본이 되는 내용입니다. SELECT, INSERT, UPDATE, DELETE 명령어의 구문을 꼭 알고 넘어가세요.

(4) 산술 연산자와 합성 연산자

- 산술 연산자는 수학 계산을 위한 연산자이고, 합성 연산자는 문자와 문자를 연결하는 연산자이다.
- NULL 포함한 연산에 대해 산술 연산은 결과가 NULL이고, 합성 연산은 NULL을 제외하고 연산한다.

▌산술 연산자와 합성 연산자

구분	연산자	설명
산술 연산자	( )	괄호 안의 연산 우선순위를 높임
	*	곱하기 연산을 수행
	/	나누기 연산을 수행
	+	더하기 연산을 수행
	-	빼기 연산을 수행
합성 연산자	||	문자와 문자를 연결

> **학습 Point**
> - NULL을 사칙 연산한 결과는 NULL이 됩니다.
>   예 (10+NULL)의 결과는 NULL
> - NULL과 문자 연결을 하면 NULL을 포함하지 않습니다.
>   예 (10 || NULL)의 결과는 10
> - 헷갈리는 개념이니 잘 봐두세요.

학습 Point

합성 연산자로써 Oracle에서는 || 연산자를 사용하고, SQL Server에서는 + 연산자를 사용합니다. 그리고 합성 연산자와 동일한 기능을 구현하기 위해서 문자열 함수인 CONCAT 함수도 사용 가능합니다. 다음의 예제는 모두 동일한 결괏값을 출력합니다.

SELECT 'RDBMS' || 'SQL' FROM DUAL; (Oracle)

SELECT 'RDBMS' + 'SQL'; (SQL Server)

SELECT CONCAT('RDBMS', 'SQL') FROM DUAL; (Oracle)

잠깐! 알고가기

형 변환(Type Conversion)
자료형을 다른 형태로 변경하는 작업이다.

개념 박살내기

■ 산술 연산자와 합성 연산자 예제

```
SELECT 200 * 100 AS "*"
     , 200 / 100 AS "/"
     , 200 + 100 AS "+"
     , 200 - 100 AS "-"
     , 200 || 'KM' AS "||"
  FROM DUAL;
```

- SELECT 절에서 산술 연산자인 *, /, +, - 과 합성 연산자인 || 를 사용
- 합성 연산자를 사용하면 숫자 200을 문자형으로 형 변환하여 연결함
- FROM 절에서 DUMMY 테이블인 DUAL 테이블 지정

▼ 조회 결과

*	/	+	-	||
20000	2	300	100	200KM

천기누설 | 예상문제

01

다음 중 에러가 발생하는 SQL을 고르시오.

① SELECT EMP_NAME ALL FROM EMP;
② SELECT DISTINCT EMP_NAME FROM EMP;
③ SELECT EMP_NAME AS EMP_NM FROM EMP;
④ SELECT EMP_NAME EMP_NM FROM EMP;

해설

- ①번은 SELECT 절에서 ALL 키워드는 컬럼명 앞에 기술해야 한다.
- ②번은 SELECT 명령어 다음에 DISTINCT 키워드를 사용할 수 있다.
- ③번은 SELECT 절에서 AS 키워드를 사용하여 ALIAS를 사용할 수 있다.
- ④번은 SELECT 절에서 AS 키워드는 생략할 수 있다.

02

사원 테이블을 대상으로 [결과] 테이블의 조회 결과와 같이 부서 데이터를 추출하고자 한다. SQL의 ㉠ 안에 들어갈 키워드를 작성하시오.

[사원] 테이블

부서명	사원명	급여
개발팀	김철수	4500000
개발팀	홍길동	4000000
개발팀	장보고	3500000
개발팀	이순신	3000000
개발팀	유관순	2500000
운영팀	박영희	5000000
운영팀	허준	4000000
운영팀	정약용	3500000
운영팀	스티브	3000000

[결과] 테이블

부서명
개발팀
운영팀

[SQL]
SELECT _____㉠_____ 부서명
FROM 사원;

해설

DISTINCT 키워드는 SELECT 문에서 데이터의 중복을 제거하고 동일한 데이터를 1건씩만 조회한다. SELECT 문에서만 사용할 수 있고, SELECT 명령어 바로 다음에 작성한다. 그리고 DBMS 내부적으로 정렬 연산을 수행하면서 데이터의 중복을 제거하기 때문에, 조회 결과는 데이터가 정렬되어 출력된다.

정답 1. ① 2. DISTINCT

03

다음과 같은 테이블에서 데이터를 조작하려고 한다. 다음 중 에러가 발생하는 SQL을 고르시오.

```
CREATE TABLE EMP (
    EMP_ID NUMBER(6) NOT NULL,
    EMP_NAME VARCHAR2(50) NOT NULL,
    DEPT_ID NUMBER(4) NOT NULL,
    MGR_ID NUMBER(6),
    SALARY NUMBER(12) DEFAULT 0
);
```

① INSERT INTO EMP VALUES (101, '김철수', 10, NULL, 4500000);
② INSERT INTO EMP VALUES (102, '홍길동', 10);
③ INSERT INTO EMP (EMP_ID, EMP_NAME, DEPT_ID, MGR_ID, SALARY) VALUES (103, '장보고', 10, 101, 3500000);
④ INSERT INTO EMP (EMP_ID, EMP_NAME, DEPT_ID) VALUES (104, '이순신', 10);

해설

INSERT 문에서 삽입 컬럼을 생략하는 경우에는 모든 컬럼을 대상으로 데이터를 입력해야 한다. EMP 테이블의 컬럼이 5개이기 때문에, 삽입 컬럼이 생략되는 경우에는 VALUES 절에 5개의 값을 입력해야 한다. ②번 SQL은 입력값이 3개이기 때문에 오답이다.

04

다음 중 에러가 발생하는 SQL을 고르시오.

① DELETE EMP;
② DELETE FROM EMP;
③ DELETE * FROM EMP;
④ DELETE FROM EMP WHERE EMP_ID = 101;

해설

DELETE 문에서 애스터리스크(*)는 사용할 수 없다. WILDCARD인 애스터리스크(*)는 SELECT 문에서만 사용할 수 있다.

05

다음 SQL의 실행 결과로 가장 적절한 것을 고르시오.

```
[SQL]
SELECT 200 + NULL
     , 'SQL' || NULL
  FROM DUAL;
```

① 200, SQL
② 200, NULL
③ NULL, SQL
④ NULL, NULL

해설

NULL을 포함한 연산에 대해 산술 연산은 결과가 NULL이고, 합성 연산은 NULL을 제외하고 연산한다. 따라서, 산술 연산인 200 + NULL의 결과는 NULL이고, 합성 연산인 'SQL' || NULL의 결과는 SQL이다.

정답 3.② 4.③ 5.③

06

다음과 같은 SQL 문에 대해 삽입이 성공하는 SQL 문을 모두 고른 것을 고르시오.

```
CREATE TABLE EMP (
    EMP_ID NUMBER PRIMARY KEY
,   EMP_NAME VARCHAR2(10) NOT NULL
,   EMP_DEGREE VARCHAR2(1)
);
```

㉠ INSERT INTO EMP VALUES(1, '홍길동');
㉡ INSERT INTO EMP VALUES(5, '이순신', NULL);
㉢ INSERT INTO EMP VALUES(NULL, '강감찬', 'A');
㉣ INSERT INTO EMP(EMP_ID, EMP_NAME, EMP_DEGREE) VALUES(2, 200, 'AB');
㉤ INSERT INTO EMP(EMP_ID, EMP_DEGREE) VALUES(4, 'A');
㉥ INSERT INTO EMP(EMP_ID, EMP_NAME) VALUES(3, '정약용');

① ㉠, ㉡
② ㉢, ㉣
③ ㉠, ㉤
④ ㉡, ㉥

해설

항목별 INSERT 문 제약조건은 다음과 같다.

㉠은 삽입 컬럼을 명시하지 않은 경우엔 모든 컬럼에 대하여 값을 입력해야 한다.
㉢은 첫 번째 컬럼은 기본키이므로 NULL 입력이 불가능하다.
㉣은 세 번째 컬럼인 EMP_DEGREE 컬럼의 최대 길이는 1이다. 'AB'는 길이를 초과하였다.
㉤은 EMP_NAME은 NOT NULL 제약조건이 설정되어 있다. 이름을 반드시 입력해야 한다.

07

SQL 구문에서 FROM 절에 대한 설명 중 가장 올바르지 <u>않은</u> 것을 고르시오.

① FROM 절에 ALIAS를 쓰기 위해서 AS 키워드 사용이 가능하다.
② FROM은 가장 먼저 수행된다.
③ FROM 절에 사용되는 서브 쿼리를 보통 Inline View 라고 한다.
④ FROM 절은 보통 SELECT와 짝을 이룬다.

해설

FROM 절은 SELECT 절과 항상 짝을 이루며, SELECT 문에서 가장 먼저 수행된다. FROM 절에 사용되는 서브 쿼리는 Inline View라고 하며, ALIAS를 쓰기 위해서 AS 키워드를 사용할 수 없다.

정답 6. ④ 7. ①

08

다음과 같은 테이블에서 데이터를 조작하려고 한다. 다음 중 에러가 발생하지 <u>않는</u> SQL을 고르시오.

```
CREATE TABLE STUDENT(
    STD_ID NUMBER PRIMARY KEY,
    AGE NUMBER NOT NULL,
    NAME VARCHAR2(3)
);
```

① INSERT INTO STUDENT VALUES(202201, NULL, 'SOO');
② INSERT INTO STUDENT(STD_ID, AGE) VALUES(202201, 20);
③ INSERT INTO STUDENT(AGE, NAME) VALUES(20, 'SOO');
④ INSERT INTO STUDENT VALUES(202201, 20, SYSDATE);

해설

- ①은 AGE의 속성이 NOT NULL인데, AGE에 NULL을 입력하므로 에러이다.
- ③은 STD_ID가 기본키인데, 값이 없으므로 에러이다.
- ④는 NAME이 VARCHAR2(3) 타입인데, DATE 타입을 입력하므로 에러이다.

09

다음 중 DML에 해당하지 <u>않는</u> 명령어를 고르시오.

① SELECT
② UPDATE
③ INSERT
④ RENAME

해설

DML의 유형	
세인업데	SELECT / INSERT / UPDATE / DELETE

정답 8. ② 9. ④

10

다음은 TEMP 테이블을 대상으로 쿼리를 작성했을 때 결과로 올바른 것을 고르시오.

[TEMP] 테이블

A	B
10	NULL
20	NULL
10	101
20	101

[SQL]
SELECT DISTINCT B AS C FROM TEMP;

> 해설
> - DISTINCT는 중복된 데이터가 있는 경우에 중복을 제거하여 조회하는 기능을 한다.
> - NULL도 여러 건 있는 경우 중복을 제거하여 1건으로 조회한다.

①
C
NULL
101

②
C
NULL
NULL
101

③
C
NULL
NULL
101
101

④
C
101

정답 10. ①

⑤ TCL ★★

(1) TCL(Transaction Control Language)의 개념

TCL은 트랜잭션을 제어하는 명령어이다.

① TCL의 명령어

TCL의 명령어에는 COMMIT, ROLLBACK, SAVEPOINT 등이 있다.

TCL의 명령어

명령어	설명
COMMIT	올바르게 수행된 트랜잭션의 결과를 데이터베이스에 반영하는 명령어
ROLLBACK	문제 발생 시 하나의 트랜잭션을 취소하는 명령어
SAVEPOINT	하나의 트랜잭션을 작게 분할하여 저장하는 기능을 수행하는 명령어

> **학습 Point**
> SQL Server에서는 TCL 명령어를 다음과 같이 사용합니다.
>
> SAVEPOINT TRANSACTION 포인트명;
> ROLLBACK TRANSACTION 포인트명;

② 트랜잭션(TRANSACTION)

- 트랜잭션은 업무 처리를 위한 데이터베이스의 논리적인 작업 단위이다.
- 하나의 트랜잭션은 한 개 이상의 연산으로 이루어질 수 있고, 이 연산들은 완전히 처리되거나 아예 한 개도 처리가 되지 않아야 한다. (All or Nothing이라고 한다)

㉮ 트랜잭션의 특성

- 데이터베이스의 갱신과 관련하여 트랜잭션은 원자성(Atomicity), 일관성(Consistency), 격리성(Isolation), 영속성(Durability), 4가지 특성을 가진다.
- 영문 첫 글자를 따서 'ACID'라고 한다.

트랜잭션의 특성

특성	설명
원자성 (Atomicity)	• 트랜잭션은 더 이상 분해가 불가능한 업무의 최소 단위 • 트랜잭션에서 정의된 연산들은 모두 성공적으로 실행되거나 전혀 실행되지 않아야 함 (All or Nothing)
일관성 (Consistency)	• 트랜잭션이 실행되기 전과 후의 데이터베이스 내용에 잘못이 있으면 안 됨 • 트랜잭션 실행의 결과로 데이터베이스의 상태가 모순되지 않아야 함
격리성 (Isolation)	• 실행 중인 트랜잭션의 중간 결과에 다른 트랜잭션의 접근 불가
영속성 (Durability)	• 트랜잭션이 성공적으로 수행되면, 그 트랜잭션이 갱신한 데이터베이스의 내용은 영구적으로 저장

>  **두음샘**
>
> **트랜잭션의 특성**
> 「ACID」
> Atomicity(원자성) /
> Consistency(일관성) /
> Isolation(고립성) /
> Durability(영속성)
> → ACID(산성)

> **학습 Point**
> 트랜잭션의 특징 4가지는 시험에도 자주 출제되는 매우 중요한 내용입니다. 반드시 숙지하고 넘어가세요.

⑭ 트랜잭션의 격리성(Isolation) 수준

트랜잭션의 격리성 수준에는 ANSI/ISO SQL 표준(SQL 92)에서 정의한 4가지가 있다.

트랜잭션의 격리성 수준

격리성 수준	설명
Read Uncommitted	트랜잭션에서 처리 중인 아직 커밋되지 않은 데이터를 다른 트랜잭션이 읽는 것을 허용
Read Committed	트랜잭션이 커밋되어 확정된 데이터만 다른 트랜잭션이 읽을 수 있도록 허용
Repeatable Read	트랜잭션이 완료되기 전까지 Shared-Lock을 적용하여 다른 트랜잭션에서 해당 데이터를 수정할 수 없도록 함
Serializable Read	Shared-Lock이 범위(Range) 단위로 적용되고, 트랜잭션이 완료된 이후에 해제

⑮ 트랜잭션 격리성 수준에 따라 발생할 수 있는 현상

트랜잭션 격리성 수준에 따라 발생할 수 있는 현상은 Dirty Read, Non-Repeatable Read, Phantom Read가 있다.

트랜잭션의 격리성 수준에 따라 발생할 수 있는 현상

현상	설명
Dirty Read	• 데이터 캐시에는 변경이 되었지만, 디스크에는 변경되기 전에 데이터를 읽어 일관성을 잃는 현상
Non-Repeatable Read	• 트랜잭션 내 다른 시점에 읽은 하나의 데이터가 값이 다른 현상
Phantom Read	• 트랜잭션 수행 중에는 없던 행이 추가되어 새로운 데이터를 읽게 되거나 존재하던 데이터가 사라지는 현상 • 트랜잭션 내 동일한 조건으로 읽은 데이터의 개수가 달라지는 현상

트랜잭션 격리성 수준과 그에 따라 발생할 수 있는 현상

격리성 수준 \ 발생할 수 있는 현상	Dirty Read	Non-Repeatable	Phantom Read
Read Uncommitted	가능	가능	가능
Read Committed	불가능	가능	가능
Repeatable Read	불가능	불가능	가능
Serializable Read	불가능	불가능	불가능

잠깐! 알고가기

Shared-Lock (공유 잠금)

다른 트랜잭션에서 읽기는 가능하지만, 변경(쓰기)은 불가능하게 하는 Lock이다. 예를 들어, T1이라는 트랜잭션에서 특정 자원에 Shared-Lock을 설정하면 T2 트랜잭션에서는 해당 자원을 읽을 수는 있지만, 변경은 불가능하게 하는 Lock이다.

트랜잭션의 격리성 수준

「언커리시」
Read Uncommitted /
Read Committed /
Repeatable Read /
Serializable Read
→ 언젠간 나도 커서 리더가 되고 싶(시)다

트랜잭션 격리성 수준에 따라 발생할 수 있는 현상

「더논팬」
Dirty Read /
Non-Repeatable Read /
Phantom Read
→ 더 논다고 나의 팬들이 싫어할까?

(2) COMMIT

① COMMIT의 개념

COMMIT은 하나의 트랜잭션을 정상적으로 완료하고 그 결과를 데이터베이스에 반영하는 명령어이다.

> **개념 박살내기**
>
> ■ COMMIT 예제
>
> | INSERT INTO EMP
VALUES (102, '홍길동', 20, 101,
　　　　'SQL 개발자', '고급', 4000000);
COMMIT; | • INSERT 문 이용해 EMP 테이블에 데이터 입력
• COMMIT을 통해 트랜잭션을 완료하고 데이터를 데이터베이스에 반영 |
> |---|---|

> **학습 Point**
>
> SQL Server는 기본적으로 AUTO COMMIT 모드이므로 DML 수행 후 사용자가 COMMIT이나 ROLLBACK을 수행할 필요가 없습니다. AUTO COMMIT 모드일 때, DML 구문이 성공이면 자동으로 COMMIT 되고 오류가 발생하면 자동으로 ROLLBACK 수행됩니다.

② SQL Server의 트랜잭션 방식

SQL Server의 트랜잭션은 AUTO COMMIT, 암시적 트랜잭션, 명시적 트랜잭션 방식으로 이루어진다.

│ SQL Server의 트랜잭션 방식

방식	설명
AUTO COMMIT	• SQL Server의 기본 모드, DML을 수행할 때마다 DBMS가 트랜잭션을 컨트롤하는 방식 • 성공적으로 수행되면 자동으로 COMMIT을 수행하고 오류가 발생하면 자동으로 ROLLBACK 수행
암시적 트랜잭션	• Oracle과 같은 방식으로 수행 • 트랜잭션의 시작은 DBMS가 처리하고 트랜잭션의 끝은 사용자가 명시적으로 COMMIT이나 ROLLBACK 처리
명시적 트랜잭션	• 사용자가 트랜잭션의 시작과 끝을 지정하는 방식 • BEGIN TRANSACTION(또는 BEGIN TRAN)으로 트랜잭션을 시작하고 COMMIT TRANSACTION(TRANSACTION은 생략 가능)이나 ROLLBACK TRANSACTION(TRANSACTION은 생략 가능)으로 트랜잭션을 종료 • ROLLBACK 구문은 COMMIT 되지 않은 상위의 모든 연산을 취소

> **학습 Point**
>
> ORACLE의 경우 기본값을 AUTO COMMIT OFF로 설정한 상태에서 DDL이 수행되어도 묵시적으로 COMMIT이 수행됩니다. 하지만, SQL Server의 경우에는 기본값을 AUTO COMMIT OFF로 설정한 상태에서 DDL이 수행되면 묵시적으로 COMMIT이 수행되지 않습니다.

(3) ROLLBACK

- ROLLBACK은 문제가 발생한 트랜잭션을 취소하기 위한 명령어이다.
- 데이터베이스가 비정상적으로 종료되면 자동으로 ROLLBACK 된다.

개념 박살내기

■ ROLLBACK 명령어 예제

UPDATE EMP 　　SET EMP_NAME = '이순신' WHERE EMP_NAME = '홍길동'; ROLLBACK;	• UPDATE 문장으로 EMP 테이블에서 EMP_NAME이 '홍길동'이면 '이순신'으로 수정 • ROLLBACK 명령으로 트랜잭션을 취소하여 UPDATE 문장이 데이터베이스에 반영되지 않도록 함.

> **학습 Point**
> SQL Server에서는 CREATE TABLE도 트랜잭션의 범주에 포함되어 ROLLBACK이 가능합니다.

(4) SAVEPOINT

- SAVEPOINT는 하나의 트랜잭션을 작게 분할하여 저장하는 명령어이다.
- [SAVEPOINT 저장점명]으로 지정하고 [ROLLBACK TO 저장점명] 문을 수행하여 해당 SAVEPOINT까지 ROLLBACK 한다.
- 하나의 트랜잭션에 여러 개의 SAVEPOINT 지정이 가능하다.

개념 박살내기

■ SAVEPOINT 명령어 예제

SAVEPOINT SP1; INSERT INTO EMP VALUES (102, '홍길동', 20, 101, 'SQL 개발자', '고급', 4000000); SAVEPOINT SP2; UPDATE EMP 　　SET EMP_NAME = '이순신' WHERE EMP_NAME = '홍길동'; ROLLBACK TO SP2;	• 저장점 SP1을 지정 후 INSERT 문으로 데이터 입력 • 저장점 SP2를 지정 후 UPDATE 문으로 EMP_NAME을 '홍길동'에서 '이순신'으로 수정 • ROLLBACK 명령어로 SP2 지점까지 롤백

 개념 박살내기

■ **SAVEPOINT, COMMIT, ROLLBACK 사용 예(ORACLE)**

다음은 SAVEPOINT, COMMIT, 그리고 ROLLBACK을 함께 사용하는 사례이다.

INSERT INTO 테이블 VALUES(1); ----- ① SAVEPOINT sp; -------------------- ② INSERT INTO 테이블 VALUES(2); ----- ③ ROLLBACK TO sp; ------------------ ④ INSERT INTO 테이블 VALUES(3); ----- ⑤ COMMIT; -------------------------- ⑥	① 테이블에 1을 입력 ② 저장점 sp를 정의 ③ 테이블에 2를 입력 ④ 저장점 sp부터 현재 위치까지의 명령어 실행 취소 ⑤ 테이블에 3을 입력 ⑥ 결과를 데이터베이스에 반영 실행 완료 후 테이블에는 1, 3이 남아 있음

천기누설 | 예상문제

01

다음과 같은 명령어가 순서대로 수행된 이후의 결과로 알맞은 것을 고르시오. (단, DBMS는 Oracle 기준으로 한다.)

```
CREATE TABLE TAB1 (
        N1 NUMBER, N2 NUMBER);
INSERT INTO TAB1 VALUES(1, 1);
INSERT INTO TAB1 VALUES(2, 2);
CREATE TABLE TAB2(
V1 VARCHAR2(10), V2 VARCHAR2(10));
ROLLBACK;
SELECT COUNT(*) FROM TAB1;
```

① 0   ② 1
③ 2   ④ 3

해설
- Oracle의 경우 DML 후 자동 COMMIT이 아니나, DDL이 발생하면 DML은 COMMIT이 자동으로 발생하여 전체 트랜잭션이 COMMIT 된다.
- DDL 이후 ROLLBACK이 진행되었으나 이미 COMMIT이 되었으므로 COUNT는 2가 된다.
- SQL Server의 경우 자동 COMMIT이므로 역시 COUNT는 2가 된다.

02

다음과 같은 SQL이 순서대로 수행되고 난 후 결괏값으로 알맞은 것을 고르시오.

```
CREATE TABLE TAB1 (COL1 NUMBER);
INSERT INTO TAB1 VALUES(1);
INSERT INTO TAB1 VALUES(2);
SAVEPOINT SV1;
UPDATE TAB1 SET COL1=4 WHERE COL1=2;
SAVEPOINT SV1;
DELETE TAB1 WHERE COL1 >= 2;
ROLLBACK TO SV1;
INSERT INTO TAB1 VALUES(3);
SELECT MAX(COL1) FROM TAB1;
```

① 1   ② 2
③ 3   ④ 4

해설
동일한 이름(SV1)으로 SAVEPOINT가 다시 지정되고 난 후 ROLLBACK을 수행하는 경우 가장 가까운 저장점까지만 실행 취소가 된다.
ROLLBACK TO SV1에서 가장 가까운 SAVEPOINT SV1부터 ROLLBACK TO SV1 사이에 있는 DELETE TAB1 WHERE COL1 >=2가 실행 취소된다.

```
INSERT INTO TAB1 VALUES(1);
INSERT INTO TAB1 VALUES(2);
UPDATE TAB1 SET COL1=4 WHERE COL1=2;
INSERT INTO TAB1 VALUES(3);
SELECT MAX(COL1) FROM TAB1;
```

정답 1. ③ 2. ④

03

다음 중 TCL(Transaction Control Language)의 명령어가 아닌 것은 무엇인지 고르시오.

① COMMIT
② REVOKE
③ ROLLBACK
④ SAVEPOINT

해설

TCL의 명령어는 COMMIT, ROLLBACK, SAVEPOINT가 있고, REVOKE 명령어는 DCL의 명령어이다.

04

다음 중 데이터베이스에서 트랜잭션의 특성을 <u>잘못</u> 설명한 것은 무엇인지 고르시오.

① 원자성 - 트랜잭션은 모두 성공적으로 실행되거나 전혀 실행되지 않아야 한다.
② 일관성 - 트랜잭션이 실행되기 전과 후의 데이터베이스 내용에 잘못이 있으면 안 된다.
③ 격리성 - 실행 중인 트랜잭션의 중간 결과에 다른 트랜잭션의 접근이 가능하다.
④ 영속성 - 트랜잭션이 성공적으로 수행되면, 그 트랜잭션이 갱신한 데이터베이스의 내용은 영구적으로 저장된다.

해설

격리성은 실행 중인 트랜잭션의 중간 결과에 다른 트랜잭션이 접근하면 안 되는 특성이다.

05

다음 중 데이터베이스 트랜잭션에 대한 격리성이 낮은 경우 발생할 수 있는 문제점을 설명한 것 중 잘못 설명한 것을 고르시오.

① Dirty Read: 데이터 캐시에는 변경이 되었지만, 디스크에는 변경되기 전에 데이터를 읽어 일관성을 잃는 현상이다.
② Non-Repeatable Read: 트랜잭션 안에서 다른 시점에 읽은 하나의 데이터가 값이 다른 현상이다.
③ Repeatable Read: 트랜잭션이 완료되기 전까지 Shared-Lock이 적용되어 다른 트랜잭션에서 해당 데이터를 읽을 수 없는 문제를 말한다.
④ Phantom Read: 한 트랜잭션 내에서 동일한 조건으로 두 번의 쿼리를 수행한 경우, 첫 번째 쿼리에서 없던 레코드가 두 번째 쿼리에서 나타나는 현상을 말한다.

해설

- Repeatable Read은 격리성 수준 중 하나이다.
- 격리성 수준이 낮은 경우 발생할 수 있는 문제점에는 Dirty Read, Non-Repeatable Read, Phantom Read가 있다.

06

다음 중 ㉠과 ㉡에 해당하는 SQL의 명령어는 무엇인지 고르시오.

> ㉠ 하나의 트랜잭션을 정상적으로 완료하고 그 결과를 데이터베이스에 반영하는 명령어이다.
> ㉡ 트랜잭션이 문제가 발생한 경우 이를 취소하기 위한 명령어이다.

① ㉠ ROLLBACK, ㉡ COMMIT
② ㉠ ROLLBACK, ㉡ SAVEPOINT
③ ㉠ COMMIT, ㉡ ROLLBACK
④ ㉠ COMMIT, ㉡ SAVEPOINT

[해설]

COMMIT과 ROLLBACK에 대한 설명이다.

COMMIT	하나의 트랜잭션을 정상적으로 완료하고 그 결과를 데이터베이스에 반영하는 명령어
ROLLBACK	문제가 발생한 트랜잭션을 취소하기 위한 명령어

07

EMP 테이블에 오른쪽의 SQL 구문이 실행되었을 경우 최종 출력값으로 알맞은 것을 고르시오.

[EMP] 테이블

EMP_ID	EMP_NAME
001	강감찬
002	이순신
003	정약용

```
BEGIN
INSERT INTO EMP(EMP_ID, EMP_NAME)
VALUES('005', '김철수');
COMMIT;
BEGIN
DELETE EMP
WHERE EMP_ID='003';
BEGIN
DELETE EMP
WHERE EMP_ID='002';
ROLLBACK;
END;
END;
END;
SELECT COUNT(*) FROM EMP;
```

① 1 ② 2
③ 3 ④ 4

[해설]

- COMMIT에 의해 INSERT 구문은 실행이 완료되고, ROLLBACK에 의해 DELETE 구문은 모두 실행 취소된다.
- ROLLBACK 구문은 COMMIT 되지 않은 상위의 모든 연산을 취소한다.

BEGIN
INSERT INTO EMP(EMP_ID, EMP_NAME)
VALUES('005', '김철수');
COMMIT;
BEGIN
DELETE EMP
WHERE EMP_ID='003';
BEGIN
DELETE EMP
WHERE EMP_ID='002';
ROLLBACK;
END;
END;
END;
SELECT COUNT(*) FROM EMP;
	- INSERT 문을 COMMIT 함
	
	- COMMIT 이후에 발생한 2개의 DELETE 문을 ROLLBACK 함

정답 6.③ 7.④

08

EMP 테이블에 아래 SQL 구문이 실행되었을 경우 최종 출력 값으로 알맞은 것을 고르시오.

[EMP] 테이블

EMP_ID	EMP_NAME
001	강감찬
002	이순신
003	정약용

```
BEGIN
SAVEPOINT SP1;
INSERT INTO EMP(EMP_ID, EMP_NAME)
VALUES('005', '김철수');
SAVEPOINT SP2;
UPDATE EMP
SET EMP_NAME='박영희'
WHERE EMP_ID='005';
ROLLBACK TO SP2;
COMMIT;
END;

SELECT EMP_NAME FROM EMP
WHERE EMP_ID='005';
```

① NULL
② 김철수
③ 박영희
④ ' '(공백)

해설

- ROLLBACK TO SP2; 구문에 의해 SP2 저장점부터 실행 취소된다.

BEGIN
SAVEPOINT SP1;
INSERT INTO EMP(EMP_ID, EMP_NAME)
VALUES('005', '김철수');
SAVEPOINT SP2;
UPDATE EMP
SET EMP_NAME='박영희'
WHERE EMP_ID='005';
ROLLBACK TO SP2;
COMMIT;
END;
 	
SELECT EMP_NAME FROM EMP
WHERE EMP_ID='005';
	– SP1 저장점
	
	– SP2 저장점
	
	– SP2 이후의 UPDATE 문을 ROLLBACK 함
	– COMMIT 되지 않은 SP1 이후의 INSERT 문을 COMMIT 함

정답 8. ②

⑥ WHERE 절 ★★★★

(1) WHERE 절 개념

WHERE 절은 사용자가 원하는 자료만을 검색하여 출력하기 위해 SQL 문장에 추가하여 사용하는 조건절이다.

(2) WHERE 절 문법

WHERE 절은 FROM 절 다음에 위치한다.

| WHERE 절 문법

문법	설명
SELECT [DISTINCT|ALL] 컬럼명 FROM 테이블명 WHERE 조건식;	• SELECT 절에서 명시된 컬럼을 WHERE 절에 해당하는 행들만 FROM 절의 테이블에서 조회 • WHERE 절 조건식의 구성 요소는 컬럼명, 비교 연산자, 문자/숫자/표현식, 비교 컬럼명이 있음

컬럼명	보통 조건식의 좌측에 위치
비교 연산자	=, >, < 등
문자/숫자/표현식	보통 조건식의 우측에 위치
비교 컬럼명	JOIN 사용 시

(3) 연산자의 종류

WHERE 절의 조건식을 구성하기 위한 연산자에는 비교 연산자(부정 비교 연산자 포함), SQL 연산자(부정 SQL 연산자 포함), 논리 연산자, 부정 연산자 4가지 종류가 있다.

| 연산자의 종류

종류	설명
비교 연산자	• 연산자를 기준으로 왼쪽의 값과 오른쪽의 값의 크기를 비교하기 위한 연산자
SQL 연산자	• 기본적으로 예약된 연산자
논리 연산자	• 여러 조건을 논리적으로 연결하기 위해 사용되는 연산자
부정 연산자	• 비교 연산자나 SQL 연산자에 대한 부정을 표현하기 위한 연산자 • 부정 비교 연산자와 부정 SQL 연산자가 있음

> **학습 Point**
>
> 연산자 우선순위는 다음과 같습니다.
> 실수하기 쉬운 비교 연산자와 논리 연산자의 경우 괄호를 사용해서 우선순위를 표시하는 것을 권고합니다.
>
> | 우선
순위 | 설명 |
> |---|---|
> | 1 | 괄호 ( ) 안에 있는 연산이 가장 먼저 수행 |
> | 2 | NOT 연산자 |
> | 3 | 비교 연산자,
SQL 비교 연산자 |
> | 4 | AND 연산자 |
> | 5 | OR 연산자 |

① 비교 연산자

비교 연산자는 연산자를 기준으로 왼쪽의 값과 오른쪽의 값의 크기를 비교하기 위한 연산자이다.

| 비교 연산자의 종류

연산자	설명
=	같음
>	보다 큼
>=	보다 크거나 같음
<	보다 작음
<=	보다 작거나 같음

 개념 박살내기

■ 비교 연산자 예제

[EMP] 테이블

EMP_ID	EMP_NAME	DEPT_ID	MGR_ID	DUTY	GRADE	SALARY
101	김철수	10	NULL	SQL 개발자	기술사	4500000
102	홍길동	20	101	SQL 개발자	고급	4000000
103	장보고	30	101	SQL 개발자	고급	3500000
104	이순신	30	103	SQL 개발자	중급	3000000
105	유관순	10	104	SQL 개발자	초급	2500000
106	박영희	20	NULL	빅데이터분석기사	기술사	5000000
107	허준	30	106	빅데이터분석기사	고급	4000000
108	정약용	10	107	빅데이터분석기사	초급	3500000
109	스티브	NULL	107	빅데이터분석기사	초급	3000000

```
SELECT EMP_ID
     , EMP_NAME
     , DEPT_ID
     , SALARY
  FROM EMP
 WHERE DEPT_ID = 10
   AND SALARY <= 4000000;
```

EMP 테이블에서 WHERE 조건으로 DEPT_ID 의 값이 10이고 SALARY의 값이 4000000 이하인 조건을 정의하여 조회

▼ 조회 결과

EMP_ID	EMP_NAME	DEPT_ID	SALARY
105	유관순	10	2500000
108	정약용	10	3500000

② SQL 연산자

SQL 연산자는 기본적으로 예약된 연산자로서 모든 데이터 타입에 대해 연산이 가능하며 4가지 종류가 있다.

SQL 연산자의 종류

연산자	설명
BETWEEN a AND b	a와 b의 값 사이의 값을 가짐 (a, b 값 포함)
IN (list)	list에 있는 값 중에서 어느 하나라도 일치해야 함
LIKE '비교문자열'	비교 문자열과 형태가 일치해야 함(%, _ 사용)
IS NULL	NULL 값을 가짐

■ SQL 연산자 예제

[EMP] 테이블

EMP_ID	EMP_NAME	DEPT_ID	MGR_ID	DUTY	GRADE	SALARY
101	김철수	10	NULL	SQL 개발자	기술사	4500000
102	홍길동	20	101	SQL 개발자	고급	4000000
103	장보고	30	101	SQL 개발자	고급	3500000
104	이순신	30	103	SQL 개발자	중급	3000000
105	유관순	10	104	SQL 개발자	초급	2500000
106	박영희	20	NULL	빅데이터분석기사	기술사	5000000
107	허준	30	106	빅데이터분석기사	고급	4000000
108	정약용	10	107	빅데이터분석기사	초급	3500000
109	스티브	NULL	107	빅데이터분석기사	초급	3000000

① BETWEEN 연산자 예제

| ```sql
SELECT EMP_ID
     , EMP_NAME
     , SALARY
  FROM EMP
 WHERE SALARY
BETWEEN 2000000 AND 3000000;
``` | • FROM 절을 통해 EMP 테이블 사용<br>• WHERE 절에서 BETWEEN a AND b 구문으로 급여가 2000000에서 3000000 사이인 직원을 조회 |
|---|---|

▼ 조회 결과

EMP_ID	EMP_NAME	SALARY
104	이순신	3000000
105	유관순	2500000
109	스티브	3000000
```

② IN (list) 연산자 예제

SELECT EMP_ID
     , EMP_NAME
     , DEPT_ID
FROM EMP
WHERE DEPT_ID IN (10, 30);
	EMP 테이블에서 DEPT_ID가 10 이거나 30인 직원을 조회

▼ 조회 결과

EMP_ID	EMP_NAME	DEPT_ID
101	김철수	10
103	장보고	30
104	이순신	30
105	유관순	10
107	허준	30
108	정약용	10

③ LIKE 연산자 예제

SELECT EMP_ID
     , EMP_NAME
     , DUTY
FROM EMP
WHERE DUTY LIKE '빅데이터분석기사';
	EMP 테이블에서 DUTY의 값이 '빅데이터분석기사'와 같은 직원을 조회

▼ 조회 결과

EMP_ID	EMP_NAME	DUTY
106	박영희	빅데이터분석기사
107	허준	빅데이터분석기사
108	정약용	빅데이터분석기사
109	스티브	빅데이터분석기사

㉮ LIKE와 같이 사용하는 와일드카드 문자

와일드카드는 한 개 또는 0개 이상의 문자를 대신해 사용하기 위한 특수 문자이다.

와일드카드 종류

와일드카드	설명
%	0개 이상의 문자
_	1개의 문자
+	문자열을 연결
[ ]	1개의 문자와 일치
[^]	1개의 문자와 불일치

■ 와일드카드 예제

[EMP] 테이블

EMP_ID	EMP_NAME	DEPT_ID	MGR_ID	DUTY	GRADE	SALARY
101	김철수	10	NULL	SQL 개발자	기술사	4500000
102	홍길동	20	101	SQL 개발자	고급	4000000
103	장보고	30	101	SQL 개발자	고급	3500000
104	이순신	30	103	SQL 개발자	중급	3000000
105	유관순	10	104	SQL 개발자	초급	2500000
106	박영희	20	NULL	빅데이터분석기사	기술사	5000000
107	허준	30	106	빅데이터분석기사	고급	4000000
108	정약용	10	107	빅데이터분석기사	초급	3500000
109	스티브	NULL	107	빅데이터분석기사	초급	3000000

```
SELECT EMP_ID
     , EMP_NAME
     , DUTY
  FROM EMP
 WHERE DUTY LIKE 'SQL%';
```

- EMP 테이블에서 DUTY의 값이 'SQL'로 시작하는 직원을 조회
- 'SQL' 문자열 뒤에 0개 이상의 문자열이 존재할 수 있음

▼ 조회 결과

EMP_ID	EMP_NAME	DUTY
101	김철수	SQL 개발자
102	홍길동	SQL 개발자
103	장보고	SQL 개발자
104	이순신	SQL 개발자
105	유관순	SQL 개발자

> **학습 Point**
> [A-D]%는 [ABCD]%와 동일합니다.

■ 와일드카드 사용 사례

사례	설명
A%	'A'로 시작하는 모든 문자열
%A%	'A'가 포함된 모든 문자열
_A%	두 번째 문자가 'A'인 모든 문자열
[ABC]%	첫 번째 문자가 'A' 또는 'B' 또는 'C'인 모든 문자열
[A-D]%	첫 번째 문자가 ABCD에 속하는 모든 문자열
[^A]%	첫 번째 문자가 'A'가 아닌 모든 문자열

⑭ LIKE에서 특수 문자 검색

LIKE 연산으로 '%'나 '_'가 들어간 문자열 검색을 위해서 ESCAPE를 사용한다.

■ ESCAPE 사용 예제

WITH TEMP AS (
SELECT 'ABCDEF' COL FROM DUAL
  UNION ALL
SELECT 'AB_DEF' COL FROM DUAL
  UNION ALL
SELECT 'ABC_EF' COL FROM DUAL
)
SELECT * FROM TEMP
WHERE COL LIKE 'AB#_%' ESCAPE '#';
	• WITH 절을 이용해 임시로 사용할 테이블을 생성
	• 'AB_'로 시작하는 값을 조회
	• '#' 문자를 이스케이프 문자로 식별하게 해서 '_'를 조건으로 인식

▼ 조회 결과

COL
AB_DEF

ⓔ IS NULL 연산자

- IS NULL 연산자는 데이터가 NULL인지를 확인하기 위한 연산자이다.
- NULL은 아직 정의 되지 않은 미지의 값 또는 현재 알 수 없는 값으로 비교 자체가 불가능한 값이다.

> **학습 Point**
>
> NULL의 연산은 다음과 같은 특징이 있습니다.
>
> - NULL 값과의 산술 연산(+, -, *, / 등)은 NULL 값을 반환합니다.
> - NULL 값과의 비교 연산(=, >, <, >=, <=)은 FALSE를 반환합니다.
> - 특정 값보다 크다/작다를 판단할 수 없습니다.

개념 박살내기

■ IS NULL 예제

[EMP] 테이블

EMP_ID	EMP_NAME	DEPT_ID	MGR_ID	DUTY	GRADE	SALARY
101	김철수	10	NULL	SQL 개발자	기술사	4500000
102	홍길동	20	101	SQL 개발자	고급	4000000
103	장보고	30	101	SQL 개발자	고급	3500000
104	이순신	30	103	SQL 개발자	중급	3000000
105	유관순	10	104	SQL 개발자	초급	2500000
106	박영희	20	NULL	빅데이터분석기사	기술사	5000000
107	허준	30	106	빅데이터분석기사	고급	4000000
108	정약용	10	107	빅데이터분석기사	초급	3500000
109	스티브	NULL	107	빅데이터분석기사	초급	3000000

```
SELECT EMP_ID
     , EMP_NAME
     , MGR_ID
  FROM EMP
 WHERE MGR_ID IS NULL;
```

EMP 테이블에서 IS NULL 연산자를 이용해 MGR_ID의 값이 NULL인 직원을 조회

> **학습 Point**
>
> IS NULL은 NULL 값을 찾을 때, IS NOT NULL은 NULL이 아닌 값을 찾을 때 사용합니다.

▼ 조회 결과

EMP_ID	EMP_NAME	MGR_ID
101	김철수	NULL
106	박영희	NULL

> **학습 Point**
>
> 연산자 우선순위는 앞에서 다뤘지만, 헷갈립니다. AND와 OR 연산자만 살펴보면 AND 연산자가 OR 연산자보다 우선순위가 높습니다. OR 연산자를 먼저 수행하려면 OR 연산을 괄호 안에 작성해줍니다.
>
> 예 WHERE DEPT_ID = 10
>   OR DEPT_ID=30
>   AND MGR_ID = 101
> → DEPT_ID가 10인 직원을 찾거나, DEPT_ID가 30이면서 MGR_ID가 101인 직원을 찾음

③ 논리 연산자

논리 연산자는 여러 조건을 논리적으로 연결하기 위해 사용되는 연산자이다.

논리 연산자의 종류

연산자	설명
AND	AND 앞의 조건과 뒤의 조건을 모두 만족해야 함
OR	OR 앞이나 뒤의 조건 중 하나만 만족하면 됨
NOT	NOT 뒤의 조건에 반대되는 결과

개념 박살내기

■ 논리 연산자 예제

[EMP] 테이블

EMP_ID	EMP_NAME	DEPT_ID	MGR_ID	DUTY	GRADE	SALARY
101	김철수	10	NULL	SQL 개발자	기술사	4500000
102	홍길동	20	101	SQL 개발자	고급	4000000
103	장보고	30	101	SQL 개발자	고급	3500000
104	이순신	30	103	SQL 개발자	중급	3000000
105	유관순	10	104	SQL 개발자	초급	2500000
106	박영희	20	NULL	빅데이터분석기사	기술사	5000000
107	허준	30	106	빅데이터분석기사	고급	4000000
108	정약용	10	107	빅데이터분석기사	초급	3500000
109	스티브	NULL	107	빅데이터분석기사	초급	3000000

```
SELECT EMP_NAME
     , DEPT_ID
     , DUTY
     , SALARY
  FROM EMP
 WHERE (DEPT_ID = 10 OR DEPT_ID = 30)
   AND DUTY LIKE 'SQL%'
   AND NOT SALARY = 5000000;
```

- WHERE 조건절에 의해, DEPT_ID의 값이 10이거나 30이고 DUTY의 값이 'SQL'로 시작하고 SALARY의 값이 5000000이 아닌 직원을 조회
- OR 연산자가 AND 연산자보다 수행 우선순위가 낮기 때문에 DEPT_ID 조건에서 괄호 안에 작성

▼ 조회 결과

EMP_NAME	DEPT_ID	DUTY	SALARY
김철수	10	SQL 개발자	4500000
장보고	30	SQL 개발자	3500000
이순신	30	SQL 개발자	3000000
유관순	10	SQL 개발자	2500000

④ 부정 연산자

- 부정 연산자는 비교 연산자나 SQL 연산자에 대한 부정을 표현하기 위한 연산자이다.
- 부정 비교 연산자와 부정 SQL 연산자가 있다.

| 부정 연산자의 종류 |

구분	연산자	설명
부정 비교 연산자	!=	같지 않음
	^=	같지 않음
	< >	같지 않음(ISO 표준, 모든 운영체제에서 사용 가능)
	NOT 컬럼명 =	~와 같지 않음
	NOT 컬럼명 >	~보다 크지 않음
부정 SQL 연산자	NOT BETWEEN a AND b	a와 b의 값 사이에 있지 않음 (a, b 값은 포함하지 않음)
	NOT IN (list)	list 있는 값과 일치하지 않음
	IS NOT NULL	NULL 값이 아님

 개념 박살내기

■ 부정 연산자 예제

[EMP] 테이블

EMP_ID	EMP_NAME	DEPT_ID	MGR_ID	DUTY	GRADE	SALARY
101	김철수	10	NULL	SQL 개발자	기술사	4500000
102	홍길동	20	101	SQL 개발자	고급	4000000
103	장보고	30	101	SQL 개발자	고급	3500000
104	이순신	30	103	SQL 개발자	중급	3000000
105	유관순	10	104	SQL 개발자	초급	2500000
106	박영희	20	NULL	빅데이터분석기사	기술사	5000000
107	허준	30	106	빅데이터분석기사	고급	4000000
108	정약용	10	107	빅데이터분석기사	초급	3500000
109	스티브	NULL	107	빅데이터분석기사	초급	3000000

SELECT EMP_NAME
     , DEPT_ID
     , DUTY
     , SALARY
  FROM EMP
 WHERE DEPT_ID != 10
   AND DUTY 〈 〉 'SQL 개발자'
   AND SALARY NOT BETWEEN 5000000
   AND 6000000;
	EMP 테이블에서 DEPT_ID의 값이 10이 아니고, DUTY의 값이 'SQL 개발자'와 같지 않으며 SALARY의 값이 5000000에서 6000000 사이가 아닌 직원을 조회

▼ 조회 결과

EMP_NAME	DEPT_ID	DUTY	SALARY
허준	30	빅데이터분석기사	400000

(6) Top N 쿼리

테이블의 상위에서 N개의 데이터를 출력하는 유형의 질의문을 Top N 쿼리라고 한다.

① Oracle의 ROWNUM

- Oracle에서는 ROWNUM을 사용하여 TOP N 쿼리 기능을 수행한다.
- ROWNUM은 질의에서 반환되는 결과 레코드 수를 제한한다.

개념 박살내기

■ Oracle의 ROWNUM 사용 예제

[EMP] 테이블

EMP_ID	EMP_NAME	DEPT_ID	MGR_ID	DUTY	GRADE	SALARY
101	김철수	10	NULL	SQL 개발자	기술사	4500000
102	홍길동	20	101	SQL 개발자	고급	4000000
103	장보고	30	101	SQL 개발자	고급	3500000
104	이순신	30	103	SQL 개발자	중급	3000000
105	유관순	10	104	SQL 개발자	초급	2500000
106	박영희	20	NULL	빅데이터분석기사	기술사	5000000
107	허준	30	106	빅데이터분석기사	고급	4000000
108	정약용	10	107	빅데이터분석기사	초급	3500000
109	스티브	NULL	107	빅데이터분석기사	초급	3000000

다음 2개의 예제를 통해 직원 테이블에서 급여가 작은 순으로 출력을 수행해 본다.

① ROWNUM 사용 예제 1

SELECT EMP_NAME, SALARY 　FROM EMP WHERE ROWNUM <= 3 　ORDER BY SALARY ASC;	WHERE 절이 먼저 수행되므로 EMP 테이블에서 3건을 먼저 추출하고 오름차순 정렬 수행

▼ 조회 결과

EMP_NAME	SALARY
장보고	3500000
홍길동	4000000
김철수	4500000

② ROWNUM 사용 예제 2

SELECT EMP_NAME, SALARY 　FROM (SELECT EMP_NAME, SALARY 　FROM EMP 　ORDER BY SALARY ASC 　) WHERE ROWNUM <= 3;	인라인 뷰를 이용해 EMP 테이블에서 데이터를 먼저 오름차순 정렬하고, 이후 WHERE 절을 통해 상위 3건만 추출

▼ 조회 결과

EMP_NAME	SALARY
유관순	2500000
이순신	3000000
스티브	3000000

예제 1과 예제 2의 결과가 다름을 확인할 수 있다. 이것은 "SELECT 문장 실행 순서"에 의한 결과의 차이다. SELECT 문장 실행 순서는 "1. FROM 절 → 2. WHERE 절 → 3. GROUP BY 절 → 4. HAVING 절 → 5. SELECT 절 → 6. ORDER BY 절" 순이다.

인라인 뷰 (Inline View)

FROM 절에서 사용하는 서브 쿼리이다. SQL 문이 실행될 때만 임시로 생성되는 동적인 뷰이기 때문에 Dynamic View라고도 한다.

② SQL Server의 TOP(n)

ORDER BY 절과 함께 Top N 쿼리 기능을 수행한다.

TOP 절 문법

문법	설명	
TOP (n) [PERCENT] [WITH TIES]	상위 n개의 데이터 조회	
	TOP	반환되는 행수 제한
	PERCENT	n% 행 반환
	WITH TIES	동일한 데이터가 있을 경우 지정된 n 값에 상관없이 모두 출력

개념 박살내기

■ TOP절 사용 예제

① TOP 절 사용 예제(1)

[EMP] 테이블

EMP_ID	EMP_NAME	DEPT_ID	MGR_ID	DUTY	GRADE	SALARY
101	김철수	10	NULL	SQL 개발자	기술사	4500000
102	홍길동	10	101	SQL 개발자	고급	4000000
103	장보고	10	101	SQL 개발자	고급	3500000
104	이순신	10	103	SQL 개발자	중급	3000000
105	유관순	10	104	SQL 개발자	초급	2500000
106	박영희	20	NULL	빅데이터분석기사	기술사	5000000
107	허준	20	106	빅데이터분석기사	고급	4000000
108	정약용	20	106	빅데이터분석기사	초급	3500000
109	스티브	20	107	빅데이터분석기사	초급	3000000

SELECT TOP(3) EMP_NAME, SALARY FROM EMP ORDER BY SALARY ASC;	EMP 테이블에서 SALARY 기준으로 정렬 후, 상위 3건만 추출

▼ 조회 결과

EMP_NAME	SALARY
유관순	2500000
이순신	3000000
스티브	3000000

② TOP 절 사용 예제(2)

SELECT TOP(2) WITH TIES EMP_NAME, SALARY FROM EMP ORDER BY SALARY ASC;	• EMP 테이블에서 SALARY 기준으로 정렬 후, 상위 2건만 추출 • 동일한 데이터가 있을 경우 모두 출력

▼ 조회 결과

EMP_NAME	SALARY
유관순	2500000
이순신	3000000
스티브	3000000

WITH TIES 옵션에 의해 2건이 아닌 3건의 결과가 출력됨

학습 Point

일반적으로 SQL 문의 실행순서는 프웨그 해셀오(FROM → WHERE → GROUP BY → HAVING → SELECT → ORDER BY)이지만, SQL Server에서 Top N 쿼리를 위한 TOP(n) 함수를 수행할 때는 ORDER BY 절이 먼저 수행된 후에 SELECT 절이 수행됩니다. 많은 수험생들이 궁금했던 내용이니 확인해주세요.

천기누설 | 예상문제

01

보기의 테이블 TAB_A, TAB_B에 INSERT를 한 결과로 알맞은 것을 고르시오.

```
[SQL Server]
CREATE TABLE TAB_A (
        A INT
        IDENTITY(1,1),
        B VARCHAR(10)
);
INSERT INTO TAB_A(A, B)
        VALUES(1, 'A');
INSERT INTO TAB_A(B)
        VALUES('B');
INSERT INTO TAB_A(B)
        VALUES('D');
```

```
[Oracle]
CREATE TABLE TAB_B (
        A INT CHECK(A < 5),
        B VARCHAR2(10)
);
INSERT INTO TAB_B
        VALUES(1, 'A');
INSERT INTO TAB_B
        VALUES(2, 'B');
INSERT INTO TAB_B
        VALUES(6, 'D');
INSERT INTO TAB_B
        VALUES(NULL, 'X');
```

①
[TAB_A] 테이블

A	B
1	B
2	D

[TAB_B] 테이블

A	B
1	A
2	B
NULL	X

②

A	B
1	A
2	B
3	D

A	B
1	A
2	B
6	D

③

A	B
1	A
2	B

A	B
1	A

④

A	B
1	B
2	D

A	B
1	A
2	B

해설

SQL Server에서 IDENTITY는 컬럼의 값을 자동으로 증가시키기 위해 사용하는 구문이다.
IDENTITY(1, 1)은 초깃값 1부터 시작해서 행이 추가될 때마다 1씩 자동으로 증가하며 IDENTITY에 지정된 컬럼에 값을 지정하면 에러가 발생한다.

IDENTITY (SEED, INCREMENT)	• 시작 값인 SEED부터 증가 값인 INCREMENT 만큼 자동으로 증가시킴 • IDENTITY 컬럼에 값을 입력할 때 에러가 발생

Oracle에서 CHECK는 컬럼의 값에 대한 조건을 설정하기 위해 사용하는 제약조건이다.

CHECK 체크 조건	• CHECK 키워드 뒤에서 해당 컬럼의 체크 조건을 정의 • 체크 조건을 만족하지 못하는 경우에 에러가 발생 • 체크 조건으로 NULL이 입력되는 경우에는 조건이 무시되고 NULL 입력됨

02

비교 연산자의 어느 한쪽이 VARCHAR 유형인 경우 문자 유형 비교에 대한 설명 중 가장 알맞지 않은 것을 고르시오.

① 서로 다른 문자가 나올 때까지 비교한다.
② 길이가 다르다면 짧은 것이 끝날 때까지만 비교한 후에 길이가 긴 것이 크다고 판단한다.
③ 길이가 같고 다른 것이 없다면 같다고 판단한다.
④ 길이가 다르다면 작은 쪽에 SPACE를 추가하여 길이를 같게 한 후에 비교한다.

해설

SPACE를 추가하여 길이를 맞춰 비교하는 방법은 CHAR 타입인 경우이다.

정답 1. ① 2. ④

03

다음과 같은 SQL이 있을 때 조건절을 넣기 위한 키워드는 무엇인지 작성하시오.

```
SELECT * FROM EMP (        ) EMPID = 10;
```

해설

조건을 넣을 때 WHERE 키워드를 이용한다.

04

다음과 같은 테이블에 SQL을 수행한 결과가 다음과 같을 때 빈칸을 완성하시오. (단, WHERE 절에서 NVL 함수를 사용해야 한다.)

[TAB1] 테이블

COL1	COL2
A01	10
A02	20
A03	30
NULL	40
NULL	50

[조회 결과]

COL1	COL2
A02	20
A03	30
NULL	40
NULL	50

[SQL]
```
SELECT COL1, COL2
   FROM TAB1
   WHERE _____;
```

해설

- WHERE 절에 조건절이 쓰이게 되면 암묵적으로 해당 컬럼에 대한 IS NOT NULL 조건이 생성된다.
- 수행 결과에 NULL이 포함되어 있으므로 NVL 함수로 NULL에 대한 처리를 명시적으로 해줘야 한다.

정답 3. WHERE 4. NVL(COL1, 'X') 〈 〉 'A01'

05

다음 쿼리와 동일한 기능을 수행하는 쿼리는 무엇인지 고르시오.

```
SELECT * FROM TAB WHERE COL1 IN (1, 2, NULL);
```

① SELECT * FROM TAB WHERE COL1 = 1 AND COL1 = 2 AND COL1 = NULL;
② SELECT * FROM TAB WHERE COL1 = 1 OR COL1=2 OR COL1 IS NULL;
③ SELECT * FROM TAB WHERE COL1 IN (0, 1, 2);
④ SELECT * FROM TAB WHERE COL1 IN (1, 2);

해설

- IN(NULL) 연산으로는 NULL을 조회할 수 없다.
- IN(...)에서 NULL이 있거나 없거나 동일한 결과가 나오기 때문에 IN(1, 2, NULL)은 IN(1, 2)와 동일한 결과를 출력한다.
- WHERE 절에서 NULL을 조회하기 위해서는 IS NULL을 사용한다.
- ①번은 AND 연산자로 연결되었으므로 모든 조건이 만족해야 한다는 의미이고, IN(1, 2, NULL) 연산과는 다른 결과가 출력된다.
- ②번은 COL1 IS NULL 연산에 의해 NULL이 있는 행도 출력된다.
- ③번은 IN(0, 1, 2)에 의해 0 값이 들어있는 행도 출력된다.

06

다음이 설명하는 SQL의 명령문으로 가장 적절한 것을 고르시오.

- 데이터베이스를 조회할 때 사용자가 원하는 자료만을 검색하여 출력하기 위해 SQL 문장에 추가하여 사용하는 조건절이다.
- FROM 절 다음에 위치한다.

① SELECT 절
② WHERE 절
③ ORDER BY 절
④ GROUP BY 절

해설

SELECT 절	테이블을 구성하는 레코드 중에서 전체 또는 조건을 만족하는 레코드를 조회하는 구문
WHERE 절	데이터베이스를 조회할 때 사용자가 원하는 자료만을 검색하여 출력하기 위해 SQL 문장에 추가하여 사용하는 구문
GROUP BY절	사용자가 지정한 컬럼의 값이 같은 행들을 모아 그룹을 만들고, 그룹별로 검색을 하기 위해 사용하는 구문
ORDER BY절	특정 컬럼을 기준으로 정렬하는데 사용하는 구문

정답 5. ④ 6. ②

07

다음과 같이 EMP 테이블이 있을 때, SQL의 실행 결과는 무엇인지 고르시오.

[EMP] 테이블

EMP_ID	SALARY
101	3000000
201	4000000
202	5000000
301	2500000

[SQL]
SELECT COUNT(*)
  FROM EMP
 WHERE EMP_ID > 200
   AND SALARY > 4000000;

① 0 ② 1
③ 2 ④ 3

해설

WHERE 조건절에 의해 EMP_ID가 200보다 크고 SALARY가 4000000보다 큰 조건에 만족하는 행은 1개이다.

08

다음 중 연산자를 설명한 것으로 가장 <u>부적절</u>한 것을 고르시오.

① BETWEEN a AND b: a와 b 사이에 있는 값을 갖는다. (a, b는 포함하지 않는다)
② IN(list): list에 있는 값 중에서 한 개 이상 일치한다.
③ LIKE '비교문자열': 비교 문자열과 형태가 일치한다.
④ IS NULL: NULL 값을 갖는다.

해설

BETWEEN a AND b 연산자는 a와 b 값을 포함해서 a와 b 사이에 있는 값을 갖는다.

09

다음 중 SQL 문장에서 NULL이 아닌 값을 찾기 위해 ___㉠___ 에 들어가야 할 연산자는 무엇인지 고르시오.

[SQL]
SELECT * FROM TEMP_TABLE WHERE COL1 ____㉠____ ;

① < > NULL
② != NULL
③ IS NOT NULL
④ NOT NULL

해설

NULL이 아닌 값을 찾을 때 사용하는 연산자는 IS NOT NULL이고 NULL인 값을 찾기 위한 연산자는 IS NULL이다.

정답 7.② 8.① 9.③

10

다음 중 왼쪽과 같은 입력 테이블에서 오른쪽과 같은 조회 결과를 출력하기 위한 SQL로 가장 적절한 것을 고르시오.

[EMP] 테이블

EMP_ID	SALARY
01	3000000
02	4000000
03	5000000
04	2500000

[조회 결과]

EMP_ID	SALARY
04	2500000
01	3000000

① SELECT *
   FROM EMP
   WHERE ROWNUM <= 2
   ORDER BY SALARY ASC;

② SELECT *
   FROM (
   SELECT *
     FROM EMP
     ORDER BY SALARY ASC
)
   WHERE ROWNUM <=2;

③ SELECT *
   FROM EMP
   WHERE ROWNUM <= 2
   ORDER BY SALARY DESC;

④ SELECT *
   FROM (
   SELECT *
     FROM EMP
     ORDER BY SALARY DESC
)
   WHERE ROWNUM <=2;

해설

- ①번은 WHERE 절에 의해 상위 2개의 행이 먼저 선택된 후에 SALARY 컬럼 기준으로 오름차순 정렬이 이루어진다.
- ②번의 SQL은 FROM 절의 인라인 뷰에 의해 SALARY 컬럼을 기준으로 오름차순 정렬을 먼저 수행 후 상위 2개의 행을 출력한다.
- ③번은 WHERE 절에 의해 상위 2개의 행이 먼저 선택된 후 SALARY 컬럼 기준으로 내림차순 정렬이 이루어진다.
- ④번은 FROM 절에 의해 SALARY 컬럼을 기준으로 내림차순 정렬이 이루어진 후 상위 2개의 행이 선택되지만, 문제에서 요구한 결과와는 다른 결과가 출력된다.

11

다음과 같이 EMPLOYEE 테이블이 있을 때, SQL의 실행 결과는 무엇인지 고르시오.

[EMPLOYEE] 테이블

EMP_ID	SALARY
101	3000000
201	NULL
202	2500000
301	2500000

[SQL]
SELECT COUNT(DISTINCT SALARY)
  FROM EMPLOYEE;

① 1 ② 2
③ 3 ④ 4

해설

DISTINCT는 중복된 데이터가 있는 경우에 중복을 제거하여 조회하는 기능을 한다.

DISTINCT SALARY
3000000
NULL
2500000

COUNT는 NULL을 세지 않기 때문에 2건이 된다.

정답 10. ② 11. ②

12

다음 SQL 문장과 동일한 의미를 가진 SQL 문을 고르시오.

```
[SQL]
SELECT *
  FROM TEST
 WHERE (SCORE BETWEEN 90 AND 95);
```

① SELECT * FROM TEST WHERE (SCORE > 90 AND SCORE < 95);
② SELECT * FROM TEST WHERE (SCORE >= 90 AND SCORE <= 95);
③ SELECT * FROM TEST WHERE (SCORE > 90 OR SCORE < 95);
④ SELECT * FROM TEST WHERE (SCORE >= 90 OR SCORE <= 95);

> 해설

BETWEEN a AND b는 a, b 값을 포함하는 a와 b의 값 사이의 값을 가진다.

13

다음 SQL의 실행 결과로 가장 적절한 것을 고르시오.

[EMPLOYEE] 테이블

EMP_ID	EMP_NAM	DEPT_ID
101	김철수	10
102	홍길동	20
105	유관순	10
106	박영희	20
109	스티브	10

```
[SQL]
SELECT COUNT(*)
  FROM EMPLOYEE
 WHERE EMP_ID = 101 OR EMP_ID=105 AND DEPT_ID=20;
```

① 0　　　　　　　② 1
③ 2　　　　　　　④ 3

> 해설

- AND 연산자가 OR 연산자보다 우선순위가 높다.
- 우선순위에 맞게 괄호로 묶으면 다음과 같다.

```
SELECT COUNT(*)
  FROM EMPLOYEE
 WHERE EMP_ID = 101 OR (EMP_ID=105 AND DEPT_ID=20);
```

- EMP_ID = 101인 직원과 EMP_ID=105 AND DEPT_ID=20인 직원을 조회한다.

정답 12. ② 13. ②

14

EMPLOYEE라는 테이블에서 EMP_NM을 검색할 때, TEL_NO가 NULL 값이 아닌 EMP_NM을 모두 찾을 경우 올바른 SQL 문을 고르시오.

① SELECT EMP_NM FROM EMPLOYEE
   WHERE TEL_NO != NULL;
② SELECT EMP_NM FROM EMPLOYEE
   WHERE TEL_NO <>= NULL;
③ SELECT EMP_NM FROM EMPLOYEE
   WHERE TEL_NO IS NOT NULL;
④ SELECT EMP_NM FROM EMPLOYEE
   WHERE TEL_NO DON'T NULL;

해설

NULL에 대한 연산자는 "IS NULL"(NULL 값인 것), "IS NOT NULL"(NULL 값이 아닌 것) 두 가지가 있다.

15

다음과 같은 결과를 만들어내는 SQL 문을 고르시오.

[PROVIDER] 테이블

PRO_NO	PRO_NM	LOC
1	대신공업사	수원
2	삼진사	서울
3	삼양사	인천
4	진아공업사	대전
5	신촌상사	서울

[조회 결과]

PRO_NO	PRO_NM	LOC
1	대신공업사	수원
5	신촌상사	서울

① SELECT * FROM PROVIDER
   WHERE PRO_NM LIKE '%신%';
② SELECT * FROM PROVIDER
   WHERE PRO_NM LIKE '대%';
③ SELECT * FROM PROVIDER
   WHERE PRO_NM LIKE '%사';
④ SELECT * FROM PROVIDER
   WHERE PRO_NM LIKE '_사';

해설

- PRO_NM에는 '신'이라는 글자가 들어가므로 LIKE 문에 '%신%'으로 검색해야 결과 테이블처럼 조회가 된다.
- LIKE '%키워드%'는 %와 % 사이에 키워드가 포함된 경우로 키워드가 들어있는 문자열 검색한다.

정답 14. ③ 15. ①

❼ FUNCTION ★★★★

(1) FUNCTION(함수)의 개념

FUNCTION은 데이터베이스에서 입력값을 처리하고 결괏값을 반환하는 프로그램이다.

| 함수의 분류

분류	설명	
내장 함수 (Built-In Function)	단일 행 함수와 다중 행 함수가 있음	
	단일 행 함수 (Single-Row Function)	• 단일 행 값을 입력해서 단일 값을 반환하는 함수 • 문자형 함수, 숫자형 함수, 날짜형 함수, 형 변환 함수, NULL 관련 함수 • SELECT, WHERE, ORDER BY, UPDATE의 SET 절에 사용 가능 • 1:M 관계의 두 테이블을 조인할 경우 M 쪽에 단일 행 함수 사용 가능
	다중 행 함수 (Multi-Row Function)	• 다중 행 값을 입력해서 단일 값을 반환하는 함수 • 집계 함수, 그룹 함수, 윈도우함수
사용자 정의 함수 (User Defined Function)	• 사용자가 작성하는 함수 • 절차형 SQL	

(2) 단일 행 함수의 유형

단일 행 함수의 유형은 문자형 함수, 숫자형 함수, 날짜형 함수, 형 변환 함수, NULL 관련 함수가 있다.

| 단일 행 함수의 유형

유형	설명	함수
문자형 함수	문자를 연산하는 함수	LOWER, UPPER, SUBSTR, LENGTH, LTRIM, RTRIM, TRIM, ASCII, REPLACE
숫자형 함수	숫자를 연산하는 함수	ABS, MOD, ROUND, TRUNC, SIGN, CHR, CEIL, FLOOR, EXP, LOG, LN, POWER, SIN, COS, TAN
날짜형 함수	DATE 타입의 값을 연산하는 함수	SYSDATE, EXTRACT
형 변환 함수	데이터 타입을 변환하는 함수	TO_NUMBER, TO_CHAR, TO_DATE
NULL 관련 함수	NULL을 처리하는 함수	NVL, NULLIF, COALESCE

> **학습 Point**
> 단일 행 함수의 유형별로 사용 방법과 실행 결과가 출제될 수 있으니, 내용을 알고 넘어가세요.

① 문자형 함수
- 문자형 함수는 문자 또는 문자열을 입력받아 처리하는 함수이다.
- 문자형 함수는 SELECT, WHERE, ORDER BY 절에서 사용이 가능하다.

| 문자형 함수

함수	설명
LOWER(문자열)	• 문자열을 소문자로 변환
UPPER(문자열)	• 문자열을 대문자로 변환
ASCII(문자)	• 문자를 ASCII 코드로 변환
CHR(ASCII코드)	• ASCII 코드를 문자로 변환
CONCAT(문자열1, 문자열2)	• 문자열1과 문자열 2를 연결
SUBSTR(문자열, 시작위치[, 길이])	• 문자열의 시작 위치에서 길이만큼 반환 • 길이를 생략하면 마지막 문자까지 반환
LENGTH(문자열)	• 문자열의 길이를 계산
LTRIM(문자열[, 지정문자])	• 문자열의 왼쪽에서 연속되는 지정문자를 제거 • 지정문자를 생략하면 공백을 제거
RTRIM(문자열[, 지정문자])	• 문자열의 오른쪽에서 연속되는 지정문자를 제거 • 지정문자를 생략하면 공백을 제거
TRIM([LEADING | TRAILING | BOTH] [지정문자 FROM] 문자열)	• 문자열의 머리말, 꼬리말, 또는 양쪽에서 지정문자를 제거 • TRIM(문자열)은 양쪽 공백을 제거
LPAD (문자열, 길이[, 채움문자])	• 문자열을 지정한 길이만큼 채우기 위해서 왼쪽부터 채움 문자를 채움 • 채움 문자를 생략하면 공백을 추가
RPAD (문자열, 길이[, 채움문자])	• 문자열을 지정한 길이만큼 채우기 위해서 오른쪽부터 채움 문자를 채움 • 채움 문자를 생략하면 공백을 추가
REPLACE (문자열, 지정문자열, 변환문자열)	• 문자열의 지정 문자열을 변환 문자열로 치환

> 잠깐! 알고가기

ASCII 코드
(American Standard Code for Information Interchange)
미국 정보 교환 표준 부호 줄임말로서 영문 알파벳을 사용하는 대표적인 문자 인코딩이다.

> 학습 Point

SUBSTR 함수에서 시작위치에 음수를 입력할 수 있습니다. 음수를 입력하면 시작위치를 오른쪽 방향에서 계산합니다.

 SUBSTR('Dev', -1, 1) 구문에서는 함수 결과로 v를 반환

학습 Point

SQL Server에서는 CHR, SUBSTR, LENGTH 함수 대신 CHAR, SUBSTRING, LEN 함수를 사용합니다.

CHAR (ASCII코드)	ASCII 코드를 문자로 변환
SUBSTRING (문자열, 시작위치 [, 길이])	문자열의 시작 위치에서 길이만큼 반환
LEN(문자열)	문자열의 길이를 계산

학습 Point

CHAR형의 경우 고정형으로 사이즈에 비해 작은 값이 들어올 경우 나머지 사이즈를 빈칸(스페이스)으로 채웁니다. Oracle의 LENGTH 함수는 문자 뒤의 빈칸을 1로 인식하고, SQL Server의 LEN 함수는 문자 뒤의 빈칸을 0으로 인식합니다. 즉, SQL Server의 LEN 함수는 문자열 뒤의 빈칸은 계산하지 않습니다.

개념 박살내기

■ 문자형 함수 예제

```
SELECT LOWER('Developer') AS "LOWER"
     , UPPER('Developer') AS "UPPER"
     , ASCII('@') AS "ASCII"
     , CHR(64) AS "CHR"
     , CONCAT('Develop', 'er') AS "CONCAT"
     , SUBSTR('Developer', 1, 3) AS "SUBSTR"
     , LENGTH('Developer') AS "LENGTH"
     , LTRIM('@@Developer', '@') AS "LTRIM"
     , RTRIM('Developer@@', '@') AS "RTRIM"
     , TRIM(BOTH '@' FROM '@@Developer@@') AS "TRIM"
     , LPAD('Developer', 10, '@') AS "LPAD"
     , RPAD('Developer', 10, '@') AS "RPAD"
     , REPLACE('012-345-6789', '-', '') AS "REPLACE"
FROM DUAL;
```

- SELECT 절에서 문자형 함수인 LOWER, UPPER, ASCII, CHR, CONCAT, SUBSTR, LENGTH, LTRIM, RTRIM, TRIM, LPAD, RPAD, REPLACE 함수를 사용
- FROM 절에서 DUMMY 테이블인 DUAL 테이블 지정

▼ 조회 결과

LOWER	UPPER	ASCII	CHR	CONCAT	SUBSTR	LENGTH
developer	DEVELOPER	64	@	Developer	Dev	9

LTRIM	RTRIM	TRIM	LPAD	RPAD	REPLACE
Developer	Developer	Developer	@Developer	Developer @	0123456789

② 숫자형 함수

숫자형 함수는 수치형 데이터를 입력받아 처리하는 함수이다.

| 숫자형 함수 |

함수	설명
ABS(숫자)	• 숫자의 절댓값을 반환
SIGN(숫자)	• 숫자가 양수이면 1, 음수이면 -1, 0이면 0을 반환
MOD(숫자1, 숫자2)	• 숫자1을 숫자2로 나눈 나머지 값을 반환
CEIL(숫자)	• 숫자보다 크거나 같은 최소 정수를 반환
FLOOR(숫자)	• 숫자보다 작거나 같은 최대 정수를 반환
ROUND(숫자[, 소수점자릿수])	• 숫자를 소수점 자릿수에서 반올림 • 소수점 자릿수를 생략하면 기본값 0 적용
TRUNC(숫자[, 소수점자릿수])	• 숫자를 소수점 자릿수에서 버림 • 소수점 자릿수를 생략하면 기본값 0 적용

개념 박살내기

■ 숫자형 함수 예제

```
SELECT ABS(-10) AS "ABS"
     , SIGN(-10) AS "SIGN"
     , MOD(10, 3) AS "MOD"
     , CEIL(10.1) AS "CEIL"
     , FLOOR(10.9) AS "FLOOR"
     , ROUND(10.5) AS "ROUND"
     , TRUNC(10.5) AS "TRUNC"
  FROM DUAL;
```

- SELECT 절에서 숫자형 함수인 ABS, SIGN, MOD, CEIL, FLOOR, ROUND, TRUNC 함수를 사용
- FROM 절에서 DUMMY 테이블인 DUAL 테이블 지정

학습 Point

만약 ROUND(10.51, 1)이라고 하면 10.51을 소수점 첫 번째 자리에서 반올림하기 때문에, 결과는 10.5가 됩니다.

▼ 조회 결과

ABS	SIGN	MOD	CEIL	FLOOR	ROUND	TRUNC
10	-1	1	11	10	11	10

③ 날짜형 함수

날짜형 함수는 DATE 타입의 데이터를 연산하는 함수이다.

날짜형 함수

함수	설명
SYSDATE	현재 날짜와 시간을 반환
EXTRACT (YEAR | MONTH | DAY FROM 날짜)	날짜 데이터에서 년, 월, 일 데이터를 반환

학습 Point

SQL Server에서는 날짜형 함수로써 GETDATE와 DATEPART 함수를 사용합니다.

GETDATE( )	현재 날짜와 시간을 반환
DATEPART (YEAR | MONTH | DAY, 날짜)	날짜 데이터에서 년, 월, 일 데이터를 반환

개념 박살내기

■ 날짜형 함수 예제

```
SELECT SYSDATE AS "SYSDATE"
     , EXTRACT(YEAR FROM SYSDATE) AS
       "YEAR"
     , EXTRACT(MONTH FROM SYSDATE) AS
       "MONTH"
     , EXTRACT(DAY FROM SYSDATE) AS "DAY"
  FROM DUAL;
```

- SELECT 절에서 날짜형 함수인 SYSDATE, EXTRACT 함수를 사용
- FROM 절에서 DUMMY 테이블인 DUAL 테이블 지정

학습 Point

날짜형 데이터에 1을 더하면 1일을 더한 것과 같습니다.

표현식	기간
1	1일
1/24	1시간
1/24/(60/10)	10분
1/24/60	1분

예) SELECT SYSDATE + 1
    FROM DUAL;
 → 내일 날짜를 조회

▼ 조회 결과

SYSDATE	YEAR	MONTH	DAY
21/03/22	2021	3	22

④ 형 변환 함수

형 변환 함수는 데이터 타입을 변환할 때 사용하는 함수이다.

| 형 변환 함수

함수	설명
TO_NUMBER(문자열)	문자열을 숫자로 변환
TO_CHAR(숫자 | 날짜 [, 포맷])	숫자나 날짜를 포맷에 맞는 문자열로 변환 | 포맷	설명 | |---|---| | , (콤마) | 숫자에 콤마를 표시 | | . (소수점) | 숫자에 소수점을 표시 | | 9 | 한 자리 숫자 |
TO_DATE(문자열[, 포맷])	문자열을 포맷에 맞는 날짜 타입으로 변환 | 포맷	설명 | |---|---| | YYYY | 4자리 연도 | | MM | 2자리 월 | | DD | 2자리 일 | | HH24 | 24시간 단위 시간 | | MI | 분 | | SS | 초 |

잠깐! 알고가기

SQL Server에서는 형 변환 함수로써 CAST와 CONVERT 함수를 사용한다.

CAST(표현식 AS 데이터타입)	표현식을 대상 데이터타입으로 변환
CONVERT(데이터타입, 표현식)	표현식을 대상 데이터타입으로 변환

학습 Point

DATE 타입에 'YYYY-MM'과 같이 년과 월만 입력하였을 경우 기본값으로 년과 월 뒤에 1일 0시 0분 0초가 입력됩니다. 그래서 DATE('2021-03', 'YYYY-MM')은 21/03/01이 출력됩니다.

개념 박살내기

■ 형 변환 함수 예제

```
SELECT TO_NUMBER('10') AS "A"
     , TO_CHAR(1000, '9,999') AS "B"
     , TO_CHAR(SYSDATE, 'YYYY-MM-DD')
       AS "C"
     , TO_DATE('2021-03', 'YYYY-MM') AS
       "D"
  FROM DUAL;
```

- TO_NUMBER 함수를 이용해서 문자 '10'을 숫자 10으로 형 변환
- TO_CHAR 함수를 이용해서 숫자 1000을 천 단위 콤마로 표시
- TO_CHAR 함수를 이용해서 오늘 날짜를 YYYY-MM-DD 형태로 표시
- TO_DATE 함수를 이용해서 문자열 '2021-03'을 날짜 형으로 형 변환

▼ 조회 결과

A	B	C	D
10	1,000	2021-03-22	21/03/01

⑤ NULL 관련 함수

NULL은 정해지지 않은 값으로써, 0이나 공백과는 다른 값이다.

NULL 관련 함수

함수	설명
NVL(표현식1, 표현식2)	• 표현식1의 값이 NULL이면, 표현식2를 반환 • 표현식1의 값이 NULL이 아니면, 표현식1을 반환
NULLIF(표현식1, 표현식2)	• 표현식1의 값이 표현식2의 값과 같으면 NULL 반환 • 표현식1의 값이 표현식2의 값과 같지 않으면 표현식1 반환
COALESCE(표현식1, 표현식2, …)	• NULL이 아닌 첫 번째 표현식을 반환

개념 박살내기

■ NULL 관련 함수 예제

[EMP] 테이블

NAME	SALARY	OLD_DEPT	NEW_DEPT	PHONE	EMAIL	FAX
홍길동	NULL	개발팀	개발팀	NULL	NULL	012-345-6789
장보고	3500000	개발팀	운영팀	NULL	bogo.jang@sqld.net	NULL

```
SELECT NAME
     , NVL(SALARY, 0) AS SAL
     , NULLIF(OLD_DEPT, NEW_DEPT)
       AS OLD_DEPT
     , COALESCE(PHONE, EMAIL, FAX)
       AS CONTACT
  FROM EMP;
```

- NVL 함수를 이용해서 NULL인 SALARY 값을 0으로 변환
- NULLIF 함수를 이용해서 OLD_DEPT와 NEW_DEPT가 같은 경우에 NULL을 반환하고, 다른 경우에 OLD_DEPT 값을 반환
- COALESCE 함수를 이용해서 NULL이 아닌 첫 번째 연락처를 조회

학습 Point

SQL Server에서는 NVL 대신 ISNULL 함수를 사용합니다.

ISNULL(표현식1, 표현식2) → 표현식1의 값이 NULL이면, 표현식 2를 반환

▼ 조회 결과

NAME	SAL	OLD_DEPT	CONTACT
홍길동	0	NULL	012-345-6789
장보고	3500000	개발팀	bogo.jang@sqld.net

(3) CASE 문

- CASE 문은 비교문(IF)을 구현하기 위해 사용하는 문장이다.
- CASE 표현방식에는 SIMPLE_CASE_EXPRESSION과 SEARCHED_CASE_EXPRESSION이 있다.

CASE 문 표현 방식

표현방식	설명
SIMPLE_CASE_EXPRESSION	CASE 다음에 조건식을 표현 CASE 조건식 WHEN 값1 THEN 결과1 　　　　　WHEN 값2 THEN 결과2 　　　　　WHEN 값n THEN 결과n END
SEARCHED_CASE_EXPRESSION	WHEN 다음에 조건식을 표현 CASE WHEN 조건식1 THEN 결과1 　　　WHEN 조건식2 THEN 결과2 　　　WHEN 조건식n THEN 결과n END

 개념 박살내기

■ CASE 표현 예제

① CASE 표현 – SIMPLE_CASE_EXPRESSION 방식

[CITIES] 테이블

COUNTRY	CITY
KOREA	SEOUL
ENGLAND	LONDON

```
[SQL]
SELECT CITY
     , CASE CITY WHEN 'SEOUL' THEN '서울'
                 WHEN 'LONDON' THEN '런던'
       END AS "SIMPLE_CASE_EXPRESSION"
  FROM CITIES;
```

▼ 조회 결과

CITY	SIMPLE_CASE_EXPRESSION
SEOUL	서울
LONDON	런던

② CASE 표현 - SEARCHED_CASE_EXPRESSION 방식

[CITIES] 테이블

COUNTRY	CITY
KOREA	SEOUL
ENGLAND	LONDON

```
[SQL]
SELECT CITY
     , CASE WHEN CITY = 'SEOUL' THEN '서울'
            WHEN CITY = 'LONDON' THEN '런던'
       END AS "SEARCHED_CASE_EXPRESSION"
  FROM CITIES;
```

▼ 조회 결과

CITY	SEARCHED_CASE_EXPRESSION
SEOUL	서울
LONDON	런던

> **학습 Point**
>
> Oracle의 DECODE 함수는 CASE 표현과 동일한 기능을 제공합니다.
>
> DECODE(표현식, 기준값1, 값1[, 기준값2, 값2, …, 기본값])
> → 표현식의 값이 기준값1과 동일하면 값1을, 기준값2와 동일하면 값2를 반환하고, 조건을 만족하는 기준값이 없으면 기본값을 반환

천기누설 | 예상문제

01

다음 중 SQL의 실행 결과로 가장 적절한 것을 고르시오.

[TAB1] 테이블

C1	C2
1	ABC
2	ABCDE

[SQL]
SELECT SUM(LENGTH(SUBSTR(C2, C1)))
  FROM TAB1;

① 3
② 5
③ 7
④ 8

해설
- SUBSTR 함수는 문자열을 시작 위치에서 길이만큼 반환하는 함수이며, 길이를 생략하면 마지막 문자까지 반환한다.
- SELECT SUBSTR(C2, C1)) FROM TAB1;를 실행하면 다음과 같다.

C2
ABC
BCDE

- C2 컬럼의 문자열을 C1 컬럼의 시작 위치에서 마지막 문자까지 반환하므로 첫 번째 튜플은 SUBSTR('ABC', 1)이므로 ABC 그대로 반환, 두 번째 튜플은 SUBSTR('ABCDE', 2)이므로 두 번째 글자인 B부터 반환한 BCDE가 된다.
- 그리고 LENGTH 함수는 각 문자열의 길이를 계산하므로, 결국 3 + 4 = 7이 된다.

02

다음의 SQL 중에서 실행 결과가 다른 하나는 무엇인지 고르시오.

① SELECT CEIL(10.4) FROM DUAL;
② SELECT FLOOR(10.4) FROM DUAL;
③ SELECT ROUND(10.4) FROM DUAL;
④ SELECT TRUNC(10.4) FROM DUAL;

해설
- ①번은 CEIL 함수는 10.4보다 크면서 최소 정수인 11을 반환한다.
- ②번은 FLOOR 함수는 10.4보다 작으면서 최대 정수인 10을 반환한다.
- ③번은 ROUND 함수는 반올림하여 10을 반환한다.
- ④번은 TRUNC 함수는 소수점 자릿수를 끊어 버려 10을 반환한다.

03

SQL의 실행 결과로 가장 적절한 것을 고르시오.

[SQL]
SELECT TO_CHAR(
  TO_DATE('2021-10-20', 'YYYY-MM-DD') +
  10, 'YYYY-MM-DD HH24:MI:SS')
  FROM DUAL;

① 2021-10-20 00:00:10
② 2021-10-20 00:10:00
③ 2021-10-20 10:00:00
④ 2021-10-30 00:00:00

해설
날짜형 데이터에 10을 더하면 10일을 더한 것과 같다. TO_DATE('2021-10-20', 'YYYY-MM-DD')의 결과가 2021-10-20 00:00:00이므로, 10일을 더하면 2021-10-30 00:00:00이 된다.

정답 1.③ 2.① 3.④

04

다음은 NULL과 관련된 함수에 대한 설명이다. ㉠, ㉡, ㉢에 들어갈 함수를 차례대로 작성하시오. (단, 오라클 기준으로 작성한다.)

㉠ (표현식1, 표현식2)	표현식1의 값이 NULL이면, 표현식 2를 반환한다.
㉡ (표현식1, 표현식2)	표현식1의 값이 표현식2의 값과 같으면 NULL을 반환한다.
㉢ (표현식1, 표현식2, …)	NULL이 아닌 첫 번째 표현식을 반환한다.

해설

NVL (표현식1, 표현식2)	• 표현식1의 값이 NULL이면, 표현식 2를 반환 • 표현식1의 값이 NULL이 아니면, 표현식 1을 반환
NULLIF (표현식1, 표현식2)	• 표현식1의 값이 표현식2의 값과 같으면 NULL 반환 • 표현식1의 값이 표현식2의 값과 같지 않으면 표현식1 반환
COALESCE (표현식1, 표현식2, …)	• NULL이 아닌 첫 번째 표현식을 반환

05

다음 CITIES 테이블에 대해서 에러가 발생하는 SQL을 고르시오.

[CITIES] 테이블

COUNTRY	CITY
KOREA	SEOUL
ENGLAND	LONDON

① SELECT CASE CITY WHEN 'SEOUL' THEN '서울' WHEN 'LONDON' THEN '런던' END FROM CITIES;
② SELECT CASE WHEN CITY = 'SEOUL' THEN '서울' WHEN CITY = 'LONDON' THEN '런던' END FROM CITIES;
③ SELECT DECODE(CITY, 'SEOUL', '서울', 'LONDON', '런던') FROM CITIES;
④ SELECT DECODE(CITY = 'SEOUL', '서울', '런던') FROM CITIES;

해설

DECODE 함수의 첫 번째 인자인 표현식에는 비교 연산자를 사용한 조건식을 사용할 수 없습니다.

DECODE(표현식, 기준값1, 값1 [, 기준값2, 값2, …, 기본값])	표현식의 값이 기준값1과 동일하면 값1을, 기준값2와 동일하면 값2를 반환하고, 조건을 만족하는 기준값이 없으면 기본값을 반환

정답 4. NVL, NULLIF, COALESCE 5. ④

06

다음의 SQL에 대해서 결괏값이 <u>다른</u> 것을 고르시오.

① SELECT CONCAT('RDBMS', 'SQL') FROM DUAL; (Oracle)
② SELECT 'RDBMS' || 'SQL' FROM DUAL; (Oracle)
③ SELECT 'RDBMS' + 'SQL'; (SQL Server)
④ SELECT 'RDBMS' & 'SQL'; (SQL Server)

(해설)

합성 연산자로써 문자열을 연결하기 위해 Oracle에서는 || 연산자를 사용하고, SQL Server에서는 + 연산자를 사용한다. 그리고 합성 연산자와 동일한 기능을 구현하기 위해서 문자열 함수인 CONCAT 함수도 사용이 가능하다.

공통	CONCAT 함수
ORACLE	|| 연산자
SQL Server	+ 연산자

07

다음과 같은 테이블이 있을 때 [조회 결과]와 같이 나오도록 주어진 SQL 구문을 완성하시오.

[A] 테이블

COL1	COL2
1	a
2	
3	b
4	c

[B] 테이블

COL1	COL2
1	A
2	
3	B

```
SELECT A.*
  FROM A, B
WHERE A.COL1 = B.COL1
AND _____ (A.COL2) LIKE B.COL2 || '%';
```

[조회 결과]

COL1	COL2
1	a
3	b

① UPPER   ② LOWER
③ CONCAT   ④ SUBSTR

(해설)

B테이블의 COL2 컬럼은 대문자로만 구성이 되어 있다. 조회결과는 A테이블의 COL2 컬럼을 대문자로 변환하여 LIKE 연산을 한 결과이다. 따라서 UPPER 함수를 사용해야 한다.

정답 6.④ 7.①

08

TAB1 테이블이 다음과 주어질 때 다음의 SQL 실행 결과에 대해서 Oracle, SQL Server 순서로 바르게 나열한 것을 고르시오.

```
CREATE TABLE TAB1 (
   COL1 CHAR(10),
   COL2 CHAR(10)
);

INSERT INTO TAB1 VALUES('1', '');
INSERT INTO TAB1 VALUES('2', '');
INSERT INTO TAB1 VALUES('3', '');
```

[Oracle]
SELECT SUM(LENGTH(COL1))
     , SUM(LENGTH(COL2))
  FROM TAB1;

[SQL Server]
SELECT SUM(LEN(COL1))
     , SUM(LEN(COL2))
  FROM TAB1;

① Oracle → (3, 0), SQL Server → (30, NULL)
② Oracle → (30, NULL), SQL Server → (3, 0)
③ Oracle → (3, NULL), SQL Server → (30, 0)
④ Oracle → (30, 0), SQL Server → (3, NULL)

해설

CHAR형의 경우 고정형으로 사이즈에 비해 작은 값이 들어올 경우 나머지 사이즈를 빈칸(스페이스)으로 채운다. 이때 Oracle의 LENGTH 함수는 문자 뒤의 빈칸을 1로 인식하고, SQL Server의 LEN 함수는 문자 뒤의 빈칸을 0으로 인식한다. 즉, SQL Server의 LEN 함수는 문자열 뒤의 빈칸은 계산하지 않는다.

09

다음의 SQL에서 COL1 문자열과 COL2 문자열을 연결하는 함수를 작성하시오.

```
SELECT _____(COL1, COL2)
  FROM TAB;
```

해설

문자열과 문자열을 연결하는 함수는 CONCAT이다.

10

TAB1 테이블이 있을 때 다음 SQL의 수행 결과에 대해 작성하시오.

[TAB1] 테이블

COL1	COL2
Z	10
Y	20
X	30

[SQL]
SELECT COUNT(*)
  FROM TAB1
 WHERE COL1 = 'X' AND COL2 < 20;

① 0 ② 1
③ 2 ④ 3

해설

COL1이 'X'이면서 COL2가 20보다 작은 튜플이 없으므로 COUNT(*)는 0이 된다.

정답 8. ② 9. CONCAT 10. ①

11

SELECT NVL(COUNT(*), 9999) FROM TABLE WHERE 1=2의 결괏값은 무엇인지 고르시오.

① NULL
② 0
③ 1
④ 9999

(해설)

- WHERE 1=2는 항상 틀리기 때문에 COUNT(*)는 0이 된다.
- NVL(COUNT(*), 9999)은 COUNT(*)가 NULL일 경우 9999가 되지만, COUNT(*)가 NULL은 아니기 때문에 COUNT(*) 값인 0이 조회된다.

12

SELECT 결과가 NULL이 <u>아닌</u> 경우는 무엇인지 고르시오. (DBMS는 ORACLE 기준으로 한다.)

① SELECT COALESCE('AB', 'BC', 'CD') FROM DUAL;
② SELECT CASE 'AB' WHEN 'BC' THEN 'CD' END FROM DUAL;
③ SELECT DECODE('AB', 'BC', 'CD') FROM DUAL;
④ SELECT NULLIF('AB', 'AB') FROM DUAL;

(해설)

- ①번은 COALESCE(표현식1, 표현식2, …) 함수는 입력된 표현식 중에서 NULL이 아닌 첫 번째 표현식을 반환한다. 결과가 NULL이 되기 위해서는 입력된 모든 표현식이 NULL이어야 한다.
- ②번은 CASE 조건식 WHEN 값1 THEN 결과1 END 구문은 조건식이 값1과 같으면 결과1을 반환하고 그렇지 않으면 NULL을 반환한다. 따라서 결과는 NULL이 된다.
- ③번은 DECODE(표현식, 기준값1, 값1[, 기준값2, 값2, …, 기본값]) 함수는 표현식의 값이 기준값1과 동일하면 값1을, 기준값2와 동일하면 값2를 반환하고, 조건을 만족하는 기준값이 없으면 기본값을 반환한다. 따라서 결과는 NULL이 된다.
- ④번은 NULLIF(표현식1, 표현식2) 함수는 표현식1의 값이 표현식2의 값과 같으면 NULL을 반환하고 같지 않으면 1을 반환한다. 따라서 결과는 NULL이 된다.

13

다음의 데이터가 있을 때 SQL이 수행된 결과로 옳은 것을 고르시오.

[TAB1] 테이블

COL1	COL2
100	100
NULL	60
NULL	NULL

[SQL]
SELECT COALESCE(COL1, COL2*50, 50) FROM TAB1;

① 100 / 60 / NULL
② 100 / 60 / 50
③ 100 / 50 / 50
④ 100 / 3000 / 50

(해설)

COALESCE 함수는 NULL이 아닌 첫 번째 표현식을 반환하는 함수이다. COL1 컬럼이 NULL이 아닌 경우에 COL1 컬럼을 반환하고, COL1 컬럼이 NULL이면서 COL2 컬럼이 NULL이 아닌 경우에는 COL2*50을 반환하고, COL1 컬럼과 COL2 컬럼이 NULL인 경우에는 50을 반환한다.

정답 11.② 12.① 13.④

14

다음 SQL에 대한 결괏값을 작성하시오.

```
SELECT ABS(-5.5), FLOOR(5.5), TRUNC(5.5),
       ROUND(5.5)
  FROM DUAL;
```

해설

숫자형 함수는 다음과 같다.

ABS(숫자)	숫자의 절댓값을 반환
SIGN(숫자)	숫자가 양수이면 1, 음수이면 -1, 0이면 0을 반환
MOD(숫자1, 숫자2)	숫자1을 숫자2로 나눈 나머지 값을 반환
CEIL(숫자)	숫자보다 크거나 같은 최소 정수를 반환
FLOOR(숫자)	숫자보다 작거나 같은 최대 정수를 반환
ROUND(숫자[, 소수점 자리수])	숫자를 소수점 자릿수에서 반올림 소수점 자릿수를 생략하면 기본값 0 적용
TRUNC(숫자[, 소수점 자리수])	숫자를 소수점 자릿수에서 버림 소수점 자릿수를 생략하면 기본값 0 적용

15

다음 SQL에 대한 결괏값을 작성하시오.

```
[SQL]
SELECT UPPER('Soojebi')
  FROM DUAL;
```

해설

UPPER 함수는 문자열을 대문자로 변환하는 함수이다.

정답 14. (5.5, 5, 5, 6) 15. SOOJEBI

⑧ GROUP BY, HAVING 절 ★★★

(1) 집계 함수

① 집계 함수(Aggregate Function)의 개념
- 집계 함수는 특정 컬럼에 대한 행들의 값을 통계적으로 계산한 결과를 제공하는 함수이다.
- 개수, 합계, 평균, 최댓값, 최솟값의 계산 기능을 제공한다.
- 널(NULL) 값은 제외하고 계산한다.
- SELECT 절, HAVING 절, ORDER BY 절에 사용할 수 있다.

② 집계 함수의 문법

자주 사용하는 집계 함수에는 COUNT, MAX, MIN, SUM, AVG 등이 있다.

| 집계 함수의 문법 |

문법	설명	
집계함수명([DISTINCT | ALL] 컬럼명 | 표현식)	ALL	중복되는 데이터가 있어도 모두 조회하는 기능(Default)
	DISTINCT	중복된 데이터가 있는 경우에 중복을 제거하여 1건만 조회

③ 집계 함수의 종류

| 집계 함수의 종류 |

집계 함수	설명
COUNT(*)	• 컬럼의 행의 수 출력 (NULL 값 포함)
COUNT(컬럼 | 표현식)	• 컬럼이나 표현식에 해당하는 값이 있는 행의 수 출력 (NULL 값 제외)
SUM([DISTINCT | ALL] 컬럼 | 표현식)	• 컬럼이나 표현식에 해당하는 값의 합계 출력(NULL 값 제외)
AVG([DISTINCT | ALL] 컬럼 | 표현식)	• 컬럼이나 표현식에 해당하는 값들의 평균 출력(NULL 값 제외)
MAX([DISTINCT | ALL] 컬럼 | 표현식)	• 컬럼이나 표현식에 해당하는 값 중 최댓값 출력 • 문자, 날짜 데이터 타입도 가능
MIN([DISTINCT | ALL] 컬럼 | 표현식)	• 컬럼이나 표현식에 해당하는 값 중 최솟값 출력 • 문자, 날짜 데이터 타입도 가능
STDDEV([DISTINCT | ALL] 컬럼 | 표현식)	• 컬럼이나 표현식에 해당하는 값들의 표준편차 출력
VARIANCE/VAR([DISTINCT | ALL] 컬럼 | 표현식)	• 표현식에 해당하는 값들의 분산을 출력
기타 통계 함수	• 벤더별로 다양한 통계식 제공

■ 집계 함수 예제

[EMP] 테이블

EMP_ID	EMP_NAME	DEPT_ID	MGR_ID	DUTY	GRADE	SALARY
101	김철수	10	NULL	SQL 개발자	기술사	4500000
102	홍길동	20	101	SQL 개발자	고급	4000000
103	장보고	30	101	SQL 개발자	고급	3500000
104	이순신	30	103	SQL 개발자	중급	3000000
105	유관순	10	104	SQL 개발자	초급	2500000
106	박영희	20	NULL	빅데이터분석기사	기술사	5000000
107	허준	30	106	빅데이터분석기사	고급	4000000
108	정약용	10	107	빅데이터분석기사	초급	3500000
109	스티브	NULL	107	빅데이터분석기사	초급	3000000

```
SELECT COUNT(*) AS 전체행수
     , COUNT(SALARY) AS 급여건수
     , MAX(SALARY) AS 최대급여
     , MIN(SALARY) AS 최소급여
     , ROUND(AVG(SALARY), 2) AS 평균급여
  FROM EMP;
```

- 전체 행의 수
- SALARY 컬럼의 행의 수
- SALARY 컬럼의 최댓값
- SALARY 컬럼의 최솟값
- SALARY 컬럼의 평균값

▼ 조회 결과

전체행수	급여건수	최대급여	최소급여	평균급여
9	9	5000000	2500000	3666666.67

(2) GROUP BY 절

- GROUP BY 절은 사용자가 지정한 컬럼의 값이 같은 행들을 모아 그룹을 만들고, 그룹별로 검색을 하기 위해 사용한다.
- GROUP BY 절은 FROM 절과 WHERE 절 뒤에 위치한다.

GROUP BY 절의 문법

문법	설명	
SELECT [ALL|DISTINCT] 컬럼명 [AS ALIAS명] FROM 테이블명 [WHERE 조건식] [GROUP BY 컬럼 | 표현식] [HAVING 그룹조건식];	WHERE 절	전체 데이터를 GROUP으로 나누기 전에 행들을 미리 제거
	GROUP BY 절	GROUP BY 절을 통해 소그룹별 기준을 정한 후, SELECT 절에 집계 함수를 사용
	HAVING 절	GROUP BY 절에 의해 만들어진 소그룹에 대한 조건 적용

> **학습 Point**
> SELECT 절에서 집계함수가 아닌 컬럼은 GROUP BY에 있는 컬럼들이 포함되어 있어야 합니다.

개념 박살내기

■ **GROUP BY 절의 예제**

[EMP] 테이블

EMP_ID	EMP_NAME	DEPT_ID	MGR_ID	DUTY	GRADE	SALARY
101	김철수	10	NULL	SQL 개발자	기술사	4500000
102	홍길동	20	101	SQL 개발자	고급	4000000
103	장보고	30	101	SQL 개발자	고급	3500000
104	이순신	30	103	SQL 개발자	중급	3000000
105	유관순	10	104	SQL 개발자	초급	2500000
106	박영희	20	NULL	빅데이터분석기사	기술사	5000000
107	허준	30	106	빅데이터분석기사	고급	4000000
108	정약용	10	107	빅데이터분석기사	초급	3500000
109	스티브	NULL	107	빅데이터분석기사	초급	3000000

```
SELECT DEPT_ID AS 부서
     , COUNT(*) AS 인원수
     , MAX(SALARY) AS 최대급여
     , MIN(SALARY) AS 최소급여
     , ROUND(AVG(SALARY)) AS 평균급여
  FROM EMP
 GROUP BY DEPT_ID;
```

- EMP 테이블에서 DEPT_ID 별로 소그룹화
- SELECT 절에서 집계 함수를 이용하여 부서별 인원수, 최대급여, 최소급여, 평균 급여를 조회

> **학습 Point**
> GROUP BY와 HAVING의 앞 뒤가 바뀌어도 무관하지만, 순서를 지키는 것을 권고합니다.

> **학습 Point**
> GROUP BY DEPT_ID에서 DEPT_ID에 NULL이 있으면 NULL에 대해서도 GROUP BY를 수행합니다.

▼ 조회 결과

부서	인원수	최대급여	최소급여	평균급여
30	3	4000000	3000000	3500000
NULL	1	3000000	3000000	3000000
20	2	5000000	4000000	4500000
10	3	4500000	2500000	3500000

(3) HAVING 절

- HAVING 절은 그룹에 대한 조건을 작성하기 위해 사용한다.
- 집계 함수는 WHERE 절에는 사용할 수 없지만, HAVING 절에는 사용할 수 있다.

■ HAVING 절의 예제

[EMP] 테이블

EMP_ID	EMP_NAME	DEPT_ID	MGR_ID	DUTY	GRADE	SALARY
101	김철수	10	NULL	SQL 개발자	기술사	4500000
102	홍길동	20	101	SQL 개발자	고급	4000000
103	장보고	30	101	SQL 개발자	고급	3500000
104	이순신	30	103	SQL 개발자	중급	3000000
105	유관순	10	104	SQL 개발자	초급	2500000
106	박영희	20	NULL	빅데이터분석기사	기술사	5000000
107	허준	30	106	빅데이터분석기사	고급	4000000
108	정약용	10	107	빅데이터분석기사	초급	3500000
109	스티브	NULL	107	빅데이터분석기사	초급	3000000

```
SELECT DEPT_ID AS 부서
     , COUNT(*) AS 인원수
     , MAX(SALARY) AS 최대급여
     , MIN(SALARY) AS 최소급여
     , ROUND(AVG(SALARY)) AS 평균급여
  FROM EMP
 GROUP BY DEPT_ID
HAVING AVG(SALARY) > 4000000;
```

- GROUP BY 절을 이용해서 DEPT_ID 별로 소그룹화
- HAVING 절을 이용해서 부서의 평균 급여가 4000000 보다 큰 부서에 대해서 부서별 인원수, 최대급여, 최소급여, 평균 급여를 조회

학습 Point

HAVING 절의 조건을 만족하는 그룹이 없는 경우에는 결과를 반환하지 않습니다.

▼ 조회 결과

부서	인원수	최대급여	최소급여	평균급여
20	2	5000000	4000000	4500000

(4) 집계 함수와 NULL

집계 함수는 입력값으로 전체 건수가 NULL 값인 경우만 함수의 결과가 NULL이 나오고, 전체 건수 중에서 일부만 NULL인 경우는 NULL인 행을 집계 함수의 대상에서 제외한다.

> **학습 Point**
> COUNT는 모든 값이 NULL이면 0을 출력하고, SUM은 모든 값이 NULL이면 NULL을 출력합니다.

개념 박살내기

■ 집계 함수와 NULL 예제

[TEMP] 테이블

COL1	COL2	COL3	COL4
30	NULL	20	NULL
NULL	10	40	NULL
50	NULL	NULL	NULL

```
SELECT SUM(COL1) AS "COL1"
     , SUM(COL4) AS "COL4"
     , SUM(COL3) + SUM(COL4) AS
       "COL3+COL4"
  FROM TEMP;
```

- SUM(COL1)은 값이 NULL인 행을 제외하고 합산한 결과 출력
- SUM(COL4) 모든 행의 값이 NULL이므로 집계 함수의 결과도 NULL
- SUM(COL3) + SUM(COL4)은 SUM(COL4)의 결과가 NULL이므로 덧셈 연산의 결과도 NULL

▼ 조회 결과

COL1	COL4	COL3 + COL4
80	NULL	NULL

천기누설 | 예상문제

01
다음과 같이 테이블이 있을 때 다음 SQL에 대한 결괏값을 고르시오.

[TAB] 테이블

COL1	COL2
1	100
1	NULL
2	100
2	200

[SQL]
SELECT COL1, SUM(COL2) FROM TAB
 GROUP BY COL1;

①
COL1	SUM(COL2)
1	100
2	300

②
COL1	SUM(COL2)
1	NULL
2	300

③
COL1	SUM(COL2)
3	400

④
COL1	SUM(COL2)
6	100

해설

NULL에 대하여 SUM으로 연산 시 NULL 값은 무시하고 합산한다. 100과 NULL의 SUM 결과는 100이 된다.

02
다음 중 집계 함수에 대한 설명으로 <u>잘못된</u> 것을 고르시오.

① COUNT(*): 컬럼의 행의 수를 출력한다. (NULL 값은 포함하지 않는다.)
② SUM(컬럼): 컬럼에 해당하는 값의 합계를 출력한다. (NULL 값은 포함하지 않는다.)
③ AVG(컬럼): 컬럼에 해당하는 값들의 평균을 출력한다. (NULL 값은 제외된다.)
④ STDDEV(컬럼): 컬럼에 해당하는 값들의 표준편차를 출력한다.

해설

COUNT(*)는 NULL 값을 포함한다. 이와 달리, COUNT(컬럼)인 경우에는 해당 컬럼의 행의 수를 출력하지만, NULL 값을 포함하지 않는다.

정답 1. ① 2. ①

03

선수 테이블(PLAYER)에 팀별로(TEAM_NAME) A팀 20명, B팀 25명, 아직 팀이 확정되지 않은 선수(NULL) 9명이 있다. SQL의 결과로 적절한 것을 고르시오.

```
SELECT TEAM_NAME, COUNT(*)
  FROM PLAYER GROUP BY TEAM_NAME;
```

①
TEAM_NAME	COUNT
A	20
B	25
NULL	9

②
TEAM_NAME	COUNT
A	20
B	25

③
TEAM_NAME	COUNT
A	45
B	45

④
COUNT
45

(해설)

GROUP BY 절에 의해 팀별로(TEAM_NAME) 선수를 카운트하여 인원수를 출력한다. A팀은 20명, B팀은 25명, 그리고 아직 팀이 확정되지 않은 선수 9명은 NULL로서 집계되어 출력된다.

04

다음과 같은 조건에 맞는 SQL 문을 완성하기 위해 ㉠과 ㉡에 들어갈 문장으로 알맞은 것을 고르시오.

[조건] 직원 테이블(EMP)에서 부서(DEPT_ID)의 월 급여(SALARY) 평균이 4000000원 이상인 부서별 직원 수를 구한다.

[SQL]
SELECT DEPT_ID, COUNT(*)
  FROM EMP
  _____ ㉠
  _____ ㉡ ;

① ㉠ GROUP BY DEPT_ID
  ㉡ WHERE AVG(SALARY) >= 4000000

② ㉠ HAVING MEAN(SALARY) >= 4000000
  ㉡ GROUP BY DEPT_ID

③ ㉠ GROUP BY DEPT_ID
  ㉡ HAVING AVG(SALARY) >= 4000000

④ ㉠ WHERE AVG(SALARY) >= 4000000
  ㉡ GROUP BY DEPT_ID

(해설)

- ①번은 WHERE 절과 GROUP BY 절이 함께 사용되는 경우엔 WHERE 절 뒤에 GROUP BY 절이 위치한다.
- ②번은 AVG 함수를 사용해야 한다.
- ④번은 WHERE 절에는 집계 함수를 사용할 수 없다.

정답 3. ① 4. ③

05

다음의 SQL 문의 밑줄에 들어가는 것으로 올바르지 않은 것을 고르시오.

```
[SQL]
SELECT _____, COUNT(EMPNO)
 FROM EMP
 WHERE EMPNO > 0
 GROUP BY DEPTNO, SAL;
```

① DEPTNO
② SAL
③ EMPNO
④ DEPTNO, SAL

[해설]

SELECT 절에서 집계함수가 아닌 컬럼은 GROUP BY에 있는 컬럼들이 포함되어 있어야 한다.

06

다음과 같이 테이블이 있을 때 다음 SQL에 대한 결괏값을 고르시오.

[TAB] 테이블

A	B
1	1
1	1
2	2
1	2
NULL	1

```
[SQL]
SELECT A, SUM(B)
 FROM TAB
 GROUP BY A
 HAVING COUNT(*) >= 2;
```

①

A	SUM(B)
1	4
1	1
1	2

②

A	SUM(B)
1	4

③

A	SUM(B)
1	4
2	2

④

A	SUM(B)
1	4
2	2
NULL	1

[해설]

A를 그룹으로 묶으면 A 컬럼에 1이 3개, 2가 1개, NULL이 1개이므로 HAVING COUNT(*) >= 2를 만족하는 그룹은 A 컬럼의 1이다.
A 컬럼에 1일 때 B 컬럼은 1, 1, 2이므로 SUM(B)는 4가 된다.

정답 5. ❸ 6. ❷

07

다음과 같이 테이블이 있을 때 다음 SQL에 대한 결괏값을 고르시오.

[TAB] 테이블

COL1	COL2
1	NULL
3	NULL
NULL	NULL

[SQL]

SELECT COUNT(COL1)+COUNT(COL2) A
  FROM TAB;

①
A
NULL

②
A
4

③
A
2

④
A
0

> 해설

- COUNT는 NULL을 제외한 행의 개수를 센다.
- COL1은 NULL이 아닌 행이 1, 3 두 개가 있으므로 COUNT(COL1)은 2이고, COL2는 NULL이 아닌 행이 없으므로 0이다.

08

다음과 같이 테이블이 있을 때 다음 SQL에 대한 결괏값을 고르시오.

[TAB] 테이블

A	B
1	1
3	NULL
2	2
4	NULL
NULL	1

[SQL]

SELECT COUNT(A), SUM(B)
  FROM TAB;

①
COUNT(A)	SUM(B)
4	4

②
COUNT(A)	SUM(B)
10	3

③
COUNT(A)	SUM(B)
2	2

④
COUNT(A)	SUM(B)
NULL	NULL

> 해설

COUNT(A)는 A 컬럼에서 NULL을 뺀 나머지 행의 개수인 4를 출력하고, SUM(B)는 B 컬럼에서 NULL을 뺀 나머지 행의 값의 합인 4를 출력한다.

정답 7. ③ 8. ①

09

다음과 같이 테이블이 있을 때 다음 SQL에 대한 결괏값을 고르시오.

[TAB] 테이블

COL1	COL2
1	NULL
3	NULL
NULL	NULL

[SQL]
SELECT SUM(COL1)+SUM(COL2) A
　FROM TAB;

①
A
NULL

②
A
0

③
A
1

④
A
4

해설

- SUM은 NULL을 제외한 행의 합을 계산하고, SUM을 해야 하는 값들이 모두 NULL이면 NULL을 반환한다.
- COL1은 NULL이 아닌 행이 1, 3 두 개가 있으므로 SUM(COL1)은 4이고, COL2는 NULL이 아닌 행이 없으므로 NULL이다.
- 4와 NULL을 더하면 NULL이 된다.

10

다음과 같이 테이블이 있을 때 다음 SQL에 대한 결괏값을 고르시오.

[TAB] 테이블

A	B
1	1
1	1
4	3
NULL	2
NULL	1

[SQL]
SELECT A, SUM(B)
　FROM TAB
　GROUP BY A
HAVING SUM(B) >= 3;

①
A	SUM(B)
4	3

②
A	SUM(B)
4	6

③
A	SUM(B)
NULL	3

④
A	SUM(B)
NULL	3
4	3

해설

A를 그룹으로 묶으면 A 컬럼이 1일 때 B의 합계가 2이고, A 컬럼이 4일 때 B의 합계는 3, A 컬럼이 NULL일 때 B의 합계는 3이므로 HAVING SUM(B) >= 3을 만족하는 그룹은 A 컬럼의 NULL과 4이다.

A 컬럼은 NULL, 4가 되고, B 컬럼은 A 컬럼이 NULL일 때 B의 합계인 3, A 컬럼이 4일 때 B의 합계인 3이 조회된다.

정답 9. ① 10. ④

❾ ORDER BY 절 ★★★

(1) ORDER BY 절 개념

- ORDER BY 절은 특정 컬럼을 기준으로 데이터를 정렬하는 구문이다.
- ORDER BY 절에는 컬럼명, SELECT 절에서 사용한 ALIAS 명, 컬럼 순서를 나타내는 정수 등을 사용할 수 있고 이들을 혼용해서 사용하는 것도 가능하다.

(2) ORDER BY 특징

| ORDER BY 특징

특징	설명
구문 위치	• SQL 문장의 제일 마지막에 위치
기본값	• 별도로 정렬 방식을 지정하지 않으면 오름차순(ASC)이 적용
숫자형 데이터	• 숫자형 자료형은 오름차순 정렬 시 가장 작은 값부터 출력
날짜형 데이터	• 날짜형 자료형은 오름차순 정렬 시 가장 과거가 먼저 출력
NULL	• Oracle에서는 NULL 값을 가장 큰 값으로 간주하며, 오름차순 정렬시 가장 마지막에 출력 • SQL Server에서는 NULL 값을 가장 작은 값으로 간주하며, 오름차순 정렬 시 가장 먼저 출력

(3) ORDER BY 절 문법

| ORDER BY 절의 문법

문법	설명	
SELECT 컬럼명 [AS ALIAS명] 　FROM 테이블명 [WHERE 조건식] [GROUP BY 컬럼명|표현식] [HAVING 그룹조건식] [ORDER BY 컬럼명|표현식 [ASC|DESC]];	ORDER BY 절의 컬럼명이나 표현식 조건에 맞게 정렬	
	ASC (Ascending)	조회한 데이터를 오름차순으로 정렬 (기본값이므로 생략 가능)
	DESC (Descending)	조회한 데이터를 내림차순으로 정렬

> **학습 Point**
>
> ORDER BY 절에서 컬럼명 대신 컬럼 순서를 의미하는 숫자를 사용할 수 있습니다.
>
> 예 ORDER BY 2
> → SELECT 절의 두 번째 컬럼을 기준으로 데이터를 조회

 개념 박살내기

■ ORDER BY 절의 예제

[EMP] 테이블

EMP_ID	EMP_NAME	DEPT_ID	MGR_ID	DUTY	GRADE	SALARY
101	김철수	10	NULL	SQL 개발자	기술사	4500000
102	홍길동	20	101	SQL 개발자	고급	4000000
103	장보고	30	101	SQL 개발자	고급	3500000
104	이순신	30	103	SQL 개발자	중급	3000000
105	유관순	10	104	SQL 개발자	초급	2500000
106	박영희	20	NULL	빅데이터분석기사	기술사	5000000
107	허준	30	106	빅데이터분석기사	고급	4000000
108	정약용	10	107	빅데이터분석기사	초급	3500000
109	스티브	NULL	107	빅데이터분석기사	초급	3000000

```
SELECT EMP_NAME
     , DEPT_ID
     , DUTY
     , SALARY
  FROM EMP
 WHERE DUTY = '빅데이터분석기사'
 ORDER BY SALARY DESC;
```

DUTY 값이 '빅데이터분석기사'인 데이터 집합을 SALARY 컬럼 기준으로 내림차순 정렬

▼ 조회 결과

EMP_NAME	DEPT_ID	DUTY	SALARY
박영희	20	빅데이터분석기사	5000000
허준	30	빅데이터분석기사	4000000
정약용	10	빅데이터분석기사	3500000
스티브	NULL	빅데이터분석기사	3000000

> **학습 Point**
>
> Oracle에서는 ORDER BY 절에서 NULLS FIRST, NULLS LAST 구문으로 NULL 값의 정렬 순서를 정할 수 있습니다. NULLS FIRST를 이용하면 NULL 데이터가 가장 상위에 출력되고, NULLS LAST를 이용하면 NULL 데이터가 가장 하위에 출력됩니다. NULLS FIRST, NULLS LAST 구문을 사용하지 않으면, 기본적으로 NULL 값이 제일 마지막에 조회됩니다.
>
> ORDER BY 컬럼명 [NULLS FIRST | NULLS LAST]

(3) ORDER BY CASE 문법

특정 조건을 기준으로 정렬이 필요한 경우엔 ORDER BY 부분에 CASE를 이용하여 정렬 순서를 정할 수 있다.

| ORDER BY CASE 문법

문법	설명

SELECT 컬럼명
  FROM 테이블명
 ORDER BY (CASE 컬럼명
             WHEN 조건A THEN 1
             WHEN 조건B THEN 2
             ELSE 3
          END);
	• 컬럼명에 해당하는 컬럼의 값이 WHEN 뒤의 조건과 같으면 THEN 뒤의 값이 지정되고 같지 않으면 ELSE 뒤의 값이 지정됨
	• CASE 절에 의한 결괏값이 정렬 순서가 됨

개념 박살내기

■ ORDER BY CASE 예제

[EMP] 테이블

EMP_ID	EMP_NAME	DEPT_ID	MGR_ID	DUTY	GRADE	SALARY
101	김철수	10	NULL	SQL 개발자	기술사	4500000
102	홍길동	20	101	SQL 개발자	고급	4000000
103	장보고	30	101	SQL 개발자	고급	3500000
104	이순신	30	103	SQL 개발자	중급	3000000
105	유관순	10	104	SQL 개발자	초급	2500000
106	박영희	20	NULL	빅데이터분석기사	기술사	5000000
107	허준	30	106	빅데이터분석기사	고급	4000000
108	정약용	10	107	빅데이터분석기사	초급	3500000
109	스티브	NULL	107	빅데이터분석기사	초급	3000000

```
SELECT DEPT_ID, SALARY
  FROM EMP
 ORDER BY (
   CASE DEPT_ID
       WHEN 30 THEN 1
       ELSE 2
   END
  ), SALARY DESC;
```

- EMP 테이블에서, 첫 번째 정렬 조건으로 DEPT_ID가 30이면 첫 번째 순서로 정렬하여 출력

- SALARY 컬럼은 내림차순 정렬

▼ 조회 결과

DEPT_ID	SALARY
30	4000000
30	3500000
30	3000000
20	5000000
10	4500000
20	4000000
10	3500000
NULL	3000000
10	2500000

DEPT_ID가 30인 경우엔 상위에 출력됨을 볼 수 있다.

(4) SELECT 문장 실행 순서

- GROUP BY 절과 ORDER BY 절이 같이 사용될 때 SELECT 문장은 6개의 절로 구성되고 실행 순서는 다음과 같다.

SELECT 문장 실행 순서

```
SELECT 컬럼명 [AS ALIAS명]      ············ ⑤
  FROM 테이블명                ············ ①
 WHERE 조건식                  ············ ②
 GROUP BY 컬럼 | 표현식          ············ ③
HAVING 그룹조건식              ············ ④
 ORDER BY 컬럼 | 표현식;         ············ ⑥
```

실행 순서	설명
1. FROM 절	조회 대상 테이블을 참조
2. WHERE 절	조회 대상 데이터가 아니면 제거
3. GROUP BY 절	행들을 소그룹화
4. HAVING 절	그룹핑된 값의 조건에 맞는 것만을 출력
5. SELECT 절	데이터 값을 출력/계산
6. ORDER BY 절	데이터를 정렬

- 옵티마이저가 SQL 문장의 문법(SYNTAX)과 의미(SEMANTIC)적 에러를 점검하는 순서이자 실행 순서다.
- 특정 테이블이 FROM 절에 사용되지 않았는데, 해당 테이블의 컬럼을 WHERE 절, GROUP BY 절, SELECT 절, ORDER BY 절에서 사용하면 에러가 발생한다.
- ORDER BY 절에는 SELECT 목록에 없는 문자형 항목이 포함될 수 있다.
- SELECT DISTINCT를 지정하거나 SQL 문장에 GROUP BY 절이 있거나 SELECT 문에 UNION 연산자가 있으면 열 정의가 SELECT 목록에 표시되어야 한다.

> **두음쌤**
>
> **SELECT 문장 실행 순서**
> 「프웨그 해셀오」
> FROM / WHERE / GROUP BY / HAVING / SELECT / ORDER
> → 프리웨어 구하세요

> **학습 Point**
> SELECT 문장 실행 순서는 중요한 내용이니 꼭 알고 넘어가세요.

■ SELECT 절 - ORDER BY 절 예제

① SELECT 절에 없는 EMP 테이블의 컬럼을 ORDER BY 절에 사용하는 예제

SELECT EMP_ID, EMP_NAME 　FROM EMP ORDER BY SALARY;	• 결과 정상출력 • SELECT 절에서 정의하지 않은 컬럼을 ORDER BY 절에서 사용 가능

② 인라인 뷰에 정의된 SELECT 컬럼을 메인 쿼리에 사용하는 예제

SELECT EMP_ID 　FROM 　　(SELECT EMP_ID, EMP_NAME 　　　FROM EMP 　　　ORDER BY SALARY);	• 결과 정상출력 • 인라인 뷰에 정의된 SELECT 컬럼(EMP_ID)을 메인 쿼리에서 사용 가능

③ 인라인 뷰에 정의되지 않은 SELECT 컬럼을 메인 쿼리에 사용하는 예제

SELECT EMP_ID 　FROM 　　(SELECT EMP_NAME 　　　FROM EMP 　　　ORDER BY SALARY);	• 결과 에러 발생 • 인라인 뷰의 SELECT 절에서 정의되지 않은 컬럼(EMP_ID)을 메인 쿼리에서 사용할 수 없음

- GROUP BY 절에서 그룹핑 기준을 정의하면 데이터베이스는 GROUP BY 절의 그룹핑 기준에 사용된 컬럼과 집계 함수에 사용될 수 있는 숫자형 데이터 컬럼들의 집합을 새로 만든다. (개별 데이터는 필요하지 않으므로 저장하지 않는다.)
- GROUP BY 절 이후에 수행되는 SELECT 절, ORDER BY 절에서 개별 데이터를 사용하는 경우 에러가 발생한다.

개념 박살내기

■ GROUP BY 절 사용 시 ORDER BY 절 사용 예제

① GROUP BY 절 사용 시 ORDER BY 절에 일반 컬럼을 사용하는 예제

SELECT GRADE 　FROM EMP 　GROUP BY GRADE 　HAVING COUNT(*) > 0 　ORDER BY SALARY;	• 결과 에러 발생 • GROUP BY 절에 사용되지 않은 표현식을 ORDER BY 절에 사용할 수 없음

② GROUP BY 절 사용 시 ORDER BY 절에 집계 컬럼을 사용하는 예제

SELECT GRADE 　FROM EMP 　GROUP BY GRADE 　HAVING COUNT(*) > 0 　ORDER BY MAX(EMP_ID), SUM(SALARY), 　　　COUNT(DEPT_ID);	• 결과 정상출력 • ORDER BY 절에 집계컬럼을 사용할 수 있음

천기누설 | 예상문제

01
다음 SQL에 대해서 실행 순서를 올바르게 나열한 것을 고르시오.

```
SELECT DEPTNO, COUNT(EMPNO)
  FROM EMP
 WHERE SAL >= 500
 GROUP BY DEPTNO
HAVING COUNT(EMPNO) > 2
 ORDER BY DEPTNO;
```

① FROM → WHERE → GROUP BY → SELECT → ORDER BY → HAVING
② FROM → WHERE → GROUP BY → HAVING → ORDER BY → SELECT
③ FROM → WHERE → GROUP BY → HAVING → SELECT → ORDER BY
④ FROM → WHERE → GROUP BY → SELECT → HAVING → ORDER BY

해설

SELECT 문장 실행 순서	
프웨그 해셀오	FROM / WHERE / GROUP BY / HAVING / SELECT / ORDER

02
다음의 ORACLE SQL을 SQL SERVER SQL로 전환한 것 중 가장 알맞은 것을 고르시오.

```
SELECT ENAME, SAL
  FROM (SELECT ENAME, SAL FROM EMP
 ORDER BY SAL DESC)
WHERE ROWNUM < 4;
```

① SELECT TOP(4) ENAME, SAL
    FROM EMP
   ORDER BY SAL DESC;

② SELECT TOP(3) ENAME, SAL
    FROM EMP
   ORDER BY SAL DESC;

③ SELECT TOP(4) WITH TIES ENAME, SAL
    FROM EMP
   ORDER BY SAL DESC;

④ SELECT TOP(3) WITH TIES ENAME, SAL
    FROM EMP
   ORDER BY SAL DESC;

해설

상위 n개의 데이터를 조회하는 Top N 쿼리를 구현하기 위해서, Oracle에서는 ROWNUM을 사용하고, SQL Server에서는 TOP(n)을 사용한다. ROWNUM < 4의 의미는 3건까지 출력이므로 TOP(3)와 같다. WITH TIES를 사용하면 동일 데이터가 있을 때 추가 건수까지 조회되는 현상이 발생한다.

TOP (n) [PERCENT] [WITH TIES]	- 상위 n개의 데이터를 조회 - WITH TIES 키워드를 사용하면 마지막 행으로 표시되는 행의 값과 동일한 데이터까지 추가적으로 조회

정답 1. ③ 2. ②

03

SQL 수행 결과가 [조회 결과]와 같이 나올 수 있도록 밑줄친 곳에 들어갈 쿼리를 작성하시오.

[SQL]
SELECT 회원ID, DENSE_RANK( ) OVER(ORDER BY _____ AS RANK, 주문금액
  FROM TAB;

[조회 결과]

회원ID	RANK	주문금액
B	1	450
G	2	255
F	2	255
H	3	100

해설
주문금액으로 ORDER BY 시 동일 주문금액에 대해서 동일 등수가 매겨질 수 있다.

04

다음 중 ORDER BY에 대한 설명으로 바르지 않은 것을 고르시오.

① ORDER BY 절은 특정 컬럼을 기준으로 정렬하기 위해 사용한다.
② ORDER BY 절에는 컬럼명, SELECT 절에서 사용한 ALIAS 명, 컬럼 순서를 나타내는 정수 등을 사용할 수 있고, 이들을 혼용해서 사용하는 것도 가능하다.
③ 별도로 정렬 방식을 지정하지 않으면 오름차순(ASC)이 적용된다.
④ Oracle에서는 NULL 값이 가장 작은 값으로 간주하고, 이와 달리 SQL Server에서는 NULL 값이 가장 큰 값으로 간주한다.

해설
- Oracle에서는 NULL 값이 가장 큰 값으로 간주하며, 오름차순 정렬 시 가장 마지막에 출력된다.
- SQL Server에서는 NULL 값이 가장 작은 값으로 간주하며, 오름차순 정렬 시 가장 먼저 출력된다.

정답 3. 주문금액 DESC 4. ④

05

다음과 같은 EMP 테이블이 있을 때, SQL 실행의 결과로 가장 적절한 것을 고르시오.

[EMP] 테이블

EMP_ID	EMP_NAME	DUTY
101	김철수	SQL 개발자
102	홍길동	SQL 개발자
103	장보고	SQL 개발자
104	이순신	SQL 개발자
105	유관순	SQL 개발자
106	박영희	빅데이터분석기사
107	허준	빅데이터분석기사

[SQL]

SELECT *
  FROM EMP
 WHERE DUTY = 'SQL 개발자'
 ORDER BY EMP_ID DESC;

①

EMP_ID	EMP_NAME	DUTY
101	김철수	SQL 개발자
102	홍길동	SQL 개발자
103	장보고	SQL 개발자
104	이순신	SQL 개발자
105	유관순	SQL 개발자

②

EMP_ID	EMP_NAME	DUTY
105	유관순	SQL 개발자
104	이순신	SQL 개발자
103	장보고	SQL 개발자
102	홍길동	SQL 개발자
101	김철수	SQL 개발자

③

EMP_ID	EMP_NAME	DUTY
102	홍길동	SQL 개발자
103	장보고	SQL 개발자
104	이순신	SQL 개발자
105	유관순	SQL 개발자
101	김철수	SQL 개발자

④

EMP_ID	EMP_NAME	DUTY
107	허준	빅데이터분석기사
106	박영희	빅데이터분석기사

(해설)

주어진 SQL 문을 해석하면 다음과 같다.

SELECT * FROM EMP WHERE DUTY = 'SQL 개발자' ORDER BY EMP_ID DESC;	• FROM 절에 의해 EMP 테이블에서 • WHERE 절에 의해 DUTY 컬럼의 값이 'SQL 개발자'이면 • SELECT 절에 의해 모든 컬럼의 값을 출력한다. • ORDER BY 절에 의해 EMP_ID 기준으로 내림차순 정렬한다.

정답 5. ❷

06

다음 SQL의 실행 결과로 가장 적절한 것을 고르시오.

[EMP] 테이블

EMP_ID	EMP_NAME	DEPT_ID
101	김철수	10
102	홍길동	20
105	유관순	10
106	박영희	20
107	허준	30
109	스티브	

[SQL]
```
SELECT *
  FROM EMP
ORDER BY (CASE WHEN DEPT_ID = '20'
         THEN 0 ELSE 1 END), EMP_ID ASC;
```

①

EMP_ID	EMP_NAME	DEPT_ID
102	홍길동	20
106	박영희	20
101	김철수	10
105	유관순	10
107	허준	30
109	스티브	

②

EMP_ID	EMP_NAME	DEPT_ID
101	김철수	10
102	홍길동	20
105	유관순	10
106	박영희	20
107	허준	30
109	스티브	

③

EMP_ID	EMP_NAME	DEPT_ID
106	박영희	20
102	홍길동	20
109	스티브	
107	허준	30
101	김철수	10
105	유관순	10

④

EMP_ID	EMP_NAME	DEPT_ID
106	박영희	20
102	홍길동	20
105	유관순	10
101	김철수	10
109	스티브	
107	허준	30

해설

ORDER BY 절의 CASE 문에 의해 DEPT_ID의 값이 20이면 출력 순서를 가장 상위로 하고 그 이외의 값은 하위에 출력한다. 동시에 EMP_ID ASC에 의해 EMP_ID 기준으로 오름차순 정렬한다.

정답 6. ❶

07

다음 테이블을 대상으로 SQL 문장을 수행한 결과로 가장 적절한 것은? (단, DBMS는 Oracle 기준으로 한다.)

[EMP] 테이블

EMP_ID	DEPT_ID
101	10
103	30
106	20
109	NULL

[SQL]
SELECT EMP_ID, DEPT_ID
  FROM EMP
 ORDER BY DEPT_ID;

①

EMP_ID	DEPT_ID
101	10
103	20
106	30
109	NULL

②

EMP_ID	DEPT_ID
109	NULL
101	10
106	20
103	30

③

EMP_ID	DEPT_ID
103	30
106	20
101	10
109	NULL

④

EMP_ID	DEPT_ID
109	NULL
103	30
106	20
101	10

해설

- ORDER BY 절의 컬럼에 ASC, DESC가 명시되지 않을 경우 ASC(오름차순으로 정렬)가 기본값이다.
- Oracle에서는 NULL 값을 가장 큰 값으로 간주하여 오름차순 정렬 시 가장 마지막에 출력한다.

정답 7. ①

08

다음 테이블을 대상으로 SQL 문장을 수행한 결과로 가장 적절한 것은? (단, DBMS는 Oracle 기준으로 한다.)

[EMP] 테이블

EMP_ID	DEPT_ID	SALARY
101	10	4500000
102	20	4000000
103	30	3500000
104	30	3000000
105	NULL	3000000

[SQL]

SELECT DEPT_ID, SALARY
　FROM EMP
　ORDER BY (CASE DEPT_ID
　　　　　　　　WHEN 30 THEN 1
　　　　　　　　ELSE 2
　　　　　　END), SALARY DESC;

①

DEPT_ID	SALARY
30	3500000
30	3000000
10	4500000
20	4000000
NULL	3000000

②

DEPT_ID	SALARY
10	4500000
20	4000000
30	3500000
30	3000000
NULL	3000000

③

DEPT_ID	SALARY
30	3500000
30	3000000
20	4000000
10	4500000
NULL	3000000

④

DEPT_ID	SALARY
NULL	3000000
30	3500000
30	3000000
20	4000000
10	4500000

[해설]

- EMP 테이블에서, 첫 번째 정렬 기준으로 DEPT_ID가 30이면 첫 번째 순서로 정렬하고, 나머지는 두 번째 정렬 조건으로 정렬한다.
- 첫 번째 정렬 기준이 같은 행들은 SALARY가 작은 값부터 정렬한다.

09

다음 조회 결과가 나오도록 하는 SQL 문을 고르시오.

[EMP] 테이블

EMP_ID	MGR_ID
10	101
20	106
20	107
10	108

[조회 결과]

EMP_ID	MGR_ID
20	107
20	106
10	108
10	101

정답 8.① 9.②

① SELECT *
　FROM EMP
　ORDER BY EMP_ID ASC, MGR_ID ASC;

② SELECT *
　FROM EMP
　ORDER BY EMP_ID DESC, MGR_ID DESC;

③ SELECT *
　FROM EMP
　ORDER BY MGR_ID ASC, EMP_ID ASC;

④ SELECT *
　FROM EMP
　ORDER BY MGR_ID DESC, EMP_ID DESC;

해설

- EMP_ID에 대해 내림차순을 하고, EMP_ID가 같으면 MGR_ID에 대해서 내림차순을 하므로 ORDER BY 절은 EMP_ID DESC, MGR_ID DESC가 되어야 한다.
- ①번 SQL 결과는 다음과 같다.

EMP_ID	MGR_ID
10	101
10	108
20	106
20	107

- ③, ④번 SQL 결과는 다음과 같다.

EMP_ID	MGR_ID
10	101
20	107
20	106
10	108

10

다음 표와 같은 [판매실적] 테이블에서 서울지역에 한하여 판매액 내림차순으로 지점명과 판매액을 출력하고자 한다. 가장 적절한 SQL 문을 고르시오.

[판매실적] 테이블

도시	지점명	판매액
서울	강남 지점	200
서울	강북 지점	150
광주	광주 지점	240
서울	강서 지점	120
서울	강동 지점	400
대전	대전 지점	170

① SELECT 지점명, 판매액 FROM 판매실적
　WHERE 도시= "서울" ORDER BY 판매액 DESC;

② SELECT 지점명, 판매액 FROM 판매실적
　ORDER BY 판매액 DESC;

③ SELECT 지점명, 판매액 FROM 판매실적
　WHERE 도시= "서울" ASC;

④ SELECT * FROM 판매실적
　WHERE 도시= "서울" ORDER BY 판매액 DESC;

해설

- 쿼리는 SELECT 속성명 FROM 테이블명 WHERE 조건 ORDER BY 컬럼명 순서로 작성한다.
- ORDER BY에서 오름차순은 ASC, 내림차순은 DESC 옵션을 준다.

정답 10. ①

❿ 조인 ★★★★

(1) 조인(Join)의 개념

- 조인은 여러 개의 테이블을 연결해서 데이터를 출력하는 것을 말한다.
- 일반적으로 행들은 PRIMARY KEY(PK)나 FOREIGN KEY(FK) 값의 연관에 의해 조인이 성립된다.
- PK, FK의 관계가 없어도 논리적인 값들의 연관만으로 조인이 성립되는 경우도 있다.

> **학습 Point**
>
> FROM 절에 A, B, C 3개의 테이블이 나열되어 있더라도 특정 2개의 테이블이 먼저 조인 처리되고, 이 결과의 새로운 데이터 집합과 나머지 한 개의 테이블이 다음으로 처리됩니다. ((A JOIN C) JOIN B)와 같이 순차적으로 조인을 처리합니다.

> **학습 Point**
>
> N개의 테이블로부터 원하는 데이터를 조회하기 위해서는 최소 (N-1)개의 조인 조건이 필요합니다.

개념 박살내기

■ 두 개의 테이블을 이용한 조인 검색 예

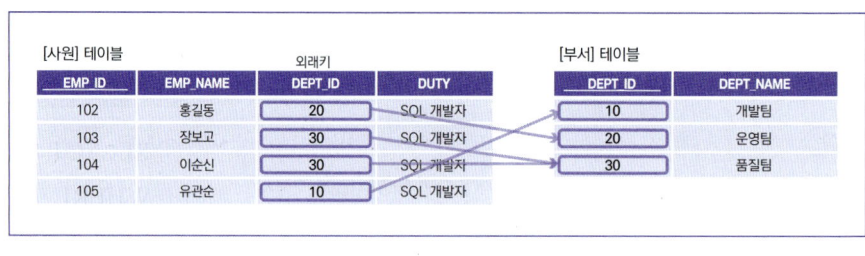

(2) Equi Join(동등 조인)

- Equi Join은 두 개의 테이블 간에 컬럼 값들이 서로 정확하게 일치하는 경우에 사용되는 방법이다.
- 조인의 조건은 WHERE 절에 작성하고, "=" 연산자를 사용해서 표현한다.
- 주로 PK와 FK의 관계를 기반으로 한다.
- 서로 다른 테이블에 이름이 같은 컬럼명이 존재할 수 있으므로, "테이블명.컬럼명"으로 작성한다.

| WHERE 절 안에 사용한 Join 방식

문법	설명	
SELECT 테이블1.컬럼명, 테이블2.컬럼명, … FROM 테이블1, 테이블2 WHERE 테이블1.컬럼명1 = 테이블2.컬럼명2;	테이블1과 테이블2를 조인	
	SELECT 절	테이블의 컬럼명 명시
	FROM 절	조인에 참여할 테이블
	WHERE 절	조인 조건 명시

- WHERE 절 안에 사용한 Join 방식의 예제

[EMP] 테이블

EMP_ID	EMP_NAME	DEPT_ID	MGR_ID	DUTY	GRADE	SALARY
101	김철수	10	NULL	SQL 개발자	기술사	4500000
102	홍길동	20	101	SQL 개발자	고급	4000000
103	장보고	30	101	SQL 개발자	고급	3500000
104	이순신	30	103	SQL 개발자	중급	3000000
105	유관순	10	104	SQL 개발자	초급	2500000
106	박영희	20	NULL	빅데이터분석기사	기술사	5000000
107	허준	30	106	빅데이터분석기사	고급	4000000
108	정약용	10	107	빅데이터분석기사	초급	3500000
109	스티브	NULL	107	빅데이터분석기사	초급	3000000

[DEPT] 테이블

DEPT_ID	DEPT_NAME
10	개발팀
20	운영팀
30	품질팀

```
SELECT EMP.EMP_NAME
     , DEPT.DEPT_NAME
  FROM EMP, DEPT
 WHERE EMP.DEPT_ID = DEPT.DEPT_ID;
```

- FROM 절에서 EMP 테이블과 DEPT 테이블을 지정
- 직원 테이블의 DEPT_ID와 부서 테이블의 DEPT_ID가 서로 같은 행을 조회

▼ 조회 결과

EMP_NAME	DEPT_NAME
김철수	개발팀
홍길동	운영팀
장보고	품질팀
이순신	품질팀
유관순	개발팀
박영희	운영팀
허준	품질팀
정약용	개발팀

(3) Non Equi Join(비동등 조인)

- Non Equi Join은 두 개의 테이블 간에 컬럼 값들이 서로 정확하게 일치하지 않는 경우에 사용한다.
- "=" 연산자가 아닌 다른 연산자들을(BETWEEN, >, >=, <, <= 등) 사용하여 Join을 수행한다.
- 대부분 Non Equi Join을 수행할 수 있지만, 설계상의 이유로 수행이 불가능한 경우도 있다.

 개념 박살내기

■ Non Equi Join 예제

① 일반 Non Equi Join 예제

[EMP] 테이블

EMP_ID	EMP_NAME	DEPT_ID	MGR_ID	DUTY	GRADE	SALARY
101	김철수	10	NULL	SQL 개발자	기술사	4500000
102	홍길동	20	101	SQL 개발자	고급	4000000
103	장보고	30	101	SQL 개발자	고급	3500000
104	이순신	30	103	SQL 개발자	중급	3000000
105	유관순	10	104	SQL 개발자	초급	2500000
106	박영희	20	NULL	빅데이터분석기사	기술사	5000000
107	허준	30	106	빅데이터분석기사	고급	4000000
108	정약용	10	107	빅데이터분석기사	초급	3500000
109	스티브	NULL	107	빅데이터분석기사	초급	3000000

[SALGRD] 테이블

GRADE	LOSAL	HISAL
1	1000000	1999999
2	2000000	2999999
3	3000000	3999999
4	4000000	4999999
5	5000000	5999999
6	6000000	6999999

SELECT EMP.EMP_NAME
     , EMP.SALARY
     , SALGRD.GRADE
  FROM EMP, SALGRD
 WHERE EMP.SALARY
BETWEEN SALGRD.LOSAL AND SALGRD.HISAL;
	• FROM 절에 EMP 테이블과 SALGRD 테이블을 지정
	• WHERE 조건절에 EMP 테이블의 SALARY 값이 SALGRD 테이블의 LOSAL 값과 HISAL 값 사이에 있는지를 확인하는 조건 지정

▼ 조회 결과

EMP_NAME	SALARY	GRADE
유관순	2500000	2
이순신	3000000	3
스티브	3000000	3
장보고	3500000	3
정약용	3500000	3
홍길동	4000000	4
허준	4000000	4
김철수	4500000	4
박영희	5000000	5

> **학습 Point**
> SQL에서 ORDER BY 절이 명시적으로 지정되지 않으면, 조회 결과의 정렬 순서는 DBMS 실행 환경에 따라 달라질 수 있습니다.

② LIKE를 이용한 Non Equi Join 예제

[EMP] 테이블

EMP_ID	EMP_NAME
125	Julia
127	James
140	Joshua

[RULE] 테이블

RULE_NO	RULE
1	J%
2	%u%

SELECT A.EMP_NAME, B.RULE_NO FROM EMP A, RULE B WHERE A.EMP_NAME LIKE B.RULE;	• FROM 절에서 A를 별명으로 하는 EMP 테이블과 B를 별명으로 하는 RULE 테이블을 지정 • EMP 테이블의 EMP_NAME 값이 RULE 테이블의 RULE 조건에 맞는 행을 조회

chapter 02. SQL 기본 및 활용

▼ 조회 결과

EMP_NAME	RULE_NO
Julia	1
James	1
Joshua	1
Julia	2
Joshua	2

천기누설 | 예상문제

01

다음 SQL 결과로 알맞은 것을 고르시오.

[A] 테이블

COL1	COL2
1	A
2	
3	B
4	C

[B] 테이블

COL1	COL2
1	A
2	
3	B

[SQL]
SELECT SUM(A.COL1)
    FROM A, B
    WHERE A.COL2 < > B.COL2;

① 10 ② 30
③ 12 ④ 8

해설

- A.COL2 <> B.COL2 조건을 통해 [B] 테이블에 COL2 중 첫 번째 값인 'A'와 다른 튜플은 [A] 테이블에 COL1을 기준으로 3, 4이고, [B] 테이블에 COL2 중 두 번째 값인 NULL은 비교가 되지 않고, [B] 테이블에 COL2 중 세 번째 값인 'B'와 다른 튜플은 [A] 테이블에 COL1을 기준으로 1, 4이므로 SELECT * FROM A, B WHERE A.COL2 <> B.COL2; 결과는 다음과 같다.

A.COL1	A.COL2	B.COL1	B.COL2
3	B	1	A
4	C	1	A
1	A	3	B
4	C	3	B

- 3, 4, 1, 4를 더하면 12이므로 SUM(A.COL2)는 12가 조회된다.

02

다음 중 조인(Join)에 대한 설명으로 가장 적절하지 <u>않은</u> 것을 고르시오.

① 조인은 여러 개의 테이블을 연결해서 데이터를 출력하는 것을 말한다.
② 일반적으로 행들은 PRIMARY KEY(PK)나 FOREIGN KEY(FK) 값의 연관에 의해 조인이 성립된다.
③ PK, FK의 관계가 없어도 논리적인 값들의 연관만으로 조인이 성립되는 경우도 있다.
④ Equi Join은 Join에 관여하는 테이블 간의 컬럼 값들이 정확하게 일치하지 않아도 사용 가능하다.

해설

Equi Join은 두 개의 테이블 간에 컬럼 값들이 서로 정확하게 일치하는 경우에 사용되는 방법이다. Equi Join은 '=' 연산자에 의해서만 수행되며, 그 이외의 비교 연산자를 사용하는 경우에는 Non Equi Join이다.

03

5개의 테이블을 이용해 데이터를 조회하는 경우, 필요한 조인(Join) 조건은 최소 몇 개인지 고르시오.

① 3개 ② 4개
③ 5개 ④ 6개

해설

N개의 테이블로부터 원하는 데이터를 조회하기 위해서는 최소 N-1 개의 조인 조건이 필요하다.

정답 1.③ 2.④ 3.②

04

다음 데이터 모델에 대한 설명 중 가장 부적절한 것을 고르시오.

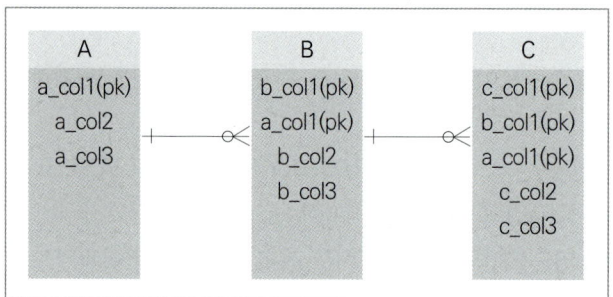

① A와 B의 관계는 1:N 관계이다.
② A, B에서 2개 테이블을 조인할 경우 조인 최소 조건은 2개이다.
③ B, C에서 C의 데이터는 모두 B에 존재하므로 Outer Join을 안 해도 된다.
④ B는 A의 데이터를 모두 포함하지 않는다.

[해설]

N개의 테이블 모두 조인할 경우 조인 최소 조건은 N-1개이다.

05

다음의 데이터 모델과 같은 데이터베이스 테이블에서 월급여(EMP_SALARY)가 3000000 이상인 직원의 이름과 부서명을 조회하는 SQL로 가장 적절한 것을 고르시오.

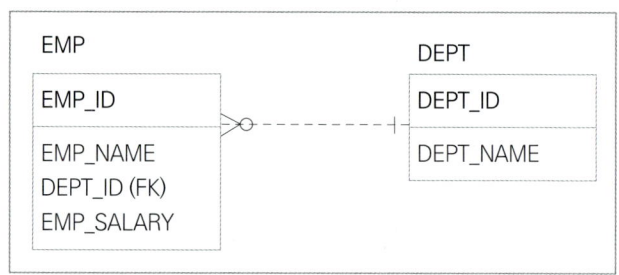

① SELECT EMP.EMP_NAME
       , DEPT. DEPT_NAME
   FROM EMP, DEPT
   WHERE EMP_SALARY >= 3000000
     AND EMP. EMP_ID = DEPT. DEPT_ID;

② SELECT EMP.EMP_NAME
       , DEPT. DEPT_NAME
   FROM EMP, DEPT
   WHERE EMP_SALARY >= 3000000
     AND EMP. DEPT_ID = DEPT. DEPT_ID;

③ SELECT EMP. EMP_NAME
       , DEPT. DEPT_NAME
   FROM EMP, DEPT
   WHERE EMP_SALARY >= 3000000
      OR EMP. DEPT_ID = DEPT. DEPT_ID;

④ SELECT EMP.EMP_NAME
       , DEPT. DEPT_NAME
   FROM EMP, DEPT
   WHERE EMP_SALARY >= 3000000
     AND EMP.DEPT_ID = = DEPT. DEPT_ID;

정답 4.② 5.②

해설

- 월급여가 3000000 이상인 직원의 부서명을 찾기 위해서는 EMP 테이블의 외래키(EMP.DEPT_ID)와 DEPT 테이블의 기본키(DEPT. DEPT_ID)를 이용해 조인 조건을 지정해야 한다.
- ①번은 EMP 테이블의 EMP_ID 속성과 DEPT 테이블의 DEPT_ID 속성으로 조인 조건을 설정했기 때문에 문제에서 원하는 결과를 얻을 수 없다.
- ③번은 WHERE 절에서 월급여 조건과 조인 조건을 OR 연산자로 연결했기 때문에 문제에서 원하는 결과를 얻을 수 없다.
- ④번은 '=='연산자는 Oracle에서 사용되지 않기 때문에 에러가 발생한다.

06

다음이 설명하는 조인은 무엇인지 고르시오.

- 두 개의 테이블 간에 컬럼 값들이 서로 정확하게 일치하는 경우에 사용되는 방법이다.
- 조인의 조건은 WHERE 절에 작성하고, "="연산자를 사용해서 표현한다.
- 주로 PK와 FK의 관계를 기반으로 한다.
- 서로 다른 테이블에 이름이 같은 컬럼명이 존재할 수 있으므로, "테이블명.컬럼명"으로 작성한다.

① Equi Join ② Non Equi Join
③ Inner Join ④ Outer Join

해설

EQUI(동등) JOIN은 두 개의 테이블 간에 컬럼 값들이 서로 정확하게 일치하는 경우에 사용되는 방법이다. '=' 연산자에 의해서만 수행되며, 그 이외의 비교 연산자를 사용하는 경우에는 Non Equi Join이다.

07

다음과 같이 주어진 테이블에서 사원의 부서 이름을 출력하고자 할 때 가장 적절한 SQL 문장을 고르시오.

```
CREATE TABLE EMP(
    EMP_ID          NUMBER(6),
    EMP_NAME        VARCHAR2(50),
    DEPT_ID         NUMBER(4)
);
```

```
CREATE TABLE DEPT(
    DEPT_ID         NUMBER(4),
    DEPT_NAME       VARCHAR2(50)
);
```

① SELECT e.EMP_NAME, d.DEPT_NAME
   FROM EMP e, DEPT d
   WHERE e.DEPT_ID <> d.DEPT_ID;

② SELECT e.EMP_NAME, d.DEPT_NAME
   FROM EMP e, DEPT d
   WHERE e.DEPT_ID = = d.DEPT_ID;

③ SELECT e.EMP_NAME, d.DEPT_NAME
   FROM EMP e, DEPT d
   WHERE e.DEPT_ID = d.DEPT_ID;

④ SELECT e.EMP_NAME, d.DEPT_NAME
   FROM EMP e, DEPT d
   WHERE e.EMP_NAME= d.DEPT_NAME;

해설

- WHERE 절에 "=" 연산자를 사용해 동등 조인을 수행한다.
- EMP 테이블과 DEPT 테이블의 DEPT_ID가 같은지 비교한다.
- ①번의 "<>" 연산자는 부정 연산자로 같지 않음을 표현한다.
- ②번의 "==" 의 연산자는 Oracle에서는 사용할 수 없는 연산자이다.
- ④번은 사원 이름과 부서 이름이 같은지 비교하므로 답이 될 수 없다.

정답 6. ① 7. ③

08

다음 중 Non Equi Join에 대한 설명으로 가장 적절하지 않은 것은?

① Non Equi Join은 두 개의 테이블 간에 컬럼 값들이 서로 정확하게 일치하지 않는 경우에 사용한다.
② = 연산자나 BETWEEN, >, >=, <, <= 등의 연산자를 사용하여 Join을 수행한다.
③ 대부분 Non Equi Join을 수행할 수 있지만, 설계상의 이유로 수행할 수 없는 경우도 있다.
④ PK, FK의 관계가 없어도 논리적인 값들의 연관만으로 조인이 성립되는 경우도 있다.

(해설)
"=" 연산자를 사용하는 조인은 Equi Join(동등 조인)이다.

09

다음 Non Equi Join의 결과로 올바른 것을 고르시오.

[EMP] 테이블

EMP_ID	EMP_NAME
125	Julia
127	James
140	Joshua

[RULE] 테이블

RULE_NO	RULE
1	Ja%
2	%s%

[SQL]
SELECT A.EMP_NAME, B.RULE_NO
  FROM EMP A, RULE B
  WHERE A.EMP_NAME LIKE B.RULE;

①
EMP_NAME	RULE_NO
James	1
Joshua	2

②
EMP_ID	DEPT_ID
James	1
James	2
Joshua	2

③
EMP_ID	DEPT_ID
Julia	1
James	1
Joshua	1
Julia	2
Joshua	2

④
EMP_ID	DEPT_ID
James	2
103	2

(해설)
- RULE 테이블의 첫 번째 조건인 "Ja%"에 맞는 EMP_NAME은 James 한 개만 있다.
- RULE 테이블의 두 번째 조건인 "%s%"에 맞는 EMP_NAME은 James와 Joshua 두 개 있다.

정답 8.② 9.②

10

다음 EMP 테이블에서 직원의 관리자를 조회하기 위한 SQL문을 완성하시오. (단, DBMS는 Oracle 기준으로 한다.)

[EMP] 테이블

EMP_ID	EMP_NAME	DEPT_ID	MGR_ID
101	김철수	10	NULL
102	홍길동	10	101
103	장보고	10	101
104	이순신	10	103
105	유관순	10	104
106	박영희	20	NULL
107	허준	20	106
108	정약용	20	106
109	스티브	20	107

[SQL]

SELECT e1.EMP_NAME AS "직원", e2.EMP_NAME AS "매니저"
  FROM EMP e1, EMP e2
  WHERE (   );

① e1.MGR_ID = e2.MGR_ID
② e1.MGR_ID = e2.EMP_ID
③ e1.EMP_ID = e2.MGR_ID
④ e1.EMP_ID = e2.EMP_ID

해설

EMP e1에 있는 직원의 매니저를 조회하기 위해서는 EMP e1의 MGR_ID 값과 EMP e2의 EMP_ID가 같은지를 비교하여 조회할 수 있다.

11

다음 주어진 테이블을 이용하여 학생의 점수 등급을 구하고자 한다. 올바른 SQL 구문을 고르시오. (단, DBMS는 Oracle 기준으로 한다.)

[STUDENTS] 테이블

STUDENT_ID	STUDENT_NAME	STUDENT_SCORE
1	김철수	85
2	홍길동	60
3	장보고	95
4	이순신	100

[GRADE] 테이블

GRADE_NO	HIGH_SCORE	LOW_SCORE
1	100	90
2	89	80
3	79	70
4	69	60

① SELECT s.STUDENT_NAME
        , s.STUDENT_SCORE
        , g.GRADE_NO
   FROM STUDENTS s, GRADE g
  WHERE BETWEEN g.LOW_SCORE AND
            g.HIGH_SCORE;

② SELECT s.STUDENT_NAME
        , s.STUDENT_SCORE
        , g.GRADE_NO
   FROM STUDENTS s, GRADE g
  WHERE s.STUDENT_SCORE BETWEEN
            g.LOW_SCORE OR g.HIGH_SCORE;

정답 10. ② 11. ③

③ SELECT s.STUDENT_NAME
        , s.STUDENT_SCORE
        , g.GRADE_NO
    FROM STUDENTS s, GRADE g
    WHERE s.STUDENT_SCORE BETWEEN
            g.LOW_SCORE
            AND g.HIGH_SCORE;

④ SELECT s.STUDENT_NAME
        , s.STUDENT_SCORE
        , g.GRADE_NO
    FROM STUDENTS s, GRADE g
    WHERE s.STUDENT_SCORE IN
            g.LOW_SCORE
            AND g.HIGH_SCORE;

[해설]

Non Equi Join을 위한 연산자 중에서 BETWEEN a AND b 연산자를 이용해서 구간 값을 조회할 수 있다.

2 SQL 활용

① 표준 조인 ★★★★

(1) 관계 대수

- 관계 대수는 관계형 데이터베이스에서 원하는 정보를 어떻게(HOW) 찾아서 표현하는지를 기술하는 절차적 언어이다.
- SQL 표준의 조인 기능은 관계 대수를 기반으로 진화되어 개발되었다.

관계 대수의 유형

유형	설명
일반 집합 연산자	합집합, 교집합, 차집합, 곱집합의 수학적 집합 연산자
순수 관계 연산자	관계형 데이터베이스를 구현하기 위한 관계 연산자

① 일반 집합 연산자

일반 집합 연산자에는 합집합(Union), 교집합(Intersection), 차집합(Difference), 곱집합(Product)이 있다.

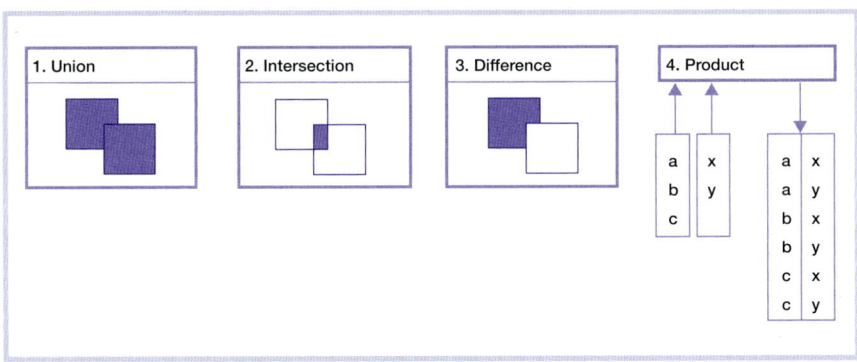

▲ 일반 집합 연산자

학습 Point

UNION은 공통집합의 중복 부분을 제거하기 위해 데이터 정렬(Sort) 작업을 수행하며, 정렬 작업으로 인한 부하가 발생합니다.

일반 집합 연산자
「유인디프」
Union / Intersection / Difference / Product

일반 집합 연산자의 유형

유형	설명
합집합(Union)	• 수학적 합집합으로써, UNION 혹은 UNION ALL 키워드 사용 **UNION** - 공통집합의 중복 부분을 제거해서 표현 **UNION ALL** - 공통집합의 중복 부분을 그대로 표현
교집합(Intersection)	• 수학적 교집합으로써, INTERSECT 키워드 사용
차집합(Difference)	• 수학적 차집합으로써, EXCEPT 혹은 MINUS 키워드 사용 • (SQL 표준은 EXCEPT이지만, Oracle에서는 MINUS 사용)
곱집합(Product)	• 수학적 곱집합으로써, CROSS JOIN 키워드 사용

② 순수 관계 연산자

순수 관계 연산자에는 Select, Project, Join, Divide가 있다.

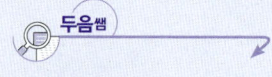

순수 관계 연산자
「셀프조디」
Select / Project / Join / Divide
→ 셀프가 조은디?

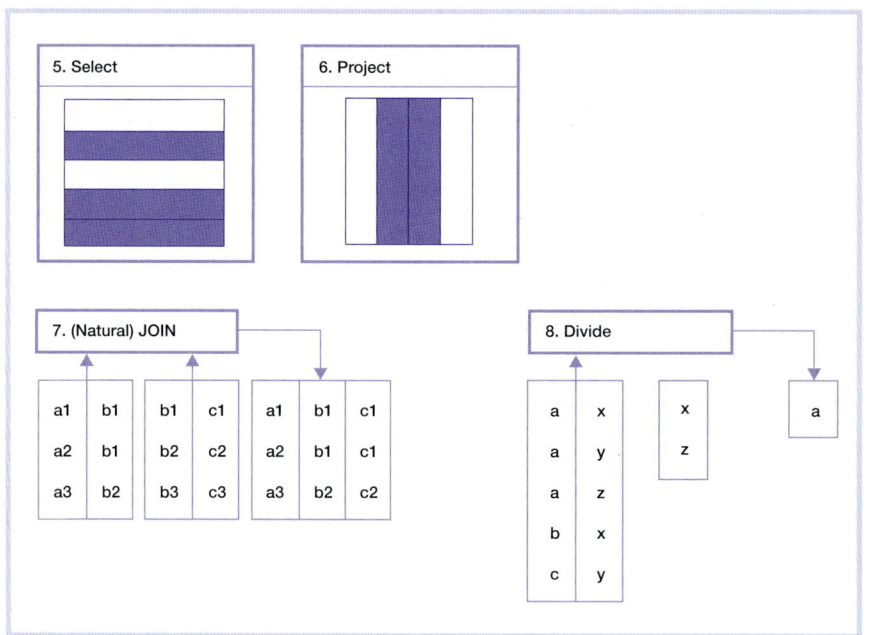

▲ 순수 관계 연산자

순수 관계 연산자의 유형

유형	설명
Select	조건을 만족하는 레코드를 찾기 위해서, WHERE 키워드 사용
Project	필요한 속성을 추출하기 위해서, SELECT 키워드 사용
Join	두 개의 릴레이션을 하나로 합치기 위해서, JOIN 키워드 사용
Divide	나눗셈과 비슷한 개념이지만, SQL에서는 사용되지 않음

(2) 표준 조인의 유형

- 표준 조인은 ANSI/ISO 표준 SQL에서 규정한 조인 기법이다.
- 표준 조인은 표준 조인 유형인 내부 조인(Inner Join), 외부 조인(Outer Join), 크로스 조인(Cross Join), 자연 조인(Natural Join)이나 표준 조인 조건절인 ON, USING을 통해 테이블 간의 JOIN 조건을 FROM 절에서 명시적으로 정의할 수 있다.

표준 조인의 유형

유형	설명
내부 조인 (Inner Join)	Join 조건에서 동일한 값이 있는 행만 반환하는 조인 기법
외부 조인 (Outer Join)	Join 조건에서 동일한 값이 없더라도 행을 반환하는 조인 기법
크로스 조인 (Cross Join)	Join 조건 없이 모든 데이터의 조합을 표현하는 조인 기법
자연 조인 (Natural Join)	서로 다른 테이블에서 동일한 이름을 갖는 컬럼에 대해 자동으로 동등 조인(=)하는 기법

표준 조인의 조건절

조건절	설명
ON 조건절	동일하지 않은 이름을 갖는 컬럼에 대해서도 Join 조건을 사용할 수 있는 기법
USING 조건절	동일한 이름을 갖는 컬럼 중에서 원하는 컬럼만 선택적으로 Join 하는 기법

두음샘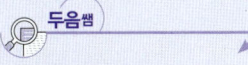

표준 조인의 유형
「내외크자」
내부 조인 / **외**부 조인 / **크**로스 조인 / **자**연 조인
→ 국내외를 넘어 함께 크자

학습 Point
표준 조인은 조인(Join) 조건을 WHERE 절이 아닌 FROM 절에 포함된 ON 조건절 또는 USING 조건절에서 정의합니다.

(3) 내부 조인(Inner Join)

Inner Join은 Join 조건에서 동일한 값이 있는 행만 반환하는 JOIN 기법이다.

내부 조인 문법

문법	설명
SELECT 컬럼명 　FROM 테이블1 INNER JOIN 테이블2 　　ON 조건절;	• FROM 절에서 테이블1과 테이블2를 INNER JOIN 함 • ON 조건절을 이용해서 JOIN 조건을 정의 • INNER 키워드는 생략 가능

개념 박살내기

■ 내부 조인(INNER JOIN) 예제

[EMP] 테이블

EMP_ID	EMP_NAME	DEPT_ID
101	김철수	10
102	홍길동	10
103	장보고	10
104	이순신	NULL
105	유관순	NULL
106	박영희	20
107	허준	20
108	정약용	20
109	스티브	NULL

[DEPT] 테이블

DEPT_ID	DEPT_NAME
10	개발팀
20	운영팀
30	품질팀

```
SELECT A.EMP_ID
     , A.EMP_NAME
     , B.DEPT_NAME
  FROM EMP A INNER JOIN DEPT B
    ON A.DEPT_ID = B.DEPT_ID;
```

- FROM 절에서 EMP, DEPT 테이블을 INNER JOIN 함
- ON 절에서 DEPT_ID 컬럼에 대해 JOIN 조건을 정의

▼ 조회 결과

EMP_ID	EMP_NAME	DEPT_NAME
101	김철수	개발팀
102	홍길동	개발팀
103	장보고	개발팀
106	박영희	운영팀
107	허준	운영팀
108	정약용	운영팀

개념 박살내기

■ 테이블 3개 이상의 표준 조인

SELECT 컬럼명 　FROM 테이블1 INNER JOIN 테이블2 　　ON 조건절1 INNER JOIN 테이블3 　　ON 조건절2 [INNER JOIN 테이블n] 　[ON 조건절n-1];	• FROM 절에서 테이블1과 테이블2를 INNER JOIN 함 • ON 조건절1을 이용해서 테이블1과 테이블2의 JOIN 조건을 정의 • 두 번째 INNER JOIN 통해 테이블3을 조인 • 두 번째 조건절2를 이용해서 테이블3의 JOIN 조건을 정의

(4) 외부 조인(Outer Join)

Outer Join은 Join 조건에서 동일한 값이 없더라도 행을 반환하는 Join 기법이다.

외부 조인의 유형

유형	설명
Left Outer Join	왼쪽(LEFT) 테이블을 기준으로 Outer Join 수행
Right Outer Join	오른쪽(RIGHT) 테이블을 기준으로 Outer Join 수행
Full Outer Join	왼쪽, 오른쪽 모두 조건이 일치하지 않더라도 결합

① Left Outer Join

Left Outer Join은 왼쪽(Left) 테이블을 기준으로 Outer Join 수행하는 연산이다.

Left Outer Join 문법

문법	설명
SELECT 컬럼명 　FROM 테이블1 LEFT OUTER JOIN 　　테이블2 　　ON 조건절;	• FROM 절에서 테이블1과 테이블2를 LEFT OUTER JOIN 함 • ON 조건절을 이용해서 JOIN 조건을 정의 • 테이블1을 기준으로 조인

개념 박살내기

■ Left Outer Join 예제

[EMP] 테이블

EMP_ID	EMP_NAME	DEPT_ID
101	김철수	10
102	홍길동	10
103	장보고	10
104	이순신	NULL
105	유관순	NULL
106	박영희	20
107	허준	20
108	정약용	20
109	스티브	NULL

[DEPT] 테이블

DEPT_ID	DEPT_NAME
10	개발팀
20	운영팀
30	품질팀

```
SELECT A.EMP_ID
     , A.EMP_NAME
     , B.DEPT_NAME
  FROM EMP A LEFT OUTER JOIN DEPT B
    ON A.DEPT_ID = B.DEPT_ID;
```

- FROM 절에서 EMP, DEPT 테이블을 LEFT OUTER JOIN 함
- ON 절에서 DEPT_ID 컬럼에 대해 JOIN 조건을 정의
- EMP 테이블을 기준으로 조인

▼ 조회 결과

EMP_ID	EMP_NAME	DEPT_NAME
101	김철수	개발팀
102	홍길동	개발팀
103	장보고	개발팀
104	이순신	NULL
105	유관순	NULL
106	박영희	운영팀
107	허준	운영팀
108	정약용	운영팀
109	스티브	NULL

② Right Outer Join

Right Outer Join은 오른쪽(Right) 테이블을 기준으로 Outer Join 수행하는 연산이다.

Right Outer Join 문법

문법	설명
SELECT 컬럼명 　FROM 테이블1 RIGHT OUTER JOIN 테이블2 　ON 조건절;	• FROM 절에서 테이블1과 테이블2를 RIGHT OUTER JOIN 함 • ON 조건절을 이용해서 JOIN 조건을 정의 • 테이블2를 기준으로 조인

개념 박살내기

■ Right Outer Join 예제

[EMP] 테이블

EMP_ID	EMP_NAME	DEPT_ID
101	김철수	10
102	홍길동	10
103	장보고	10
104	이순신	NULL
105	유관순	NULL
106	박영희	20
107	허준	20
108	정약용	20
109	스티브	NULL

[DEPT] 테이블

DEPT_ID	DEPT_NAME
10	개발팀
20	운영팀
30	품질팀

SELECT A.EMP_ID 　　, A.EMP_NAME 　　, B.DEPT_NAME 　FROM EMP A RIGHT OUTER JOIN DEPT B 　　ON A.DEPT_ID = B.DEPT_ID;	• FROM 절에서 EMP, DEPT 테이블을 RIGHT OUTER JOIN 함 • ON 절에서 DEPT_ID 컬럼에 대해 JOIN 조건을 정의 • DEPT 테이블을 기준으로 조인

▼ 조회 결과

EMP_ID	EMP_NAME	DEPT_NAME
101	김철수	개발팀
102	홍길동	개발팀
103	장보고	개발팀
106	박영희	운영팀
107	허준	운영팀
108	정약용	운영팀
NULL	NULL	품질팀

③ Full Outer Join

Full Outer Join은 왼쪽, 오른쪽 모두 조건이 일치하지 않더라도 결합하는 연산이다.

| Full Outer Join 문법

문법	설명
SELECT 컬럼명 　FROM 테이블1 FULL OUTER JOIN 테이블2 　ON 조건절;	• FROM 절에서 테이블1과 테이블2를 FULL OUTER JOIN 함 • ON 조건절을 이용해서 JOIN 조건을 정의

> 학습 Point
> FULL OUTER JOIN은 표준 조인에서만 구현할 수 있기 때문에, 조인 조건을 WHERE 절에서 정의할 수 없습니다. 반면에 LEFT OUTER JOIN과 RIGHT OUTER JOIN은 조인 조건을 WHERE 절에서 정의할 수 있습니다.

▶ 개념 박살내기

■ Full Outer Join 예제

[EMP] 테이블

EMP_ID	EMP_NAME	DEPT_ID
101	김철수	10
102	홍길동	10
103	장보고	10
104	이순신	NULL
105	유관순	NULL
106	박영희	20
107	허준	20
108	정약용	20
109	스티브	NULL

[DEPT] 테이블

DEPT_ID	DEPT_NAME
10	개발팀
20	운영팀
30	품질팀

문법	설명

SELECT A.EMP_ID
     , A.EMP_NAME
     , B.DEPT_NAME
  FROM EMP A FULL OUTER JOIN DEPT B
    ON A.DEPT_ID = B.DEPT_ID;
	• FROM 절에서 EMP, DEPT 테이블을 FULL OUTER JOIN 함
	• FROM 절에서 DEPT_ID 컬럼에 대해 JOIN 조건을 정의

> **학습 Point**
> Full Outer Join은 Left Outer Join과 Right Outer Join을 합집합(UNION) 처리한 결과와 같습니다.

▼ 조회 결과

EMP_ID	EMP_NAME	DEPT_NAME
101	김철수	개발팀
102	홍길동	개발팀
103	장보고	개발팀
104	이순신	NULL
105	유관순	NULL
106	박영희	운영팀
107	허준	운영팀
108	정약용	운영팀
109	스티브	NULL
NULL	NULL	품질팀

> **학습 Point**
> Oracle에서는 WHERE 조건절에서 외부 조인 대상 테이블의 컬럼에 (+) 기호를 붙여서 LEFT OUTER JOIN 혹은 RIGHT OUTER JOIN을 작성할 수 있습니다.
> 다음은 LEFT OUTER JOIN 문법입니다.
>
> SELECT 컬럼명
>   FROM 테이블1 A,
>   테이블2 B
> WHERE A.컬럼명 =
>   B.컬럼명 (+);

(5) 크로스 조인(Cross Join)

- 크로스 조인은 Join 조건 없이 모든 데이터의 조합을 표현하는 Join 기법이다.
- 크로스 조인은 Cartesian Product를 만들기 위한 Join 기법이다.

| 크로스 조인 문법

문법	설명
SELECT 컬럼명 FROM 테이블1 CROSS JOIN 테이블2;	• FROM 절에서 테이블1과 테이블2를 CROSS JOIN 함 • JOIN 조건을 정의하지 않음

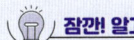

Cartesian Product
테이블 간 JOIN 조건이 없는 경우에 양쪽 집합의 M×N 건의 데이터 조합을 의미한다.

> **학습 Point**
>
> - Cross Join에서 튜플의 개수는 두 테이블의 튜플 개수의 곱과 같습니다.
> - 예를 들어, A 테이블에 3개의 튜플이 있고, B 테이블에 4개의 튜플이 있을 경우 A, B 테이블을 Cross Join 하면 3x4=12개의 튜플이 조회됩니다.

개념 박살내기

■ 크로스 조인(CROSS JOIN) 예제

[EMP] 테이블

EMP_ID	EMP_NAME	DEPT_ID
101	김철수	10
102	홍길동	10
106	박영희	20

[DEPT] 테이블

DEPT_ID	DEPT_NAME
10	개발팀
20	운영팀
30	품질팀

```
SELECT A.EMP_ID
     , A.EMP_NAME
     , B.DEPT_NAME
  FROM EMP A CROSS JOIN DEPT B;
```

- FROM 절에서 EMP, DEPT 테이블을 CROSS JOIN 함
- JOIN 조건을 정의하지 않음
- EMP 테이블과 DEPT 테이블의 모든 조합을 반환

▼ 조회 결과

EMP_ID	EMP_NAME	DEPT_NAME
101	김철수	개발팀
102	홍길동	개발팀
106	박영희	개발팀
101	김철수	운영팀
102	홍길동	운영팀
106	박영희	운영팀
101	김철수	품질팀
102	홍길동	품질팀
106	박영희	품질팀

(6) 자연 조인(Natural Join)

- 자연 조인은 서로 다른 테이블에서 동일한 이름을 갖는 컬럼에 대해 자동으로 동등 조인(Equi Join; =)을 수행하는 JOIN 기법이다.
- Natural Join을 위해서 컬럼명과 데이터 유형이 동일해야 하는 제약조건이 있다.
- SELECT 절에서 조인에 사용되는 컬럼을 사용하는 경우에는 식별자(OWNER)를 가질 수 없다.
(예 EMP.DEPTNO → DEPTNO)

자연 조인 문법

문법	설명
SELECT 컬럼명 　FROM 테이블1 NATURAL JOIN 테이블2;	• FROM 절에서 테이블1과 테이블2를 NATURAL JOIN 함 • 테이블1과 테이블2의 공통 컬럼을 기준으로 JOIN 조건이 자동으로 설정됨

> **학습 Point**
> 자연 조인(NATURAL JOIN)은 SQL Server에서는 지원하지 않습니다.

> **학습 Point**
> 자연 조인은 동일한 컬럼명에 대해서 자동으로 조인이 되는데, 이때 조인 컬럼에 대해서 중복되는 부분이 제거됩니다. 따라서 중복이 제거되는 조인 컬럼에 대해 테이블 이름을 지정하면 에러가 발생하게 됩니다.

개념 박살내기

■ 자연 조인(NATURAL JOIN) 예제

[EMP] 테이블

EMP_ID	EMP_NAME	DEPT_ID
101	김철수	10
102	홍길동	10
103	장보고	10
104	이순신	NULL
105	유관순	NULL
106	박영희	20
107	허준	20
108	정약용	20
109	스티브	NULL

[DEPT] 테이블

DEPT_ID	DEPT_NAME
10	개발팀
20	운영팀
30	품질팀

SELECT A.EMP_ID 　　　, A.EMP_NAME 　　　, B.DEPT_NAME 　FROM EMP A NATURAL JOIN DEPT B;	• FROM 절에서 EMP, DEPT 테이블을 NATURAL JOIN 함 • ON 절에서 JOIN 조건을 정의하지 않음 • 공통 컬럼인 DEPT_ID 컬럼을 기준으로 조인

> **학습 Point**
> 만약 DEPT_ID를 출력할 때, A.DEPT_ID 또는 B.DEPT_ID라고 쿼리를 작성하게 되면 에러가 발생합니다. 왜냐하면 자연 조인을 하면 조인되는 컬럼에 대해서 중복되는 부분이 제거되기 때문입니다.

▼ 조회 결과

EMP_ID	EMP_NAME	DEPT_NAME
101	김철수	개발팀
102	홍길동	개발팀
103	장보고	개발팀
106	박영희	운영팀
107	허준	운영팀
108	정약용	운영팀

(7) ON 조건절

- ON 조건절은 동일하지 않은 이름을 갖는 컬럼에 대해서도 JOIN 조건을 사용할 수 있는 기법이다.
- ON 조건절과 WHERE 조건절은 혼용해서 사용할 수 있다.

ON 조건절 문법

문법	설명
SELECT 컬럼명 　FROM 테이블1 JOIN 테이블2 　　ON 조건절;	• FROM 절에서 테이블1과 테이블2를 NATURAL JOIN 함 • 테이블1과 테이블2의 공통 컬럼을 기준으로 JOIN 조건이 자동으로 설정됨

> **학습 Point**
> 실무적으로 JOIN 조건은 ON 조건절에서 정의하고, 검색 조건은 WHERE 조건절에서 정의하는 것이 가독성에 좋습니다.

개념 박살내기

■ ON 조건절 예제

[EMP] 테이블

EMP_ID	EMP_NAME	DEPARTMENT_ID
101	김철수	10
102	홍길동	10
103	장보고	10
104	이순신	NULL
105	유관순	NULL
106	박영희	20
107	허준	20
108	정약용	20
109	스티브	NULL

[DEPT] 테이블

DEPT_ID	DEPT_NAME
10	개발팀
20	운영팀
30	품질팀

SELECT A.EMP_ID
     , A.EMP_NAME
     , B.DEPT_NAME
  FROM EMP A JOIN DEPT B
    ON A.DEPARTMENT_ID = B.DEPT_ID;
	• FROM 절에서 EMP, DEPT 테이블을 JOIN 함
	• ON 절에서 JOIN 조건을 정의함
	• 동일하지 않은 컬럼인 DEPARTMENT_ID,
	  DEPT_ID 컬럼에 대해 JOIN 조건을 정의

▼ 조회 결과

EMP_ID	EMP_NAME	DEPT_NAME
101	김철수	개발팀
102	홍길동	개발팀
103	장보고	개발팀
106	박영희	운영팀
107	허준	운영팀
108	정약용	운영팀

(8) USING 조건절

- USING 조건절은 동일한 이름을 갖는 컬럼 중에서 원하는 컬럼만 선택적으로 JOIN 하는 기법이다.
- 자연 조인과 마찬가지로 조건절의 컬럼 앞에 접두어를 붙일 수 없다.

USING 조건절의 문법

문법	설명

SELECT 컬럼명
  FROM 테이블1 JOIN 테이블2
  USING 조건절;
	• FROM 절에서 테이블1과 테이블2를 JOIN 함
	• USING 조건절을 이용해서 JOIN 조건을 정의

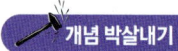 개념 박살내기

■ USING 조건절 예제

[EMP] 테이블

EMP_ID	EMP_NAME	DEPT_ID	MGR_ID
101	김철수	10	NULL
102	홍길동	10	101
103	장보고	10	101
104	이순신	NULL	103
105	유관순	NULL	104
106	박영희	20	NULL
107	허준	20	106
108	정약용	20	106
109	스티브	NULL	107

[DEPT] 테이블

DEPT_ID	DEPT_NAME	MGR_ID
10	개발팀	101
20	운영팀	106
30	품질팀	NULL

```
SELECT A.EMP_ID
     , A.EMP_NAME
     , B.DEPT_NAME
  FROM EMP A JOIN DEPT B
 USING (DEPT_ID);
```

- FROM 절에서 EMP, DEPT 테이블을 JOIN 함
- USING 절에서 JOIN 컬럼을 정의
- DEPT_ID, MGR_ID 컬럼이 공통 컬럼이지만, JOIN 조건으로는 DEPT_ID 컬럼만 설정

▼ 조회 결과

EMP_ID	EMP_NAME	DEPT_NAME
101	김철수	개발팀
102	홍길동	개발팀
103	장보고	개발팀
106	박영희	운영팀
107	허준	운영팀
108	정약용	운영팀

천기누설 | 예상문제

01

다음 중 에러가 발생하는 SQL을 고르시오.

① SELECT B.DEPT_NAME, A.EMP_NAME, A.SALARY
   FROM EMP A, DEPT B
   WHERE A.DEPT_ID = B.DEPT_ID;

② SELECT B.DEPT_NAME, A.EMP_NAME, A.SALARY
   FROM EMP A JOIN DEPT B
   ON A.DEPT_ID = B.DEPT_ID;

③ SELECT B.DEPT_NAME, A.EMP_NAME, A.SALARY
   FROM EMP A NATURAL JOIN DEPT B;

④ SELECT B.DEPT_NAME, A.EMP_NAME, A.SALARY
   FROM EMP A JOIN DEPT B
   USING (A.DEPT_ID, B.DEPT_ID);

해설

표준 조인을 사용하는 경우에 USING 절에서는 ALIAS를 사용할 수 없다. ④번의 SQL 문장은 다음과 같이 수정해야 한다.

```
SELECT B.DEPT_NAME, A.EMP_NAME, A.SALARY
  FROM EMP A JOIN DEPT B
  USING (DEPT_ID);
```

02

다음 테이블들을 대상으로 SQL 문장을 수행한 결과로 가장 적절한 것을 고르시오.

[EMP] 테이블

EMP_ID	EMP_NAME	DEPT_ID
101	김철수	10
102	홍길동	10
103	장보고	10
104	이순신	NULL
105	유관순	NULL
106	박영희	20
107	허준	20
108	정약용	20
109	스티브	NULL

[DEPT] 테이블

DEPT_ID	DEPT_NAME
10	개발팀
20	운영팀
30	품질팀

[SQL]

SELECT A.EMP_ID
     , A.EMP_NAME
     , B.DEPT_NAME
  FROM EMP A LEFT OUTER JOIN DEPT B
    ON A.DEPT_ID = B.DEPT_ID;

정답 1.④ 2.②

①

EMP_ID	EMP_NAME	DEPT_NAME
101	김철수	개발팀
102	홍길동	개발팀
103	장보고	개발팀
106	박영희	운영팀
107	허준	운영팀
108	정약용	운영팀

②

EMP_ID	EMP_NAME	DEPT_NAME
101	김철수	개발팀
102	홍길동	개발팀
103	장보고	개발팀
104	이순신	NULL
105	유관순	NULL
106	박영희	운영팀
107	허준	운영팀
108	정약용	운영팀
109	스티브	NULL

③

EMP_ID	EMP_NAME	DEPT_NAME
101	김철수	개발팀
102	홍길동	개발팀
103	장보고	개발팀
106	박영희	운영팀
107	허준	운영팀
108	정약용	운영팀
NULL	NULL	품질팀

④

EMP_ID	EMP_NAME	DEPT_NAME
101	김철수	개발팀
102	홍길동	개발팀
103	장보고	개발팀
104	이순신	NULL
105	유관순	NULL
106	박영희	운영팀
107	허준	운영팀
108	정약용	운영팀
109	스티브	NULL
NULL	NULL	품질팀

(해설)

문제의 SQL에서는 EMP 테이블을 기준으로 LEFT OUTER JOIN이 되었으므로, 조인 컬럼인 DEPT_ID 값이 NULL이더라도 결과를 그대로 출력한다. 따라서 DEPT_ID 컬럼의 값이 NULL인 이순신, 유관순은 DEPT_NAME을 NULL로 조회한다.

03

다음 중 ㉠, ㉡, ㉢의 SQL에서 실행 결과가 같은 것을 고르시오.

[SQL - ㉠]

SELECT A.ID, B.ID
  FROM TAB1 FULL OUTER JOIN TAB2
    ON A.ID = B.ID;

[SQL - ㉡]

SELECT A.ID, B.ID
  FROM TAB1 LEFT OUTER JOIN TAB2
    ON A.ID = B.ID
  UNION
SELECT A.ID, B.ID
  FROM TAB1 RIGHT OUTER JOIN TAB2
    ON A.ID = B.ID;

[SQL - ㉢]

SELECT A.ID, B.ID
  FROM TAB1 CROSS JOIN TAB2;

① ㉠, ㉡, ㉢ ② ㉠, ㉡
③ ㉠, ㉢ ④ ㉡, ㉢

해설

FULL OUTER JOIN은 LEFT OUTER JOIN과 RIGHT OUTER JOIN의 결과를 UNION으로 처리한 결과와 동일하다. 반면에 CROSS JOIN은 JOIN 조건 없이 모든 데이터의 조합을 표현하는 JOIN 기법으로 Cartesian Product(m*n)의 결과를 출력한다.

04

다음 테이블을 순서대로 LEFT OUTER JOIN, FULL OUTER JOIN, RIGHT OUTER JOIN 하면 생성되는 결과 건수로 가장 적절한 것을 고르시오. (단, C3 컬럼을 기준으로 JOIN 한다.)

[TAB1] 테이블

C1	C2	C3
1	A	가
2	B	가
3	C	라

[TAB2] 테이블

C3	C4	C5
가	2	B
나	3	C
다	4	D

① 2건, 4건, 2건 ② 3건, 4건, 3건
③ 3건, 5건, 4건 ④ 4건, 5건, 3건

해설

문제의 TAB1, TAB2 테이블에 대한 LEFT OUTER JOIN, FULL OUTER JOIN, RIGHT OUTER JOIN의 결과는 다음과 같다.

■ LEFT OUTER JOIN 결과

C1	C2	C3	C4	C5
1	A	가	2	B
2	B	가	2	B
3	C	라	NULL	NULL

■ FULL OUTER JOIN 결과

C1	C2	C3	C4	C5
1	A	가	2	B
2	B	가	2	B
3	C	라	NULL	NULL
NULL	NULL	나	3	C
NULL	NULL	다	4	D

■ RIGHT OUTER JOIN 결과

C1	C2	C3	C4	C5
1	A	가	2	B
2	B	가	2	B
NULL	NULL	나	3	C
NULL	NULL	다	4	D

정답 3. ❷ 4. ❸

05

서로 다른 테이블에서 동일한 이름을 갖는 컬럼에 대해 자동으로 동등 조인(Equi Join)을 수행하려고 할 때, 다음 SQL 문장의 ㉠ 안에 들어갈 내용을 작성하시오.

[SQL]
SELECT A.EMP_ID
     , A.EMP_NAME
     , B.DEPT_NAME
  FROM EMP A _____㉠_____ DEPT B;

해설

NATURAL JOIN은 서로 다른 테이블에서 동일한 이름을 갖는 컬럼에 대해 자동으로 동등 조인(Equi Join)을 수행하는 Join 기법이다.

06

다음의 SQL을 표준 ANSI SQL로 알맞게 바꾼 것을 고르시오.
(단, 조인 조건과 조회 조건은 분리한다.)

SELECT * FROM EMP A, DEPT B
 WHERE A.DEPTNO = B.DEPTNO
   AND B.DNAME = 'SALES';

① SELECT *
     FROM EMP A
       LEFT OUTER JOIN DEPT B ON
         (A.DEPTNO=B.DEPTNO AND
          B.DNAME='SALES')
    WHERE 1=1;

② SELECT *
     FROM EMP A
       RIGHT OUTER JOIN DEPT B ON
         (A.DEPTNO=B.DEPTNO AND
          B.DNAME='SALES')
    WHERE 1=1;

③ SELECT *
     FROM EMP A
       INNER JOIN DEPT B ON
         (A.DEPTNO=B.DEPTNO AND
          B.DNAME='SALES')
    WHERE 1=1;

④ SELECT *
     FROM EMP A
       INNER JOIN DEPT B ON
         A.DEPTNO=B.DEPTNO
    WHERE 1=1 AND B.DNAME='SALES';

해설

ANSI SQL에서 조인 조건은 ON 절에서 정의하고, 조회 조건은 WHERE 절에서 정의한다. 조인 조건과 조회 조건이 분리되어야 하므로 조인 조건인 A.DEPTNO = B.DEPTNO는 ON 절에서 정의하고, 조회 조건인 B.DNAME = 'SALES'는 WHERE 절에서 정의해야 한다.

정답 5. NATURAL JOIN 6. ④

07

다음 ANSI JOIN SQL에서 가장 올바르지 <u>않은</u> 것을 고르시오. (단, JOIN 컬럼으로는 DEPTNO가 사용되었다고 가정한다.)

① SELECT EMP.DEPTNO, EMPNO, ENAME, DNAME
   FROM EMP INNER JOIN DEPT ON EMP.DEPTNO = DEPT.DEPTNO;
② SELECT EMP.DEPTNO, EMPNO, ENAME, DNAME
   FROM EMP NATURAL JOIN DEPT;
③ SELECT * FROM DEPT JOIN DEPT_TEMP USING(DEPTNO);
④ SELECT E.EMPNO, E.ENAME, E.DEPTNO, D.DNAME
   FROM EMP E INNER JOIN DEPT D ON (E.DEPTNO = D.DEPTNO);

[해설]

NATURAL JOIN에서 사용된 열은 식별자를 가질 수 없기 때문에 EMP.DEPTNO와 같이 OWNER 명을 사용하면 에러가 발생한다.

08

다음과 같이 테이블이 있을 때 SQL 결과 건수를 알맞게 나열한 것을 고르시오.

[TAB1] 테이블

COL1	COL2	KEY1
BBB	123	B
DDD	222	C
EEE	233	D
FFF	143	E

[TAB2] 테이블

KEY2	COL1	COL2
A	10	BC
B	10	CD
C	10	DE

㉠ SELECT * FROM TAB1 A INNER JOIN TAB2 B ON (A.KEY1 = B.KEY2);
㉡ SELECT * FROM TAB1 A LEFT OUTER JOIN TAB2 B ON (A.KEY1 = B.KEY2);
㉢ SELECT * FROM TAB1 A RIGHT OUTER JOIN TAB2 B ON (A.KEY1 = B.KEY2);
㉣ SELECT * FROM TAB1 A FULL OUTER JOIN TAB2 B ON (A.KEY1 = B.KEY2);
㉤ SELECT * FROM TAB1 A CROSS JOIN TAB2 B;

① ㉠: 2, ㉡: 4, ㉢: 3, ㉣: 5, ㉤: 12
② ㉠: 2, ㉡: 4, ㉢: 5, ㉣: 3, ㉤: 12
③ ㉠: 2, ㉡: 3, ㉢: 4, ㉣: 5, ㉤: 12
④ ㉠: 2, ㉡: 4, ㉢: 3, ㉣: 7, ㉤: 12

[해설]

FULL OUTER JOIN은 LEFT OUTER JOIN UNION RIGHT OUTER JOIN이다.

CROSS JOIN의 결과 건수는 (TAB1의 행의 수) * (TAB2의 행의 수) = 4 * 3 = 12이다.

정답 7. ❷ 8. ❶

09

다음 표준 조인을 설명한 내용 중 가장 적절하지 <u>않은</u> 것은?

① 테이블 간의 조인(Join) 조건을 FROM 절에서 명시적으로 정의할 수 있는 기법이다.
② 유형에는 내부 조인(Inner Join), 외부 조인(Outer Join), 크로스 조인(Cross Join), 자연 조인(Natural Join)이 있다.
③ WHERE 절에 조인조건을 작성할 때는 =, <=, >=, BETWEEN 등의 연산자를 사용할 수 있다.
④ 표준 조인의 조건절에는 USING 조건절, ON 조건절이 있다.

(해설)
표준 조인은 조인(Join) 조건을 WHERE 절이 아닌 FROM 절에 정의한다.

10

다음은 표준 조인의 유형에 대한 설명이다. 그 유형이 다른 하나는 무엇인가?

① 자연 조인은 서로 다른 테이블에서 동일한 이름을 갖는 컬럼에 대해 자동으로 동등 조인(Equi Join)을 수행하는 조인 기법이다.
② Natural Join을 위해서 컬럼명과 데이터 유형이 동일해야 하는 제약조건이 있다.
③ Join 조건 없이 모든 데이터의 조합을 표현하는 Join 기법이다.
④ SELECT 절에서 조인에 사용되는 컬럼을 사용하는 경우에는 식별자(OWNER)를 가질 수 없다.

(해설)
①, ②, ④번은 자연 조인(Natural Join)에 대한 설명이고, 보기 ③번은 크로스 조인(Cross Join)에 대한 설명이다.

11

다음 테이블들을 대상으로 SQL 문장을 수행한 결과로 가장 적절한 것은?

[EMP] 테이블

EMP_ID	EMP_NAME	DEPT_ID
101	김철수	10
103	장보고	30
106	박영희	20
109	스티브	NULL

[DEPT] 테이블

DEPT_ID	DEPT_NAME
10	개발팀
20	운영팀

[SQL]
SELECT EMP_ID, EMP_NAME, DEPT_NAME
 FROM EMP e
 CROSS JOIN DEPT d;

①

EMP_ID	EMP_NAME	DEPT_NAME
101	김철수	개발팀
103	장보고	개발팀
106	박영희	개발팀
109	스티브	NULL
101	김철수	운영팀
103	장보고	운영팀
106	박영희	운영팀
109	스티브	NULL

정답 9.③ 10.③ 11.②

②

EMP_ID	EMP_NAME	DEPT_NAME
101	김철수	개발팀
103	장보고	개발팀
106	박영희	개발팀
109	스티브	개발팀
101	김철수	운영팀
103	장보고	운영팀
106	박영희	운영팀
109	스티브	운영팀

③

EMP_ID	EMP_NAME	DEPT_NAME
101	김철수	개발팀
103	장보고	개발팀
106	박영희	개발팀
101	김철수	운영팀
103	장보고	운영팀
106	박영희	운영팀

④

EMP_ID	EMP_NAME	DEPT_NAME
101	김철수	개발팀
103	장보고	개발팀
106	박영희	개발팀
109	스티브	개발팀

[해설]

크로스 조인 (Cross Join)은 Join 조건 없이 모든 데이터의 조합을 표현하는 JOIN 기법이다.

문제의 SQL에서는 EMP 테이블과 DEPT 테이블이 CROSS JOIN 되었으므로, EMP 테이블과 DEPT 테이블의 모든 조합을 반환한다.

12

다음 SQL 문의 빈칸 ㉠에 들어갈 알맞은 키워드는 무엇인가?

```
SELECT A.EMP_ID
     , A.EMP_NAME
     , B.DEPT_NAME
  FROM EMP A JOIN DEPT B
 ( ㉠ ) A.DEPARTMENT_ID = B.DEPT_ID
```

① WHERE ② ON
③ HAVING ④ USING

[해설]

- NATURAL JOIN에서 조건절은 ON 키워드를 사용한다.
- FROM 절에서 JOIN을 명시한 경우 ON 조건절 없이 WHERE 절을 사용하게 되면 오류가 발생한다.

정답 12. ❷

13

다음 SQL 문의 실행 결과가 다른 것을 고르시오.

① SELECT A.NO, A.COL1, B.COL2
　FROM TAB1 A JOIN TAB2 B
　　ON (A.NO = B.NO);

② SELECT NO, A.COL1, B.COL2
　FROM TAB1 A JOIN TAB2 B
　USING (NO);

③ SELECT A.NO, A.COL1, B.COL2
　FROM TAB1 A CROSS JOIN TAB2 B;

④ SELECT COL1, COL2
　FROM TAB1 NATURAL JOIN TAB2;

> **해설**
>
> - 보기 ①, ②, ④번은 자연 조인(Natural Join) 기법으로, TAB1 테이블의 NO 컬럼 값과 TAB2 테이블의 NO 값을 비교하여 값이 같은 행을 조회하여 출력한다.
> - 보기 ③번은 크로스 조인(CROSS JOIN) 기법으로 TAB1 테이블과 TAB2 테이블의 모든 조합을 반환한다.
> - 다음은 표준 조인의 유형에 대한 설명이다.

구분	설명
내부 조인 (INNER JOIN)	• JOIN 조건에서 동일한 값이 있는 행만 반환하는 JOIN 기법
외부 조인 (OUTER JOIN)	• JOIN 조건에서 동일한 값이 없더라도 행을 반환하는 JOIN 기법
크로스 조인 (CROSS JOIN)	• JOIN 조건 없이 모든 데이터의 조합을 표현하는 JOIN 기법
자연 조인 (NATURAL JOIN)	• 서로 다른 테이블에서 동일한 이름을 갖는 컬럼에 대해 자동으로 동등조인(=) 하는 기법

정답 13. ③

❷ 집합 연산자 ★★★★

(1) 집합 연산자(Set Operator)의 개념

- 집합 연산자는 두 개 이상의 테이블을 연결하여 하나로 결합하는 연산자이다.
- 집합 연산자를 사용하기 위해서는 SELECT 절의 컬럼 수가 동일해야 하고, 각 컬럼의 데이터 타입이 동일해야 한다.

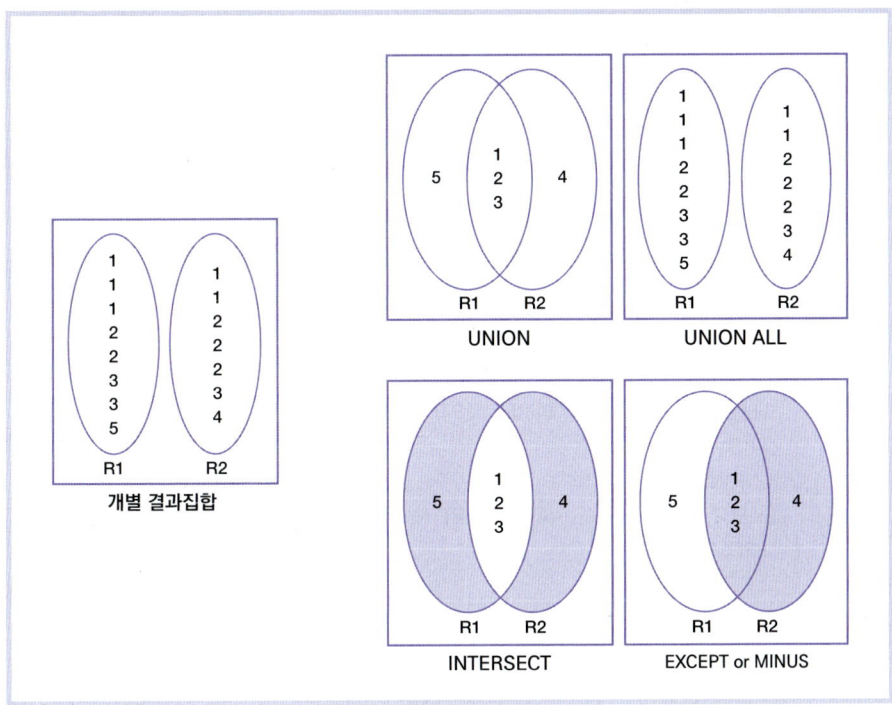

▲ 집합 연산자의 개념도

(2) 집합 연산자의 유형

집합 연산자의 유형에는 UNION, UNION ALL, INTERSECT, MINUS가 있다.

유형	설명
UNION	합집합 연산을 수행하며, 중복된 행은 하나의 행으로 표시하는 연산자
UNION ALL	합집합 연산을 수행하며, 중복된 행은 그대로 중복되게 표시하는 연산자
INTERSECT	교집합 연산을 수행하며, 중복된 행은 하나의 행으로 표시하는 연산자
MINUS	차집합 연산을 수행하며, 중복된 행은 하나의 행으로 표시하는 연산자

> **학습 Point**
> SQL Server에서는 차집합 연산을 위해서 EXCEPT 키워드를 사용합니다.

① UNION

- UNION은 합집합 연산을 수행하며, 중복된 행은 하나의 행으로 표시하는 연산자이다.
- UNION은 내부적으로 중복된 값을 제거하는 과정에서 정렬(SORT) 기능이 동작한다.

 개념 박살내기

■ UNION의 예제

[SQLD] 테이블

EMP_ID	EMP_NAME	DEPT_NAME
101	김철수	개발팀
102	홍길동	개발팀
103	장보고	개발팀

[SQLP] 테이블

EMP_ID	EMP_NAME	DEPT_NAME
101	김철수	개발팀
106	박영희	운영팀
107	허준	운영팀

```
SELECT EMP_ID, EMP_NAME, DEPT_NAME
  FROM SQLD
  UNION
SELECT EMP_ID, EMP_NAME, DEPT_NAME
  FROM SQLP;
```

- 첫 번째 SELECT 문에서 SQLD 테이블 조회
- 두 번째 SELECT 문에서 SQLP 테이블 조회
- UNION 연산자를 사용해서 첫 번째 SELECT 문과 두 번째 SELECT 문을 합집합 연산 수행
- 중복되는 레코드는 하나의 레코드로 반환

▼ 조회 결과

EMP_ID	EMP_NAME	DEPT_NAME
101	김철수	개발팀
102	홍길동	개발팀
103	장보고	개발팀
106	박영희	운영팀
107	허준	운영팀

② UNION ALL

- UNION ALL은 합집합 연산을 수행하며, 중복된 행은 그대로 중복되게 표시하는 연산자이다.
- UNION ALL은 UNION과 달리 데이터의 중복 제거 및 정렬 작업이 없어서 UNION보다 성능상 유리하다.
- UNION ALL 사용 시 ALIAS는 첫 번째 SQL 기준으로 사용되며, ORDER BY는 마지막 SQL 문에 사용 가능하다.

 개념 박살내기

■ UNION ALL의 예제

[SQLD] 테이블

EMP_ID	EMP_NAME	DEPT_NAME
101	김철수	개발팀
102	홍길동	개발팀
103	장보고	개발팀

[SQLP] 테이블

EMP_ID	EMP_NAME	DEPT_NAME
101	김철수	개발팀
106	박영희	운영팀
107	허준	운영팀

```
SELECT EMP_ID, EMP_NAME, DEPT_NAME
  FROM SQLD
UNION ALL
SELECT EMP_ID, EMP_NAME, DEPT_NAME
  FROM SQLP;
```

- 첫 번째 SELECT 문에서 SQLD 테이블 조회
- 두 번째 SELECT 문에서 SQLP 테이블 조회
- UNION ALL 연산자를 사용해서 첫 번째 SELECT 문과 두 번째 SELECT 문을 합집합 연산 수행
- 중복되는 레코드는 그대로 반환

▼ 조회 결과

EMP_ID	EMP_NAME	DEPT_NAME
101	김철수	개발팀
102	홍길동	개발팀
103	장보고	개발팀
101	김철수	개발팀
106	박영희	운영팀
107	허준	운영팀

③ INTERSECT

INTERSECT는 교집합 연산을 수행하며, 중복된 행은 하나의 행으로 표시하는 연산자이다.

 개념 박살내기

■ INTERSECT의 예제

[SQLD] 테이블

EMP_ID	EMP_NAME	DEPT_NAME
101	김철수	개발팀
102	홍길동	개발팀
103	장보고	개발팀

[SQLP] 테이블

EMP_ID	EMP_NAME	DEPT_NAME
101	김철수	개발팀
106	박영희	운영팀
107	허준	운영팀

```
    SELECT EMP_ID, EMP_NAME, DEPT_
           NAME
    FROM SQLD
INTERSECT
    SELECT EMP_ID, EMP_NAME, DEPT_
           NAME
    FROM SQLP;
```

- 첫 번째 SELECT 문에서 SQLD 테이블 조회
- 두 번째 SELECT 문에서 SQLP 테이블 조회
- INTERSECT 연산자를 사용해서 첫 번째 SELECT 문과 두 번째 SELECT 문을 교집합 연산 수행

▼ 조회 결과

EMP_ID	EMP_NAME	DEPT_NAME
101	김철수	개발팀

④ MINUS

- MINUS는 차집합 연산을 수행하며, 중복된 행은 하나의 행으로 표시하는 연산자이다.
- MINUS는 NOT EXISTS 또는 NOT IN 서브 쿼리를 이용한 SQL 문으로도 변경 가능하다.

> **학습 Point**
> SQL 집합 연산자 중에서 UNION ALL을 제외한 다른 연산자의 출력은 첫 번째 컬럼에 대해 오름차순으로 정렬됩니다.

개념 박살내기

■ MINUS의 예제

[SQLD] 테이블

EMP_ID	EMP_NAME	DEPT_NAME
101	김철수	개발팀
102	홍길동	개발팀
103	장보고	개발팀

[SQLP] 테이블

EMP_ID	EMP_NAME	DEPT_NAME
101	김철수	개발팀
106	박영희	운영팀
107	허준	운영팀

```
SELECT EMP_ID, EMP_NAME, DEPT_NAME
  FROM SQLD
MINUS
SELECT EMP_ID, EMP_NAME, DEPT_NAME
  FROM SQLP;
```

- 첫 번째 SELECT 문에서 SQLD 테이블 조회
- 두 번째 SELECT 문에서 SQLP 테이블 조회
- MINUS 연산자를 사용해서 첫 번째 SELECT 문과 두 번째 SELECT 문을 차집합 연산 수행

▼ 조회 결과

EMP_ID	EMP_NAME	DEPT_NAME
102	홍길동	개발팀
103	장보고	개발팀

천기누설 | 예상문제

01

다음 중 일반 집합 연산자에 해당하지 않는 것을 고르시오.

① Union ② Intersection
③ Product ④ Join

[해설]

일반 집합 연산자의 유형에는 합집합(Union), 교집합(Intersection), 차집합(Difference), 곱집합(Product)이 있다. Join은 순수 관계 연산자이다.

일반 집합 연산자	
유인디프	합집합(Union) / 교집합(Intersection) / 차집합(Difference) / 곱집합(Product)

02

다음 집합 연산자 중에서 수학의 차집합과 동일한 기능을 제공하는 연산자로 가장 적절한 것을 고르시오.

① UNION ② UNION ALL
③ INTERSECT ④ MINUS

[해설]

ORACLE에서 MINUS는 차집합 연산을 수행하며, 중복된 행은 하나의 행으로 표시한다. 반면에 SQL Server에서는 차집합 연산을 수행하기 위해서 EXCEPT 키워드를 사용한다.

03

다음 테이블에 대해 SQL을 수행한 결과를 고르시오.

[A] 테이블

EMP_ID	EMP_NAME	DEPT_NAME
101	김철수	개발팀
102	홍길동	개발팀
103	장보고	개발팀

[B] 테이블

EMP_ID	EMP_NAME	DEPT_NAME
101	김철수	개발팀
106	박영희	운영팀
107	허준	운영팀

[SQL]

SELECT EMP_ID, EMP_NAME, DEPT_NAME
  FROM A
  UNION ALL
SELECT EMP_ID, EMP_NAME, DEPT_NAME
  FROM B;

①

EMP_ID	EMP_NAME	DEPT_NAME
101	김철수	개발팀
102	홍길동	개발팀
103	장보고	개발팀
106	박영희	운영팀
107	허준	운영팀

정답 1.④ 2.④ 3.②

②

EMP_ID	EMP_NAME	DEPT_NAME
101	김철수	개발팀
102	홍길동	개발팀
103	장보고	개발팀
101	김철수	개발팀
106	박영희	운영팀
107	허준	운영팀

③

EMP_ID	EMP_NAME	DEPT_NAME
101	김철수	개발팀

④

EMP_ID	EMP_NAME	DEPT_NAME
102	홍길동	개발팀
103	장보고	개발팀

(해설)

UNION ALL은 합집합 연산을 수행하며, 중복된 행은 그대로 중복되게 표시한다. ①번은 UNION의 결과이다.

04

다음 TAB1, TAB2 테이블에 대해 ㉠, ㉡ 두 개의 SQL을 수행한 결과 건수로 가장 적절한 것을 고르시오.

[TAB1] 테이블

C1	C2	C3
1	A	가
2	B	가
3	C	라

[TAB2] 테이블

C1	C2	C3
2	B	가
3	C	라
4	D	라

[SQL - ㉠]
SELECT C1, C2, C3
　FROM TAB1
　UNION
SELECT C1, C2, C3
　FROM TAB2;

[SQL - ㉡]
SELECT C1, C2, C3
　FROM TAB1
　UNION ALL
SELECT C1, C2, C3
　FROM TAB2;

① ㉠: 4개, ㉡: 4개
② ㉠: 4개, ㉡: 6개
③ ㉠: 6개, ㉡: 4개
④ ㉠: 6개, ㉡: 6개

(해설)

UNION 연산자는 합집합 연산을 수행하며, 중복된 행은 하나의 행으로 표시한다. 반면에 UNION ALL 연산자는 합집합 연산을 수행하며, 중복된 행을 그대로 중복되게 표시한다.

정답 4. ❷

05

다음과 같은 집합이 있을 때, 집합 A와 B에 대해 집합 연산을 수행한 결과가 집합 C가 되게 하는 집합 연산자는 무엇인지 고르시오.

A = {가, 나, 다, 라, 마}
B = {다, 라, 마, 바, 사}
C = {다, 라, 마}

① UNION ② UNION ALL
③ INTERSECT ④ MINUS

해설
INTERSECT는 수학의 교집합 연산을 수행하며, 중복된 행은 하나의 행으로 표시하는 집합 연산자이다.

06

SQL 집합 연산자에서 중복 제거를 위해 정렬 작업을 하지 않는 집합 연산자는 무엇인지 쓰시오.

해설
SQL 집합 연산자 중에서 UNION ALL을 제외한 다른 연산자의 출력은 첫 번째 컬럼에 대해 오름차순으로 정렬된다.

07

다음의 SQL의 로우의 건수로 올바른 것을 고르시오.

[A] 테이블

COL1	COL2
1	2
1	2
1	3

[B] 테이블

COL1	COL2
1	2
1	4
1	5

[SQL]
SELECT DISTINCT COL1, COL2 FROM A
 UNION ALL
SELECT COL1, COL2 FROM B;

① 3 ② 4
③ 5 ④ 6

해설
A 테이블은 DISTINCT 키워드가 있으므로 중복되는 튜플을 제거한 결과가 조회되고 2건이 조회된다. (SELECT DISTINCT COL1, COL2 FROM A; 결과)

COL1	COL2
1	2
1	3

UNION ALL은 공통집합의 중복 부분을 그대로 표현하므로 DISTINCT를 한 A 테이블의 조회 튜플 2건에 B 테이블의 튜플 3건을 합친 5건이 나오고, 다음과 같은 결과가 조회된다.

COL1	COL2
1	2
1	3
1	2
1	4
1	5

정답 5. ③ 6. UNION ALL 7. ③

08

다음과 같은 테이블에 대한 SQL 수행 결과를 고르시오.

[TAB1] 테이블

COL1	COL2
A01	10
A02	20
A03	30
A10	40
A11	50

[TAB2] 테이블

COL1	COL3
A01	가
A02	나
A03	다
A10	라
A11	마

[SQL]
```
SELECT COUNT(*)
  FROM (
        SELECT A.COL1, B.COL3
          FROM TAB1 A
          INNER JOIN TAB2 B
            ON (A.COL1 = B.COL1)
        UNION
        SELECT A.COL1, B.COL3
          FROM TAB1 A
            LEFT OUTER JOIN TAB2 B
            ON (A.COL1 = B.COL1)
        UNION
        SELECT COL1, COL3
          FROM TAB1 NATURAL JOIN TAB2
       );
```

① 1　　　　　② 5
③ 10　　　　 ④ 15

해설

UNION은 합집합 연산을 수행하며, 중복된 행은 하나의 행으로 표시한다. TAB1과 TAB2에 대해 각각 INNER JOIN, LEFT OUTER JOIN, NATURAL JOIN 한 결과를 합집합 연산을 수행하면서 중복된 값을 제거하면 결괏값은 5가 된다.

09

다음은 SQL 집합 연산자에 대한 설명이다. INTERSECT에 대한 설명으로 올바른 것은?

① 결과의 합집합으로 중복된 행을 모두 포함한다.
② 결과의 합집합으로 중복된 행은 하나의 행으로 표시한다.
③ 결과의 교집합으로 중복된 행을 하나의 행으로 표시한다.
④ 결과의 교집합으로 중복된 행을 모두 포함한다.

해설

- INTERSECT는 교집합 연산을 수행하며, 중복된 행은 하나의 행으로 표시한다.
- 다음은 집합 연산자의 유형이다.

UNION	- 합집합 연산을 수행하며, 중복된 행은 하나의 행으로 표시하는 연산자
UNION ALL	- 합집합 연산을 수행하며, 중복된 행은 그대로 중복되게 표시하는 연산자
INTERSECT	- 교집합 연산을 수행하며, 중복된 행은 하나의 행으로 표시하는 연산자
MINUS	- 차집합 연산을 수행하며, 중복된 행은 하나의 행으로 표시하는 연산자

정답　8. ②　9. ③

10

다음 테이블에 대해 SQL을 수행한 결과는?

[TAB1] 테이블	[TAB2] 테이블	[TAB3] 테이블
COL1	COL1	COL1
101	108	102
102	109	103
102	105	108
103		
104		
105		

[SQL]
SELECT * FROM TAB1
 UNION ALL SELECT * FROM TAB2
 MINUS SELECT * FROM TAB3;

①
EMP_ID
101
104
105
109

②
EMP_ID
101
102
104
105
109

③
EMP_ID
101
103
104
105
108

④ 오류가 발생한다.

해설

TAB1과 TAB2를 UNION ALL 하면 중복을 포함하므로 {101, 102, 102, 103, 104, 105, 108, 109, 105}가 되고 여기서 TAB3을 MINUS 하면 {101, 104, 105, 109}가 된다. 여기서 MINUS가 수행될 때 중복되는 값이 제거되기 때문에, 105가 2개이지만 1번만 조회된다.

11

SQL Server에서 수학의 차집합과 동일한 기능을 제공하는 연산자로 가장 적절한 것을 고르시오.

① MINUS ② EXCEPT
③ INTERSECT ④ UNION

해설

SQL Server에서 차집합과 동일한 연산을 제공하는 연산자는 EXCEPT이며, Oracle에서는 MINUS 연산자가 차집합과 동일한 연산을 제공한다.

정답 10. ① 11. ②

12

직원 중에서 SQLD 자격증과 SQLP 자격증을 모두 가지고 있는 사원을 조회하고자 한다. 가장 알맞은 SQL 구문을 고르시오.

[SQLD] 테이블

EMP_ID	EMP_NAME
101	홍길동
102	장보고
103	장영실
104	이순신

[SQLP] 테이블

EMP_ID	EMP_NAME
102	장보고
103	장영실

① SELECT EMP_ID, EMP_NAME
　　FROM SQLP
　　UNION ALL
　SELECT EMP_ID, EMP_NAME
　　FROM SQLD;

② SELECT EMP_ID, EMP_NAME
　　FROM SQLP
　　MINUS
　SELECT EMP_ID, EMP_NAME
　　FROM SQLD;

③ SELECT EMP_ID, EMP_NAME
　　FROM SQLP
　　INTERSECT
　SELECT EMP_ID, EMP_NAME
　　FROM SQLD;

④ SELECT EMP_ID, EMP_NAME
　　FROM SQLP
　　UNION
　SELECT EMP_ID, EMP_NAME
　　FROM SQLD;

해설

- SQLD와 SQLP 자격증 모두 가지고 있는 직원을 조회하기 위해 교집합을 구한다.
- 교집합을 구하는 집합 연산자는 INTERSECT이다.

정답 12. ❸

❸ 계층형 질의 ★★★

(1) 계층형 질의의 개념

계층형 질의는 동일 테이블에 상위와 하위의 포함 관계를 가진 계층형 데이터를 계층형 구조로 조회하기 위한 질의이다.

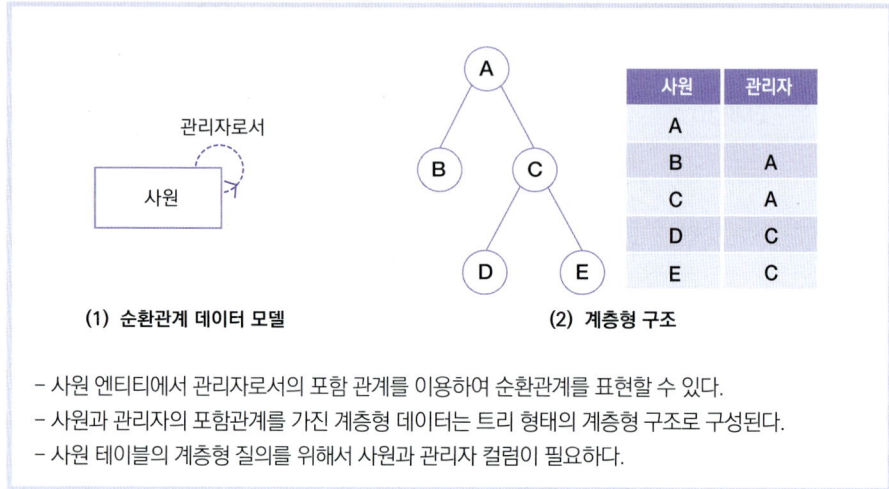

- 사원 엔티티에서 관리자로서의 포함 관계를 이용하여 순환관계를 표현할 수 있다.
- 사원과 관리자의 포함관계를 가진 계층형 데이터는 트리 형태의 계층형 구조로 구성된다.
- 사원 테이블의 계층형 질의를 위해서 사원과 관리자 컬럼이 필요하다.

▲ 계층형 데이터의 개념도

(2) 계층형 질의 문법

① 계층형 질의 문법
- START WITH 절에서 계층 구조의 시작 위치(루트 데이터)를 지정한다.
- CONNECT BY 절에서 자식 데이터의 조건을 지정한다.
- Oracle의 계층형 질의문에서 WHERE 절은 모든 전개를 진행한 이후 필터 조건으로서 조건을 만족하는 데이터만을 추출하는데 활용된다.

문법	설명	
SELECT 컬럼명 FROM 테이블명 WHERE 조건 START WITH 조건 CONNECT BY [NOCYCLE] 조건 [ORDER SIBLINGS BY 컬럼명];	START WITH, CONNECT BY 키워드를 사용해서 계층형 질의 작성	
	START WITH	계층 구조의 시작 위치를 지정(루트 데이터)
	CONNECT BY	부모와 자식 데이터의 관계를 정의
	PRIOR	SELECT, WHERE, CONNECT BY 절에서 사용하며, 현재 조회한 컬럼을 지정
	NOCYCLE	사이클이 발생한 이후의 데이터는 조회하지 않음
	ORDER SIBLINGS BY	동일 레벨(형제 노드)에서 정렬을 수행

② 계층형 질의 가상 컬럼

계층형 질의 가상 컬럼은 LEVEL, CONNECT_BY_ISLEAF, CONNECT_BY_ISCYCLE이 있다.

| 계층형 질의 가상 컬럼

가상 컬럼	설명
LEVEL	루트 데이터는 1, 하위 데이터는 리프 데이터까지 1씩 증가
CONNECT_BY_ISLEAF	해당 데이터가 리프 데이터이면 1, 리프 데이터가 아니면 0
CONNECT_BY_ISCYCLE	CYCLE이 존재하면 1, 그렇지 않으면 0

③ 계층형 질의 함수

계층형 질의 함수는 SYS_CONNECT_BY_PATH, CONNECT_BY_ROOT가 있다.

| 계층형 질의 함수

함수	설명
SYS_CONNECT_BY_PATH	루트 데이터부터 현재 데이터까지의 경로를 표시
CONNECT_BY_ROOT	현재 데이터의 루트 데이터를 표시

(3) 계층형 질의 유형

계층형 질의 유형에는 순방향 계층형 질의와 역방향 계층형 질의가 있다.

| 계층형 질의 유형

유형	설명
순방향 계층형 질의	계층형 데이터를 상위에서 하위로 전개하는 질의
역방향 계층형 질의	계층형 데이터를 하위에서 상위로 전개하는 질의

① 순방향 계층형 질의

- 순방향 계층형 질의는 계층형 데이터를 상위에서 하위로 전개하는 질의이다.
- PRIOR 자식 = 부모 형태를 사용하면 계층형 구조에서 순방향 전개를 수행한다.

> **학습 Point**
> 계층형 질의에서 1:N의 관계에 있는 컬럼 중 1의 관계에 있는 컬럼이 부모가 됩니다.

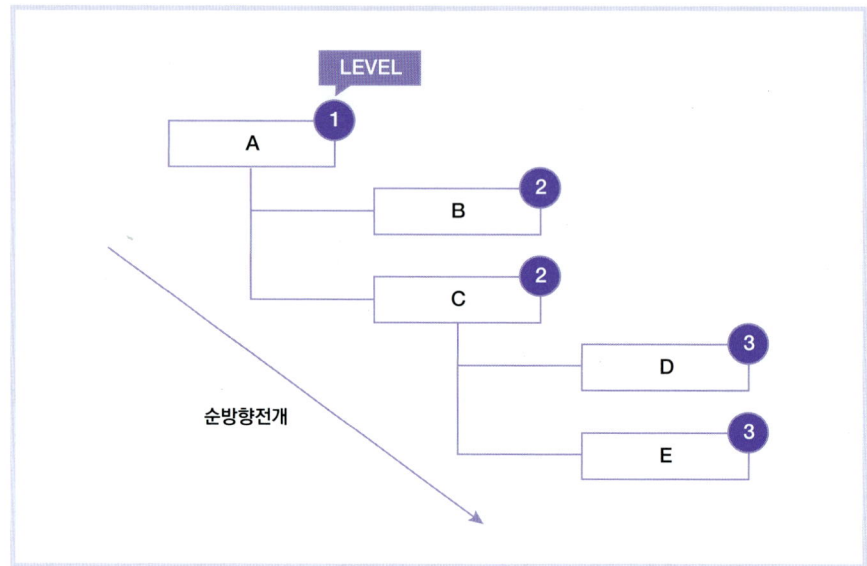

▲ 순방향 계층형 질의 개념도

개념 박살내기

■ 순방향 계층형 질의 예제

[EMP] 테이블

EMP_ID	EMP_NAME	MGR_ID
101	김철수	NULL
102	홍길동	101
103	장보고	101
104	이순신	103
105	유관순	104
106	박영희	NULL
107	허준	106
108	정약용	106
109	스티브	107

```
SELECT EMP_ID
     , EMP_NAME
     , MGR_ID
     , LEVEL
     , CONNECT_BY_ISLEAF AS ISLEAF
     , SYS_CONNECT_BY_PATH(EMP_NAME, '/') AS
       EMP_PATH
     , CONNECT_BY_ROOT(EMP_NAME) AS ROOT
  FROM EMP
  START WITH MGR_ID IS NULL
CONNECT BY PRIOR EMP_ID = MGR_ID;
```

- SELECT 절에서 계층형 질의의 가상 컬럼인 LEVEL, CONNECT_BY_ISLEAF와 함수인 SYS_CONNECT_BY_PATH, CONNECT_BY_ROOT를 사용
- START WITH 절에서 시작 데이터의 조건을 MGR_ID 컬럼이 NULL인 값으로 설정
- CONNECT BY 절에서 연결 데이터의 조건을 이전 EMP_ID와 현재 MGR_ID의 동등 조건으로 설정

▼ 조회 결과

EMP_ID	EMP_NAME	MGR_ID	LEVEL	ISLEAF	EMP_PATH	ROOT
101	김철수	NULL	1	0	/김철수	김철수
102	홍길동	101	2	1	/김철수/홍길동	김철수
103	장보고	101	2	0	/김철수/장보고	김철수
104	이순신	103	3	0	/김철수/장보고/이순신	김철수
105	유관순	104	4	1	/김철수/장보고/이순신/유관순	김철수
106	박영희	NULL	1	0	/박영희	박영희
107	허준	106	2	0	/박영희/허준	박영희
109	스티브	107	3	1	/박영희/허준/스티브	박영희
108	정약용	106	2	1	/박영희/정약용	박영희

② 역방향 계층형 질의

- 역방향 계층형 질의는 계층형 데이터를 하위에서 상위로 전개하는 질의이다.
- PRIOR 부모 = 자식 형태를 사용하면 계층형 구조에서 역방향 전개를 수행한다.

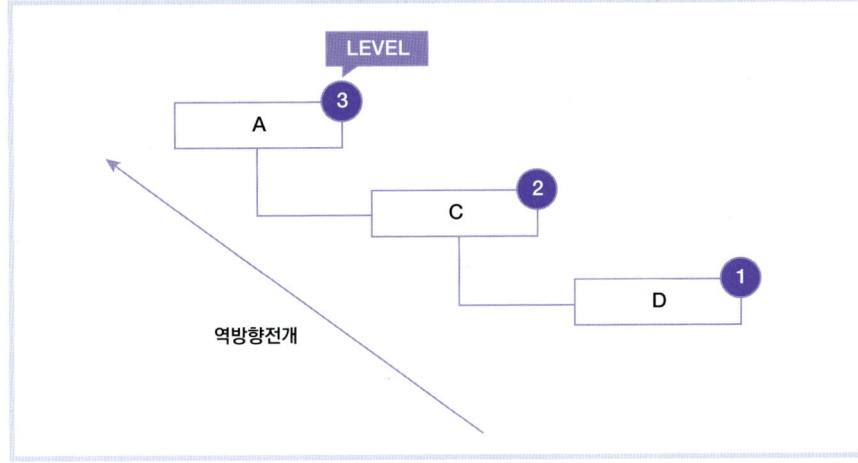

▲ 역방향 계층형 질의 개념도

- 역방향 계층형 질의 예제

[EMP] 테이블

EMP_ID	EMP_NAME	MGR_ID
101	김철수	NULL
102	홍길동	101
103	장보고	101
104	이순신	103
105	유관순	104
106	박영희	NULL
107	허준	106
108	정약용	106
109	스티브	107

```
SELECT EMP_ID
     , EMP_NAME
     , MGR_ID
     , LEVEL
     , CONNECT_BY_ISLEAF AS ISLEAF
     , SYS_CONNECT_BY_PATH(EMP_
       NAME, '/') AS EMP_PATH
     , CONNECT_BY_ROOT(EMP_NAME) AS
       ROOT
  FROM EMP
 START WITH EMP_ID = '105'
CONNECT BY EMP_ID = PRIOR MGR_ID;
```

- SELECT 절에서 계층형 질의의 가상 컬럼인 LEVEL, CONNECT_BY_ISLEAF와 함수인 SYS_CONNECT_BY_PATH, CONNECT_BY_ROOT를 사용
- START WITH 절에서 시작 데이터의 조건을 EMP_ID 컬럼이 '105'인 값으로 설정
- CONNECT BY 절에서 연결 데이터의 조건을 현재 EMP_ID와 이전 MGR_ID의 동등 조건으로 설정

▼ 조회 결과

EMP_ID	EMP_NAME	MGR_ID	LEVEL	ISLEAF	EMP_PATH	ROOT
105	유관순	104	1	0	/유관순	유관순
104	이순신	103	2	0	/유관순/이순신	유관순
103	장보고	101	3	0	/유관순/이순신/장보고	유관순
101	김철수	NULL	4	1	/유관순/이순신/장보고/김철수	유관순

(4) 셀프 조인(Self Join)

- 셀프 조인은 동일한 테이블 내에서 컬럼 사이에 연관 관계가 있을 때 사용하는 조인이다.
- 테이블과 컬럼 이름이 동일하기 때문에 별칭을 사용해서 식별해야 한다.

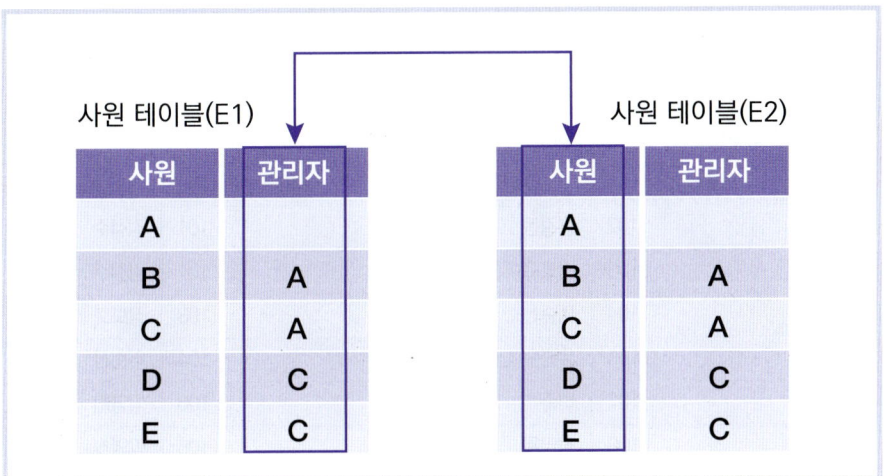

▲ 셀프 조인의 개념도

개념 박살내기

■ 셀프 조인(Self Join)의 예제

[EMP] 테이블

EMP_ID	EMP_NAME	MGR_ID
101	김철수	NULL
102	홍길동	101
103	장보고	101
104	이순신	103
105	유관순	104
106	박영희	NULL
107	허준	106
108	정약용	106
109	스티브	107

> **학습 Point**
> 셀프 조인을 이용해서도 계층형 데이터의 계층형 구조를 조회할 수 있습니다.

```
SELECT A.EMP_ID
     , A.EMP_NAME
     , A.MGR_ID
     , B.EMP_NAME AS MGR_NAME
  FROM EMP A, EMP B
 WHERE A.MGR_ID = B.EMP_ID;
```

- SELECT 절에서 첫 번째 테이블의 EMP_ID, EMP_NAME 컬럼과 두 번째 테이블의 EMP_NAME 컬럼을 선택
- FROM 절에서 EMP 테이블 2개를 셀프 조인
- WHERE 절에서 첫 번째 테이블의 MGR_ID 컬럼과 두 번째 테이블의 EMP_ID 컬럼에 대해 조인 조건을 설정

▼ 조회 결과

EMP_ID	EMP_NAME	MGR_ID	MGR_NAME
102	홍길동	101	김철수
103	장보고	101	김철수
104	이순신	103	장보고
105	유관순	104	이순신
107	허준	106	박영희
108	정약용	106	박영희
109	스티브	107	허준

천기누설 | 예상문제

01

다음 중 Oracle 계층형 질의에 대한 설명으로 가장 부적절한 것을 고르시오.

① START WITH 절에서 계층 구조의 시작 위치(루트 데이터)를 지정한다.
② CONNECT BY 절에서 자식 데이터의 조건을 지정한다.
③ 가상 컬럼 LEVEL의 루트 데이터는 1이고, 하위 데이터는 리프 데이터까지 1씩 증가한다.
④ CONNECT BY 절에서 PRIOR 부모 = 자식 형태를 사용하면 계층형 구조에서 순방향 전개를 수행한다.

[해설]
CONNECT BY 절에서 PRIOR 부모 = 자식 형태를 사용하면 계층형 구조에서 순방향 전개가 아닌 역방향 전개를 수행한다. 순방향 전개를 수행하기 위해서는 CONNECT BY 절에서 PRIOR 자식 = 부모 형태를 사용한다.

02

다음 테이블에 대해 SQL을 수행한 결과는 무엇인지 고르시오.

[EMP] 테이블

EMP_ID	EMP_NAME	MGR_ID
101	김철수	NULL
102	홍길동	101
103	장보고	101
104	이순신	103
105	유관순	104
106	박영희	NULL
107	허준	106
108	정약용	106
109	스티브	107

[SQL]
```
SELECT EMP_ID
     , EMP_NAME
     , MGR_ID
     , LEVEL
  FROM EMP
 START WITH EMP_ID = '105'
CONNECT BY EMP_ID = PRIOR MGR_ID;
```

①

EMP_ID	EMP_NAME	MGR_ID	LEVEL
101	김철수	NULL	1
102	홍길동	101	2
103	장보고	101	2
104	이순신	103	3
105	유관순	104	4

정답 1. ④ 2. ③

②

EMP_ID	EMP_NAME	MGR_ID	LEVEL
101	김철수	NULL	1
103	장보고	101	2
104	이순신	103	3
105	유관순	104	4

③

EMP_ID	EMP_NAME	MGR_ID	LEVEL
105	유관순	104	1
104	이순신	103	2
103	장보고	101	3
101	김철수	NULL	4

④

EMP_ID	EMP_NAME	MGR_ID	LEVEL
105	유관순	104	1
104	이순신	103	2
103	장보고	101	3
102	홍길동	101	3
101	김철수	NULL	4

(해설)

역방향 계층형 질의는 계층형 데이터를 하위에서 상위로 전개하는 질의어로써, PRIOR 부모 = 자식 형태를 사용한다. 문제의 SQL 문장은 역방향 계층형 질의로써 ③번의 결과를 출력한다.

03

다음 중 계층형 질의 함수인 SYS_CONNECT_BY_PATH의 실행 결과로 가장 적절한 것을 고르시오.

[EMP] 테이블

EMP_ID	EMP_NAME	MGR_ID
101	김철수	NULL
102	홍길동	101
103	장보고	101
104	이순신	103
105	유관순	104
106	박영희	NULL
107	허준	106
108	정약용	106
109	스티브	107

[SQL]
```
SELECT SYS_CONNECT_BY_PATH
    (EMP_NAME, '/')
  FROM EMP
  WHERE EMP_ID = 105
  START WITH MGR_ID IS NULL
CONNECT BY PRIOR EMP_ID = MGR_ID;
```

① 김철수/장보고/이순신/유관순

② /김철수/장보고/이순신/유관순

③ | 김철수 | 장보고 | 이순신 | 유관순 |

④
| 김철수 |
| 장보고 |
| 이순신 |
| 유관순 |

정답 3. ②

해설

SYS_CONNECT_BY_PATH 함수는 루트 데이터부터 현재 데이터까지의 경로를 표시한다.

04

다음 중 셀프 조인(Self Join)에 대한 설명으로 가장 **부적절한** 것을 고르시오.

① 테이블과 컬럼 이름이 동일하기 때문에 ALIAS를 사용해서 식별해야 한다.
② 셀프 조인을 이용해서도 계층형 데이터의 계층형 구조를 조회할 수 있다.
③ 동일한 테이블 내에서 컬럼 사이에 연관 관계가 있을 때 사용하는 조인이다.
④ 동일한 테이블 내에서 컬럼 사이에 연관 관계가 없어도 사용할 수 있다.

해설

셀프 조인(Self Join)은 동일한 테이블 내에서 컬럼 사이에 연관 관계가 있을 때 사용하는 조인이다. 컬럼 간에 연관 관계가 없으면 Cartesian Product 현상이 발생할 수 있다.

05

다음과 같은 계층 구조로 되어있는 데이터에 대해서 다음 SQL 수행 결과로 가장 적절한 것을 고르시오.

[TAB1] 테이블

EMP_ID	MGR_ID	DEPT_NM
A	NULL	HEADROOM
B	A	HEADROOM
C	A	HEADROOM
D	C	TECH
E	C	TECH

[SQL]
```
SELECT COUNT(EMP_ID), COUNT(MGR_ID)
  FROM TAB1
  START WITH MGR_ID IS NULL
CONNECT BY PRIOR EMP_ID = MGR_ID;
```

① 5, 4   ② 4, 5
③ 5, 2   ④ 2, 5

해설

[SQL]은 순방향 계층형 쿼리로 MGR_ID가 NULL인 레코드를 시작으로 계층형 구조를 구성한다. EMP_ID 컬럼의 값은 A, B, C, D, E 총 5개이고, MGR_ID 컬럼의 값은 NULL을 제외한 A, A, C, C 총 4개이다.

정답 4. ④ 5. ①

06

계층 구조로 되어있는 데이터에 대해서 [조회 결과]와 같이 계층형 결과가 나올 수 있도록 밑줄친 곳에 들어갈 쿼리를 작성하시오.

[TAB1] 테이블

EMP_ID	MGR_ID	DEPT_NM
A	NULL	HEADROOM
B	A	HEADROOM
C	A	HEADROOM
D	C	TECH
E	C	TECH

[조회 결과]

LEVEL	사원	MGR_ID	ISLEAF	DEPT_NM
1	A	NULL	0	HEADROOM
2	B	A	1	HEADROOM
2	C	A	0	HEADROOM
3	D	C	1	TECH
3	E	C	1	TECH

[SQL]
```
SELECT LEVEL
     , LPAD(' ', 4*(LEVEL-1)) || EMP_ID "사원"
     , MGR_ID
     , CONNECT_BY_ISLEAF ISLEAF
     , DEPT_NM
  FROM TAB1
 WHERE 1=1
 START WITH MGR_ID IS NULL
CONNECT BY PRIOR _____ ;
```

해설

[조회 결과]는 계층형 데이터를 상위에서 하위로 전개하는 순방향 계층형 질의의 결과이다. 순방향 계층형 질의는 PRIOR 자식 = 부모 형태를 사용하므로 EMP_ID = MGR_ID이 되어야 한다.

07

다음의 계층형 SQL에서 리프 데이터이면 1, 그렇지 않으면 0을 출력하고 싶을 때 사용하는 키워드로 알맞은 것을 고르시오.

```
SELECT LEVEL, LPAD(' ', 4*(LEVEL-1)) ||
       EMPNO
     , MGR
     , _____ AS ISLEAF
  FROM EMP
 START WITH MGR IS NULL
CONNECT BY PRIOR EMPNO = MGR;
```

① CONNECT_BY_ISLEAF
② CONNECT_BY_ISCYCLE
③ SYS_CONNECT_BY_PATH
④ CONNECT_BY_ROOT

해설

CONNECT_BY_ ISLEAF	전개 과정에서 해당 데이터가 리프 데이터이면 1, 아니면 0
CONNECT_BY_ ISCYCLE	전개 과정에서 자식을 갖는데, 해당 데이터가 조상으로 존재하면 1, 그렇지 않으면 0, 여기서 조상이란 자신으로부터 루트까지의 경로에 존재하는 데이터를 말함
SYS_CONNECT_BY_ PATH	하위 레벨의 컬럼까지 모두 표시해줌(구분자 지정 가능)
CONNECT_BY_ ROOT ROOT	노드의 정보를 표시

정답 6. EMP_ID = MGR_ID   7. ①

08

다음과 같이 TAB1 테이블이 있을 때 SQL이 수행되었을 때의 결과 건수는 얼마인지 쓰시오.

[TAB1] 테이블

계층번호	상위계층번호
1	NULL
2	NULL
3	1
4	1
5	2
6	2
7	3
8	4
9	5
10	6

[SQL]
　　SELECT LEVEL
　　　　, LPAD('**', (LEVEL-1)*2, ' ') || 계층번호
　　　　AS 계층트리
　　　　, 계층번호
　　　　, 상위계층번호
　　FROM TAB1
　　START WITH 상위계층번호 IS NULL
　　CONNECT BY 계층번호 = PRIOR 상위계층번호;

① 2　　　　② 5
③ 10　　　④ 11

해설
- SQL의 "CONNECT BY 계층번호 = PRIOR 상위계층번호"에서 부모 노드인 상위계층번호에 PRIOR가 있으므로 역방향이므로, 상위계층번호를 통해서 연결되어야 한다.
- START WITH 상위계층번호 IS NULL 조건을 만족하는 데이터는 2건이고,
- START WITH 절에서 선택된 데이터에서는 상위계층번호가 모두 NULL이기 때문에 추가적인 역방향 전개가 되지 않는다.

계층번호	상위계층번호
1	NULL
2	NULL

- 따라서 최종 결과는 START WITH 절에서 선택된 데이터 2건이 된다.

09

EMP 테이블은 사원과 매니저의 정보를 담은 계층형 데이터를 포함한 테이블이다. 매니저부터 사원까지 결제 단계가 가장 많은 레벨을 구하려고 할 때 빈칸을 완성하시오.

　　SELECT ＿＿＿＿＿＿ FROM EMP
　　START WITH MGR IS NULL
　　CONNECT BY PRIOR EMPNO = MGR;

해설
계층형 데이터에서 최대 계층의 수를 구하려고 할 때, MAX(LEVEL)을 사용한다.

10

다음 중 SELF JOIN을 사용해야 하는 경우로 가장 적절한 것은 무엇인가?

① 한 테이블의 두 컬럼 사이에 연관 관계가 있을 경우 사용한다.
② 두 테이블에 공통된 컬럼이 있고 두 테이블 사이에 연관 관계가 있을 경우 사용한다.
③ 한 테이블에 연관 관계가 있는 컬럼은 없으나 JOIN을 해야 하는 경우 사용한다.
④ 두 테이블에 공통된 컬럼은 없으나 JOIN을 해야 하는 경우 사용한다.

해설
SELF JOIN은 한 테이블의 두 컬럼 사이에 연관 관계가 있을 경우 사용한다.

정답 　8. ①　 9. MAX(LEVEL)　 10. ①

④ 서브 쿼리 ★★★

(1) 서브 쿼리의 개념

> **학습 Point**
>
> 서브 쿼리는 메인 쿼리의 컬럼을 자유롭게 사용할 수 있지만, 메인 쿼리는 서브 쿼리의 컬럼을 사용할 수 없습니다. 조회 결과에 서브 쿼리 컬럼을 표시해야 한다면, 조인 방식으로 변환하거나 스칼라 서브 쿼리를 사용해야 합니다.

- 서브 쿼리는 하나의 SQL 문에 포함되어 있는 내부 SQL 문을 의미하며, 메인 쿼리가 서브 쿼리를 포함하는 형태로 구성된다.
- 서브 쿼리는 SELECT 절, FROM 절, WHERE 절, HAVING 절, ORDER BY 절, INSERT 문의 VALUES 절, UPDATE 문의 SET 절에서 사용이 가능하다.
- 서브 쿼리는 앞뒤로 괄호를 감싸며, 단일 또는 다중 행 비교 연산자와 함께 사용한다.

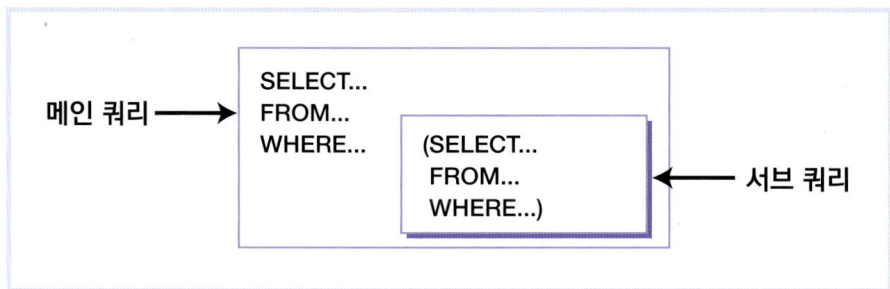

▲ 서브 쿼리의 개념도

(2) 실행 결과에 따른 서브 쿼리

실행 결과에 따른 서브 쿼리의 유형에는 단일 행 서브 쿼리(Single Row Subquery), 다중 행 서브 쿼리(Multi Row Subquery), 다중 컬럼 서브 쿼리(Multi Column Subquery)가 있다.

실행 결과에 따른 서브 쿼리의 유형	
유형	설명
단일 행 서브 쿼리(Single Row Subquery)	실행 결과가 1건 이하인 서브 쿼리
다중 행 서브 쿼리(Multi Row Subquery)	실행 결과로 다수의 로우를 반환하는 서브 쿼리
다중 컬럼 서브 쿼리(Multi Column Subquery)	실행 결과로 다수의 컬럼을 반환하는 서브 쿼리

① 단일 행 서브 쿼리(Single Row Subquery)
- 단일 행 서브 쿼리는 실행 결과가 1건 이하인 서브 쿼리이다.
- 단일 행 서브 쿼리는 단일 행 비교 연산자와 함께 사용되며, =, <, <=, >, >=, < >를 사용할 수 있다.

■ 단일 행 서브 쿼리의 예제

[EMP] 테이블

EMP_ID	EMP_NAME	DEPT_ID
101	김철수	10
102	홍길동	10
103	장보고	10
104	이순신	10
105	유관순	10
106	박영희	20
107	허준	20
108	정약용	20
109	스티브	20

```
SELECT EMP_ID
     , EMP_NAME
     , DEPT_ID
  FROM EMP
 WHERE DEPT_ID =
       (SELECT DEPT_ID
          FROM EMP
         WHERE EMP_NAME = '홍길동');
```

- SELECT 절에서 EMP_ID, EMP_NAME, DEPT_ID 컬럼을 조회
- FROM 절에서 EMP 테이블을 검색
- WHERE 절에서 DEPT_ID 컬럼에 대한 조건을 Single Row Subquery로 정의
- 서브 쿼리에서 EMP_NAME 컬럼이 '홍길동'인 DEPT_ID 값을 조회
- 결과적으로 홍길동과 같은 부서 사람들을 조회함

▼ 조회 결과

EMP_ID	EMP_NAME	DEPT_ID
101	김철수	10
102	홍길동	10
103	장보고	10
104	이순신	10
105	유관순	10

② 다중 행 서브 쿼리(Multi Row Subquery)

- 다중 행 서브 쿼리는 실행 결과로 다수의 로우를 반환하는 서브 쿼리이다.
- 다중 행 서브 쿼리는 다중 행 비교 연산자와 함께 사용되며, IN, ALL, ANY, EXISTS를 사용할 수 있다.

학습 Point
IN에 NULL이 있을 경우 비교에서 제외되기 때문에 NULL이 있을 경우 NULL 비교는 되지 않습니다.
예 WHERE COL IN ('A', NULL);은 WHERE COL IN ('A');와 동일

다중 행 비교 연산자

연산자	설명
IN	서브 쿼리 결과에 부분적으로 포함되는 조건
ALL	비교 연산 수행 시 서브 쿼리 결과의 모든 값을 만족하는 조건
ANY	비교 연산 수행 시 서브 쿼리 결과의 임의 값을 만족하는 조건
EXISTS	서브 쿼리 결과를 만족하는 값이 있는지 확인하는 조건

■ 다중 행 비교 연산자 예제

① IN 연산자 예제

[EMP] 테이블

EMP_ID	EMP_NAME	DEPT_ID
101	김철수	10
102	홍길동	10
103	장보고	10
104	이순신	10
105	유관순	10
106	박영희	20
107	허준	20
108	정약용	20
109	스티브	20

[DEPT] 테이블

DEPT_ID	DEPT_NAME	MGR_ID
10	개발팀	101
20	운영팀	106

```
SELECT EMP_ID
     , EMP_NAME
     , DEPT_ID
  FROM EMP
 WHERE EMP_ID IN
       (SELECT MGR_ID
          FROM DEPT);
```

- SELECT 절에서 EMP_ID, EMP_NAME, DEPT_ID 컬럼을 조회
- FROM 절에서 EMP 테이블을 검색
- WHERE 절에서 EMP_ID 컬럼에 대한 IN 조건을 Multi Row Subquery로 정의
- 서브 쿼리에서 DEPT 테이블의 MGR_ID 값을 조회
- 결과적으로 부서별 관리자의 정보를 조회

▼ 조회 결과

EMP_ID	EMP_NAME	DEPT_ID
101	김철수	10
106	박영희	20

② ALL 연산자 예제

[EMP] 테이블

EMP_ID	EMP_NAME	SALARY	JOB_TITLE
101	김철수	4500000	팀장
102	홍길동	4000000	과장
103	장보고	3500000	과장
104	이순신	3000000	사원
105	유관순	2500000	사원
106	박영희	5000000	팀장
107	허준	4000000	과장
108	정약용	3500000	과장
109	스티브	3000000	사원

```sql
SELECT EMP_ID
     , EMP_NAME
     , SALARY
     , JOB_TITLE
  FROM EMP A
 WHERE SALARY > ALL
       (SELECT SALARY
          FROM EMP
         WHERE JOB_TITLE = '과장');
```

- SELECT 절에서 EMP_ID, EMP_NAME, SALARY, JOB_TITLE 컬럼을 조회
- FROM 절에서 EMP 테이블을 검색
- WHERE 절에서 SALARY 컬럼에 대한 조건을 ALL 연산자를 활용한 Multi Row Subquery로 정의
- 서브 쿼리에서 JOB_TITLE 컬럼이 과장인 직원의 SALARY 값을 조회
- 결과적으로 직책(JOB_TITLE)이 과장인 직원들보다 많은 급여(SALARY)를 받는 직원들을 조회

▼ 조회 결과

EMP_ID	EMP_NAME	SALARY	JOB_TITLE
101	김철수	4500000	팀장
106	박영희	5000000	팀장

③ ANY 연산자 예제

[EMP] 테이블

EMP_ID	EMP_NAME	SALARY	JOB_TITLE
101	김철수	4500000	팀장
102	홍길동	4000000	과장
103	장보고	3500000	과장
104	이순신	3000000	사원
105	유관순	2500000	사원
106	박영희	5000000	팀장
107	허준	4000000	과장
108	정약용	3500000	과장
109	스티브	3000000	사원

```
SELECT EMP_ID
     , EMP_NAME
     , SALARY
     , JOB_TITLE
  FROM EMP
 WHERE SALARY > ANY
       (SELECT SALARY
          FROM EMP
         WHERE JOB_TITLE = '과장');
```

- SELECT 절에서 EMP_ID, EMP_NAME, SALARY, JOB_TITLE 컬럼을 조회
- FROM 절에서 EMP 테이블을 검색
- WHERE 절에서 SALARY 컬럼에 대한 조건을 ANY 연산자를 활용한 Multi Row Subquery 로 정의
- 서브 쿼리에서 JOB_TITLE 컬럼이 과장인 직원의 SALARY 값을 조회
- 결과적으로 직책(JOB_TITLE)이 과장인 직원들의 급여(SALARY) 중에서 하나라도(ANY) 더 많은 급여를 받는 직원들을 조회

▼ 조회 결과

EMP_ID	EMP_NAME	SALARY	JOB_TITLE
106	박영희	5000000	팀장
101	김철수	4500000	팀장
102	홍길동	4000000	과장
107	허준	4000000	과장

④ EXISTS 연산자 예제

[EMP] 테이블

EMP_ID	EMP_NAME	SALARY
101	김철수	4500000
102	홍길동	4000000
103	장보고	3500000
104	이순신	3000000
105	유관순	2500000
106	박영희	5000000
107	허준	4000000
108	정약용	3500000
109	스티브	3000000

```
SELECT A.EMP_ID
     , A.EMP_NAME
     , A.SALARY
  FROM EMP A
 WHERE EXISTS
       (SELECT 1
          FROM EMP B
         WHERE A.SALARY = B.SALARY
           AND B.EMP_NAME = '홍길동');
```

- SELECT 절에서 EMP_ID, EMP_NAME, SALARY 컬럼을 조회
- FROM 절에서 EMP 테이블을 검색
- WHERE 절에서 EXISTS 연산자를 활용한 Multi Row Subquery로 정의
- 서브 쿼리에서 메인 쿼리와의 관계를 SALARY 컬럼의 등치조건으로 정의
- 결과적으로 홍길동과 동일한 급여(SALARY)를 받는 직원들을 조회

▼ 조회 결과

EMP_ID	EMP_NAME	SALARY
102	홍길동	4000000
107	허준	4000000

> **학습 Point**
> EXISTS 키워드를 사용하는 경우에는 서브 쿼리의 SELECT 절에 어떠한 컬럼을 정의하더라도 결괏값에는 영향을 주지 않습니다.

> **학습 Point**
> EXISTS는 서브 쿼리의 결과가 한 건이라도 존재하면 TRUE를 반환하고 없으면 FALSE를 반환합니다. 반대로, NOT EXISTS는 서브 쿼리의 결과가 한 건이라도 존재하면 FALSE를 반환하고 없으면 TRUE를 반환합니다.

② 다중 컬럼 서브 쿼리(Multi Column Subquery)

다중 컬럼 서브 쿼리는 실행 결과로 다수의 컬럼을 반환하는 서브 쿼리이다.

 개념 박살내기

■ 다중 컬럼 서브 쿼리 예제

[EMP] 테이블

EMP_ID	EMP_NAME	DEPT_ID	MGR_ID
101	김철수	10	NULL
102	홍길동	10	101
103	장보고	10	101
104	이순신	10	103
105	유관순	10	104
106	박영희	20	NULL
107	허준	20	106
108	정약용	20	106
109	스티브	20	107

> **학습 Point**
> SQL Server에서는 다중 컬럼 서브 쿼리를 지원하지 않습니다.

```
SELECT EMP_ID
     , EMP_NAME
     , DEPT_ID
     , MGR_ID
  FROM EMP
 WHERE (DEPT_ID, MGR_ID) IN
       (SELECT DEPT_ID, MGR_ID
          FROM EMP
         WHERE EMP_NAME = '홍길동');
```

- SELECT 절에서 EMP_ID, EMP_NAME, DEPT_ID, MGR_ID 컬럼을 조회
- FROM 절에서 EMP 테이블 검색
- WHERE 절에서 DEPT_ID, MGR_ID 다중 컬럼에 대해 IN 조건으로 정의
- 서브 쿼리에서 EMP_NAME 컬럼이 홍길동인 레코드의 DEPT_ID, MGR_ID 컬럼을 조회
- 결과적으로 장보고와 동일한 부서(DEPT_ID), 관리자(MGR_ID)인 직원을 조회함

▼ 조회 결과

EMP_ID	EMP_NAME	DEPT_ID	MGR_ID
102	홍길동	10	101
103	장보고	10	101

(3) 메인 쿼리 연관성에 따른 서브 쿼리

메인 쿼리 연관성에 따른 서브 쿼리 유형에는 연관 서브 쿼리(Correlated Subquery), 비연관 서브 쿼리(Un-Correlated Subquery)가 있다.

메인 쿼리 연관성에 따른 서브 쿼리 유형

유형	설명
연관 서브 쿼리 (Correlated Subquery)	• 메인 쿼리의 컬럼을 가지고 있는 형태의 서브 쿼리
비연관 서브 쿼리 (Un-Correlated Subquery)	• 메인 쿼리의 컬럼을 가지고 있지 않은 형태의 서브 쿼리 • 메인 쿼리에 값을 제공하기 위한 목적으로 사용

 개념 박살내기

■ 연관 서브 쿼리 예제

[EMP] 테이블

EMP_ID	EMP_NAME	DEPT_ID	SALARY
101	김철수	10	4500000
102	홍길동	10	4000000
103	장보고	10	3500000
104	이순신	10	3000000
105	유관순	10	2500000
106	박영희	20	5000000
107	허준	20	4000000
108	정약용	20	3500000
109	스티브	20	3000000

```sql
SELECT EMP_ID
     , EMP_NAME
     , DEPT_ID
     , SALARY
  FROM EMP A
 WHERE SALARY >
       (SELECT AVG(SALARY)
          FROM EMP B
         WHERE A.DEPT_ID = B.DEPT_ID);
```

- SELECT 절에서 EMP_ID, EMP_NAME, DEPT_ID, SALARY 컬럼을 조회
- FROM 절에서 EMP 테이블을 검색
- WHERE 절에서 SALARY 컬럼에 대한 조건을 연관 서브 쿼리로 정의
- 서브 쿼리에서 메인 쿼리의 DEPT_ID 값과 동일한 레코드의 SALARY 평균값을 계산
- 결과적으로 부서별 평균 급여보다 많이 받는 직원을 조회

▼ 조회 결과

EMP_ID	EMP_NAME	DEPT_ID	SALARY
101	김철수	10	4500000
102	홍길동	10	4000000
106	박영희	20	5000000
107	허준	20	4000000

(4) 스칼라 서브 쿼리(Scalar Subquery)

- 스칼라 서브 쿼리는 1 Row, 1 Column만을 반환하여, 컬럼처럼 사용이 가능한 서브 쿼리이다.
- 스칼라 서브 쿼리는 주로 SELECT 절에서 사용하며, 단일 행 서브 쿼리이기 때문에 결과를 2건 이상 반환하면 에러가 발생한다.

■ 스칼라 서브 쿼리(Scalar Subquery)의 예제

[EMP] 테이블

EMP_ID	EMP_NAME	DEPT_ID	SALARY
101	김철수	10	4500000
102	홍길동	10	4000000
103	장보고	10	3500000
104	이순신	10	3000000
105	유관순	10	2500000
106	박영희	20	5000000
107	허준	20	4000000
108	정약용	20	3500000
109	스티브	20	3000000

```
SELECT A.EMP_NAME
     , A.SALARY
     , (SELECT AVG(SALARY)
         FROM EMP
        WHERE DEPT_ID = A.DEPT_ID
       ) AS AVG_SALARY
  FROM EMP A;
```

- SELECT 절에서 1 Row, 1 Column을 반환하는 스칼라 서브 쿼리를 정의
- 스칼라 서브 쿼리를 메인 쿼리와 조인하기 위해서 메인 쿼리의 EMP 테이블에 A 레이블을 지정
- SELECT 절의 스칼라 서브 쿼리에서 메인 쿼리와의 조인을 통해 소속 부서의 평균 급여를 조회

학습 Point
스칼라 서브 쿼리는 조회되는 메인 쿼리의 레코드 건마다 실행됩니다.

▼ 조회 결과

EMP_NAME	SALARY	AVG_SALARY
김철수	4500000	3500000
홍길동	4000000	3500000
장보고	3500000	3500000
이순신	3000000	3500000
유관순	2500000	3500000
박영희	5000000	3875000
허준	4000000	3875000
정약용	3500000	3875000
스티브	3000000	3875000

(5) 인라인 뷰(Inline View)

- 인라인 뷰는 FROM 절에서 사용하는 서브 쿼리이다.
- 인라인 뷰는 SQL 문이 실행될 때만 임시로 생성되는 동적인 뷰이기 때문에 Dynamic View라고도 한다.

 개념 박살내기

■ 인라인 뷰(Inline View)의 예제

[EMP] 테이블

EMP_ID	EMP_NAME	DEPT_ID	SALARY
101	김철수	10	4500000
102	홍길동	10	4000000
103	장보고	10	3500000
104	이순신	10	3000000
105	유관순	10	2500000
106	박영희	20	5000000
107	허준	20	4000000
108	정약용	20	3500000
109	스티브	20	3000000

[DEPT] 테이블

DEPT_ID	DEPT_NAME
10	개발팀
20	운영팀
30	품질팀

SELECT B.DEPT_NAME, A.AVG_SALARY 　FROM (　　　SELECT DEPT_ID 　　　　, AVG(SALARY) AS AVG_SALARY 　　　　FROM EMP 　　　　GROUP BY DEPT_ID 　　　) A 　　, DEPT B WHERE A.DEPT_ID = B.DEPT_ID;	• 인라인 뷰를 FROM 절에서 정의 • 인라인 뷰에서 EMP 테이블을 검색하여 DEPT_ID 컬럼 별로 평균 급여를 계산 • 인라인 뷰를 DEPT 테이블과 DEPT_ID 컬럼을 기준으로 조인하여 부서별 평균 급여 데이터를 조회

▼ 조회 결과

DEPT_NAME	AVG_SALARY
개발팀	3500000
운영팀	3875000

(6) 뷰(View)

- 뷰는 하나 이상의 테이블에서 사용자에게 데이터를 보여주기 위해 재정의한 가상 테이블(Virtual Table)이다.
- 테이블은 실제 데이터를 가지고 있지만, 뷰는 실제 데이터를 가지지 않는다.

| 뷰의 특징 |

특징	설명
독립성	테이블 구조가 변경되어도 뷰를 재정의하면 되기 때문에, 애플리케이션을 변경할 필요가 없음
편리성	뷰를 사용하면 복잡한 SQL 문을 단순한 형태로 변환 가능
보안성	민감한 정보를 제외하여 뷰를 정의하면 보안이 강화됨

 개념 박살내기

■ 뷰(View)의 생성 및 조회 예제

① 뷰(View)의 생성 예제

CREATE VIEW VW_EMP AS
SELECT B.DEPT_NAME
     , A.EMP_NAME
     , A.SALARY
  FROM EMP A
     , DEPT B
WHERE A.DEPT_ID = B.DEPT_ID;
	• CREATE VIEW 명령어를 이용해서 VW_EMP 뷰를 생성
	• AS 키워드 뒤에 뷰 스크립트를 SELECT 문으로 작성
	• EMP, DEPT 테이블을 조인하여 DEPT_NAME, EMP_NAME, SALARY 컬럼을 조회

② 뷰(View)의 조회 예제

SELECT DEPT_NAME
     , EMP_NAME
     , SALARY
  FROM VW_EMP;
	• 테이블 조회 방식과 동일하게 SELECT 명령어를 사용하여 VW_EMP 뷰를 조회

▼ 조회 결과

DEPT_NAME	EMP_NAME	SALARY
개발팀	김철수	4500000
개발팀	홍길동	4000000
개발팀	장보고	3500000
개발팀	이순신	3000000
개발팀	유관순	2500000
운영팀	박영희	5000000
운영팀	허준	4000000
운영팀	정약용	3500000
운영팀	스티브	3000000

천기누설 | 예상문제

01
다음 중 서브 쿼리에 대한 설명으로 가장 부적절한 것을 고르시오.

① 서브 쿼리는 하나의 SQL 문에 포함된 내부 SQL 문을 의미하며, 메인 쿼리가 서브 쿼리를 포함하는 형태로 구성된다.
② 서브 쿼리는 SELECT 절, FROM 절, WHERE 절, HAVING 절, ORDER BY 절, INSERT 문의 VALUES 절, UPDATE 문의 SET 절에서 사용이 가능하다.
③ 단일 행 서브 쿼리는 단일 행 비교 연산자와 함께 사용되며, =, <, <=, >, >=, < >를 사용할 수 있다.
④ 다중 행 서브 쿼리는 다중 행 비교 연산자와 함께 사용되며, =, <, <=, >, >=, < >를 사용할 수 있다.

해설
다중 행 서브 쿼리는 다중 행 비교 연산자와 함께 사용되며, IN, ALL, ANY, EXISTS를 사용할 수 있다.

02
EMP 테이블에 대해서 [조회 결과]와 같이 출력되도록 하는 SQL을 고르시오.

[EMP] 테이블

EMP_ID	EMP_NAME	SALARY	JOB_TITLE
101	김철수	4500000	팀장
102	홍길동	4000000	과장
103	장보고	3500000	과장
104	이순신	3000000	사원
105	유관순	2500000	사원
106	박영희	5000000	팀장
107	허준	4000000	과장
108	정약용	3500000	과장
109	스티브	3000000	사원

[조회 결과]

EMP_ID	EMP_NAME	SALARY	JOB_TITLE
101	김철수	4500000	팀장
102	홍길동	4000000	과장
106	박영희	5000000	팀장
107	허준	4000000	과장

① SELECT EMP_ID, EMP_NAME, SALARY, JOB_TITLE
　FROM EMP
　WHERE EMP_ID IN
　　(SELECT EMP_ID
　　FROM EMP
　　WHERE JOB_TITLE = '과장');

정답 1.④ 2.③

② SELECT EMP_ID, EMP_NAME, SALARY,
      JOB_TITLE
  FROM EMP A
  WHERE SALARY > ALL
      (SELECT SALARY
        FROM EMP
        WHERE JOB_TITLE = '과장');

③ SELECT EMP_ID, EMP_NAME, SALARY,
      JOB_TITLE
  FROM EMP A
  WHERE SALARY > ANY
      (SELECT SALARY
        FROM EMP
        WHERE JOB_TITLE = '과장');

④ SELECT A.EMP_ID, A.EMP_NAME,
      A.SALARY, JOB_TITLE
  FROM EMP A
  WHERE EXISTS
      (SELECT 1
        FROM EMP B
        WHERE A.SALARY = B.SALARY
          AND JOB_TITLE = '과장');

해설

서브 쿼리를 통한 비교 연산 수행 시에 ANY 연산자는 서브 쿼리 결과의 임의 값을 만족하는 조건을 찾는다. 과장 직급의 급여 최솟값이 3500000이므로, 급여가 3500000보다 큰 사원의 정보가 조회된다.

03

다음 중 에러가 발생할 수 있는 SQL을 고르시오.

① SELECT EMP_ID, EMP_NAME, DEPT_ID,
      MGR_ID
  FROM EMP
  WHERE (DEPT_ID, MGR_ID) IN
      (SELECT DEPT_ID, MGR_ID
        FROM EMP
        WHERE EMP_NAME = '홍길동');

② SELECT EMP_ID, EMP_NAME, DEPT_ID, SALARY
  FROM EMP A
  WHERE SALARY >
      (SELECT AVG(SALARY)
        FROM EMP B
        WHERE A.DEPT_ID = B.DEPT_ID);

③ SELECT A.EMP_NAME
      , A.SALARY
      , (SELECT SALARY
          FROM EMP
          WHERE DEPT_ID = A.DEPT_ID
) AS AVG_SALARY
  FROM EMP A;

④ SELECT B.DEPT_NAME, A.AVG_SALARY
  FROM (
      SELECT DEPT_ID
          , AVG(SALARY) AS AVG_SALARY
        FROM EMP
        GROUP BY DEPT_ID
) A
      , DEPT B
  WHERE A.DEPT_ID = B.DEPT_ID;

정답 3. ③

> 해설

스칼라 서브 쿼리는 단일 행 서브 쿼리이기 때문에 결과를 2건 이상 반환하면 에러가 발생한다. ③번 SQL은 스칼라 서브 쿼리에서 결과를 2건 이상 반환할 수 있기 때문에, 에러가 발생할 확률이 가장 높다.

05

다음 중 뷰(View)에 대한 특징으로 가장 부적절한 것을 고르시오.

① 테이블 구조가 변경되어 뷰를 재정의하면, 뷰를 조회하는 애플리케이션도 변경해야 한다.
② 뷰를 사용하면 복잡한 SQL 문을 단순한 형태로 변환할 수 있다.
③ 민감한 정보를 제외하여 뷰를 정의하면 보안이 강화된다.
④ 테이블은 실제 데이터를 가지고 있지만, 뷰는 실제 데이터를 가지지 않는다.

> 해설

뷰를 재정의하더라도 외부적으로 변경되는 구조가 없기 때문에, 뷰를 조회하는 애플리케이션을 변경할 필요가 없다.

04

다음 중 서브 쿼리에 대한 설명으로 가장 적절한 것을 고르시오.

① 스칼라 서브 쿼리는 1 Row, 1 Column만을 반환하지만, 컬럼처럼 사용할 수는 없다.
② 스칼라 서브 쿼리는 주로 SELECT 절에서 사용하며, 단일 행 서브 쿼리이기 때문에 결과를 1건 이상 반환하면 에러가 발생한다.
③ 인라인 뷰는 SELECT 절, FROM 절, WHERE 절에서 사용이 가능하다.
④ 인라인 뷰는 SQL 문이 실행될 때만 임시로 생성되는 동적인 뷰이기 때문에 Dynamic View라고도 한다.

> 해설

- ①번은 스칼라 서브 쿼리는 1 Row, 1 Column만을 반환하여, 컬럼처럼 사용이 가능한 서브 쿼리이다.
- ②번은 스칼라 서브 쿼리는 주로 SELECT 절에서 사용하며, 단일 행 서브 쿼리이기 때문에 결과를 2건 이상 반환하면 에러가 발생한다.
- ③번은 인라인 뷰는 FROM 절에서 사용하는 서브 쿼리이다.

정답 4.④ 5.①

06

다음 중 쿼리 결과를 만족하는 결과로 가장 알맞은 것을 고르시오.

[EMP] 테이블

DEPT_ID
NULL
10
20
30
40
50
60
70
80
90
100
110

[SQL]

SELECT DISTINCT
    DEPT_ID
FROM EMP A
WHERE A.DEPT_ID <=
    ALL(30, 50);

① 10, 20
② 10, 20, 30
③ 10, 20, 30, 40
④ 10, 20, 30, 40, 50

해설

다중 행 비교 연산자인 ALL은 서브 쿼리 결과에 존재하는 모든 값을 만족하는 조건을 찾는다. 문제의 SQL에서는 DEPT_ID 컬럼의 값이 30 이하이면서 50 이하인 조건을 만족해야 하므로, 결괏값으로 {10, 20, 30}이 조회된다.

07

다음과 같은 테이블에 데이터가 있다. 각 SQL에 대한 결괏값이 잘못된 것을 고르시오.

[A] 테이블

COL1	COL2
1	A
2	
3	B
4	C

[B] 테이블

COL1	COL2
1	A
3	B

① SELECT *
   FROM A
   WHERE COL2 IN (SELECT COL2 FROM B);

COL1	COL2
1	A
3	B

② SELECT *
   FROM A
   WHERE COL2 NOT IN (SELECT COL2 FROM B);

COL1	COL2
2	
4	C

③ SELECT *
   FROM A
   WHERE EXISTS(SELECT 'X' FROM B
            WHERE A.COL2 = B.COL2);

COL1	COL2
1	A
3	B

정답 6.② 7.②

④ SELECT *
　　FROM A
　　WHERE NOT EXISTS (SELECT 'X' FROM B
　　　　　　　　　　　WHERE A.COL2 =
　　　　　　　　　　　　　　B.COL2);

COL1	COL2
2	
4	C

해설

- NULL은 IN 또는 NOT IN 연산자로 비교할 수 없다.
- NOT IN 연산자로 비교하면 항상 FALSE를 반환한다.
- ②번의 결괏값은 다음과 같다.

COL1	COL2
4	C

08

다음 SQL 출력 결과를 작성하시오.

[TAB1] 테이블

COL1	COL2
Z	10
Y	20
X	30

[TAB2] 테이블

COL1	COL2
Y	1
Y	2
Y	3

[SQL]
SELECT COUNT(*)
　FROM TAB1
　WHERE EXISTS (SELECT 1 FROM TAB2
　　　　　　　　WHERE TAB2.COL1 = 'X');

해설

EXISTS 연산자는 서브 쿼리 결과를 만족하는 값이 있는지 확인하는 조건이다. TAB2 테이블에 COL1 컬럼의 값이 'X'인 값이 없기 때문에, 조회 결과는 0이 된다.

09

서브 쿼리에 대한 설명 중 가장 올바르지 않은 것을 고르시오.

① 서브 쿼리는 괄호로 감싸서 사용한다.
② 서브 쿼리는 비교 연산자와 함께 사용 가능하다.
③ 메인 쿼리는 서브 쿼리의 컬럼을 쓸 수 없다.
④ 서브 쿼리는 SELECT 절, FROM 절, WHERE 절 등에서 사용 가능하다.

해설

서브 쿼리, 특히 INLINE VIEW의 컬럼을 메인 쿼리에서도 사용 가능하다.

10

다음 SQL의 출력 결과를 고르시오.

[TAB1] 테이블

COL1	COL2
Z	10
Y	20
X	30

[TAB2] 테이블

COL1	COL2
Y	1
Y	2
Y	3

[SQL]
```
SELECT COUNT(*)
  FROM TAB1 A
 WHERE EXISTS (SELECT 1
                 FROM TAB2 B
                WHERE B.COL1 = COL1);
```

① 0 ② 1
③ 2 ④ 3

해설

서브 쿼리에서 컬럼에 테이블 별칭을 지정하지 않으면, 서브 쿼리 테이블의 컬럼을 먼저 검색하게 된다. 문제의 SQL은 다음과 동일하다.

```
SELECT COUNT(*)
  FROM TAB1 A
 WHERE EXISTS (SELECT 1
                 FROM TAB2 B
                WHERE B.COL1 = B.COL1);
```

11

다음 보기 중 서브 쿼리에 대한 설명으로 옳지 <u>않은</u> 것을 고르시오.

① 메인 쿼리를 작성할 때 서브 쿼리에 있는 컬럼을 자유롭게 사용할 수 있다.
② 서브 쿼리에서는 정렬을 수행하기 위해서 내부에 ORDER BY를 사용하지 못한다.
③ EXIST는 서브 쿼리의 결과 집합에 행이 존재하는지 확인한다.
④ 여러 개의 행을 되돌리는 서브 쿼리는 다중 행 연산자를 사용해야 한다.

해설

서브 쿼리는 메인 쿼리의 컬럼을 자유롭게 사용할 수 있지만, 메인 쿼리는 서브 쿼리의 컬럼을 사용할 수 없다. 조회 결과에 서브 쿼리 컬럼을 표시해야 한다면, 조인 방식으로 변환하거나 스칼라 서브 쿼리를 사용해야 한다.

정답 10. ④ 11. ①

❺ 그룹 함수 ★★★★★

(1) 그룹 함수(Group Function)의 개념

- 그룹 함수는 테이블의 전체 행을 하나 이상의 컬럼을 기준으로 컬럼 값에 따라 그룹화하여 그룹별로 결과를 출력하는 함수이다.
- 소계 및 총계 등을 구하기 위해서 그룹 함수를 사용한다면, 단일 DML만으로도 원하는 작업을 할 수 있다.

| 그룹 함수의 유형

유형	설명
ROLLUP	지정된 컬럼의 소계 및 총계를 계산 GROUP BY ROLLUP (A, B) = GROUP BY A, B UNION ALL GROUP BY A UNION ALL 전체 집합 결과
CUBE	결합 가능한 모든 값에 대해 다차원 집계를 계산 GROUP BY CUBE (A, B) = GROUP BY A, B UNION ALL GROUP BY A UNION ALL GROUP BY B UNION ALL 전체 집합 결과
GROUPING SETS	집계 대상 컬럼에 대한 소계를 계산 GROUP BY GROUPING SETS (A, B) = GROUP BY A UNION ALL GROUP BY B

(2) ROLLUP 함수

- ROLLUP은 지정된 컬럼의 소계 및 총계를 구하기 위해 사용하는 그룹 함수이다.
- 지정 컬럼의 수보다 하나 더 큰 레벨만큼의 중간 집계 값이 생성된다.
- ROLLUP의 지정 컬럼은 계층별로 구성되어 순서가 바뀌면 수행 결과가 바뀌기 때문에 유의해서 사용해야 한다.

ROLLUP 함수 문법

문법	설명
SELECT 컬럼명, 집계 함수 　　FROM 테이블명 　　　　[WHERE …] 　GROUP BY [컬럼명] ROLLUP (그룹화할 컬럼) 　　　　[HAVING …] 　　　　[ORDER BY …];	• 소계 집계 대상이 되는 컬럼을 ROLLUP 키워드 뒤에 기재 • 소계 집계 대상이 아닌 경우 GROUP BY 키워드 뒤에 기재 • SELECT 뒤에 포함되는 컬럼이 GROUP BY 또는 ROLLUP 키워드 뒤에 기재되어야 함

> **학습 Point**
> 3가지 구문은 결과가 동일합니다.
>
> GROUP BY ROLLUP
> 　　(COL1), COL1
>
> GROUP BY (COL1),
> 　　COL1
> UNION ALL
> GROUP BY COL1
>
> GROUP BY COL1
> UNION ALL
> GROUP BY COL1

 개념 박살내기

ROLLUP 함수 예제

[PAY] 테이블

YEAR	GENDER	AGE	PAY_AMOUNT
2020	남자	20대	1210000
2020	남자	30대	1350000
2020	남자	40대이상	1440000
2020	여자	20대	1140000
2020	여자	30대	1200000
2020	여자	40대이상	1390000
2021	남자	20대	1420000
2021	남자	30대	1440000
2021	남자	40대이상	1570000
2021	여자	20대	1270000
2021	여자	30대	1360000
2021	여자	40대이상	1520000

SELECT GENDER 　　, AGE 　　, SUM(PAY_AMOUNT) AS PAY_AMOUNT 　FROM PAY 　GROUP BY ROLLUP (GENDER, AGE);	• SELECT 절에서 GENDER, AGE 컬럼을 기준으로 PAY_AMOUNT 컬럼에 대해 SUM 함수를 집계 • FROM 절에서 PAY 테이블 검색 • GROUP BY 절에서 ROLLUP 그룹 함수의 인자로 GENDER, AGE 컬럼 지정 • (GENDER, AGE)별 소계, (GENDER)별 소계, 전체 집계 표시

▼ 조회 결과

GENDER	AGE	PAY_AMOUNT
남자	20대	2630000
남자	30대	2790000
남자	40대이상	3010000
남자	NULL	8430000
여자	20대	2410000
여자	30대	2560000
여자	40대이상	2910000
여자	NULL	7880000
NULL	NULL	16310000

(3) CUBE 함수

- CUBE 함수는 결합 가능한 모든 값에 대해 다차원 집계를 생성하는 그룹 함수이다.
- CUBE 함수는 내부적으로 대상 컬럼의 순서를 변경하여 또 한 번의 쿼리를 수행한다.
- CUBE 함수는 인자로 주어진 컬럼의 결합 가능한 모든 조합에 대해서 집계를 수행하므로 다른 그룹 함수보다 시스템에 대한 부하가 크다.

CUBE 함수 문법

문법	설명
SELECT 컬럼명, 집계 함수 　FROM 테이블명 　　　[WHERE …] 　GROUP BY [컬럼명] CUBE (그룹화할 컬럼) 　　　[HAVING …] 　　　[ORDER BY …];	• 소계 집계 대상이 되는 컬럼을 CUBE 키워드 뒤에 기재 • 소계 집계 대상이 아닌 경우 GROUP BY 키워드 뒤에 기재 • SELECT 뒤에 포함되는 컬럼이 GROUP BY 또는 CUBE 키워드 뒤에 기재되어야 함

- **CUBE 함수 예제**

[PAY] 테이블

YEAR	GENDER	AGE	PAY_AMOUNT
2020	남자	20대	1210000
2020	남자	30대	1350000
2020	남자	40대이상	1440000
2020	여자	20대	1140000
2020	여자	30대	1200000
2020	여자	40대이상	1390000
2021	남자	20대	1420000
2021	남자	30대	1440000
2021	남자	40대이상	1570000
2021	여자	20대	1270000
2021	여자	30대	1360000
2021	여자	40대이상	1520000

```
SELECT GENDER
     , AGE
     , SUM(PAY_AMOUNT) AS PAY_AMOUNT
  FROM PAY
 GROUP BY CUBE (GENDER, AGE);
```

- SELECT 절에서 GENDER, AGE 컬럼을 기준으로 PAY_AMOUNT 컬럼에 대해 SUM 함수를 집계
- FROM 절에서 PAY 테이블 검색
- GROUP BY 절에서 CUBE 그룹 함수의 인자로 GENDER, AGE 컬럼 지정
- (GENDER, AGE)별 소계, (GENDER)별 소계, (AGE)별 소계, 전체 집계 표시

▼ 조회 결과

GENDER	AGE	PAY_AMOUNT
NULL	NULL	16310000
NULL	20대	5040000
NULL	30대	5350000
NULL	40대이상	5920000
남자	NULL	8430000
남자	20대	2630000
남자	30대	2790000
남자	40대이상	3010000
여자	NULL	7880000
여자	20대	2410000
여자	30대	2560000
여자	40대이상	2910000

(4) GROUPING SETS 함수

- GROUPING SETS는 집계 대상 컬럼에 대한 소계를 구할 수 있는 그룹 함수이다.
- ROLLUP과 달리 컬럼 간 순서와 무관한 결과를 얻을 수 있다.
- GROUPING SETS를 이용해 다양한 소계 집합을 만들 수 있다.

GROUPING SETS 함수 문법

문법	설명
SELECT 컬럼명, 집계 함수 　FROM 테이블 　　　[WHERE …] GROUP BY [컬럼] 　　　GROUPING SETS (그룹화할 컬럼) 　　　[HAVING …] 　　　[ORDER BY …];	• 소계 집계 대상이 되는 컬럼을 GROUPING SETS 키워드 뒤에 기재 • 소계 집계 대상이 아닌 경우 GROUP BY 키워드 뒤에 기재 • SELECT 뒤에 포함되는 컬럼이 GROUP BY 또는 GROUPING SETS 키워드 뒤에 기재되어야 함 • 그룹화할 열에 빈 괄호가 포함되는 경우에는 전체 데이터에 대한 집계를 추가함

> **학습 Point**
> ROLLUP(a, b)의 결과는 GROUPING SETS((a, b), a, NULL)의 결과와 동일합니다. 여기서 NULL은 총계(전체 집합 결과)를 의미합니다.

> **학습 Point**
> 그룹 함수에서 총계를 나타낼 때 일반적으로는 빈 괄호 ( )를 많이 사용하고, NULL이나 작은 따옴표를 열고 닫는 ''를 사용합니다.

◼ 개념 박살내기

■ GROUPING SETS 함수 예제

[PAY] 테이블

YEAR	GENDER	AGE	PAY_AMOUNT
2020	남자	20대	1210000
2020	남자	30대	1350000
2020	남자	40대이상	1440000
2020	여자	20대	1140000
2020	여자	30대	1200000
2020	여자	40대이상	1390000
2021	남자	20대	1420000
2021	남자	30대	1440000
2021	남자	40대이상	1570000
2021	여자	20대	1270000
2021	여자	30대	1360000
2021	여자	40대이상	1520000

```
SELECT GENDER
     , AGE
     , SUM(PAY_AMOUNT) AS PAY_AMOUNT
  FROM PAY
 GROUP BY GROUPING SETS (GENDER,
         (GENDER, AGE));
```

- SELECT 절에서 GENDER, AGE 컬럼을 기준으로 PAY_AMOUNT 컬럼에 대해 SUM 함수를 집계
- FROM 절에서 PAY 테이블 검색
- GROUP BY 절에서 GROUPING SETS 그룹 함수의 인자로 GENDER, (GENDER, AGE) 컬럼 지정
- (GENDER, AGE)별 소계, (GENDER)별 소계 표시

> **학습 Point**
> GROUPING SETS(A, B)는 GROUP BY A와 GROUP BY B를 반환합니다. GROUP BY A, B를 추가적으로 구하려면 GROUPING SETS(A, B, (A, B))로 표현해야 합니다.

▼ 조회 결과

GENDER	AGE	PAY_AMOUNT
남자	20대	2630000
남자	30대	2790000
남자	40대이상	3010000
남자	NULL	8430000
여자	20대	2410000
여자	30대	2560000
여자	40대이상	2910000
여자	NULL	7880000

(5) GROUPING 함수

- GROUPING 함수는 ROLLUP, CUBE, GROUPING SETS의 그룹 함수를 사용하는 경우에 컬럼의 소계 여부를 확인할 수 있는 함수이다.
- GROUPING 함수는 SELECT 절과 HAVING 절에서 사용이 가능하다.

GROUPING 함수의 문법

문법	설명
GROUPING (컬럼명)	• 컬럼이 소계 처리된 결과에는 1을 반환 • 컬럼이 소계 처리되지 않은 결과에는 0을 반환

> **학습 Point**
> GROUPING 함수는 ROLLUP, CUBE, GROUPING SETS의 그룹 함수가 없어도 사용은 가능하지만, 그룹 함수를 사용하지 않으면 소계 처리가 되지 않기 때문에 0을 반환하게 됩니다.

개념 박살내기

■ **GROUPING 함수의 예제**

[PAY] 테이블

YEAR	GENDER	AGE	PAY_AMOUNT
2020	남자	20대	1210000
2020	남자	30대	1350000
2020	남자	40대이상	1440000
2020	여자	20대	1140000
2020	여자	30대	1200000
2020	여자	40대이상	1390000
2021	남자	20대	1420000
2021	남자	30대	1440000
2021	남자	40대이상	1570000
2021	여자	20대	1270000
2021	여자	30대	1360000
2021	여자	40대이상	1520000

```
SELECT GROUPING(GENDER)
     , GROUPING(AGE)
     , CASE WHEN GROUPING(GENDER) = 1
        THEN '전체'
        ELSE GENDER END AS GENDER
     , CASE WHEN GROUPING(AGE) = 1
        THEN '소계'
        ELSE AGE END AS AGE
     , SUM(PAY_AMOUNT) AS PAY_AMOUNT
  FROM PAY
 GROUP BY ROLLUP (GENDER, AGE);
```

- SELECT 절에서 GENDER, AGE 컬럼에 각각 GROUPING 함수를 적용
- GROUPING 함수와 CASE 문을 함께 사용하여 GENDER 컬럼이 그룹화된 경우에는 전체를 표시하고, AGE 컬럼이 그룹화된 경우에는 소계를 표시
- SUM 함수를 이용해서 PAY_AMOUNT 컬럼에 대한 합계를 계산
- FROM 절에서 PAY 테이블 검색
- GROUP BY 절에서 ROLLUP 그룹 함수의 인자로 GENDER, AGE 컬럼 지정

학습 Point

(남자, 소계)로 되어있는 부분의 성별은 남자, 연령대는 전체(20대+30대+40대이상)을 의미합니다. (여자, 소계)로 되어있는 부분의 성별은 여자, 연령대는 전체(20대+30대+40대이상)을 의미합니다. 성별은 그대로, 연령대에 대해서만 전체를 계산하기 때문에, GROUPING(GENDER) = 0 이고, GROUPING(AGE) = 1 입니다.

반면에 (전체, 소계)로 되어있는 총계 부분은 성별도 전체이고, 연령대도 전체이기 때문에 GROUPING(GENDER) = 1 이고, GROUPING(AGE) = 1 입니다.

▼ 조회 결과

GROUPING(GENDER)	GROUPING(AGE)	GENDER	AGE	PAY_AMOUNT
0	0	남자	20대	2630000
0	0	남자	30대	2790000
0	0	남자	40대이상	3010000
0	1	남자	소계	8430000
0	0	여자	20대	2410000
0	0	여자	30대	2560000
0	0	여자	40대이상	2910000
0	1	여자	소계	7880000
1	1	전체	소계	16310000

천기누설 | 예상문제

01

다음 그룹 함수에 대한 설명 중에서 가장 적절하지 <u>않은</u> 것을 고르시오.

① 그룹 함수는 테이블의 전체 행을 하나 이상의 컬럼을 기준으로 컬럼 값에 따라 그룹화하여 그룹별로 결과를 출력하는 함수이다.
② ROLLUP의 지정 컬럼은 계층별로 구성되어 순서가 바뀌면 수행 결과가 바뀌기 때문에 유의해서 사용해야 한다.
③ CUBE 함수는 결합 가능한 모든 값에 대해 다차원 집계를 생성하는 그룹 함수이다.
④ GROUPING SETS 함수도 ROLLUP 함수와 동일하게 컬럼 순서가 바뀌면 수행 결과가 바뀌기 때문에 유의해서 사용해야 한다.

[해설]
GROUPING SETS 함수는 ROLLUP 함수와 달리 컬럼 간 순서와 무관한 결과를 얻을 수 있다.

02

다음 테이블에서 SQL을 실행할 때 결과로 가장 적절한 것을 고르시오.

[PAY] 테이블

YEAR	GENDER	AGE	PAY_AMOUNT
2020	남자	20대	1210000
2020	남자	30대	1350000
2020	남자	40대이상	1440000
2020	여자	20대	1140000
2020	여자	30대	1200000
2020	여자	40대이상	1390000
2021	남자	20대	1420000
2021	남자	30대	1440000
2021	남자	40대이상	1570000
2021	여자	20대	1270000
2021	여자	30대	1360000
2021	여자	40대이상	1520000

[SQL]
SELECT GENDER
     , AGE
     , SUM(PAY_AMOUNT) AS PAY_AMOUNT
  FROM PAY
 GROUP BY ROLLUP (GENDER, AGE);

①

GENDER	AGE	PAY_AMOUNT
남자	NULL	8430000
여자	NULL	7880000
NULL	NULL	16310000

정답 1.④ 2.②

②

GENDER	AGE	PAY_AMOUNT
남자	20대	2630000
남자	30대	2790000
남자	40대이상	3010000
남자	NULL	8430000
여자	20대	2410000
여자	30대	2560000
여자	40대이상	2910000
여자	NULL	7880000
NULL	NULL	16310000

③

GENDER	AGE	PAY_AMOUNT
남자	20대	2630000
남자	30대	2790000
남자	40대이상	3010000
여자	20대	2410000
여자	30대	2560000
여자	40대이상	2910000
NULL	NULL	16310000

④

GENDER	AGE	PAY_AMOUNT
남자	20대	2630000
남자	30대	2790000
남자	40대이상	3010000
남자	NULL	8430000
여자	20대	2410000
여자	30대	2560000
여자	40대이상	2910000
여자	NULL	7880000

03

그룹 함수를 사용하여 다음과 같은 결과를 얻었다. 다음 중 GROUP BY 절의 ㉠에 들어갈 문장으로 가장 적절한 것을 고르시오.

[PAY] 테이블

YEAR	GENDER	AGE	PAY_AMOUNT
2020	남자	20대	1210000
2020	남자	30대	1350000
2020	남자	40대이상	1440000
2020	여자	20대	1140000
2020	여자	30대	1200000
2020	여자	40대이상	1390000
2021	남자	20대	1420000
2021	남자	30대	1440000
2021	남자	40대이상	1570000
2021	여자	20대	1270000
2021	여자	30대	1360000
2021	여자	40대이상	1520000

[SQL]
SELECT YEAR
     , GENDER
     , AGE
     , SUM(PAY_AMOUNT) AS PAY_AMOUNT
  FROM PAY
 GROUP BY (㉠   );

해설

ROLLUP 함수는 지정된 컬럼의 소계 및 총계를 구하기 위해 사용하는 그룹 함수이다. 문제의 SQL에서 사용한 ROLLUP 함수의 결과는 ②번이다.

정답 3. ④

[조회 결과]

YEAR	GENDER	AGE	PAY_AMOUNT
2021	NULL	NULL	8580000
2020	NULL	NULL	7730000
NULL	남자	30대	2790000
NULL	여자	30대	2560000
NULL	남자	40대이상	3010000
NULL	여자	40대이상	2910000
NULL	여자	20대	2410000
NULL	남자	20대	2630000

① CUBE (YEAR, GENDER, AGE)
② GROUPING SETS (YEAR, GENDER, AGE)
③ CUBE (YEAR, (GENDER, AGE))
④ GROUPING SETS (YEAR, (GENDER, AGE))

해설

조회 결과는 (YEAR)별 소계, (GENDER, AGE)별 소계에 대해서 표시되었다. 따라서 GROUPING SETS (YEAR, (GENDER, AGE))를 작성해야 원하는 결과를 출력할 수 있다.

04

다음 중 GROUPING 함수에 대한 설명으로 가장 적절하지 않은 것을 고르시오.

① GROUPING 함수는 ROLLUP, CUBE, GROUPING SETS의 그룹 함수가 없어도 사용이 가능하다.
② GROUPING 함수는 SELECT 절과 ORDER BY 절에서 사용 가능하다.
③ 컬럼이 소계 처리된 결과에는 1을 반환하고, 소계 처리되지 않은 결과에는 0을 반환한다.
④ GROUPING 함수는 실무적으로 CASE 문과 함께 자주 쓰인다.

해설

GROUPING 함수는 SELECT 절과 HAVING 절에서 사용 가능하다. ORDER BY 절에서는 GROUPING 함수를 사용할 수 없다.

정답 4. ②

05

다음 쿼리 중 결괏값이 다른 하나는 무엇인지 고르시오.

① SELECT DNAME, JOB, COUNT(*) "Total Empl", SUM(SAL) "Total Sal"
  FROM EMP A, DEPT B
  WHERE A.DEPTNO = B.DEPTNO
  GROUP BY ROLLUP(DNAME, JOB)
  ORDER BY DNAME, JOB;

② SELECT DNAME, JOB, COUNT(*) "Total Empl", SUM(SAL) "Total Sal"
  FROM EMP A, DEPT B
  WHERE A.DEPTNO = B.DEPTNO
  GROUP BY GROUPING SETS((DNAME, JOB), DNAME, NULL)
  ORDER BY DNAME, JOB;

③ SELECT DNAME, JOB, COUNT(*) "Total Empl", SUM(SAL) "Total Sal"
  FROM EMP A, DEPT B
  WHERE A.DEPTNO = B.DEPTNO
  GROUP BY DNAME, JOB
  UNION ALL
  SELECT DNAME, '' AS JOB, COUNT(*) "Total Empl", SUM(SAL) "Total Sal"
  FROM EMP A, DEPT B
  WHERE A.DEPTNO = B.DEPTNO
  GROUP BY DNAME
  UNION ALL
  SELECT '' AS DNAME, '' AS JOB, COUNT(*) "Total Empl", SUM(SAL) "Total Sal"
  FROM EMP A, DEPT B
  WHERE A.DEPTNO = B.DEPTNO
  ORDER BY 1, 2;

④ SELECT DNAME, JOB, COUNT(*) "Total Empl", SUM(SAL) "Total Sal"
  FROM EMP A, DEPT B
  WHERE A.DEPTNO = B.DEPTNO
  GROUP BY CUBE(DNAME, JOB)
  ORDER BY DNAME, JOB;

해설

- ①번에 GROUP BY ROLLUP(DNAME, JOB)에서 ROLLUP 함수를 풀면 다음과 같다.

  ```
  GROUP BY DNAME, JOB
  UNION ALL
  GROUP BY DNAME
  UNION ALL
  모든 집합 그룹 결과
  ```

- ②번에 GROUPING SETS((DNAME, JOB), DNAME, NULL)은 (DNAME, JOB)에 의해 GROUP BY DNAME, JOB이 되고, NAME에 의해 GROUP BY DNAME이 된다.
- 그리고 NULL은 모든 집합 그룹 결과를 출력한다.
- GROUP BY NULL = 모든 집합 그룹 결과라고 생각할 수 있다.

  ```
  GROUP BY DNAME, JOB
  UNION ALL
  GROUP BY DNAME
  UNION ALL
  모든 집합 그룹 결과
  ```

- ③ GROUP BY 절과 UNION을 함께 사용하고 마지막 SQL문에서 GROUP BY 절 없이 집계함수인 COUNT, SUM을 사용하였기 때문에 모든 집합 그룹 결과로 조회된다.

  ```
  GROUP BY DNAME, JOB
  UNION ALL
  GROUP BY DNAME
  UNION ALL
  모든 집합 그룹 결과
  ```

- ④ CUBE(DNAME, JOB)가 사용되었고, CUBE 함수는 순서에 상관없이 모든 조합으로 그룹화하는 함수이다.
- 다음의 결과처럼 다른 보기와는 다르게 GROUP BY JOB을 추가로 조회하는 것을 알 수 있다.

  ```
  GROUP BY DNAME, JOB
  UNION ALL
  GROUP BY DNAME
  UNION ALL
  GROUP BY JOB
  UNION ALL
  모든 집합 그룹 결과
  ```

정답 5. ④

06

다음 SQL의 출력되는 ROWS의 개수를 구하시오.

[EMP] 테이블

DEPTNO	JOB	SAL
10	CLERK	1300
10	MANAGER	2450
10	PRESIDENT	5000
20	ANALYST	3000
20	ANALYST	3000
20	CLERK	800
20	CLERK	1100
20	MANAGER	2975
30	CLERK	950
30	MANAGER	2850
30	SALESMAN	1600
30	SALESMAN	1250
30	SALESMAN	1250
30	SALESMAN	1500

[DEPT] 테이블

DEPTNO	DNAME
10	ACCOUNTING
20	RESEARCH
30	SALES
40	OPERATIONS

[SQL]
SELECT B.DNAME, A.JOB, COUNT(*), SUM(SAL)
  FROM EMP A, DEPT B
 WHERE A.DEPTNO = B.DEPTNO
 GROUP BY CUBE(DNAME, JOB);

① 15건　　② 16건
③ 17건　　④ 18건

[해설]

SQL을 수행한 조회 결과는 다음과 같다.

B.DNAME	A.JOB	COUNT(*)	SUM(SAL)
		14	29025
	ANALYST	2	6000
	CLERK	4	4150
	MANAGER	3	8275
	PRESIDENT	1	5000
	SALESMAN	4	5600
ACCOUNTING			
ACCOUNTING	CLERK	1	1300
ACCOUNTING	MANAGER	1	2450
ACCOUNTING	PRESIDENT	1	5000
RESEARCH		5	10875
RESEARCH	ANALYST	2	6000
RESEARCH	CLERK	2	1900
RESEARCH	MANAGER	1	2975
SALES		6	9400
SALES	CLERK	1	950
SALES	MANAGER	1	2850
SALES	SALESMAN	4	5600

정답 6. ④

07

다음과 같이 [TABLE_A] 테이블이 있을 때 SQL 수행 결과가 [조회 결과]와 같이 나올 수 있도록 밑줄친 곳에 들어갈 쿼리를 작성하시오.

[TABLE_A] 테이블

COL1	COL2	COL3
한국	A01	1000
한국	A01	2000
한국	A02	5000
한국	A02	3000
미국	B01	10000
미국	B01	20000
미국	B02	50000
중국	C01	10000
중국	C01	20000
중국	C02	5000

[조회 결과]

COL1	COL2	COUNT(*)	SUM(COL3)
미국	B01	2	30000
미국	B02	1	50000
미국		3	80000
중국	C01	2	30000
중국	C02	1	5000
중국		3	35000
한국	A01	2	3000
한국	A02	2	8000
한국		4	11000
		10	126000

[SQL]
SELECT COL1, COL2, COUNT(*), SUM(COL3)
　FROM TABLE_A
　GROUP BY _____
　ORDER BY 1, 2;

해설

ROLLUP은 지정된 컬럼의 소계 및 총계를 구하기 위해 사용하는 그룹 함수이다. 문제의 실행 결과에서는 (COL1, COL2)에 대한 소계와 (COL1)에 대한 소계, 그리고 총계에 대한 집계가 계산되었기 때문에 ROLLUP 함수를 사용해야 한다.

정답 7. ROLLUP (COL1, COL2)

08

ROLLUP 함수를 사용하여 다음과 같은 결과를 얻었다. 다음 SQL에서 ㉠에 들어갈 표현식을 고르시오.

[TAB1] 테이블

COL1	COL2	COL3
경기	202201	1
경기	202202	1
서울	202201	1
서울	202202	1
인천	202201	1
인천	202202	1

[조회 결과]

COL1	COL2	COL3
경기	202201	1
서울	202201	1
인천	202201	1
	202201	3
경기	202202	1
서울	202202	1
인천	202202	1
	202202	3
		6

[SQL]
SELECT COL1
      , COL2
      , CSUM(COL3) AS COL3
  FROM TAB1
 GROUP BY ROLLUP (㉠   );

① COL1, COL2 ② COL2, COL1
③ COL1   ④ COL2

해설

③, ④는 에러가 발생하고, ①의 결과는 다음과 같다.

COL1	COL2	COL3
경기	202201	1
경기	202202	1
경기		2
서울	202201	1
서울	202202	1
서울		2
인천	202201	1
인천	202202	1
인천		2
		6

정답 8. ②

09

그룹 함수를 사용하여 다음과 같은 조회 결과를 얻었다. 다음 SQL의 밑줄친 곳에 들어갈 표현식을 고르시오.

[TAB1] 테이블

COL1	COL2	COL3
경기	202201	1
경기	202202	1
서울	202201	1
서울	202202	1
인천	202201	1
인천	202202	1

[조회 결과]

COL1	COL2	COL3
		6
	202201	3
	202202	3
경기		2
경기	202201	1
경기	202202	1
서울		2
서울	202201	1
서울	202202	1
인천		2
인천	202201	1
인천	202202	1

[SQL]
```
SELECT  COL1
      , COL2
      , SUM(COL3) AS COL3
  FROM TAB1
 GROUP BY _____ ;
```

① CUBE(COL1, COL2)
② CUBE(COL1)
③ ROLLUP(COL1, COL2)
④ ROLLUP(COL1)

해설

CUBE 함수는 인자로 지정한 컬럼의 모든 조합을 집계한다. 조회 결과가 총계와 COL2 소계, COL1 소계, (COL1, COL2) 소계로 집계되었기 때문에, 정답은 ①이 된다.

10

GROUPING SETS 함수를 사용하여 다음과 같은 결과를 얻었다. 다음 SQL에서 ㉠에 들어갈 표현식을 고르시오.

[TAB1] 테이블

COL1	COL2	COL3
경기	202201	1
경기	202202	1
서울	202201	1
서울	202202	1
인천	202201	1
인천	202202	1

정답 9. ① 10. ③

[조회 결과]

COL1	COL2	COL3
경기	202201	1
경기	202202	1
경기		2
서울	202201	1
서울	202202	1
서울		2
인천	202201	1
인천	202202	1
인천		2
경기	202201	1
경기	202202	1
경기		2

[SQL]
SELECT COL1
     , COL2
     , SUM(COL3) AS COL3
  FROM TAB1
 GROUP BY GROUPING SETS (㉠);

① (COL1, COL2)
② (COL1, COL2), ()
③ (COL1, COL2), COL1
④ (COL1, COL2), COL2

해설

GROUPING SETS 함수는 인자로 지정된 각 표현식에 대해 집계를 수행한다. 조회 결과가 (COL1, COL2) 소계와 COL1 소계로 집계되었기 때문에, 정답은 ③이 된다.

11

다음 설명 중에서 가장 적절한 것은 무엇인가?

① CUBE 함수는 결합 가능한 모든 조합에 대해서 집계를 수행하므로, 시스템에 부하를 발생시키지 않는다.
② CUBE, ROLLUP, GROUPING SETS 함수를 사용하면 조회 결과가 자동으로 정렬되기 때문에, ORDER BY 절을 명시적으로 사용하지 않아도 된다.
③ GROUPING SETS 함수에서 인자로 사용되는 컬럼은 순서가 바뀌면 수행 결과도 달라질 수 있다.
④ ROLLUP 함수에서 인자로 사용되는 컬럼은 순서가 바뀌게 되면 수행 결과가 바뀌기 때문에 유의해서 사용해야 한다.

해설

① CUBE 함수는 ROLLUP 함수보다 시스템에 많은 부담을 주므로 사용에 주의해야 한다.
② 그룹 함수 결과에 대해 정렬이 필요한 경우에는 ORDER BY 절을 명시적으로 표시해야 한다.
③ GROUPING SETS 함수는 컬럼 순서와 무관한 결과를 얻을 수 있다.

정답 11. ④

12

ROLLUP 함수를 사용하여 다음과 같은 결과를 얻었다. 다음 SQL에서 ㉠에 들어갈 표현식을 고르시오.

[TAB1] 테이블

COL1	COL2	COL3
경기	202201	1
경기	202202	1
서울	202201	1
서울	202202	1
인천	202201	1
인천	202202	1

[조회 결과]

COL1	COL2	COL3
경기	202201	1
경기	202202	1
서울	202201	1
서울	202202	1
인천	202201	1
인천	202202	1
		6

[SQL]
SELECT COL1
      , COL2
      , SUM(COL3) AS COL3
  FROM TAB1
 GROUP BY ROLLUP (㉠   );

① COL1
② COL2
③ COL1, COL2
④ (COL1, COL2)

해설

ROLLUP 함수의 인자로써 괄호가 사용되면, 괄호 안의 표현식이 하나의 단위가 되어 처리된다. 따라서 GROUP BY ROLLUP((COL1, COL2))는 (COL1, COL2) 소계와 총계로 집계된다.

13

그룹 함수를 사용하여 다음과 같은 결과를 구하려고 한다. 다음 SQL에서 밑줄친 곳에 들어갈 키워드를 작성하시오.

[TAB1] 테이블

COL1	COL2	COL3
경기	202201	1
경기	202202	1
서울	202201	1
서울	202202	1
인천	202201	1
인천	202202	1

[조회 결과]

COL1	COL2	COL3
서울		2
인천		2
경기		2
	202202	3
	202201	3

[SQL]
SELECT COL1
      , COL2
      , SUM(COL3) AS COL3
  FROM TAB1
 GROUP BY _____ (COL1, COL2);

해설

조회 결과가 총계와 COL1 소계와 COL2 소계로 집계되었기 때문에, 정답은 GROUPING SETS 이다.

정답 12. ④ 13. GROUPING SETS

14

다음 쿼리 중 결괏값이 다른 하나는 무엇인지 고르시오.

① SELECT COL1
            , COL2
            , SUM(COL3) AS COL3
     FROM TAB1
     GROUP BY COL1, ROLLUP (COL2);

② SELECT COL1
            , COL2
            , SUM(COL3) AS COL3
     FROM TAB1
     GROUP BY COL1, CUBE (COL2);

③ SELECT COL1
            , COL2
            , SUM(COL3) AS COL3
     FROM TAB1
     GROUP BY COL1, GROUPING SETS (COL2);

④ SELECT COL1
            , COL2
            , SUM(COL3) AS COL3
     FROM TAB1
     GROUP BY COL1, GROUPING SETS (COL2, NULL);

해설

①, ②, ④는 조회 결과로써 (COL1, COL2) 소계와 COL1 소계를 집계한다. 반면에 ③은 (COL1, COL2) 소계만을 집계한다.

정답 14. ❸

❻ 윈도우 함수 ★★★★★

(1) 윈도우 함수

① 윈도우 함수(Window Function)의 개념
- 윈도우 함수는 데이터베이스에서 컬럼과 컬럼 간의 연산이 아닌, 행과 행간의 비교 또는 연산을 처리하기 위한 함수이다.
- 데이터베이스를 사용한 온라인 분석 처리 용도로 사용하기 위해서 SQL에 추가된 기능으로 OLAP 함수라고도 한다.
- 윈도우 함수는 메인 쿼리뿐만 아니라 서브 쿼리에서도 사용할 수 있지만, 함수 자체에서 중첩으로 사용할 수는 없다.
- 윈도우 함수 처리로 인해 결과 건수가 달라지지는 않는다.

② 윈도우 함수의 문법

윈도우 함수의 문법

문법	설명	
SELECT 윈도우함수(인수) OVER ([PARTITION BY 컬럼명] [ORDER BY 컬럼명] [WINDOWING 절]) FROM 테이블명;	윈도우 함수를 이용해서 파티션 내의 행간 연산을 수행	
	윈도우함수	• 순위 함수, 집계 함수, 순서 함수, 비율 함수
	OVER	• 윈도우 함수에는 OVER 키워드가 필수
	PARTITION BY	• 전체를 여러 개의 그룹으로 구분하기 위한 기준을 정의 • GROUP BY 구문과 의미상으로 유사
	ORDER BY	• 그룹 내에서 순서를 정의
	WINDOWING 절	• 그룹 내에서 윈도우 함수를 적용할 행의 범위를 정의

WINDOWING 절의 문법

문법	설명	
ROWS | RANGE BETWEEN start_point AND end_point	• WINDOWING 절에서 윈도우 함수를 적용할 행의 범위를 정의 • ROWS, RANGE 키워드를 사용하여 값의 물리적, 논리적 기준을 구분	
	ROWS	물리적인 범위(ROW 기준)
	RANGE	논리적인 범위(VALUE 기준)

OLAP (On-Line Analytical Processing)
의사결정 지원 시스템으로, 사용자가 동일한 데이터를 여러 기준을 이용하는 다양한 방식으로 바라보면서 다차원 데이터 분석을 할 수 있도록 도와주는 기술이다.

학습 Point
윈도우 함수에서 OVER 뒤에 인수가 없을 경우 전체 결과 집합에 대해 윈도우 함수 적용됩니다.

문법	설명		
ROWS | RANGE BETWEEN start_point AND end_point	• start_point에는 UNBOUNDED PRECEDING, CURRENT ROW, 값 PRECEDING, 값 FOLLOWING 사용 가능		
		UNBOUNDED PRECEDING	최초의 레코드
		CURRENT ROW	현재의 레코드
		값 PRECEDING	값만큼 이전의 레코드
		값 FOLLOWING	값만큼 이후의 레코드
	• end_point에는 UNBOUNDED FOLLOWING, CURRENT ROW, 값 PRECEDING/FOLLOWING 사용 가능		
		UNBOUNDED FOLLOWING	마지막 레코드
		CURRENT ROW	현재의 레코드
		값 PRECEDING	값만큼 이전의 레코드
		값 FOLLOWING	값만큼 이후의 레코드
	• Default 값은 RANGE BETWEEN UNBOUNDED PRECEDING AND CURRENT ROW		

③ 윈도우 함수의 유형

윈도우 함수의 유형에는 순위 함수, 집계 함수, 순서 함수, 비율 함수가 있다.

| 윈도우 함수의 유형

유형	설명	함수
순위 함수	레코드의 순위를 계산하는 함수	RANK, DENSE_RANK, ROW_NUMBER
집계 함수	여러 행 또는 테이블 전체 행으로부터 하나의 결괏값을 반환하는 함수	SUM, MAX, MIN, AVG, COUNT
순서 함수	레코드에서 가장 먼저 나오거나 가장 뒤에 나오는 값, 이전/이후의 값들을 출력하는 함수	FIRST_VALUE, LAST_VALUE, LAG, LEAD
비율 함수	백분율을 보여주거나 행의 순서별 백분율 등 비율과 관련된 통계를 보여주는 함수	CUME_DIST, PERCENT_RANK, NTILE, RATIO_TO_REPORT

(2) 순위 함수

순위 함수는 전체 또는 그룹 내에서 순위를 계산하는 함수이며, 순위를 계산하기 위해서 **ORDER BY** 절을 필수로 사용한다.

| 순위 함수의 유형

유형	설명
RANK	동일한 값이 발생한 경우에는 동일한 순위를 부여하고, 각각을 별개의 건수로 취급하여 다음 순위를 계산
DENSE_RANK	동일한 값이 발생한 경우에는 동일한 순위를 부여하고, 동일한 값을 하나의 건수로 취급해서 다음 순위를 계산
ROW_NUMBER	동일한 값이 발생하더라도 동일하지 않은 순위 부여

 개념 박살내기

■ 순위 함수의 예제

[EMP] 테이블

DEPT_NAME	EMP_NAME	SALARY
개발팀	김철수	4500000
개발팀	홍길동	4000000
개발팀	장보고	4000000
개발팀	이순신	3000000
개발팀	유관순	2500000
운영팀	박영희	5000000
운영팀	허준	4000000
운영팀	정약용	3500000
운영팀	스티브	3000000

```
SELECT DEPT_NAME
     , EMP_NAME
     , SALARY
     , RANK( ) OVER(
       PARTITION BY DEPT_NAME
       ORDER BY SALARY DESC) AS
       "RANK"
     , DENSE_RANK( ) OVER(
       PARTITION BY DEPT_NAME
       ORDER BY SALARY DESC) AS
       "DENSE_RANK"
     , ROW_NUMBER( ) OVER (
       PARTITION BY DEPT_NAME
       ORDER BY SALARY DESC) AS
       "ROW_NUMBER"
  FROM EMP;
```

- SELECT 절에서 DEPT_NAME, EMP_NAME, SALARY 컬럼을 지정하고, 순위 함수인 RANK, DENSE_RANK, ROW_NUMBER 함수를 사용
- DEPT_NAME 파티션에서 SALARY 컬럼의 내림차순으로 순위 계산

RANK	• 동일 값은 동일 순위 부여 • 각각 별개의 건수 취급
DENSE_RANK	• 동일 값은 동일 순위 부여 • 동일 값 하나의 건수 취급
ROW_NUMBER	• 동일 값은 동일하지 않은 순위 부여

- FROM 절에서 EMP 테이블 검색

▼ 조회 결과

DEPT_NAME	EMP_NAME	SALARY	RANK	DENSE_RANK	ROW_NUMBER
개발팀	김철수	4500000	1	1	1
개발팀	홍길동	4000000	2	2	2
개발팀	장보고	4000000	2	2	3
개발팀	이순신	3000000	4	3	4
개발팀	유관순	2500000	5	4	5
운영팀	박영희	5000000	1	1	1
운영팀	허준	4000000	2	2	2
운영팀	정약용	3500000	3	3	3
운영팀	스티브	3000000	4	4	4

(3) 집계 함수

윈도우 함수의 집계 함수는 파티션 별 윈도우의 합, 최댓값, 최솟값, 평균값, 건수를 계산하는 함수이다.

집계 함수의 유형

유형	설명
SUM	파티션 별 윈도우의 합을 계산
MAX	파티션 별 윈도우의 최댓값을 계산
MIN	파티션 별 윈도우의 최솟값을 계산
AVG	파티션 별 윈도우의 평균값을 계산
COUNT	파티션 별 윈도우의 건수를 계산

> **학습 Point**
> COUNT는 모든 값이 NULL이면 0을 출력하고, SUM은 모든 값이 NULL이면 NULL을 출력합니다. 꼭 기억해두세요.

개념 박살내기

■ 집계 함수의 예제

[EMP] 테이블

DEPT_NAME	EMP_NAME	SALARY
개발팀	김철수	4500000
개발팀	홍길동	4000000
개발팀	장보고	4000000
개발팀	이순신	3000000
개발팀	유관순	2500000
운영팀	박영희	5000000
운영팀	허준	4000000
운영팀	정약용	3500000
운영팀	스티브	3000000

```sql
SELECT DEPT_NAME
     , EMP_NAME
     , SALARY
     , SUM(SALARY) OVER (
       PARTITION BY DEPT_NAME) AS "SUM"
     , MAX(SALARY) OVER (
       PARTITION BY DEPT_NAME) AS "MAX"
     , MIN(SALARY) OVER (
       PARTITION BY DEPT_NAME) AS "MIN"
     , ROUND(AVG(SALARY) OVER (
       PARTITION BY DEPT_NAME)) AS "AVG"
     , COUNT(SALARY) OVER (
       PARTITION BY DEPT_NAME) AS "COUNT"
  FROM EMP;
```

- SELECT 절에서 DEPT_NAME, EMP_NAME, SALARY 컬럼을 지정하고, 집계 함수인 SUM, MAX, MIN, AVG, COUNT 함수를 사용

SUM	• DEPT_NAME 파티션에 대해 SALARY 값의 합계를 계산
MAX	• DEPT_NAME 파티션에 대해 SALARY 최댓값을 계산
MIN	• DEPT_NAME 파티션에 대해 SALARY 최솟값을 계산
AVG	• DEPT_NAME 파티션에 대해 SALARY 평균값을 계산 • ROUND 함수를 이용해서 반올림
COUNT	• DEPT_NAME 파티션에 대해 SALARY 값의 개수를 계산

- FROM 절에서 EMP 테이블 검색

▼ 조회 결과

DEPT_NAME	EMP_NAME	SALARY	SUM	MAX	MIN	AVG	COUNT
개발팀	김철수	4500000	18000000	4500000	2500000	3600000	5
개발팀	홍길동	4000000	18000000	4500000	2500000	3600000	5
개발팀	장보고	4000000	18000000	4500000	2500000	3600000	5
개발팀	이순신	3000000	18000000	4500000	2500000	3600000	5
개발팀	유관순	2500000	18000000	4500000	2500000	3600000	5
운영팀	박영희	5000000	15500000	5000000	3000000	3875000	4
운영팀	허준	4000000	15500000	5000000	3000000	3875000	4
운영팀	정약용	3500000	15500000	5000000	3000000	3875000	4
운영팀	스티브	3000000	15500000	5000000	3000000	3875000	4

(4) 순서 함수

윈도우 함수의 순서 함수는 파티션 별 윈도우에서 첫 번째 값, 마지막 값, 이전 행의 값, 이후 행의 값을 반환하는 함수이다.

순서 함수의 유형

유형	설명
FIRST_VALUE	파티션 별 윈도우의 첫 번째 값을 반환
LAST_VALUE	파티션 별 윈도우의 마지막 값을 반환
LAG	파티션 별 윈도우에서 이전 행의 값을 반환
LEAD	파티션 별 윈도우에서 이후 행의 값을 반환

개념 박살내기

■ 순서 함수의 예제

[EMP] 테이블

DEPT_NAME	EMP_NAME	SALARY
개발팀	김철수	4500000
개발팀	홍길동	4000000
개발팀	장보고	4000000
개발팀	이순신	3000000
개발팀	유관순	2500000
운영팀	박영희	5000000
운영팀	허준	4000000
운영팀	정약용	3500000
운영팀	스티브	3000000

```
SELECT DEPT_NAME
     , EMP_NAME
     , SALARY
     , FIRST_VALUE(EMP_NAME) OVER (
       PARTITION BY DEPT_NAME
       ORDER BY SALARY DESC)
       AS "FIRST_VALUE"
     , LAST_VALUE(EMP_NAME) OVER (
       PARTITION BY DEPT_NAME
       ORDER BY SALARY DESC
       ROWS BETWEEN UNBOUNDED
       PRECEDING AND
       UNBOUNDED FOLLOWING)
       AS "LAST_VALUE"
     , LAG(EMP_NAME) OVER (
       PARTITION BY DEPT_NAME
       ORDER BY SALARY DESC) AS "LAG"
     , LEAD(EMP_NAME) OVER (
       PARTITION BY DEPT_NAME
       ORDER BY SALARY DESC) AS "LEAD"
FROM EMP;
```

- SELECT 절에서 DEPT_NAME, EMP_NAME, SALARY 컬럼을 지정하고, 순서 함수인 FIRST_VALUE, LAST_VALUE, LAG, LEAD 함수를 사용

FIRST_VALUE	• DEPT_NAME 파티션에서 첫 번째 로우를 추출
LAST_VALUE	• DEPT_NAME 파티션에서 마지막 로우를 추출 • WINDOWING 절을 이용해서 파티션의 범위를 정의
LAG	• DEPT_NAME 파티션에서 이전의 로우를 추출
LEAD	• DEPT_NAME 파티션에서 이후의 로우를 추출

- FROM 절에서 EMP 테이블 검색

▼ 조회 결과

DEPT_NAME	EMP_NAME	SALARY	FIRST_VALUE	LAST_VALUE	LAG	LEAD
개발팀	김철수	4500000	김철수	유관순	NULL	장보고
개발팀	장보고	4000000	김철수	유관순	김철수	홍길동
개발팀	홍길동	4000000	김철수	유관순	장보고	이순신
개발팀	이순신	3000000	김철수	유관순	홍길동	유관순
개발팀	유관순	2500000	김철수	유관순	이순신	NULL
운영팀	박영희	5000000	박영희	스티브	NULL	허준
운영팀	허준	4000000	박영희	스티브	박영희	정약용
운영팀	정약용	3500000	박영희	스티브	허준	스티브
운영팀	스티브	3000000	박영희	스티브	정약용	NULL

(5) 비율 함수

윈도우 함수의 비율 함수는 파티션 내 백분율을 계산하거나 비율에 따라 n 등분하는 함수이다.

| 비율 함수의 유형

유형	설명
RATIO_TO_REPORT	• 파티션 내 SUM 값에 대한 백분율을 계산
PERCENT_RANK	• 파티션 내 순서별 백분율을 계산하며, 0부터 시작
CUME_DIST	• 파티션 내 순서별 백분율을 계산하며, 0보다 큰 값부터 시작
NTILE	• 인수 값으로 균등하게 n 등분하고, 남은 행은 앞에서부터 순차적으로 할당하여 계산 • NTILE(3)에서 7개 행을 2, 2, 2로 균등하게 3등분하고, 남은 행을 앞에서부터 순차적 할당하므로 3, 2, 2개씩 분할

> **학습 Point**
>
> PERCENT_RANK는 가장 작은 값이 0이고, 가장 큰 값이 1로 고정되어 있기 때문에 N개의 데이터면 (N-1) 등분이 되고, CUME_DIST는 가장 큰 값만 1로 고정되어 있기 때문에 N개의 데이터면 N 등분이 됩니다.

 개념 박살내기

■ 비율 함수의 예제

[EMP] 테이블

DEPT_NAME	EMP_NAME	SALARY
개발팀	김철수	4500000
개발팀	홍길동	4000000
개발팀	장보고	4000000
개발팀	이순신	3000000
개발팀	유관순	2500000
운영팀	박영희	5000000
운영팀	허준	4000000
운영팀	정약용	3500000
운영팀	스티브	3000000

```
SELECT DEPT_NAME
     , EMP_NAME
     , SALARY
     , ROUND(RATIO_TO_REPORT
       (SALARY) OVER(
       PARTITION BY DEPT_NAME), 2)
       AS RATIO_TO_REPORT
     , ROUND(PERCENT_RANK() OVER(
       PARTITION BY DEPT_NAME
       ORDER BY SALARY DESC), 2)
       AS PERCENT_RANK
     , ROUND(CUME_DIST() OVER(
       PARTITION BY DEPT_NAME
       ORDER BY SALARY DESC), 2)
       AS CUME_DIST
     , NTILE(4) OVER(
       ORDER BY SALARY DESC) AS NTILE
FROM EMP;
```

- SELECT 절에서 DEPT_NAME, EMP_NAME, SALARY 컬럼을 지정하고, 비율 함수인 RATIO_TO_REPORT, PERCENT_RANK, CUME_DIST, NTILE 함수를 사용

RATIO_TO_REPORT	• DEPT_NAME 파티션에서 SALARY 값에 대한 백분율을 계산
PERCENT_RANK	• DEPT_NAME 파티션에서 SALARY 값에 대한 순서별 백분율을 계산 • 첫 번째 값은 0부터 시작
CUME_DIST	• SALARY 값에 대한 순서별 백분율을 계산 • 첫 번째 값은 0보다 큰 값부터 시작
NTILE	• SALARY 값을 기준으로 4등분 수행 • 인수를 4로 정의

- FROM 절에서 EMP 테이블 검색

▼ 조회 결과

DEPT_NAME	EMP_NAME	SALARY	RATIO_TO_REPORT	PERCENT_RANK	CUME_DIST	NTILE
개발팀	김철수	4500000	0.25	0	0.2	1
개발팀	홍길동	4000000	0.22	0.25	0.6	1
개발팀	장보고	4000000	0.22	0.25	0.6	2
개발팀	이순신	3000000	0.17	0.75	0.8	3
개발팀	유관순	2500000	0.14	1	1	4
운영팀	박영희	5000000	0.32	0	0.25	1
운영팀	허준	4000000	0.26	0.33	0.5	2
운영팀	정약용	3500000	0.23	0.67	0.75	3
운영팀	스티브	3000000	0.19	1	1	4

천기누설 | 예상문제

01

다음 중 윈도우 함수에 대한 설명으로 가장 적절하지 않은 것을 고르시오.

① 윈도우 함수는 데이터베이스에서 컬럼과 컬럼 간의 연산이 아닌, 행과 행간의 비교 또는 연산을 처리하기 위한 함수이다.
② 데이터베이스를 사용한 온라인 분석 처리 용도로 사용하기 위해서 SQL에 추가된 기능으로 OLAP 함수라고도 한다.
③ 윈도우 함수는 메인 쿼리뿐만 아니라 서브 쿼리에서도 사용할 수 있지만, 함수 자체에서 중첩으로 사용할 수는 없다.
④ 윈도우 함수 처리로 인해 결과 건수가 달라질 수도 있다.

해설
윈도우 함수 처리로 인해 결과 건수가 달라지지는 않는다.

02

다음은 부서별 급여 순위를 조회한 결과이다. 다음과 같은 결과를 조회하기 위해서는 어떤 SQL을 실행해야 하는지 고르시오.

[조회 결과]

DEPT_NAME	EMP_NAME	SALARY	순위
개발팀	김철수	4500000	1
개발팀	홍길동	4000000	2
개발팀	장보고	4000000	2
개발팀	이순신	3000000	3
개발팀	유관순	2500000	4
운영팀	박영희	5000000	1
운영팀	허준	4000000	2
운영팀	정약용	3500000	3
운영팀	스티브	3000000	4

① SELECT DEPT_NAME, EMP_NAME, SALARY, RANK( ) OVER(PARTITION BY DEPT_NAME ORDER BY SALARY DESC) "순위"
FROM EMP;
② SELECT DEPT_NAME, EMP_NAME, SALARY, DENSE_RANK( ) OVER(PARTITION BY DEPT_NAME ORDER BY SALARY DESC) "순위"
FROM EMP;
③ SELECT DEPT_NAME, EMP_NAME, SALARY, ROW_NUMBER( ) OVER(PARTITION BY DEPT_NAME ORDER BY SALARY DESC) "순위"
FROM EMP;

정답 1. ④ 2. ②

④ SELECT DEPT_NAME, EMP_NAME, SALARY
   , ROWNUM AS "순위"
   FROM EMP;

해설

DENSE_RANK 함수는 동일한 값이 발생한 경우에는 동일한 순위를 부여하고, 동일한 값을 하나의 건수로 취급해서 다음 순위를 계산한다. 문제의 조회 결과는 DENSE_RANK 함수를 사용한 결과이다.

03

다음 SQL을 실행하여 급여를 누적으로 계산하였다. 다음과 같은 결과를 조회하기 위해 밑줄친 ㉠에 작성해야 하는 문장으로 가장 적절한 것을 고르시오.

[조회 결과]

DEPT_NAME	EMP_NAME	SALARY	누적급여
운영팀	박영희	5000000	5000000
개발팀	김철수	4500000	9500000
개발팀	홍길동	4000000	17500000
운영팀	허준	4000000	17500000
개발팀	장보고	3500000	24500000
운영팀	정약용	3500000	24500000
개발팀	이순신	3000000	30500000
운영팀	스티브	3000000	30500000
개발팀	유관순	2500000	33000000

[SQL]
SELECT DEPT_NAME
     , EMP_NAME
     , SALARY
     , SUM(SALARY) OVER (ORDER BY SALARY DESC _____㉠_____)
       "누적급여"
  FROM EMP;

① ROWS BETWEEN UNBOUNDED PRECEDING AND CURRENT ROW
② ROWS BETWEEN UNBOUNDED PRECEDING AND UNBOUNDED FOLLOWING
③ RANGE BETWEEN UNBOUNDED PRECEDING AND CURRENT ROW
④ RANGE BETWEEN UNBOUNDED PRECEDING AND UNBOUNDED FOLLOWING

해설

ROWS는 물리적인 ROW를 기준으로 범위를 정의하고, RANGE는 논리적인 값을 기준으로 범위를 정의한다. 문제의 조회 결과에서 SALARY 값이 동일한 레코드는 누적을 함께 계산하므로 ROWS가 아닌 RANGE를 사용했음을 예상할 수 있다.

정답 3. ③

04

다음 중 EMP 테이블에 대하여 다음의 SQL을 실행한 결과로 가장 적절한 것을 고르시오.

[EMP] 테이블

DEPT_NAME	EMP_NAME	SALARY
개발팀	김철수	4500000
개발팀	홍길동	4000000
개발팀	장보고	3500000
개발팀	이순신	3000000
개발팀	유관순	2500000
운영팀	박영희	5000000
운영팀	허준	4000000
운영팀	정약용	3500000
운영팀	스티브	3000000

[SQL]
```
SELECT B.DEPT_NAME
     , B.EMP_NAME
     , B.SALARY
  FROM (SELECT DEPT_NAME
             , EMP_NAME
             , SALARY
             , MAX(SALARY) OVER
               (PARTITION
                BY DEPT_NAME) AS
               MAX_SALARY
          FROM EMP
       ) A, EMP B
 WHERE A.EMP_NAME = B.EMP_NAME
   AND A.MAX_SALARY = B.SALARY;
```

①
DEPT_NAME	EMP_NAME	SALARY
개발팀	김철수	4500000
운영팀	박영희	5000000

②
DEPT_NAME	EMP_NAME	SALARY
개발팀	김철수	4500000

③
DEPT_NAME	EMP_NAME	SALARY
운영팀	박영희	5000000

④
DEPT_NAME	EMP_NAME	SALARY
개발팀	김철수	4500000
개발팀	김철수	4500000
개발팀	김철수	4500000
개발팀	김철수	4500000
개발팀	김철수	4500000
운영팀	박영희	5000000
운영팀	박영희	5000000
운영팀	박영희	5000000
운영팀	박영희	5000000

해설

인라인 뷰에서 윈도우 함수를 사용하여 부서별 급여 최댓값을 계산한다. 윈도우 함수를 사용하면 결과 건수가 달라지지 않지만, 메인 쿼리에서 EMP 테이블과 조인하여 부서별 급여 최댓값을 가진 레코드 두 개만을 추출한다.

정답 4. ①

05

다음 중 TAB1 테이블에 대하여 다음의 SQL을 실행한 결과로 가장 적절한 것을 고르시오.

[TAB1] 테이블

C1	C2	C3
A	1	2
A	2	4
A	3	6
A	4	8
A	5	10

[SQL]
```
SELECT C1, C2, C3
     , LAG(C2) OVER (PARTITION BY C1
       ORDER BY C2) AS "LAG"
     , LEAD(C3) OVER (PARTITION BY C1
       ORDER BY C3 DESC) AS "LEAD"
  FROM TAB1;
```

①
C1	C2	C3	LAG	LEAD
A	1	2	1	2
A	2	4	1	2
A	3	6	2	4
A	4	8	3	6
A	5	10	4	8

②
C1	C2	C3	LAG	LEAD
A	1	2	1	4
A	2	4	1	6
A	3	6	2	8
A	4	8	3	10
A	5	10	4	10

③
C1	C2	C3	LAG	LEAD
A	1	2	NULL	NULL
A	2	4	1	2
A	3	6	2	4
A	4	8	3	6
A	5	10	4	8

④
C1	C2	C3	LAG	LEAD
A	1	2	NULL	4
A	2	4	1	6
A	3	6	2	8
A	4	8	3	10
A	5	10	4	NULL

> **해설**
>
> LAG 함수는 파티션 별 윈도우에서 이전 행의 값을 반환하는 함수이고, LEAD 함수는 파티션 별 윈도우에서 이후 행의 값을 반환하는 함수이다.
> LAG 함수의 결과는 C2 컬럼을 오름차순으로 정렬했을 때 이전 레코드의 값을 반환하고 LEAD 함수는 파티션별 윈도우에서 이후 행의 값을 반환한다.
> C3 컬럼을 내림차순 정렬하면 10 → 8 → 6 → 4 → 2이 되므로 10의 다음 행의 값은 8이고, 8의 다음 행의 값은 6이 된다.
> 따라서 LEAD 함수의 결과는 8 → 6 → 4 → 2 → NULL이 된다.
> 마지막으로 C3 컬럼의 값의 출력 결과에 따라 LEAD 함수의 결과가 거꾸로 표현이 된다.

정답 5. ③

06

다음의 WINDOW FUNCTION을 사용한 SQL 중 가장 올바르지 <u>않은</u> 것을 고르시오.

① SELECT SUM(SAL) OVER () FROM EMP;
② SELECT SUM(SAL) OVER (PARTITION BY JOB ORDER BY EMPNO RANGE BETWEEN UNBOUNDED PRECEDING AND UNBOUNDED FOLLOWING) SAL1 FROM EMP;
③ SELECT SUM(SAL) OVER (PARTITION BY JOB ORDER BY JOB RANGE BETWEEN UNBOUNDED PRECEDING AND CURRENT ROW) SAL2 FROM EMP;
④ SELECT SUM(SAL) OVER(PARTITION BY JOB ORDER BY EMPNO RANGE BETWEEN UNBOUNDED PRECEDING AND UNBOUNDED PRECEDING) SAL3 FROM EMP;

[해설]
WINDOWING 절에서 end_point 위치에는 UNBOUNDED PRECEDING 키워드를 사용할 수 없다.

ROWS | RANGE BETWEEN start_point AND end_point	• WINDOWING 절에서 윈도우 함수를 적용할 행의 범위를 정의 • ROWS, RANGE 키워드를 사용하여 값의 물리적, 논리적 기준을 구분 • start_point에는 UNBOUNDED PRECEDING, CURRENT ROW, 값 PRECEDING, 값 FOLLOWING 사용 가능 • end_point에는 UNBOUNDED FOLLOWING, CURRENT ROW, 값 PRECEDING/FOLLOWING 사용 가능

07

다음과 같은 테이블이 있을 때 조회 결과와 같은 SQL을 작성하시오.

[TAB1] 테이블

COL1	COL2	COL3
0002	001	1500
0003	001	1000
0004	001	500
0005	002	1000
0006	002	1000
0007	003	500
0007	004	1000

[조회 결과]

COL2	COL3	RNUM
001	500	1
001	1500	3
002	1000	1
003	500	1
004	1000	1

(* 동일 등수를 허용하지 않으며 등수에서 짝수 등수는 제외함)

[SQL]
SELECT *
　FROM (SELECT COL2, COL3, _____( ) OVER
　　　(PARTITION BY COL2 ORDER BY COL3) RNUM FROM TAB1)
　WHERE MOD(RNUM, 2) = 1;

[해설]
- ROW_NUMBER 함수는 동일한 값이 발생하더라도 동일하지 않은 순위를 부여하는 함수이다.
- 순위 함수의 유형은 다음과 같다.

RANK	동일한 값이 발생한 경우에는 동일한 순위를 부여하고, 각각을 별개의 건수로 취급하여 다음 순위를 계산
DENSE_RANK	동일한 값이 발생한 경우에는 동일한 순위를 부여하고, 동일한 값을 하나의 건수로 취급해서 다음 순위를 계산
ROW_NUMBER	동일한 값이 발생하더라도 동일하지 않은 순위 부여

정답 6. ④ 7. ROW_NUMBER

08

다음과 같은 수행 결과가 나오도록 SQL을 완성하시오.

[SQL]
SELECT MONTH
     , AMOUNT
     , _____ AS ACC_AMOUNT
  FROM SALES
 WHERE MONTH >= '202101';

[조회 결과]

MONTH	AMOUNT	ACC_AMOUNT
202101	1000	1000
202102	2000	3000
202103	3000	6000
202104	1000	7000
202105	400	7400
202106	5000	12400

① SUM(AMOUNT) OVER (ORDER BY MONTH RANGE BETWEEN 1 PRECEDING AND CURRENT ROW)

② SUM(AMOUNT) OVER (ORDER BY MONTH RANGE BETWEEN CURRENT ROW AND UNBOUNDED FOLLOWING)

③ SUM(AMOUNT) OVER (ORDER BY MONTH RANGE BETWEEN UNBOUNDED PRECEDING AND UNBOUNDED FOLLOWING)

④ SUM(AMOUNT) OVER (ORDER BY MONTH RANGE BETWEEN UNBOUNDED PRECEDING AND CURRENT ROW)

해설

- WINDOWING 절에서 윈도우 함수를 적용할 행의 범위를 정의할 수 있다.
- WINDOWING 절의 문법은 다음과 같다.

	• WINDOWING 절에서 윈도우 함수를 적용할 행의 범위를 정의 • ROWS, RANGE 키워드를 사용하여 값의 물리적, 논리적 기준을 구분
	ROWS: 물리적인 범위(ROW 기준) RANGE: 논리적인 범위(VALUE 기준)
ROWS | RANGE BETWEEN start_point AND end_point	• start_point에는 UNBOUNDED PRECEDING, CURRENT ROW, 값 PRECEDING, 값 FOLLOWING 사용 가능
	UNBOUNDED PRECEDING: 최초 레코드 CURRENT ROW: 현재의 레코드 값 PRECEDING: 값만큼 이전의 레코드 값 FOLLOWING: 값만큼 이후의 레코드
	• end_point에는 UNBOUNDED FOLLOWING, CURRENT ROW, 값 PRECEDING/FOLLOWING 사용 가능
	UNBOUNDED FOLLOWING: 마지막 레코드 CURRENT ROW: 현재의 레코드 값 PRECEDING: 값만큼 이전의 레코드 값 FOLLOWING: 값만큼 이후의 레코드
	• Default 값은 RANGE BETWEEN UNBOUNDED PRECEDING AND CURRENT ROW

정답 8. ④

09

다음과 같은 테이블이 주어질 경우 SQL에 대한 실행 결과로서 가장 올바른 것을 고르시오.

[사원] 테이블

사원번호	사원이름
1001	이순신
1002	허준
1003	스티브
1004	김철수
1005	박영희

[월별실적] 테이블

월	사원번호	실적
202204	1001	1000
202204	1002	2000
202204	1004	2500
202204	1005	3000
202205	1001	2500
202205	1002	2000
202205	1003	2000
202206	1002	1000
202206	1003	3500
202206	1004	2000

[SQL]
```
SELECT 사원번호, 사원이름, 실적
     , RANK() OVER(ORDER BY 실적 DESC) AS 순위
  FROM (SELECT A.사원번호, MAX(A.사원이름) AS 사원이름
             , SUM(B.실적) AS 실적
          FROM 사원 A INNER JOIN 월별실적 B
            ON (A.사원번호 = B.사원번호)
         GROUP BY A.사원번호
       )
 ORDER BY 순위;
```

①

사원번호	사원이름	실적	순위
1002	허준	5500	1
1003	스티브	5500	1
1004	김철수	4500	3
1005	박영희	3000	4
1001	이순신	2500	5

②

사원번호	사원이름	실적	순위
1002	허준	5500	1
1003	스티브	5500	1
1004	김철수	4500	2
1005	박영희	3000	3
1001	이순신	2500	4

③

사원번호	사원이름	실적	순위
1002	허준	5500	1
1003	스티브	5500	2
1004	김철수	4500	3
1005	박영희	3000	4
1001	이순신	2500	5

④

사원번호	사원이름	실적	순위
1001	이순신	2500	1
1005	박영희	3000	2
1004	김철수	4500	3
1003	스티브	5500	4
1002	허준	5500	5

해설

사원별 실적과 매출 순위를 구하는 SQL이며, 순위를 구하는 함수로 RANK 함수를 사용하였으므로 동일 순위일 경우에 중간 순위를 비워둔다.

정답 9. ①

10

윈도우 함수 중에서 파티션 내 순서별로 제일 먼저 나오는 것을 0으로 하고 제일 늦게 나오는 것을 1로 하여 행 순서별 백분율을 구할 수 있는 윈도우 함수를 고르시오.

① RATIO_TO_REPORT
② PERCENT_RANK
③ CUME_DIST
④ NTILE

[해설]

파티션 내 순서별로 제일 먼저 나오는 것을 0으로하고 제일 늦게 나오는 것을 1로 하여 행 순서별 백분율을 구할 수 있는 윈도우 함수는 PERCENT_RANK 이다.

RATIO_TO_REPORT	• 파티션 내 SUM 값에 대한 백분율을 계산
PERCENT_RANK	• 파티션 내 순서별 백분율을 계산하며, 0부터 시작
CUME_DIST	• 파티션 내 순서별 백분율을 계산하며, 0보다 큰 값부터 시작
NTILE	• 인수 값으로 균등하게 n 등분하고, 남은 행은 앞에서부터 순차적으로 할당하여 계산 • NTILE(3)에서 7개 행을 2, 2, 2로 균등하게 3 등분하고, 남은 행을 앞에서부터 순차적 할당하므로 3, 2, 2씩 분할

11

매출 테이블이 다음과 같이 주어질 경우 실행 결과가 다음과 같다. 주어진 SQL 문의 빈칸 (㉠)과 (㉡)에 들어갈 가장 적당한 것을 고르시오.

[매출] 테이블

사원번호	매출
1001	1000
1002	3000
1003	4000
1004	3000

[조회 결과]

사원번호	매출순위	매출
1003	1	4000
1004	2	3000
1002	2	3000
1001	3	1000

[SQL]
SELECT 사원번호,
     (㉠) OVER (ORDER BY 매출 (㉡)) AS 매출순위,
     매출
 FROM 매출
 ORDER BY 매출순위;

① ㉠ RANK(), ㉡ ASC
② ㉠ RANK(), ㉡ DESC
③ ㉠ DENSE_RANK(), ㉡ ASC
④ ㉠ DENSE_RANK(), ㉡ DESC

[해설]

매출이 높은 순서로 정렬을 하였고 동일 순위일 경우 중간 순위를 비워두지 않았으므로 DENSE_RANK() 함수를 사용하여야 하고, 매출을 기준으로 내림차순으로 매출순위가 부여되었으므로 DESC를 사용한다.

정답 10. ② 11. ④

12

다음 중 윈도우 함수의 순위 함수에 대한 설명으로 가장 올바르지 못한 것을 고르시오.

① 순위 함수를 사용할 때는 ORDER BY절을 입력하지 않아도 된다.
② RANK 함수는 동일 순위 처리가 가능하다.
③ ROW_NUMBER 함수를 사용할 경우 동일한 순위가 부여되지 않는다.
④ DENSE_RANK 함수는 동일 등수 순위에 영향이 없다.

해설
순위 함수를 사용하더라도 ORDER BY 절을 입력하여야 한다.

13

다음과 같은 데이터를 가진 테이블에 SQL을 실행하였을 때의 결과가 다음과 같이 나오도록 주어진 SQL을 완성하시오.

[EXAM] 테이블

SCORE
70
76
80
90
77
85
65

[조회 결과]

ID	CNT
1	3
2	2
3	2

[SQL]
SELECT ID, COUNT(*) AS CNT
　FROM (
　　　SELECT (　　)(3) OVER (ORDER BY SCORE) AS ID
　　　FROM EXAM
　　　)
　WHERE 1=1
　GROUP BY ID
　ORDER BY ID;

해설
NTILE(3)을 사용하여 7개의 행을 2, 2, 2로 균등하게 3등분하고, 남은 행을 앞에서부터 순차적으로 할당하여 3, 2, 2개씩 분할한 결과이다.

정답 12. ① 13. NTILE

14

SALARY 테이블에 대한 조회 결과가 다음과 같이 나오도록 주어진 SQL 문의 빈칸 (㉠)과 (㉡)에 들어갈 가장 적당한 것을 고르시오.

[SALARY] 테이블

EMP_ID	DEPT_ID	SAL
1001	100	2500
1002	100	3000
1003	100	5000
1004	100	6000
1005	200	2500
1006	200	3000
1007	200	6000
1008	300	2500
1009	300	4000
1010	300	5500

[조회 결과]

EMP_ID	DEPT_ID	SAL	EX_SAL
1001	100	2500	
1002	100	3000	
1003	100	5000	2500
1004	100	6000	3000
1005	200	2500	
1006	200	3000	
1007	200	6000	2500
1008	300	2500	
1009	300	4000	
1010	300	5500	2500

[SQL]
SELECT EMP_ID,
       DEPT_ID,
       SAL,
       (㉠)(SAL, (㉡)) OVER(PARTITION BY DEPT_ID ORDER BY SAL) AS EX_SAL
FROM SALARY;

① ㉠ LEAD, ㉡ 1
② ㉠ LEAD, ㉡ 2
③ ㉠ LAG, ㉡ 1
④ ㉠ LAG, ㉡ 2

해설

조회 결과는 SALARY 테이블의 DEPT_ID 파티션에서 SAL을 기준으로 정렬한 후, 2번째 이전의 SAL값을 추출한 결과이다. 2번째 이전의 SAL을 가져오므로 LAG(SAL, 2)를 사용하여야 한다.

정답 14. ④

❼ DCL ★★

(1) DCL(Data Control Language)의 개념

- DCL은 사용자에 대한 액세스 권한을 제어하는데 사용하는 언어이다.
- 액세스 권한의 유형에는 시스템 권한과 오브젝트 권한이 있다.

액세스 권한의 유형

유형	설명
시스템 권한 (System Privilege)	데이터베이스 접속, 사용자 생성 및 삭제, 오브젝트 생성 및 관리에 대한 권한
오브젝트 권한 (Object Privilege)	테이블, 뷰 등의 오브젝트에 대한 삽입, 삭제, 수정, 조회에 대한 권한

(2) DCL의 명령어

- DCL의 명령어에는 권한 부여를 위한 GRANT와 권한 취소를 위한 REVOKE가 있다.
- TCL인 COMMIT, ROLLBACK, SAVEPOINT(CHECKPOINT)를 DCL로 분류하기도 한다.

DCL의 명령어

명령어	설명
GRANT	권한을 부여할 때 사용하는 명령어
REVOKE	권한을 취소할 때 사용하는 명령어

> **학습 Point**
> DCL의 명령어인 GRANT와 REVOKE의 개념을 꼭 기억하세요.

(3) 시스템 권한(System Privilege)

시스템 권한은 데이터베이스 접속, 사용자 생성 및 삭제, 오브젝트 생성 및 관리에 대한 권한이다.

주요 시스템 권한

분류	시스템 권한	설명
세션(Session)	CREATE SESSION	데이터베이스 접속 권한
사용자(User)	CREATE USER	사용자 생성 권한
	DROP USER	사용자 삭제 권한

분류	시스템 권한	설명
테이블(Table)	CREATE TABLE	테이블 생성 권한
	ALTER TABLE	테이블 수정 권한
	DROP TABLE	테이블 삭제 권한
뷰(View)	CREATE VIEW	뷰 생성 권한
	DROP VIEW	뷰 삭제 권한

① 시스템 권한 부여

│ 시스템 권한 부여 문법

문법	설명	
GRANT 시스템 권한 TO 사용자 　[WITH ADMIN 　OPTION];	GRANT, TO 키워드를 사용하여 시스템 권한 부여	
	GRANT	DBMS에서 제공하는 시스템 권한을 지정
	TO	권한을 부여하려는 대상을 지정
	WITH ADMIN OPTION	부여받은 권한을 다른 사용자에게 부여할 수 있는 권한

GRANT CREATE SESSION TO 홍길동;
▶ CREATE SESSION 시스템 권한을 홍길동 사용자에게 부여

> **학습 Point**
> 시스템 권한 부여할 때는 오브젝트 단위로 하지 않기 때문에 오브젝트 권한 부여와 달리 문법에 "ON 오브젝트"가 없습니다.

② 시스템 권한 취소

│ 시스템 권한 취소 문법

문법	설명	
REVOKE 시스템 권한 FROM 사용자;	REVOKE, FROM 키워드를 사용하여 시스템 권한 취소	
	REVOKE	권한을 취소하려는 시스템 권한을 지정
	FROM	권한을 취소하려는 대상을 지정

REVOKE CREATE SESSION FROM 홍길동;
▶ CREATE SESSION 시스템 권한을 홍길동 사용자로부터 회수

(4) 오브젝트 권한(Object Privilege)

- 오브젝트 권한은 테이블, 뷰 등의 오브젝트에 대한 삽입, 삭제, 수정, 조회에 대한 권한이다.
- 오브젝트 권한 부여는 오브젝트의 소유자나 관리자(DBA)가 할 수 있다.
- 오브젝트의 소유자는 오브젝트에 대한 모든 권한을 가진다..

주요 오브젝트 권한

분류	오브젝트 권한	설명
테이블(Table)	SELECT	테이블 데이터 조회 권한
	INSERT	테이블 데이터 삽입 권한
	UPDATE	테이블 데이터 수정 권한
	DELETE	테이블 데이터 삭제 권한
뷰(View)	SELECT	뷰 데이터 조회 권한

> **학습 Point**
> UPDATE 문에서 WHERE 조건이 포함된 경우에는 WHERE조건의 데이터를 찾기 위한 SELECT 권한과 데이터 변경을 위한 UPDATE 권한이 필요합니다. 마찬가지로 DELETE 문에서도 WHERE 조건이 포함된 경우에는 SELECT 권한과 DELETE 권한이 필요합니다.

① 오브젝트 권한 부여

오브젝트 권한 부여 문법

문법	설명	
GRANT 오브젝트 권한 ON 오브젝트 TO 사용자 [WITH GRANT OPTION];	GRANT, ON, TO 키워드를 사용하여 오브젝트 권한 부여	
	GRANT	• 오브젝트 권한 지정 • 콤마(,)를 이용하여 다수의 오브젝트 권한 지정 가능
	ON	• 대상 오브젝트 지정
	TO	• 권한을 부여하려는 대상 지정
	WITH GRANT OPTION	• 부여받은 권한을 다른 사용자에게 부여할 수 있는 권한

> **학습 Point**
> WITH GRANT OPTION 키워드가 단답형 문제로 출제될 수 있으니, 잘 알고 넘어가세요!

GRANT SELECT, INSERT, UPDATE, DELETE ON EMP TO 홍길동;
▶ EMP 테이블에 대한 SELECT, INSERT, UPDATE, DELETE 오브젝트 권한을 홍길동 사용자에게 부여

> **학습 Point**
>
> Oracle에서 REVOKE 명령어를 사용하면 WITH GRANT OPTION 통해 GRANT 명령어가 수행된 연계 권한을 모두 취소합니다. 반면에 SQL Server는 CASCADE 키워드를 명시해야 연계 권한을 모두 취소합니다.
>
> (Oracle) REVOKE SELECT ON EMP FROM OPR;
>
> (SQL Server) REVOKE SELECT ON EMP FROM OPR CASCADE;

② 오브젝트 권한 취소

오브젝트 권한 취소 문법

문법	설명
REVOKE 오브젝트 권한 ON 오브젝트 FROM 사용자;	REVOKE, ON, FROM 키워드를 사용하여 오브젝트 권한 취소

REVOKE	권한을 취소하려는 오브젝트 권한을 지정
ON	권한을 취소하려는 오브젝트를 지정
FROM	권한을 취소하려는 대상을 지정

REVOKE SELECT, INSERT, UPDATE, DELETE ON EMP FROM 홍길동;
▶ EMP 테이블에 대한 SELECT, INSERT, UPDATE, DELETE 오브젝트 권한을 홍길동 사용자로부터 회수

(5) 역할 기반 권한 관리

① 역할(Role)의 개념

- 역할(Role)은 사용자와 권한 사이에서 중개 역할을 하는 논리적인 권한 그룹이다.
- 사용자별로 다수의 권한을 부여하는 경우에는 권한을 역할로 묶어서 관리할 수 있다.

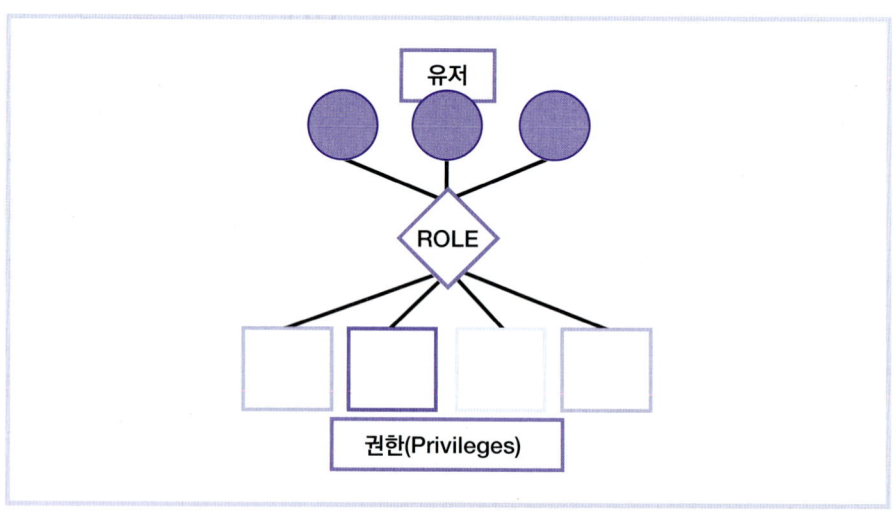

▲ 역할(Role)의 개념도

> **학습 Point**
>
> 논리적인 권한 그룹인 역할(Role)의 개념을 알고 넘어가세요.

② 역할(Role)의 권한 관리

역할에는 시스템 권한과 오브젝트 권한을 모두 부여할 수 있다.

| 역할 권한 관리 문법

권한 관리	문법
역할 생성	CREATE ROLE 역할;
시스템 권한 부여	GRANT 시스템 권한 TO 역할;
오브젝트 권한 부여	GRANT 오브젝트 권한 ON 오브젝트 TO 역할;
사용자 역할 부여	GRANT 역할 TO 사용자;

천기누설 | 예상문제

01
다음 중 DCL에 대한 설명으로 가장 적절하지 <u>않은</u> 것을 고르시오.

① DCL은 사용자에 대한 액세스 권한을 제어하는데 사용하는 언어이다.
② 시스템 권한인 CREATE SESSION은 데이터베이스를 생성하기 위한 권한이다.
③ DCL의 명령어에는 권한 부여를 위한 GRANT와 권한 취소를 위한 REVOKE가 있다.
④ TCL인 COMMIT, ROLLBACK, SAVEPOINT(CHECKPOINT)를 DCL로 분류하기도 한다.

해설
CREATE SESSION은 데이터베이스를 접속하기 위한 시스템 권한이다.

02
다음 중 OPR 사용자가 다음 SQL을 실행하는 데 필요한 권한을 부여하는 DCL로 가장 적절한 것은 무엇인지 고르시오.

```
[SQL]
UPDATE TAB1
    SET C2 = A
WHERE C1 = 1;
```

① GRANT UPDATE TO OPR;
② GRANT SELECT, UPDATE TO OPR;
③ GRANT UPDATE ON TAB1 TO OPR;
④ GRANT SELECT, UPDATE ON TAB1 TO OPR;

해설
UPDATE 문에서 WHERE 조건이 포함된 경우에는 WHERE 조건의 데이터를 찾기 위한 SELECT 권한과 데이터 변경을 위한 UPDATE 권한이 필요하다.

정답 1.② 2.④

03

홍길동에게 다음과 같이 오브젝트 권한을 부여하려고 한다. 부여받은 권한을 다른 사용자에게도 부여할 수 있도록 하기 위해 ㉠에 작성해야 하는 키워드를 기술하시오.

[SQL]
GRANT SELECT, INSERT, UPDATE, DELETE
　　ON EMP TO 홍길동 ＿＿＿＿㉠＿＿＿＿ ;

[해설]
WITH GRANT OPTION은 부여받은 오브젝트 권한을 다른 사용자에게 부여할 수 있는 권한이다.

04

다음 중 역할(Role)에 대한 설명으로 가장 적절하지 않은 것을 고르시오.

① 역할(Role)은 사용자와 권한 사이에서 중개 역할을 하는 물리적인 권한 그룹이다.
② 사용자별로 다수의 권한을 부여하는 경우에는 권한을 역할로 묶어서 관리할 수 있다.
③ 역할에는 시스템 권한과 오브젝트 권한을 모두 부여할 수 있다.
④ 역할(Role)을 생성하기 위해서는 CREATE ROLE 명령어를 사용한다.

[해설]
역할(Role)은 사용자와 권한 사이에서 중개 역할을 하는 논리적인 권한 그룹이다.

05

다음 중 유저와 권한에 대한 설명으로 가장 올바르지 않은 것을 고르시오.

① 사용자가 실행하는 모든 DDL 문장은 그에 해당하는 적절한 권한이 있어야만 문장을 실행할 수 있다.
② DBA 권한을 가진 유저만이 권한을 부여할 수 있다.
③ 테이블의 소유자는 해당 테이블의 DML 권한을 다른 유저에게 부여할 수 있다.
④ 권한 부여를 편리하게 관리하기 위해 만들어진 권한의 집합인 ROLE이 있다.

[해설]
오브젝트 권한 부여는 오브젝트 소유자나 관리자(DBA)가 할 수 있다.

정답 3. WITH GRANT OPTION 4. ① 5. ②

06

Object의 권한이나 Role을 부여할 때 사용하는 명령어는 GRANT이다. 부여된 권한을 회수하는 명령어는 무엇인지 쓰시오.

해설

권한을 취소할 때 사용하는 명령어는 REVOKE이다.

REVOKE 오브젝트 권한 ON 오브젝트 FROM 사용자;	REVOKE, ON, FROM 키워드를 사용하여 오브젝트 권한 취소	
	REVOKE	권한을 취소하려는 오브젝트 권한을 지정
	ON	권한을 취소하려는 오브젝트를 지정
	FROM	권한을 취소하려는 대상을 지정

07

다음 SQL 명령어 중 DCL인 것을 고르시오.

① UPDATE
② GRANT
③ SELECT
④ COMMIT

해설

DCL 명령어는 다음과 같다.

GRANT	권한을 부여할 때 사용하는 명령어
REVOKE	권한을 취소할 때 사용하는 명령어

08

테이블 생성을 위한 권한을 주기 위한 SQL을 완성하시오.

_____ CREATE TABLE TO USER01;

해설

시스템 권한을 부여하는 명령어는 GRANT이다.

GRANT 시스템 권한 TO 사용자 [WITH ADMIN OPTION];	GRANT, TO 키워드를 사용하여 시스템 권한 부여	
	GRANT	DBMS에서 제공하는 시스템 권한을 지정
	TO	권한을 부여하려는 대상을 지정
	WITH ADMIN OPTION	부여받은 권한을 다른 사용자에게 부여할 수 있는 권한

정답 6. REVOKE 7. ② 8. GRANT

⑧ 절차형 SQL ★

(1) 절차형 SQL의 개념

- 절차형 SQL은 프로그래밍 언어처럼 조건문(IF)과 반복문(LOOP)을 사용할 수 있는 언어이다.
- ORACLE의 절차형 SQL로 PL/SQL(Procedural Language/SQL)을 제공하고, SQL-Server의 절차형 SQL로 T-SQL을 제공한다.

(2) PL/SQL의 특징

| PL/SQL의 특징

특징	설명
모듈화	PL/SQL은 Block 구조로 구성되어 기능별 모듈화 가능
절차형 언어 사용	Block 내에서 DML 문장과 IF, LOOP 등의 절차형 언어 사용 가능
값 대입	변수와 상수 등을 사용하여 SQL 문장을 실행할 때 값 대입 가능
오브젝트 작성	Procedure, User Defined Function, Trigger 오브젝트를 PL/SQL로 작성 가능
PL/SQL 엔진	PL/SQL 내부에 작성된 절차적 코드는 PL/SQL 엔진이 처리

> **학습 Point**
> PL/SQL에 작성된 SQL은 SQL 실행기가 처리하고, IF, LOOP 등의 절차적 코드는 PL/SQL 엔진이 처리합니다.

(3) 절차형 SQL의 구성

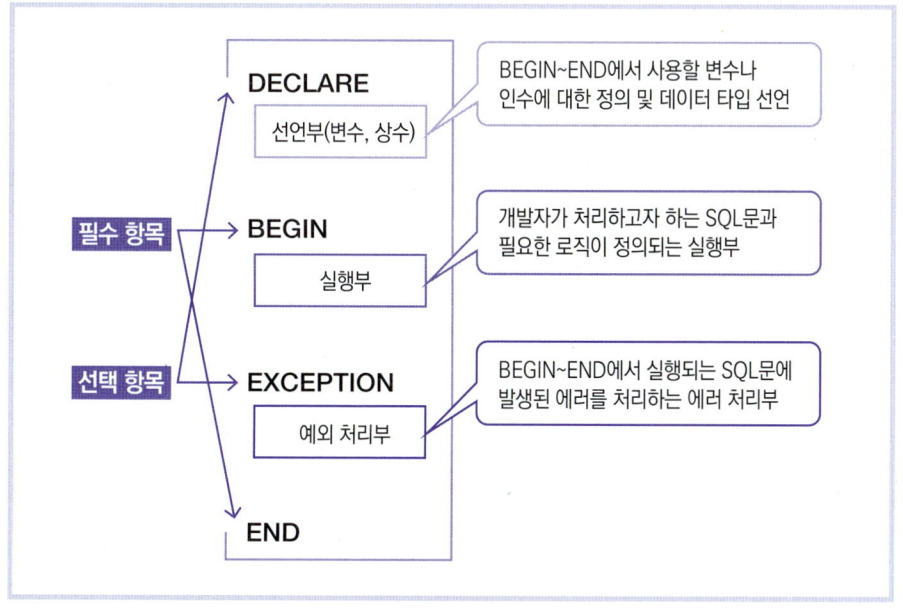

▲ 절차형 SQL의 구성

학습 Point

절차형 SQL은 선언부, 실행부, 예외 처리부로 구성되어 있습니다. 절차형 SQL의 기본 구성을 이해하고 넘어가세요.

절차형 SQL 구성

구성 요소	설명
선언부 (DECLARE)	• 실행부, 예외 처리부에서 사용하는 변수에 대한 정의 및 데이터 타입 선언
실행부 (BEGIN/END)	• 구현하고자 하는 SQL 문과 필요한 로직을 정의 • 기본적으로는 순차적으로 처리 • 비교 조건에 따라 블록 또는 문장을 실행 • 조건에 따라 반복 실행 가능
예외 처리부 (EXCEPTION)	• SQL 문에서 발생하는 에러에 대한 예외 처리 방법을 정의 • 예외 처리부는 선택 항목으로써 생략 가능

(4) 절차형 SQL의 유형

절차형 SQL의 유형에는 Procedure, Function, Trigger가 있다.

절차형 SQL의 유형

유형	설명
Procedure	• 필요한 로직을 처리하기만 하고, 결괏값을 반환하지 않는 프로그램 • 테이블에서 데이터를 조회하고 변경하는 일련의 작업을 처리할 때 프로시저를 사용
Function	• 매개변수를 통해 입력받은 값을 처리하고, 결괏값을 반환하는 프로그램 • DBMS에서 제공하는 내장함수 외에도 사용자가 직접 작성 가능 • 저장형 함수(사용자 정의 함수)는 단독적으로 실행되기보다는 다른 SQL 문을 통해서 호출되고 그 결과를 반환하는 SQL의 보조적인 역할을 수행
Trigger	• 데이터의 입력, 수정, 삭제 등의 INSERT, UPDATE, DELETE 문이 수행될 때, 자동으로 실행되는 프로그램 • 주로 데이터 무결성 유지 및 로그 메시지 출력을 위해 사용 • 트리거 내 COMMIT, ROLLBACK 등의 트랜잭션 제어어(TCL) 사용 시 컴파일 에러 발생 • 트리거에서 에러가 발생하면, 트리거 이후의 작업은 반영되지 않음 • 트리거는 데이터베이스 로그인 작업에도 정의 가능

학습 Point

Trigger는 데이터베이스에 변화(입력, 수정, 삭제 등)가 있을 때 자동으로 호출되는 일종의 프로시저입니다. 사용자에 의해 동작하는 것이 아니고, DBMS에서 자동으로 실행이 됩니다.

Function은 결괏값을 반환하고 IN 파라미터만 사용할 수 있고, Procedure는 결괏값을 반환하지 않고, 파라미터를 IN, OUT, INOUT 형식으로 받을 수 있습니다.

① Procedure

Procedure는 CREATE PROCEDURE 명령어를 사용하여 작성한다.

- **Procedure 작성 예제**

CREATE PROCEDURE DELETE_EMP(V_EMP_ID
　　　NUMBER)
　　IS
　BEGIN
DELETE
　FROM EMP
WHERE EMP_ID = V_EMP_ID;
END;
	• DELETE_EMP 이름의 Procedure 선언
	• 매개변수로 NUMBER 형의 V_EMP_ID 값을 입력
	• EMP_ID 컬럼 값을 조건으로 EMP 테이블의 데이터를 삭제

② Function

Function은 CREATE FUNCTION 명령어를 사용하여 작성한다.

- **Function 작성 예제**

CREATE FUNCTION GET_SALARY
　　　　(V_EMP_ID NUMBER)
RETURN NUMBER
　　IS
　　　V_SALARY NUMBER(12);
　BEGIN
　SELECT SALARY
　　INTO V_SALARY
　　FROM EMP
WHERE EMP_ID = V_EMP_ID;
RETURN V_SALARY;
END;
	• GET_SALARY라는 이름의 Function 선언
	• V_SALARY라는 NUMBER(12) 타입의 변수 생성
	• EMP_ID 컬럼 값을 조건으로 해당 SALARY 값을 조회하여 V_SALARY 변수에 저장
	• V_SALARY 값을 반환

③ Trigger

Trigger는 CREATE TRIGGER 명령어를 사용하여 작성한다.

 **개념 박살내기**

■ **Trigger 작성 예제**

코드	설명

CREATE TRIGGER T_EMP
BEFORE INSERT ON EMP
   FOR EACH ROW
BEGIN
    IF (:NEW.DEPT_ID IS NULL) THEN
      RAISE_APPLICATION_ERROR
      (-20502, '부서코드 입력 필수');
    END IF;
END;
	• T_EMP라는 트리거 명을 선언
	• 조건 문장이 실행되기 전(BEFORE)에 트리거의 내용이 실행되고, 입력(INSERT) 시에 발생
	• EMP 테이블에 DEPT_ID가 NULL 값이 입력될 경우 20502번 에러가 발생

> **학습 Point**
>
> 절차형 SQL인 Procedure, Function, Trigger 모두 실행부를 구현하기 위해서 BEGIN, END 키워드를 사용합니다.

(5) Dynamic SQL

- Dynamic SQL은 런타임 과정에서 동적으로 변경이 가능한 SQL 문이다.
- PL/SQL에서 EXECUTE IMMEDIATE 명령어를 사용하여 Dynamic SQL을 실행한다.

| Dynamic SQL 실행 문법

문법	설명
EXECUTE IMMEDIATE SQL표현식;	• EXECUTE IMMEDIATE 명령어 뒤에 String형 SQL을 입력 • 문자열 대신 String형 변수 사용 가능 • 문자열에는 Dynamic SQL 또는 DDL 사용 가능

개념 박살내기

■ **Trigger 작성 예제**

코드	설명

BEGIN
EXECUTE IMMEDIATE
   'CREATE TABLE EMP (
   EMP_ID NUMBER(6),
   EMP_NM VARCHAR2(50)
)';
END;
	• PL/SQL 사용을 위해 BEGIN, END 작성
	• EXECUTE IMMEDIATE 명령어 뒤에 String형 DDL 문을 입력
	• PL/SQL 런타임 시에 EMP 테이블이 동적으로 생성

천기누설 | 예상문제

01

다음 중 PL/SQL의 특징으로 가장 적절하지 않은 것을 고르시오.

① PL/SQL은 Block 구조로 구성되어 기능별 모듈화가 가능하다.
② Block 내에서 DML 문장과 IF, LOOP 등의 절차형 언어를 사용할 수 있다.
③ Procedure, User Defined Function, Trigger 오브젝트를 PL/SQL로 작성할 수 있다.
④ PL/SQL 내부에 작성된 SQL은 PL/SQL 엔진이 처리한다.

[해설]
PL/SQL에 작성된 SQL은 SQL 실행기가 처리하고, IF, LOOP 등의 절차적 코드는 PL/SQL 엔진이 처리한다.

02

다음은 일자별 매출 테이블을 월별 매출 테이블로 집계하는 PL/SQL이다. 데이터를 입력하기 전에 기존 데이터를 삭제하기 위해서 다음 ㉠에 작성해야 하는 키워드를 작성하시오.

```
[PL/SQL]
CREATE PROCEDURE SP_MONTHLY_SALES
    IS
BEGIN              ㉠
        'TRUNCATE TABLE MONTHLY_
        SALES';
        INSERT INTO MONTHLY_SALES
        (SALE_MONTH, SALE_AMOUNT)
SELECT  SUBSTR(SALE_DATE, 1, 6) AS
        SALE_MONTH
      , SUM(SALE_AMOUNT) AS SALE_
        AMOUNT
  FROM DAILY_SALES
 GROUP BY SUBSTR(SALE_DATE, 1, 6);
        COMMIT;
        END;
```

[해설]
PL/SQL에서 Dynamic SQL을 실행하기 위해서 EXECUTE IMMEDIATE 명령어를 사용한다.

정답 1. ④ 2. EXECUTE IMMEDIATE

03

다음 중 Trigger에 대한 설명으로 가장 적절하지 않은 것을 고르시오.

① 트리거 내 COMMIT, ROLLBACK 등의 트랜잭션 제어어(TCL)를 사용할 수 있다.
② 주로 데이터 무결성 유지 및 로그 메시지 출력을 위해 사용한다.
③ Trigger에서 에러가 발생하면, 트리거 이후의 작업은 반영되지 않는다.
④ Trigger는 데이터베이스 로그인 작업에도 정의할 수 있다.

해설

트리거 내 COMMIT, ROLLBACK 등의 트랜잭션 제어어(TCL) 사용시 컴파일 에러가 발생한다.

정답 3. ①

3 SQL 최적화 기본 원리

❶ 옵티마이저와 실행계획 ★

(1) 옵티마이저(Optimizer)의 개념

- 옵티마이저는 SQL의 실행 방법인 실행계획(Execution Plan)을 생성하는 데이터베이스 엔진이다.
- 사용자의 SQL 문에 대해 최적의 실행 방법을 결정하며, SQL 실행 속도에 가장 큰 영향을 미친다.
- 옵티마이저는 SQL을 입력받아서 규칙기반 혹은 비용기반으로 실행계획을 출력한다.

▲ 옵티마이저의 개념도

(2) 옵티마이저의 유형

옵티마이저의 유형에는 규칙기반 옵티마이저(RBO; Rule Based Optimizer)와 비용기반 옵티마이저(CBO; Cost Based Optimizer)가 있다.

| 옵티마이저의 유형

유형	설명
규칙기반 옵티마이저 (RBO)	사전에 정의된 SQL 규칙의 우선순위로 실행계획을 생성하는 방식
비용기반 옵티마이저 (CBO)	통계 정보를 활용하여 SQL 처리 시간 및 자원 사용량 등을 계산하고, 가장 효율적인 실행계획을 생성하는 방식

① 규칙기반 옵티마이저(RBO; Rule Based Optimizer)

- 규칙기반 옵티마이저는 사전에 정의된 SQL 규칙의 우선순위로 실행계획을 생성하는 방식이다.
- 사용 가능한 인덱스의 유무와 연산자의 종류 등을 참조해서 실행계획을 생성한다.

> **학습 Point**
> 옵티마이저의 유형과 차이를 알고 넘어가세요.

학습 Point

RBO의 우선순위를 모두 암기할 필요는 없습니다. Single row by rowid의 우선순위가 가장 높고, Full table scan의 우선순위가 가장 낮다는 점만 알아두세요.

잠깐 알고가기

통계 정보 (Statistical Information)

실행계획을 생성하기 위해 사용하는 정보로써, 테이블, 컬럼, 인덱스에 대한 오브젝트 통계 정보와 CPU, I/O 처리량 등의 시스템 통계 정보가 있다.

│ 규칙기반 옵티마이저의 주요 규칙

순서	액세스 기법	설명
1	Single row by rowid	데이터의 논리적인 주소인 ROWID를 통해서 하나의 행을 액세스하는 방식
4	Single row by unique or primary key	유일 인덱스(Unique Index)를 통해서 하나의 행을 액세스하는 방식
8	Composite index	복합 컬럼 인덱스에 대해 동등(=) 조건으로 액세스하는 방식
9	Single column index	단일 컬럼 인덱스에 대해 동등(=) 조건으로 액세스하는 방식
15	Full table scan	테이블 전체를 순차적으로 액세스하는 방식

② 비용기반 옵티마이저

㉮ 비용기반 옵티마이저(CBO; Cost Based Optimizer) 개념

- 비용기반 옵티마이저는 통계 정보를 활용하여 SQL 처리 시간 및 자원 사용량 등을 계산하고 가장 효율적인 실행계획을 생성하는 방식이다.
- 데이터 건수를 예측하지 못하는 RBO의 단점을 개선하기 위해서 CBO를 사용한다.
- 통계 정보가 없는 경우 불확실한 실행계획을 생성할 수 있으므로, 최신화된 통계 정보를 유지하는 것이 중요하다.
- 대부분의 상용 DBMS에서는 CBO 방식을 채택하여 사용하고 있다.

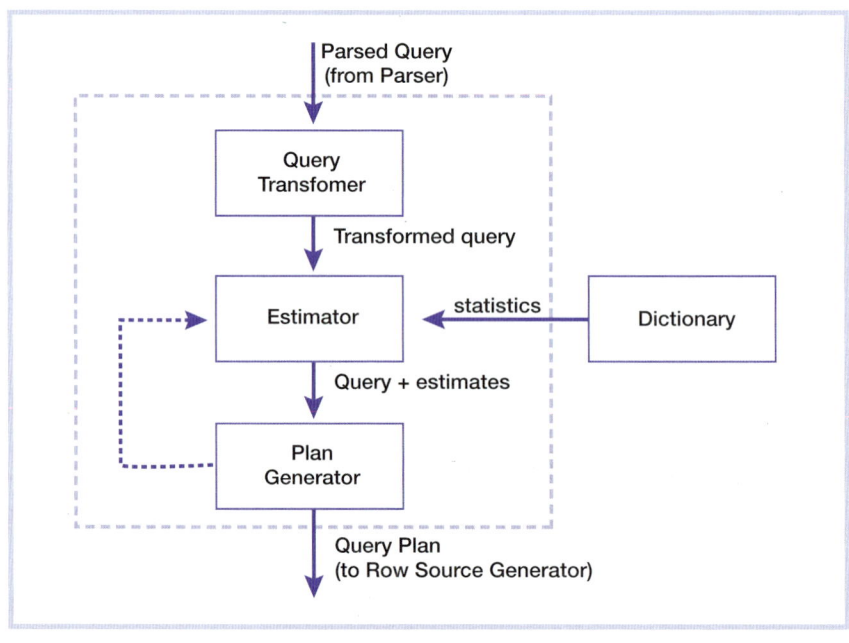

▲ 비용기반 옵티마이저의 구성

④ 비용기반 옵티마이저 구성 요소

구성 요소	설명
Query Transformer	사용자가 작성한 SQL 문을 옵티마이저가 처리하기 위한 형태로 변환하는 모듈
Estimator	통계 정보를 이용해서 SQL 문과 비용을 예측하는 모듈
Plan Generator	동일한 결과를 생성하는 다양한 실행계획을 생성하는 모듈

③ CBO의 비용계산 원리

CBO(비용기반 옵티마이저)는 통계 정보를 사용하여 선택도(Selectivity)와 카디널리티(Cardinality)를 계산하고 비용(Cost)을 예측한다.

㉮ 통계 정보 유형

통계 정보의 유형에는 테이블, 인덱스, 컬럼에 관한 오브젝트 통계 정보와 CPU, I/O 등 성능에 관한 시스템 통계 정보가 있다.

유형	설명
테이블 통계 정보	전체 레코드 수, 블록 수 등의 정보
인덱스 통계 정보	인덱스 레코드 수, 클러스터링 팩터 등의 정보
컬럼 통계 정보	최댓값, 최솟값, NULL 개수, 컬럼 히스토그램 등의 정보
시스템 통계 정보	CPU, I/O 등의 성능 정보

㉯ 비용계산 원리

CBO는 선택도(Selectivity)와 카디널리티(Cardinality)를 계산해서 비용을 예측한다.

원리	설명
선택도 (Selectivity)	• 전체 레코드에서 특정 조건에 의해 선택되는 레코드의 비율 • 선택도를 통해 인덱스 사용 및 조인 방법을 결정 • 선택도 계산 공식 선택도 = 1 / NDV

잠깐! 알고가기

NDV
(Number of Distinct Value)
특정 컬럼에서 중복을 제거한 값의 개수이다.
 {1, 2, 3, 3, 3, 4, 5}의 NDV는 5

학습 Point
선택도와 카디널리티의 계산 공식은 시험에 종종 출제됩니다. 공식을 이해하고 넘어가세요.

원리	설명
카디널리티 (Cardinality)	• 최종적으로 예상되는 결과 건수 • 총 로우수에 선택도를 곱해서 계산 • 카디널리티 계산 공식 카디널리티 = 총 로우수 * 선택도 = 총 로우수 / NDV
히스토그램 (Histogram)	• 컬럼 값의 빈도수(분포)를 저장 • 분포가 균일하지 않은 컬럼을 조회할 때 효율적임

(3) 실행계획(Execution Plan)

- 실행계획은 SQL 처리를 위한 실행 절차와 방법을 표현한 정보이다.
- 실행계획에는 액세스 기법, 조인 방법, 조인 순서 등이 표현되고, 단계별 예상 비용 및 건수 등이 표시된다.
- 실행계획에는 실제 처리 건수가 아닌 예상 처리 건수가 표시된다.

① 실행계획의 구성 요소

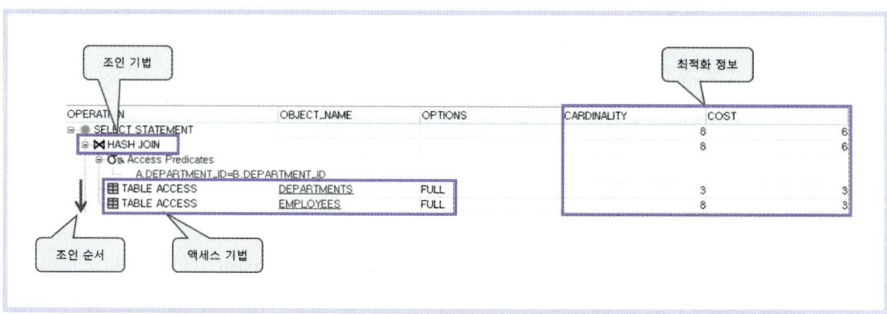

▲ 실행계획의 구성

실행계획의 구성 요소

구성 요소	설명
액세스 기법	테이블을 액세스할 때 사용하는 방법(Index Scan, Full Table Scan)
조인 순서	테이블 조인을 수행할 때 참조하는 테이블의 순서
조인 기법	테이블 조인을 수행할 때 사용하는 방법(Nested Loop Join, Sort Merge Join, Hash Join)
최적화 정보	단계별로 예상되는 비용 정보(Cardinality, Cost)

> **학습 Point**
> 동일 SQL 문에 대해서 실행계획이 달라지더라도 실행 결과는 달라지지 않습니다.

② 실행계획의 실행 순서
- 실행계획의 실행 순서는 위에서 아래로, 안쪽에서 바깥쪽으로 실행된다.
- 형제(Sibling) 노드 간에는 위에서 아래로 읽고, 부모-자식(Parent-Child) 노드 간에는 안쪽에서 바깥쪽으로 읽는다.

개념 박살내기

■ 실행계획의 실행 순서 예제

구분	실행계획
0	SELECT
1	NESTED LOOP JOIN
2	NESTED LOOP JOIN
3	TABLE ACCESS (FULL)
4	TABLE ACCESS (BY INDEX ROWID)
5	INDEX (RANGE SCAN)
6	TABLE ACCESS (BY INDEX ROWID)
7	INDEX (RANGE SCAN)

3 → 5 → 4 → 2 → 7 → 6 → 1 → 0 순서로 실행한다.

0번을 실행하기 전에 자식 노드인 1번이 실행되어야 하고, 1번을 실행하기 전에 자식 노드인 2번이 실행되어야 하고, 2번을 실행하기 전에 자식 노드인 3, 4번이 실행되어야 한다. 형제 노드인 3, 4번 중에서 위에 있는 3번이 먼저 실행(3)하고, 아래에 있는 4번을 실행하기 전에 자식 노드인 5번을 먼저 실행(3 → 5 → 4)한다.

3, 4번의 부모 노드(바깥쪽)인 2번을 실행(3 → 5 → 4 → 2)하고, 2번의 형제 노드(아래)인 6번을 실행하기 전에 자식 노드(안쪽)인 7번을 실행(3 → 5 → 4 → 2 → 7 → 6)한 후에 2, 6번의 부모 노드인 1번을 실행하고, 마지막으로 0번을 실행(3 → 5 → 4 → 2 → 7 → 6 → 1 → 0)한다.

③ SQL 처리 흐름도

- SQL 처리 흐름도는 SQL 실행계획을 시각화해서 표현한 것이다.
- SQL 처리 흐름도만 보고 실행 시간을 확인할 수는 없다.

> **학습 Point**
> 테이블 조인에서 먼저 액세스하는 선행 테이블을 Outer Table 또는 Driving Table이라 하고, 나중에 액세스하는 후행 테이블을 Inner Table 또는 Lookup Table이라고 합니다.

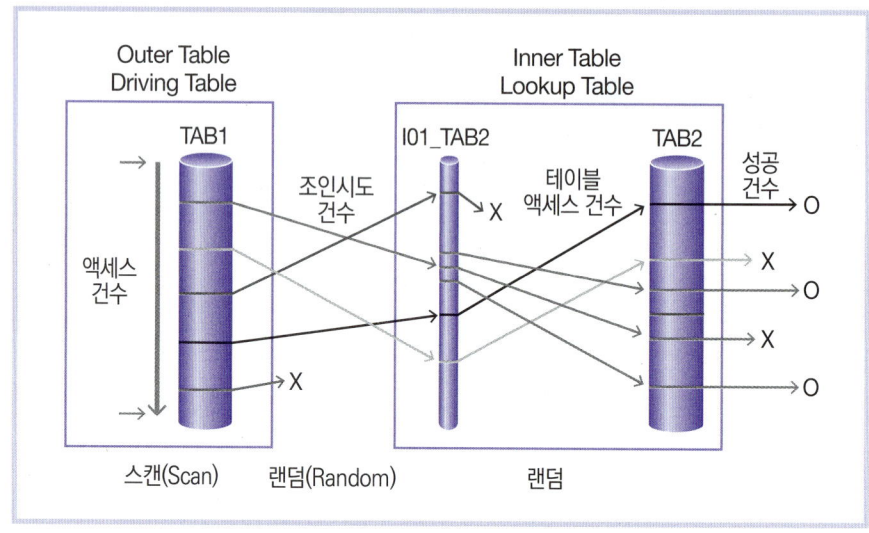

▲ SQL 처리 흐름도(Access Flow Diagram)

- SQL 처리 흐름도에서 조인 순서는 TAB1 → TAB2이다.
- TAB1 테이블은 전체 스캔을 수행하고, TAB2 테이블은 I01_TAB2 인덱스를 통해서 인덱스 스캔을 수행한다.
- I01_TAB2 인덱스를 통한 TAB2 테이블 접근은 랜덤(Random) 액세스 방식이다.
- 대량의 데이터를 랜덤 액세스 방식으로 접근하게 되면 다량의 I/O가 발생하게 되어 성능이 저하될 수 있다.

천기누설 | 예상문제

01

다음 중 옵티마이저에 대한 설명으로 가장 적절하지 <u>않은</u> 것을 고르시오.

① 옵티마이저는 SQL의 실행 방법인 실행계획(Execution Plan)을 생성하는 데이터베이스 엔진이다.
② 규칙기반 옵티마이저는 사전에 정의된 SQL 규칙의 우선순위로 실행계획을 생성하는 방식이다.
③ 비용기반 옵티마이저는 통계 정보를 활용하여 SQL 처리 시간 및 자원 사용량 등을 계산하고 가장 효율적인 실행계획을 생성하는 방식이다.
④ 동일한 SQL 문에 대해 실행계획이 다르면 실행 결과도 달라질 수도 있다.

해설

동일한 SQL 문에 대해 실행계획이 달라지더라도 실행 결과는 동일하게 출력된다.

02

다음 중 CBO(Cost Based Optimizer)의 비용계산 원리로 가장 적절한 것을 고르시오. (NDV: Number of Distinct Value)

① 선택도(Selectivity) = 1 / NDV
② 선택도(Selectivity) = NDV / 1
③ 카디널리티(Cardinality) = 총 로우수 / 선택도
④ 카디널리티(Cardinality) = 총 로우수 * NDV

해설

비용계산 원리 수식은 다음과 같다.

선택도 = 1 / NDV
카디널리티 = 총 로우수 * 선택도 = 총 로우수 / NDV

03

다음 실행계획의 실행 순서로 가장 적절한 것을 고르시오.

[실행계획]

구분	실행계획
0	SELECT
1	NESTED LOOP JOIN
2	NESTED LOOP JOIN
3	TABLE ACCESS (FULL)
4	TABLE ACCESS (BY INDEX ROWID)
5	INDEX (RANGE SCAN)
6	TABLE ACCESS (BY INDEX ROWID)
7	INDEX (RANGE SCAN)

① 0 → 1 → 2 → 3 → 4 → 5 → 6 → 7
② 0 → 1 → 2 → 6 → 3 → 4 → 7 → 5
③ 3 → 5 → 4 → 2 → 7 → 6 → 1 → 0
④ 5 → 3 → 4 → 2 → 7 → 6 → 1 → 0

해설

- 실행계획의 실행 순서는 위에서 아래로, 안쪽에서 바깥쪽으로 실행된다. 그리고 형제(Sibling) 노드 간에는 위에서 아래로 읽고, 부모-자식(Parent-Child) 노드 간에는 안쪽에서 바깥쪽으로 읽는다.
- 0번을 실행하기 전에 자식 노드인 1번이 실행되어야 하고, 1번을 실행하기 전에 자식 노드인 2번이 실행되어야 하고, 2번을 실행하기 전에 자식 노드인 3, 4번이 실행되어야 한다. 형제 노드인 3, 4번 중에서 위에 있는 3번이 먼저 실행(3)하고, 아래에 있는 4번을 실행하기 전에 자식 노드인 5번을 먼저 실행(3 → 5 → 4)한다.
- 3, 4번의 부모 노드(바깥쪽)인 2번을 실행(3 → 5 → 4 → 2)하고, 2번의 형제 노드(아래)인 6번을 실행하기 전에 자식 노드(안쪽)인 7번을 실행(3 → 5 → 4 → 2 → 7 → 6)한 후에 2, 6번의 부모 노드 1번을 실행하고, 마지막으로 0번을 실행(3 → 5 → 4 → 2 → 7 → 6 → 1 → 0)한다.

정답 1.④ 2.① 3.③

04

다음 중 실행계획에 대한 설명으로 가장 적절하지 않은 것을 고르시오.

① 실행계획은 옵티마이저가 생성한다.
② 실행계획은 SQL 처리를 위한 실행 절차와 방법을 표현한 정보이다.
③ 실행계획에는 액세스 기법, 조인 방법, 조인 순서 등이 표현되고, 단계별 예상 비용 및 건수 등이 표시된다.
④ 실행계획에는 실제 처리 건수가 표시된다.

[해설]
실행계획에는 실제 처리 건수가 아닌 예상 처리 건수가 표시된다.

05

학생 관련 정보를 조회하는 SQL을 작성하려고 한다. 조회하는 사람은 주로 학생 본인이 학번으로 조회를 주로 한다. 이런 SQL일 때 성능을 개선하는 방법으로 가장 알맞은 것을 고르시오.

① 학교명을 선두컬럼으로 하는 INDEX를 생성한다.
② 학번을 선두컬럼으로 하는 INDEX를 생성한다.
③ 학교명+학번순으로 구성된 INDEX를 생성한다.
④ 학교명+이름+학번으로 구성된 INDEX를 생성한다.

[해설]
학생 본인이 학번으로 주로 조회를 하기 때문에 학번이 선두 컬럼으로 있는 인덱스가 가장 적절하다. 학교명이 앞으로 올 경우 반드시 학교명을 적어야 하는 부담이 있다.

06

쿼리를 수행하는데 소요되는 일의 양 또는 시간을 기반으로 최적화를 수행하는 옵티마이저는 무엇인지 작성하시오.

[해설]
비용기반 옵티마이저는 통계 정보를 활용하여 SQL 처리 시간 및 자원 사용량 등을 계산하고 가장 효율적인 실행계획을 생성하는 방식이다.

[정답] 4.④ 5.② 6.비용기반 옵티마이저

❷ 인덱스 기본 ★★

(1) 인덱스(Index)의 개념

- 인덱스는 데이터베이스에 저장된 데이터를 빠르게 조회하기 위해서, 테이블에 연관된 정보를 독립적인 저장 공간에 저장한 객체이다.
- 인덱스는 테이블의 특정 레코드 위치를 알려 주는 용도로 사용하며, 인덱스 데이터는 인덱스를 구성하는 컬럼의 정렬 순서에 따라 오름차순 혹은 내림차순으로 정렬된다.
- Unique Index에는 NULL 값이 포함될 수 있다.
- 관계형 데이터베이스에서 가장 많이 사용되는 인덱스는 B-트리(Balanced Tree)이다.
- Oracle에서는 물리적인 주소 정보로써, 내부적으로 ROWID를 사용한다.

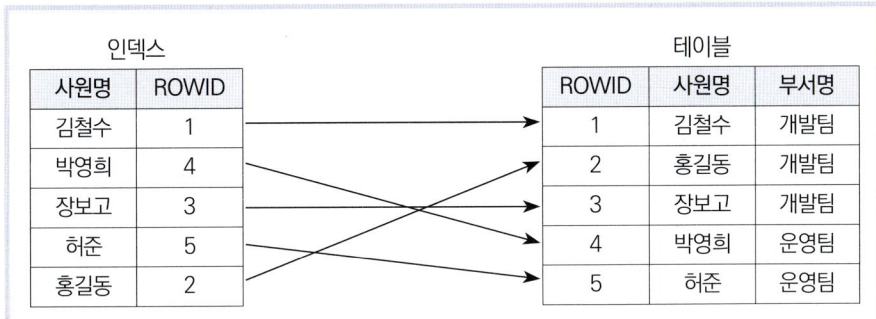

▲ 인덱스의 개념

(2) 인덱스의 장단점

| 인덱스의 장단점 |

장점	단점
Select 작업의 성능 최적화	• Insert, Update, Delete 작업의 성능 저하(단, 인덱스 컬럼 이외의 데이터를 수정하는 Update 작업의 경우에는 성능 저하가 발생하지 않음)

> **학습 Point**
>
> 인덱스는 일반적으로 데이터에 대한 조회 성능은 향상시키지만, 데이터를 수정하는 경우 테이블과 인덱스 모두 변경해야 하므로 성능이 저하됩니다. 대량의 데이터를 수정하는 경우에는 모든 인덱스를 제거하고, 데이터 수정이 끝난 후에 인덱스를 다시 생성하는 것으로 성능을 개선할 수 있습니다.

(3) 인덱스 문법

- CREATE, ALTER, DROP 등의 DDL 문을 사용하여 인덱스를 생성, 삭제, 변경할 수 있다.
- 인덱스 힌트를 사용하면 해당 테이블의 액세스 방법에 대해서는 실행계획이 변경되지 않는다.

인덱스 문법

동작	문법
인덱스 생성	CREATE [UNIQUE] INDEX 인덱스명 ON 테이블명(컬럼명);
인덱스 삭제	DROP INDEX 인덱스명;
인덱스 리빌드	ALTER INDEX 인덱스명 REBUILD;

🔨 개념 박살내기

■ 인덱스 사용 예제

동작	예제	설명
인덱스 생성	CREATE INDEX PAY_IDX ON PAY(YEAR, GENDER);	PAY 테이블의 YEAR, GENDER 컬럼에 대한 인덱스 PAY_IDX를 생성
인덱스 삭제	DROP INDEX PAY_IDX;	PAY_IDX 인덱스를 삭제
인덱스 리빌드	ALTER INDEX PAY_IDX REBUILD;	PAY_IDX 인덱스를 리빌드
인덱스 힌트	SELECT /*+ INDEX(PAY PAY_IDX) */ YEAR, GENDER FROM PAY;	PAY 테이블의 PAY_IDX 인덱스를 사용하여 데이터를 조회

(4) 인덱스의 유형

- 인덱스의 유형에는 B-트리 인덱스(Balanced Tree Index), 비트맵 인덱스(Bitmap Index)가 있다.

인덱스의 유형

유형	설명
B-트리 인덱스	Root Block, Branch Block, Leaf Block으로 구성된 트리구조 인덱스
비트맵 인덱스	비트를 이용해서 컬럼 값을 저장하고 비트맵(Bitmap)을 구성하는 인덱스

① B-트리 인덱스(Balanced Tree Index)

- B-트리 인덱스는 루트 블록부터 리프 블록까지 거리가 일정한 트리 구조를 가진 인덱스이다.
- B-트리는 루트 블록(Root Block), 브랜치 블록(Branch Block), 리프 블록(Leaf Block)으로 구성되고, 리프 블록에는 테이블 데이터에 대한 ROWID가 저장된다.
- 리프 블록은 양방향 링크를 가지고 있어, 오름차순과 내림차순 검색을 쉽게 할 수 있다.
- B-트리 인덱스는 일치 및 범위 검색에 적절한 구조이다.

학습 Point

SQL Server에서는 클러스터형 인덱스(Clustered Index)와 비 클러스터형 인덱스(Non-Clustered Index) 2가지가 있습니다. 클러스터형 인덱스는 인덱스의 리프 페이지가 데이터 페이지로 구성되며, 모든 데이터가 인덱스 키 컬럼을 기준으로 정렬된 인덱스입니다. Oracle의 IOT와 매우 유사합니다.

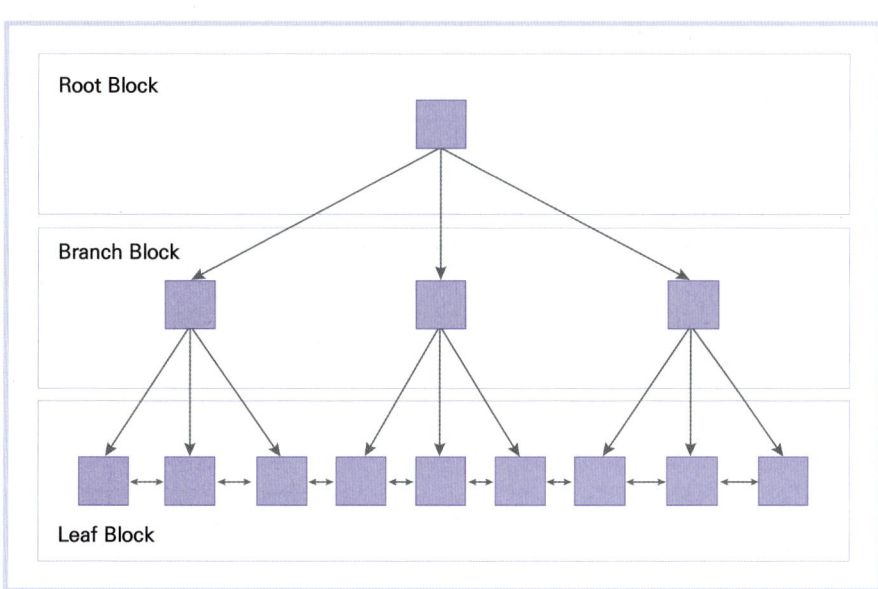

▲ B-트리 인덱스의 구조

② 비트맵 인덱스(Bitmap Index)
- 비트맵 인덱스는 비트를 이용해서 컬럼 값을 저장하고 비트맵(Bitmap)을 구성하는 인덱스이다.
- 인덱스의 리프 노드(Leaf node)는 ROWID 대신 킷값에 대한 비트맵(Bitmap)으로 저장된다.
- 비트맵 인덱스의 장점은 컬럼의 Distinct Value 개수가 적을 때 사용하면 저장 효율이 매우 높다는 점이다.
- 비트맵 인덱스의 단점은 Lock에 의한 DML 부하가 심해서 OLTP 환경에서 사용하기 어렵다는 점이다.
- 비트맵 인덱스는 읽기 위주의 대용량 DW, OLAP 환경에 적합하다.

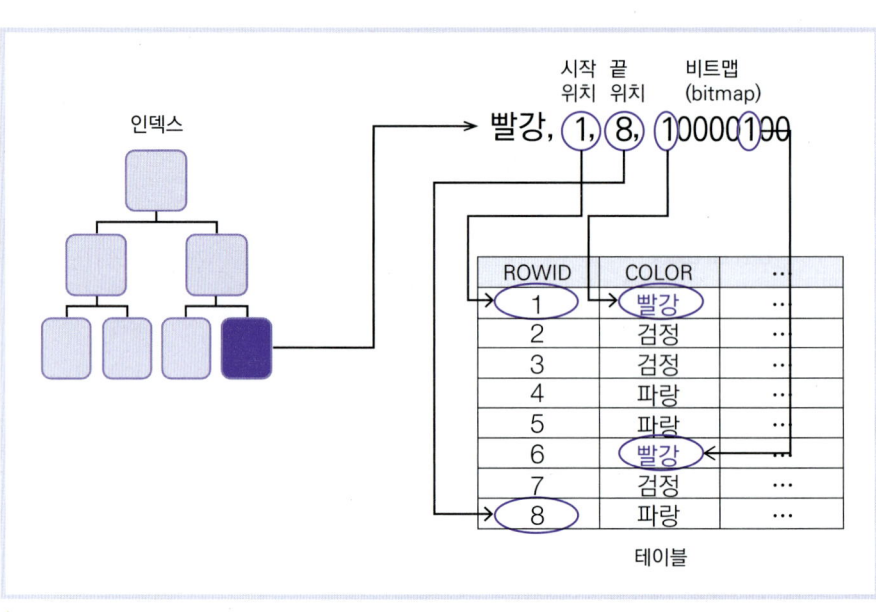

▲ 비트맵 인덱스의 구조

③ B-트리 인덱스와 비트맵 인덱스의 비교

| B-트리 인덱스와 비트맵 인덱스의 비교

구분	B-트리 인덱스	비트맵 인덱스
분포도	분포도가 높은 테이블에 유리	분포도가 낮은 테이블에 유리
장점	인덱스 수정 시 관련된 블록만 변경	인덱스에 대한 적은 용량 사용
단점	인덱스 데이터의 비효율적 저장	인덱스 수정 시 전체 맵을 변경하여 DML 부하가 발생
사용환경	OLTP	OLAP

(5) 인덱스 스캔 방식

인덱스 스캔 방식은 Index Range Scan, Index Range Scan Descending, Index Full Scan, Index Unique Scan, Index Skip Scan이 있다.

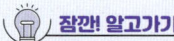

OLTP
(Online Transaction Processing)

데이터베이스를 트랜잭션 단위로 실시간 처리하는 방식이다.

OLAP
(Online Analytical Processing)

대용량의 정보를 대화식으로 분석하는 방식이다.

인덱스 스캔 방식

방식	개념도	설명
Index Range Scan	Range Scan	• 인덱스 루트 블록에서 리프 블록까지 수직적으로 탐색한 후에 리프 블록을 필요한 범위만 스캔하는 방식 • 인덱스 범위 스캔은 결과가 없으면 한 건도 반환하지 않을 수 있음
Index Range Scan Descending	Range Scan Descending	• 최댓값을 쉽게 찾기 위해서, 인덱스를 역순으로 탐색하는 방식
Index Full Scan	Full Scan	• 수직적 탐색 없이 인덱스 리프 블록을 처음부터 끝까지 수평적으로 탐색하는 방식
Index Unique Scan	Unique Scan	• 수직적 탐색만으로 데이터를 찾는 스캔 방식
Index Skip Scan	Skip Scan	• 선두 컬럼이 인덱스에서 빠져도 인덱스를 활용하는 방식

> **학습 Point**
>
> Full Table Scan은 테이블에 저장된 모든 데이터를 순차적으로 검색하는 방식이다. 일반적으로 컬럼의 분포도가 10~15% 이상이면 Random Access 비용 때문에 Index Scan보다 Full Table Scan의 효율이 더 높다.

천기누설 | 예상문제

01

다음 중 인덱스에 대한 설명으로 가장 적절하지 <u>않은</u> 것을 고르시오.

① 인덱스는 데이터베이스에 저장된 데이터를 빠르게 조회하기 위해서, 테이블에 연관된 정보를 독립적인 저장 공간에 저장한 객체이다.
② 인덱스는 테이블의 특정 레코드 위치를 알려 주는 용도로 사용하며, 인덱스 데이터는 인덱스를 구성하는 컬럼의 정렬 순서에 따라 오름차순 혹은 내림차순으로 정렬된다.
③ Unique Index에는 NULL 값을 포함할 수 없다.
④ 관계형 데이터베이스에서 가장 많이 사용되는 인덱스는 Balanced Tree이다.

[해설]

Unique Index에는 NULL 값이 포함될 수 있다. NULL 값을 제한하기 위해서는 NOT NULL 혹은 Primary Key 제약조건을 사용해야 한다.

02

다음 설명에 맞는 인덱스는 무엇인지 고르시오.

> ( ) 인덱스는 루트 블록부터 리프 블록까지 거리가 일정한 트리 구조를 가진 인덱스이다. 루트 블록(Root Block), 브랜치 블록(Branch Block), 리프 블록(Leaf Block)으로 구성되고, 리프 블록에는 테이블 데이터에 대한 ROWID가 저장된다. 리프 블록은 양방향 링크를 가지고 있어, 오름차순과 내림차순 검색을 쉽게 할 수 있다.

① B-트리 인덱스(B-Tree Index)
② 비트맵 인덱스(Bitmap Index)
③ 클러스터형 인덱스(Clustered Index)
④ IOT(Index Organized Table)

[해설]

루트 블록부터 리프 블록까지 거리가 일정한 트리 구조를 가진 인덱스는 B-트리 인덱스(B-Tree Index)이다.

B-트리 인덱스	Root Block, Branch Block, Leaf Block으로 구성된 트리구조 인덱스
비트맵 인덱스	비트를 이용해서 컬럼 값을 저장하고 비트맵(Bitmap)을 구성하는 인덱스
클러스터형 인덱스	인덱스의 리프 페이지가 데이터 페이지로 구성되며, 모든 데이터가 인덱스 키 컬럼을 기준으로 정렬된 인덱스
IOT	인덱스 안에 테이블을 구성한 인덱스

정답 1. ③ 2. ①

03

다음 중 비트맵 인덱스에 대한 설명으로 가장 적절하지 <u>않은</u> 것을 고르시오.

① 비트맵 인덱스는 비트를 이용해서 컬럼 값을 저장하고 비트맵(Bitmap)을 구성하는 인덱스이다.
② 인덱스의 리프 노드(Leaf Node)는 ROWID 대신 킷값에 대한 비트맵(Bitmap)으로 저장된다.
③ 비트맵 인덱스의 장점은 컬럼의 Distinct Value 개수가 많을 때 사용하면 저장 효율이 매우 높다는 점이다.
④ 비트맵 인덱스의 단점은 Lock에 의한 DML 부하가 심해서 OLTP 환경에서 사용하기 어렵다는 점이다.

해설

비트맵 인덱스의 장점은 컬럼의 Distinct Value 개수가 적을 때 사용하면 저장 효율이 매우 높다는 점이다.

04

다음 중 Index Range Scan에 대한 설명으로 가장 적절한 것을 고르시오.

① 선두 컬럼이 인덱스에서 빠져도 인덱스를 활용하는 방식이다.
② 수직적 탐색 없이 인덱스 리프 블록을 처음부터 끝까지 수평적으로 탐색하는 방식이다.
③ 인덱스 루트 블록에서 리프 블록까지 수직적으로 탐색한 후에 리프 블록을 필요한 범위만 스캔하는 방식이다.
④ 수직적 탐색만으로 데이터를 찾는 스캔 방식이다.

해설

Index Skip Scan	선두 컬럼이 인덱스에서 빠져도 인덱스를 활용하는 방식
Index Full Scan	수직적 탐색 없이 인덱스 리프 블록을 처음부터 끝까지 수평적으로 탐색하는 방식
Index Range Scan	인덱스 루트 블록에서 리프 블록까지 수직적으로 탐색한 후에 리프 블록을 필요한 범위만 스캔하는 방식
Index Unique Scan	수직적 탐색만으로 데이터를 찾는 스캔 방식

정답 3. ③ 4. ③

05

다음 중 에러가 발생하는 SQL은 무엇인지 고르시오.

① CREATE INDEX PAY_IDX PAY (YEAR, GENDER);
② DROP INDEX PAY_IDX;
③ ALTER INDEX PAY_IDX REBUILD;
④ SELECT /*+ INDEX(PAY PAY_IDX) */ YEAR, GENDER FROM PAY;

해설

인덱스를 생성하기 위해 CREATE INDEX 명령어를 사용할 경우에 ON 키워드를 함께 작성해야 한다.

CREATE [UNIQUE] INDEX 인덱스명 ON 테이블명(컬럼명);

06

다음과 같은 컬럼으로 구성된 테이블에 COL1을 구성 컬럼으로 가지는 인덱스가 있다. 가장 효율적으로 해당 인덱스를 사용할 수 있는 조건절은 무엇인지 고르시오.

[TABLE_A] 테이블

COL1	NUMBER
COL2	VARCHAR2(10)

① WHERE COL1 LIKE '2%'
② WHERE COL1 = 10
③ WHERE COL1 IS NOT NULL
④ WHERE COL1 <> 10

해설

- LIKE의 경우 컬럼을 무조건 문자로 형 변환을 한다. 해당 조건절은 WHERE_TO_CHAR(COL1) LIKE '2%'로 변형되어 인덱스를 사용하지 못한다.
- IS NOT NULL은 해당 인덱스를 FULL SCAN 할 수 있으나 효율이 떨어진다.
- 부정형 비교는 인덱스 사용이 불가능하다.

정답 5.① 6.②

③ 조인 수행 원리 ★★

(1) 조인(JOIN)의 개념
조인은 두 개 이상의 테이블을 결합하여 하나의 데이터 세트로 만드는 연산이다.

(2) 조인의 유형
조인의 유형에는 Nested Loop Join, Sort Merge Join, Hash Join이 있다.

유형	설명
Nested Loop Join	선행 테이블에서 액세스한 각 값을 후행 테이블과 조인하는 방식
Sort Merge Join	조인 컬럼을 기준으로 데이터를 정렬하여 조인을 수행하는 방식
Hash Join	해시 함수를 이용해서 데이터를 조인하는 방식

조인의 유형
「네소해」
Nested Loop Join /
Sort Merge Join /
Hash Join
→ 네가 소트 해

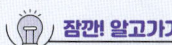

선행 테이블 (Driving Table)
Join 시 먼저 액세스 돼서 ACCESS PATH를 주도하는 테이블이다.

(3) Nested Loop Join

① Nested Loop Join 개념
- Nested Loop Join은 선행 테이블(Driving Table)의 데이터를 하나씩 액세스하면서, 액세스한 각 값을 후행 테이블(Lookup Table)과 조인하는 방식이다.
- Nested Loop Join은 NL Join이라고도 부른다.

학습 Point
조인 시 먼저 액세스 되는 쪽을 드라이빙 테이블(Driving Table; Outer Table)이라고 하며, 나중에 액세스 되는 테이블을 드리븐 테이블(Driven Table; Inner Table)이라고 한다.

② Nested Loop Join 특징

특징	설명
Random 액세스 방식	• NL Join은 Random 액세스 위주의 조인 방식 • 대량의 데이터를 조인할 때 비효율 발생
부분 범위처리	• 부분 범위처리가 가능한 상황에서 응답 속도가 개선됨
인덱스 구성	• 조인 컬럼의 인덱스 여부에 따라 효율이 달라짐

학습 Point
조인 3가지 유형인 Nested Loop Join, Sort Merge Join, Hash Join의 원리를 알고 넘어가세요.

③ Nested Loop Join 수행방식

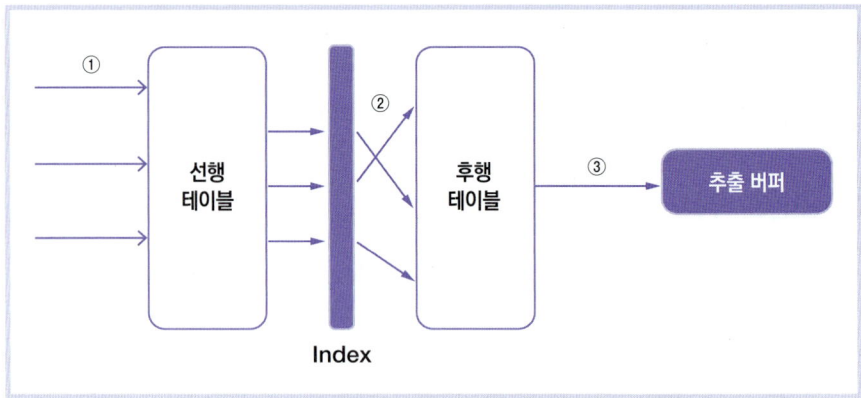

▲ Nested Loop Join의 수행방식

| Nested Loop Join 수행방식

순서	수행방식	설명
1	선행 테이블 액세스	선행 테이블에서 첫 번째 데이터를 액세스
2	후행 테이블 액세스	선행 테이블에서 액세스한 값이 후행 테이블(인덱스)에 존재하는지 확인
3	데이터 추출	후행 테이블에 조인 키가 존재하면 해당 행을 추출 버퍼에 넣음
1~3	반복 수행	선행 테이블에서 조건을 만족할 때까지 반복 수행

(4) Sort Merge Join

① Sort Merge Join 개념

- Sort Merge Join은 조인 대상 테이블을 조인 컬럼을 기준으로 데이터를 정렬하여 조인을 수행하는 방식이다.
- 조인 조건의 인덱스 유무에 영향을 받지 않아서 Nested Loop Join이 비효율적일 때 사용할 수 있다.
- Sort Merge Join은 넓은 범위의 데이터를 처리할 때 유용하지만, 메모리가 부족한 경우에는 디스크에서 데이터를 정렬하므로 성능 저하가 발생할 수 있다.

② Sort Merge Join 특징

Sort Merge Join 특징

특징	설명
정렬(SORT)	• 선행 테이블과 후행 테이블을 조인 컬럼 기준으로 정렬
부분 범위처리	• 선행 테이블이 미리 정렬된 상태에서는 부분적으로 부분 범위처리 가능
집합의 크기	• 두 집합을 정렬한 후에 조인하기 때문에, 집합의 크기가 성능에 미치는 영향이 큼
스캔 방식	• 두 집합의 Merge 단계에서 Random 액세스가 발생하지 않음 • Sort 단계에서는 Random 액세스가 부분적으로 발생

③ Sort Merge Join 단계

Sort Merge Join은 Sort와 Merge, 2단계로 구성된다.

Sort Merge Join 단계

단계	구성	설명
1	Sort 단계	두 집합을 조인 컬럼을 기준으로 정렬
2	Merge 단계	정렬된 두 집합을 서로 병합

④ Sort Merge Join 수행방식

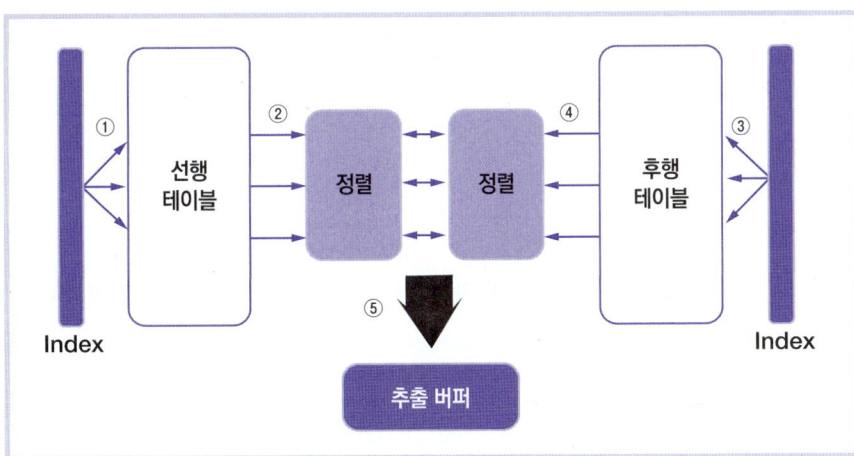

▲ Sort Merge Join의 수행방식

Sort Merge Join의 수행방식

순서	수행방식	설명
1	선행 테이블 필터링	선행 테이블에서 조건을 만족하는 데이터를 필터링
2	선행 테이블 정렬	선행 테이블의 조건을 만족하는 데이터 세트를 조인 키를 기준으로 정렬
3	후행 테이블 필터링	후행 테이블에서 조건을 만족하는 데이터를 필터링
4	후행 테이블 정렬	후행 테이블의 조건을 만족하는 데이터 세트를 조인 키를 기준으로 정렬
5	병합	정렬된 데이터 세트를 병합하여 조인을 수행

(5) Hash Join

① Hash Join 개념

Hash Join은 해시 함수를 이용해서 조인 컬럼의 동일한 해시값을 갖는 데이터를 조인하는 방식이다.

② Hash Join 특징

- 조인 컬럼의 인덱스가 존재하지 않더라도 사용할 수 있는 조인 기법이다.
- Hash Join은 동등 조인(=)에서만 사용할 수 있는 제약이 존재한다.
- Sort Merge Join 하기에 두 테이블이 너무 커서 정렬(Sort) 부하가 심할 때는 Hash Join이 유용하다.
- 일반적으로 작은 테이블을 메모리에 올리는 선행 테이블로 사용한다.

Hash Join의 특징

특징	설명
DW, OLAP 성 쿼리	• 수행 빈도가 낮고 쿼리 수행 시간이 오래 걸리는 대용량 테이블을 조인할 때 사용
해시 테이블	• 선행 테이블을 이용해서 해시 테이블을 생성 • NL Join처럼 Random 액세스 부하가 발생하거나 Sort Merge Join처럼 테이블 정렬이 발생하지 않음

③ Hash Join 수행방식

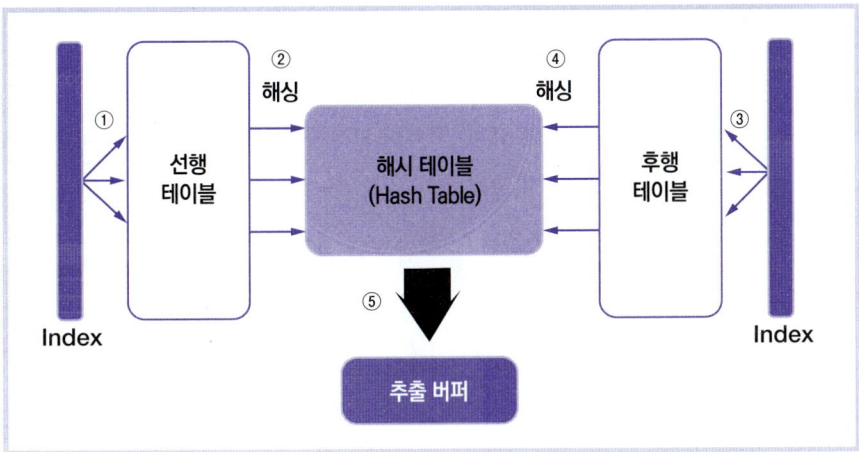

▲ Hash Join의 원리

Hash Join 수행방식

순서	수행방식	설명
1	선행 테이블 필터링	선행 테이블에서 주어진 조건을 만족하는 데이터를 필터링
2	선행 테이블 해싱	선행 테이블의 조인 키를 기준으로 해시 함수를 적용해서 해시 테이블을 생성
3	후행 테이블 필터링	후행 테이블에서 주어진 조건을 만족하는 데이터를 필터링
4	후행 테이블 해싱	후행 테이블의 조인 키를 기준으로 해시 함수를 적용해서 선행 테이블의 해시값과 같은 값을 반환하는 해시 버킷을 탐색
5	조인	해시 버킷을 탐색하면서 조인을 수행

(6) 조인 방식의 비교

- 조인 방식에 따라 조인 조건, 사용환경, 장점, 단점 등에 차이가 있다.
- 일반적으로 조인 테이블에 인덱스가 있는 경우에는 Nested Loop Join 방식이 유리하고, 대용량 테이블을 조인하는 경우에는 Sort Merge Join이나 Hash Join 방식이 유리하다.

> **학습 Point**
>
> 조인 방식인 Nested Loop Join, Sort Merge Join, Hash Join의 사용환경과 장단점을 비교해서 이해하세요.

조인 방식의 비교

구분	Nested Loop Join	Sort Merge Join	Hash Join
조인조건	등치조건, 비교 조건 모두 사용 가능	등치조건, 비교 조건 모두 사용 가능	등치조건(=)에서만 사용 가능
사용환경	부분 범위 최적화, OLTP	전체 범위 최적화, OLAP	전체 범위 최적화, OLAP
장점	조인 테이블에 인덱스가 있는 경우 유리	대용량 테이블 조인에 유리	대용량 테이블 조인에 유리
단점	조인 범위가 큰 경우 비효율 발생	정렬 작업으로 인해 부하 발생	해시 테이블에 대한 메모리 필요
힌트 사용 방법	/*+ USE_NL(테이블명)*/	/*+ USE_MERGE(테이블명) */	/*+ USE_HASH(테이블명) */

🔨 개념 박살내기

■ **조인 힌트 사용 예제**

조인 힌트는 SELECT 절에서 SELECT 키워드 바로 다음에 작성한다.

```
SELECT /*+ USE_NL(B) */ *
  FROM 테이블 A, 테이블 B
 WHERE A.ID = B.ID;
```

천기누설 | 예상문제

01

다음 중 Nested Loop Join에 대한 설명으로 가장 적절하지 않은 것을 고르시오.

① Nested Loop Join은 선행 테이블(Driving Table)의 데이터를 하나씩 액세스하면서, 액세스한 각 값을 후행 테이블(Lookup Table)과 조인하는 방식이다.
② Nested Loop Join은 NL Join이라고도 부른다.
③ 전체범위처리가 가능한 상황에서 전체처리속도가 개선된다.
④ 조인 컬럼의 인덱스 여부에 따라 효율이 달라진다.

해설
Nested Loop Join은 전체범위처리가 아닌 부분 범위처리가 가능한 상황에서 응답 속도가 개선된다.

02

다음 중 Sort Merge Join에 대한 설명으로 가장 적절하지 않은 것을 고르시오.

① Sort Merge Join은 조인 대상 테이블을 조인 컬럼을 기준으로 데이터를 정렬하여 조인을 수행하는 방식이다.
② 조인 조건의 인덱스 유무에 영향을 받기 때문에 인덱스가 있는 환경에서 효율적으로 사용할 수 있다.
③ Sort Merge Join은 넓은 범위의 데이터를 처리할 때 유용하지만, 메모리가 부족한 경우에는 디스크에서 데이터를 정렬하므로 성능 저하가 발생할 수 있다.
④ Sort Merge Join은 Sort와 Merge, 2단계로 구성된다.

해설
Sort Merge Join은 조인 조건의 인덱스 유무에 영향을 받지 않아서 Nested Loop Join이 비효율적일 때 사용할 수 있다.

03

다음 중 Hash Join에 대한 설명으로 가장 적절하지 않은 것을 고르시오.

① Hash Join은 해시 함수를 이용해서 조인 컬럼의 동일한 해시값을 갖는 데이터를 조인하는 방식이다.
② 조인 컬럼의 인덱스가 존재하지 않더라도 사용할 수 있는 조인 기법이다.
③ Hash Join은 조인 조건으로 BETWEEN을 사용할 수 있다.
④ Sort Merge Join 하기에 두 테이블이 너무 커서 소트(Sort) 부하가 심할 때는 Hash Join이 유용하다.

해설
Hash Join은 동등 조인(=)에서만 사용할 수 있는 제약이 존재한다.

04

조인에 대한 설명 중 Hash Join에 대한 특성으로 부적절한 것을 고르시오.

① 각 테이블에 INDEX가 반드시 필요한 것은 아니다.
② 일반적으로 작은 테이블을 메모리에 올리는 선행 테이블로 사용한다.
③ Non Equal Join이 불가능하다.
④ 조인을 위해 사전 Sorting 작업이 필요하다.

해설
사전 Sorting 작업이 필요한 Join 알고리즘은 Sort Merge Join이다.

정답 1.③ 2.② 3.③ 4.④

05

다음 조건으로 조인을 수행하는 방식을 무엇인지 고르시오.

- 테이블 2개를 조인하여 결과를 가져와야 한다.
- 두 개 테이블에는 인덱스가 없다.
- Equal Join에서만 해당 조인 방식을 사용할 수 있다.

① Nested Loop Join
② Sort Merge Join
③ Hash Join
④ Cross Join

해설

Non Equal Join이 되지 못하는 Join은 Hash Join이며 대량의 데이터를 처리할 때 주로 사용된다.

06

다음 설명을 만족하는 조인은 무엇인지 고르시오.

- 대용량 데이터를 정렬하여 조인한다.
- 동등 조인, 비동등 조인에서 모두 사용할 수 있다.

① Nested Loop Join
② Sort Merge Join
③ Hash Join
④ Cross Join

해설

Nested Loop Join	선행 테이블(Driving Table)의 데이터를 하나씩 액세스하면서, 액세스한 각 값을 후행 테이블(Lookup Table)과 조인하는 방식
Sort Merge Join	조인 대상 테이블을 조인 컬럼을 기준으로 데이터를 정렬하여 조인을 수행하는 방식
Hash Join	해시 함수를 이용해서 조인 컬럼의 동일한 해시 값을 갖는 데이터를 조인하는 방식

정답 5. ③ 6. ②

최종모의고사 1회

01

다음 데이터 모델링에 대한 설명에서 (㉠), (㉡), (㉢) 에 들어갈 단어로 가장 적절한 것을 고르시오.

> (㉠)은/는 추상화 수준이 높고 업무 중심적이고 포괄적인 수준의 모델링을 진행하는 것이다.
> (㉡)은/는 시스템으로 구축하고자 하는 업무에 대해 식별자, 속성, 관계 등을 정확하게 표현하는 모델링 과정이다.
> (㉢)은/는 데이터베이스의 물리적 성격을 고려하여 실제로 데이터베이스에 이식할 수 있도록 모델링을 진행하는 것이다.

① ㉠: 개념적 데이터 모델링, ㉡: 논리적 데이터 모델링, ㉢: 물리적 데이터 모델링
② ㉠: 유연성 ㉡: 일관성, ㉢: 중복성
③ ㉠: 외부 스키마, ㉡: 개념 스키마, ㉢: 내부 스키마
④ ㉠: 구조화 ㉡: 명세화, ㉢: 문서화

해설

데이터 모델링의 3단계 진행에 대한 설명이다.

개념적 데이터 모델링	• 추상화 수준이 높고 업무 중심적이고 포괄적인 수준의 모델링 진행 • 결과물로 ERD 도출
논리적 데이터 모델링	• 시스템으로 구축하고자 하는 업무에 대해 식별자, 속성, 관계 등을 정확하게 표현 • 데이터 모델의 재사용성이 가장 높은 데이터 모델링 • 데이터 정규화 작업 • 데이터 모델링이 최종적으로 완료된 상태
물리적 데이터 모델링	• 데이터베이스의 물리적인 성격(성능, 저장 등)을 고려하여 설계 • 실제로 데이터베이스를 구축할 때 참고되는 모델

02

다음 중 엔티티의 특징으로 적절하지 <u>않은</u> 것은?

① 구축하는 시스템의 업무에서 반드시 필요하고, 관리가 필요한 정보이다.
② 각각의 인스턴스를 식별 가능한 유일한 식별자가 존재한다.
③ 엔티티는 속성을 포함한다. 단, 설계상의 이유로 속성이 없을 수도 있다.
④ 엔티티는 영속적으로 존재하는 인스턴스의 집합이다.

해설

- 엔티티는 반드시 속성을 포함해야 한다.
- 엔티티의 주요 특징은 다음과 같다.

업무 정보	• 구축하는 시스템의 업무에서 반드시 필요하고, 관리가 필요한 정보
식별 가능	• 각각의 인스턴스를 식별 가능한 유일한 식별자 존재
인스턴스의 집합	• 영속적으로 존재하는 인스턴스의 집합 즉, 인스턴스는 '한 개'가 아닌 '두 개 이상'
업무 프로세스에 이용	• 엔티티는 업무 프로세스에 의해 반드시 이용
속성을 포함	• 엔티티는 반드시 속성을 포함 • 식별자만 존재하고 일반 속성이 없는 객체는 엔티티가 될 수 없음(단, 관계 엔티티의 경우에는 주 식별자만 있어도 엔티티로 인정)
관계의 존재	• 엔티티는 다른 엔티티와 한 개 이상의 관계가 존재 • 단, 통계성 엔티티 도출, 코드성 엔티티 도출, 시스템 처리시 내부 필요에 의한 엔티티 도출과 같은 경우엔 관계 생략 가능

정답 1. ① 2. ③

03

다음 중 속성의 종류를 설명한 것으로 적절하지 <u>않은</u> 것은?

① 설계 속성은 데이터 모델링이나 업무를 규칙화하기 위해 새로 만들거나 변형하여 정의하는 속성이다.
② 파생 속성은 다른 속성에 영향을 받아 발생하는 속성으로, 일반적으로 계산된 값들이 파생 속성에 해당한다.
③ PK(Primary Key)는 인스턴스를 식별할 수 있는 속성이다.
④ FK(Foreign Key)는 엔티티에 포함되어 있고 PK가 아닌 속성들을 말한다.

해설

- FK(Foreign Key)는 다른 엔티티와의 관계에서 포함된 속성이다.
- 속성의 분류는 다음과 같다.

속성의 특성에 따른 분류	기본 속성	• 가장 일반적인 속성으로, 업무로부터 추출한 속성
	설계 속성	• 데이터 모델링이나 업무를 규칙화 하기 위해 새로 만들거나 변형하여 정의하는 속성 • 코드성 속성, '일련번호'와 같은 속성 등
	파생 속성	• 다른 속성에 영향을 받아 발생하는 속성 • 일반적으로, 계산된 값들이 파생 속성에 해당 • 데이터 정합성 유지를 위해 가급적 적게 정의하도록 함
엔티티 구성 방식에 따른 분류	PK(Primary Key) 속성	• 인스턴스 식별할 수 있는 속성
	FK(Foreign Key) 속성	• 다른 엔티티와의 관계에서 포함된 속성
	일반속성	• 엔티티에 포함되어 있고 PK/FK에 포함되지 않은 속성

04

다음 중 관계(Relationship)의 표기법에 대한 설명 중 적절하지 <u>않은</u> 것을 고르시오.

① 관계의 표기법을 이해하기 위해서는 관계명(관계의 이름), 관계 차수, 관계 선택 사양을 함께 이해해야 한다.
② 관계명(Membership)을 정의할 때는 가급적 애매한 동사는 피하고 명사형으로 표현한다.
③ 관계 차수(Cardinality)는 1:1, 1:M, M:M이 있다.
④ 관계 선택 사양(Optionality)에는 필수 참여와 선택 참여가 있다.

해설

- 관계명(Membership)을 정의할 때는 가급적 애매한 동사는 피하고 현재형으로 표현한다.
- 관점에 따라 능동적이거나 수동적으로 명명된다.

05

다음 중 주식별자를 도출하는 기준을 설명한 것으로 적절하지 않은 것을 고르시오.

① 해당 업무에서 자주 이용되는 속성을 주식별자로 지정한다.
② 명칭, 내역 등과 같이 이름으로 기술되는 것들은 가능하면 주식별자로 지정하지 않는다.
③ 복합으로 주식별자를 구성할 경우 가능하면 많은 속성이 포함 되도록 한다.
④ 값이 자주 변경 될 수 있는 속성은 가급적 주식별자로 지정하지 않는다.

해설

- 복합으로 주식별자를 구성할 경우 너무 많은 속성을 포함하지 않도록 해야 한다.
- 주식별자 도출 기준을 정리하면 다음과 같다.

> 1. 해당 업무에서 자주 이용되는 속성을 주식별자로 지정한다.
> 2. 명칭, 내역 등과 같이 이름으로 기술되는 것들은 가능하면 주식별자로 지정하지 않는다.
> 3. 복합으로 주식별자를 구성할 경우 너무 많은 속성이 포함되지 않도록 한다.

06

다음의 함수적 종속성 다이어그램을 보고 정규화 단계로 가장 알맞은 것을 고르시오.

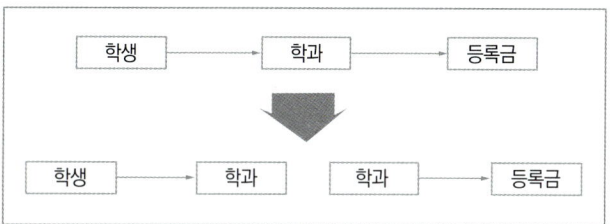

① 1차 정규화
② 2차 정규화
③ 3차 정규화
④ BCNF(Boyce-Codd Normal Form)

해설

- 학생이 학과를 결정 짓고 다시 학과가 등록금을 결정 지으므로 결국 학생이 등록금을 결정짓는 이행 함수 종속성이 존재한다.
- 따라서, 이행 함수 종속성의 결정자인 학과와 종속자인 등록금을 별도의 릴레이션으로 구성하여 이행 함수 종속성을 해소한다.

정답 3.④ 4.② 5.③ 6.③

07

다음 중 반정규화 기법 중 테이블을 추가하는 기법에 대한 설명으로 적절하지 <u>않은</u> 것을 고르시오.

① 중복 테이블 추가 – 원격 환경에서 테이블 구조를 중복으로 구성
② 통계(집계) 테이블 추가 – 대량의 데이터를 GROUP BY, SUM과 같은 함수로 요약해서 저장
③ 이력 테이블 추가 – 이력 관리용 테이블을 추가
④ 부분 테이블 추가 – 디스크 I/O 를 줄이기 위해 사용 빈도가 적은 컬럼에 대해 새로운 테이블로 추가

해설

- 부분 테이블 추가 기법은 디스크 I/O를 줄이기 위해 자주 사용되는 컬럼에 대해 새로운 테이블로 추가하는 방법이다.
- 테이블 추가 기법에는 중복, 통계(집계), 이력, 부분 테이블 추가가 있고 자세한 내용은 다음과 같다.

중복테이블 추가	• 원격 환경에서 테이블 구조를 중복으로 구성 • 원격 조인(DB Link) 제거
통계(집계) 테이블 추가	• 대량의 데이터를 GROUP BY, SUM과 같은 함수로 요약해서 저장
이력테이블 추가	• 이력 관리용 테이블을 추가
부분 테이블 추가	• 디스크 I/O를 줄이기 위해 자주 사용되는 컬럼에 대해 새로운 테이블로 추가

08

대용량 데이터의 성능 향상 방법에는 하나의 테이블을 다수의 파티션(Partition)으로 분할하는 파티셔닝 기법이 있다. 다음 보기의 그림에서 표현하는 파티셔닝 유형으로 가장 적절한 것을 고르시오.

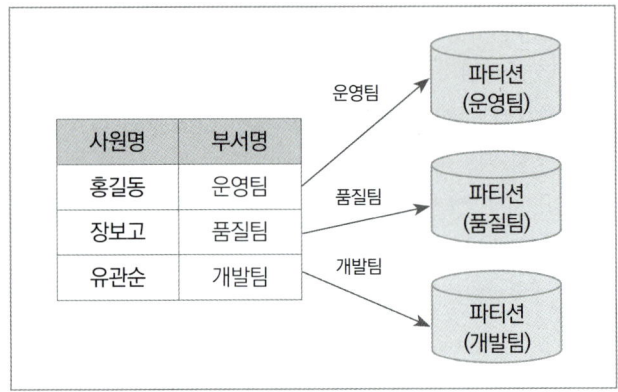

① 레인지 파티셔닝(Range Partitioning)
② 해시 파티셔닝(Hash Partitioning)
③ 리스트 파티셔닝(List Partitioning)
④ 컴포지트 파티셔닝(Composite Partitioning)

09

다음 중 논리 데이터 모델의 슈퍼 타입과 서브 타입 데이터 모델을 표현하는 아래 그림에 대한 설명으로 가장 적절하지 <u>않은</u> 것을 고르시오.

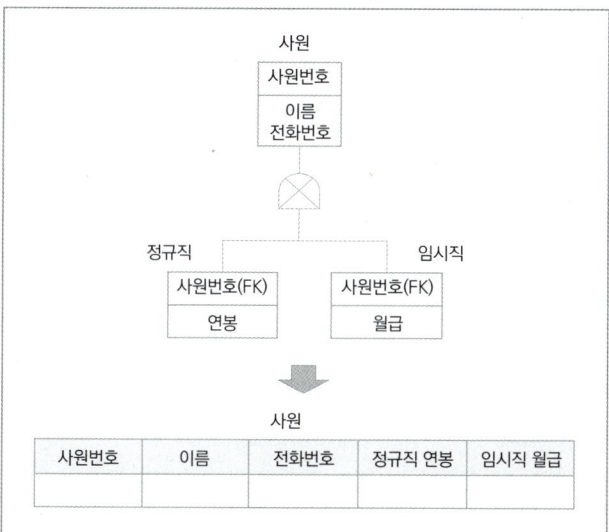

① All in One 타입(Single Type)에 대한 표현이다.
② 슈퍼 타입과 서브 타입 모델을 하나의 테이블로 통합해서 생성한다.
③ 전체를 통합함으로써 관리하기에 용이하고, 조인이 줄어들어 성능이 향상된다.
④ 다수의 속성을 하나의 테이블에 저장하기 때문에 I/O 효율이 향상된다.

[해설]

- 슈퍼 타입과 서브 타입 데이터 모델의 변환 방법 중 All in One 타입(Single Type)을 설명한 것이다.
- All in One 타입(Single Type)은 전체를 통합함으로써 관리하기에 용이하고, 조인이 줄어들어 성능이 향상된다.
- 반면에 다수의 속성을 하나의 테이블에 저장하기 때문에 I/O 효율은 떨어질 수 있다.

10

다음 보기의 분산 데이터베이스의 투명성에 대한 설명에서 (㉠), (㉡), (㉢) 에 들어갈 단어로 가장 적절한 것을 고르시오.

┤ 보기 ├

(㉠) 투명성은 데이터의 물리적인 위치를 명시할 필요가 없는 성질이다.
(㉡) 투명성은 다수의 트랜잭션을 수행해도 데이터의 일관성을 유지하는 성질이다.
(㉢) 투명성은 지역 데이터베이스, 네트워크 장애가 발생하더라도 데이터 무결성을 보존하는 성질이다.

① ㉠: 위치, ㉡: 분할, ㉢: 지역
② ㉠: 위치, ㉡: 병행, ㉢: 장애
③ ㉠: 지역, ㉡: 중복, ㉢: 장애
④ ㉠: 지역, ㉡: 중복, ㉢: 분할

[해설]

분산 데이터베이스의 투명성은 다음과 같다.

지역사상 투명성	지역 DBMS와 물리적 DB 사이의 매핑을 보장하는 성질
중복 투명성	데이터가 다수의 물리적인 공간에 중복으로 저장되어 있는지 알 필요가 없는 성질
분할 투명성	하나의 논리적 릴레이션이 다수의 단편으로 분할되어 저장되는 성질
위치 투명성	데이터의 물리적인 위치를 명시할 필요가 없는 성질
장애 투명성	지역 데이터베이스, 네트워크 장애가 발생하더라도 데이터 무결성을 보존하는 성질
병행 투명성	다수의 트랜잭션을 수행해도 데이터의 일관성을 유지하는 성질

11

다음 중 정보 요구 사항 유형에 대한 설명으로 가장 부적절한 것을 고르시오.

① 외부 인터페이스 요건은 사용자와 시스템간의 상호작용을 위한 UI 요건을 말한다.
② 기능 개선 요건은 시스템에서 입력을 받아 처리하고 출력을 만들어 내는 주요 활동이나 프로세스에 대한 요건이다.
③ 성능 개선 요건은 사용자가 원하는 성능 개선 사항으로, 동시 사용자 수, 처리하는 정보의 양과 종류, 트랜잭션 소요 시한 등의 요건이 있다.
④ 보안 개선 요건은 중요 데이터에 대한 훼손, 변조, 도난, 유출에 대한 물리적 접근 통제(제한 구역, 통제 구역 등) 및 사용 통제(인증, 암호화, 방화벽 등)에 대한 요건이다.

해설

- 외부 인터페이스 요건은 시스템의 모든 입력과 출력에 관한 요건을 말한다.
- 정보 요구 사항의 유형은 다음과 같다.

외부 인터페이스 요건	• 시스템의 모든 입력과 출력에 관한 요건
기능 개선 요건	• 시스템에서 입력을 받아 처리하고 출력을 만들어 내는 주요 활동이나 프로세스에 대한 요건
성능 개선 요건	• 사용자가 원하는 성능 개선 사항 • 동시 사용자 수, 처리하는 정보의 양과 종류, 트랜잭션 소요 시한 등의 요건.
보안 개선 요건	• 중요 데이터에 대한 훼손, 변조, 도난, 유출에 대한 물리적 접근 통제(제한 구역, 통제 구역 등) 및 사용 통제(인증, 암호화, 방화벽 등)에 대한 요건

12

다음 중 테이블에서 컬럼을 추가하기 위한 SQL 문장으로 가장 적절한 것을 고르시오. (단, DBMS는 Oracle을 기준으로 한다.)

① ALTER TABLE 테이블명 ADD 컬럼명;
② ALTER TABLE 테이블명 ADD COLUMN 컬럼명;
③ ALTER TABLE 테이블명 UPDATE 컬럼명;
④ ALTER TABLE 테이블명 UPDATE COLUMN 컬럼명;

해설

- 특정 테이블의 컬럼 추가 시에 사용하는 DDL 문은 "ALTER TABLE 테이블명 ADD 컬럼명"이다.
- ALTER TABLE 문법은 다음과 같다.

컬럼 추가 (ADD)	ALTER TABLE 테이블명 ADD 컬럼명 데이터 유형 [기본값] [NOT NULL];
컬럼 수정 (MODIFY)	ALTER TABLE 테이블명 MODIFY 컬럼명 데이터 유형 [기본값] [NOT NULL];
컬럼 삭제 (DROP COLUMN)	ALTER TABLE 테이블명 DROP COLUMN 삭제할 컬럼명;
컬럼명 수정 (RENAME COLUMN)	ALTER TABLE 테이블명 RENAME COLUMN 기존 컬럼명 TO 새로운 컬럼명;
제약조건 삭제 (DROP CONSTRAINT)	ALTER TABLE 테이블명 DROP CONSTRAINT 제약조건명;
제약조건 추가 (ADD CONSTRAINT)	ALTER TABLE 테이블명 ADD CONSTRAINT 제약조건명 제약조건 (컬럼명);

13

다음 중 DROP과 DELETE, TRUNCATE 명령어에 대해 비교한 설명으로 맞지 <u>않는</u> 것을 고르시오.

① DROP은 자동으로 COMMIT이 된다.
② TRUNCATE는 DML에 속한다.
③ DELETE는 데이터만 삭제한다.
④ DROP은 로그를 기록하지 않는다.

해설

- TRUNCATE는 DDL에 속한다.
- DROP, TRUNCATE, DELETE의 차이는 다음과 같다.

구분	DROP	TRUNCATE	DELETE
명령어 종류	DDL	DDL	DML
Rollback	불가능	불가능	COMMIT 이전이면 ROLLBACK 가능
Commit	Auto Commit	Auto Commit	사용자 Commit
Release	테이블이 사용했던 Storage를 모두 Release	테이블이 사용했던 Storage 중 최초 테이블 생성 시 할당된 Storage만 남기고 Release	사용했던 Storage는 Release 되지 않음
삭제 상태	테이블 정의까지 완전히 삭제	최초 생성된 초기 상태로 만듦	데이터만 삭제
삭제 로그	로그 기록 없음	로그 기록 없음	로그 기록 있음

14

다음 중 물리적 테이블 명으로 적절하지 <u>않은</u> 것을 고르시오.

① ABC_ ② ABC
③ SOOJEBI-1 ④ CREATES

해설

테이블 이름 생성 시 규칙은 다음과 같다.

- 테이블의 이름은 반드시 문자로 시작해야 한다.
- 벤더에서 사전에 정의한 예약어는 사용하면 안되고 영문 대/소문자 (A-Z, a-z)와 숫자(0-9), _, $, # 문자만 허용된다.

15

DML, DDL이 잘못 짝지어진 것을 고르시오.

① DML – INSERT
② DDL – UPDATE
③ DDL – CREATE
④ DML – DELETE

해설

UPDATE는 DML이다.

데이터 정의어(DDL)	CREATE, ALTER, RENAME, DROP, TRUNCATE
데이터 조작어(DML)	SELECT, INSERT, UPDATE, DELETE
데이터 제어어(DCL)	GRANT, REVOKE
트랜잭션 제어어(TCL)	COMMIT, ROLLBACK, SAVEPOINT

정답 11. ① 12. ① 13. ② 14. ③ 15. ②

16

사원 테이블을 대상으로 SQL을 실행했을 때 조회되는 튜플의 수를 고르시오.

[사원] 테이블

부서명	사원명	급여
개발팀	김철수	4500000
개발팀	홍길동	4000000
개발팀	장보고	3500000
개발팀	이순신	3000000
개발팀	유관순	2500000
운영팀	박영희	5000000
운영팀	허준	4000000
운영팀	정약용	3500000
운영팀	스티브	3000000

[SQL]
SELECT DISTINCT 부서명
　FROM 사원;

① 1　　② 2
③ 4　　④ 8

해설

DISTINCT 키워드는 SELECT 문에서 데이터의 중복을 제거하고 동일한 데이터를 1건씩만 조회한다. SELECT 문에서만 사용할 수 있고, SELECT 명령어 바로 다음에 작성한다. 그리고 DBMS 내부적으로 정렬 연산을 수행하면서 데이터의 중복을 제거하기 때문에, 조회 결과는 데이터가 정렬되어 출력된다.

부서명
개발팀
운영팀

17

점수 테이블을 대상으로 SQL을 실행했을 때 조회 결과로 옳은 것을 고르시오.

[점수] 테이블

DB	PROG
20	NULL
NULL	30
NULL	NULL

[SQL]
SELECT DB+PROG AS PLUS FROM 점수;

①
PLUS
NULL

②
PLUS
NULL
NULL
NULL

③
COUNT(DB)
20
30
NULL

④
COUNT(DB)
20
30
0

해설

- NULL 포함한 연산에 대해 산술 연산은 결과가 NULL이다.
- 20+NULL은 NULL이고, NULL+30도 NULL이고, NULL+NULL도 NULL이다.

18

다음과 같은 SQL이 순서대로 수행되고 난 후 결괏값으로 알맞은 것을 고르시오.

```
INSERT INTO TAB1 VALUES(1);
SAVEPOINT SV1;
INSERT INTO TAB1 VALUES(2);
SAVEPOINT SV1;
DELETE TAB1 WHERE COL1 >= 2;
ROLLBACK TO SV1;
INSERT INTO TAB1 VALUES(3);
SELECT COUNT(COL1) FROM TAB1;
```

① 1 ② 2
③ 3 ④ 4

해설

동일한 이름(SV1)으로 SAVEPOINT가 다시 지정되고 난 후 ROLLBACK을 수행하는 경우 가장 가까운 저장점까지만 실행 취소가 된다.
실제 실행되는 명령은 다음과 같다.

```
INSERT INTO TAB1 VALUES(1);
INSERT INTO TAB1 VALUES(2);
INSERT INTO TAB1 VALUES(3);
SELECT COUNT(COL1) FROM TAB1;
```

19

다음 설명에 해당하는 SQL의 명령어는 무엇인지 고르시오.

> 하나의 트랜잭션을 정상적으로 완료하고 그 결과를 데이터베이스에 반영하는 명령어이다.

① COMMIT ② SAVEPOINT
③ GRANT ④ REVOKE

해설

COMMIT과 ROLLBACK에 대한 설명이다.

COMMIT	하나의 트랜잭션을 정상적으로 완료하고 그 결과를 데이터베이스에 반영하는 명령어
ROLLBACK	문제가 발생한 트랜잭션을 취소하기 위한 명령어

정답 16. ② 17. ② 18. ③ 19. ①

20

다음 쿼리와 동일한 기능을 수행하는 쿼리는 무엇인지 고르시오.

> SELECT * FROM TAB WHERE COL1 IN (1, 2);

① SELECT * FROM TAB WHERE COL1 = 1 AND COL1 = 2;

② SELECT * FROM TAB WHERE COL1 = 1 AND COL1 = 2 AND COL1 = NULL;

③ SELECT * FROM TAB WHERE COL1 = 1 OR COL1 = 2;

④ SELECT * FROM TAB WHERE COL1 = 1 OR COL1 = 2 OR COL1 = NULL;

(해설)
- WHERE 절에서 NULL을 조회하기 위해서는 IS NULL을 사용한다.
- IN(...)의 NULL이 있거나 없거나 동일한 결과가 나온다.
- IN 안에 포함된 값들 중에 하나만이라도 있을 경우 WHERE 절이 참이기 때문에 OR 연산을 이용한 것과 동일하다.

21

다음 SQL 문장에서 NULL인 값을 찾기 위해 (㉠)에 들어가야 할 연산자는 무엇인지 고르시오.

> [SQL]
> SELECT * FROM TEMP_TABLE WHERE COL1 _____㉠_____ ;

① < > NULL ② = = NULL
③ IS NULL   ④ != NULL

(해설)
NULL이 아닌 값을 찾을 때 사용하는 연산자는 IS NOT NULL이고 NULL인 값을 찾기 위한 연산자는 IS NULL이다.

22

다음 SQL 중에서 실행 결과를 쓰시오.

> SELECT CEIL(10.4), FLOOR(10.4)
> FROM DUAL;

(해설)
- CEIL 함수는 10.4보다 크면서 최소 정수인 11을 반환한다.
- FLOOR 함수는 10.4보다 작으면서 최대 정수인 10을 반환한다.

23

다음 SQL의 실행 결과로 가장 적절한 것을 고르시오.

[SQL]
SELECT TO_CHAR(TO_DATE('2022-01-01', 'YYYY-MM-DD') + 1, 'YYYY-MM-DD HH24:MI:SS')
  FROM DUAL;

① 2022-01-01 01:00:00
② 2022-01-02 00:00:00
③ 2022-02-01 00:00:00
④ 2023-01-01 00:00:00

[해설]

날짜형 데이터에 1을 더하면 1일을 더한 것과 같다. TO_DATE('2022-01-01', 'YYYY-MM-DD')의 결과가 2022-01-01 00:00:00이므로, 1일을 더하면 2022-01-02 00:00:00이 된다.

24

TAB1 테이블을 대상으로 SQL을 실행했을 때 조회 결과로 옳은 것을 고르시오.

[TAB1] 테이블

COL1
A
B

[SQL]
SELECT CASE WHEN COL1 = 'A' THEN 'B'
            WHEN COL1 = 'B' THEN 'B'
            WHEN COL1 = 'C' THEN 'A'
        END AS "A"
  FROM TAB1;

①
A
A
B

②
A
B
B

③
A
A
C

④
A
B
A

정답 20.③ 21.③ 22.11, 10 23.② 24.②

해설

- CASE 다음에 조건식을 표현했을 때, 조건식에 해당하는 결과로 반환한다.

```
CASE WHEN 조건식1 THEN 결과1
     WHEN 조건식2 THEN 결과2
     WHEN 조건식n THEN 결과n
END
```

- COL1이 'A'이면 'B'로 변환하고, 'C'이면 'A'로 변환하므로 첫 번째 튜플 'A'만 'B'로 변환한다.

25

다음 EMP 테이블에서 DEPT 별로 그룹을 묶었을 때 부서의 급여 합계가 500 이상인 부서와 해당 DEPT의 SALARY 합계를 출력하는 구하는 쿼리로 옳은 것을 고르시오.

[EMP] 테이블

EMP_NAME	DEPT	SALARY
김철수	영업	300
홍길동	마케팅	400
장보고	전산	200
이순신	전산	500
유관순	마케팅	100

① SELECT DEPT, SUM(SALARY)
　　FROM EMP
　　GROUP BY DEPT
　　HAVING SUM(SALARY) >= 500;

② SELECT DEPT, SUM(SALARY)
　　FROM EMP
　　WHERE SUM(SALARY) >= 500

③ SELECT DEPT, SUM(SALARY)
　　FROM EMP
　　WHERE SUM(SALARY) >= 500
　　GROUP BY DEPT;

④ SELECT DEPT, SUM(SALARY)
　　FROM EMP
　　GROUP BY DEPT;

해설

- HAVING 절은 GROUP BY에 의해 분류한 후 그룹에 대한 조건 지정한다.
- GROUP BY 절의 속성값에 해당하는 값들끼리 그룹을 형성하고, SUM(SALARY)를 통해서 그룹별 합계를 구할 수 있다.
- GROUP BY 절과 SUM(SALARY)를 통해서 그룹별 합계가 계산된 이후에 HAVING 절을 통해 그룹별 SALARY 합계가 500 이상인 조건을 구할 수 있다.

26

다음과 같은 테이블이 있을 때 SQL에 대한 결괏값을 고르시오.

[TAB] 테이블

COL1	COL2
1	100
1	NULL
2	100
2	200

[SQL]
SELECT COL1, SUM(COL2) FROM TAB GROUP BY COL1;

①
COL1	SUM(COL2)
1	100
2	300

②
COL1	SUM(COL2)
1	NULL
2	300

③
COL1	SUM(COL2)
3	400

④
COL1	SUM(COL2)
6	400

해설

NULL에 대하여 SUM으로 연산 시 NULL 값은 무시하고 합산한다. 100과 NULL의 SUM 결과는 100이 된다.

27

SELECT 문장 실행 순서를 올바르게 나열한 것을 고르시오.

① FROM → WHERE → GROUP BY → SELECT → ORDER BY → HAVING
② FROM → WHERE → GROUP BY → HAVING → ORDER BY → SELECT
③ FROM → WHERE → GROUP BY → HAVING → SELECT → ORDER BY
④ FROM → WHERE → GROUP BY → SELECT → HAVING → ORDER BY

해설

SELECT 문장 실행 순서	
프웨그 해셀오	FROM / WHERE / GROUP BY / HAVING / SELECT / ORDER BY

정답 25. ① 26. ① 27. ③

28

SCORE 테이블에서 MATH_SCORE에 대해 내림차순으로 조회되도록 SQL을 작성하시오.

[SCORE] 테이블

NAME	MATH_SCORE
두음쌤	30
수제비쌤	50
지기쌤	40
보안쌤	50

[SQL]
SELECT NAME, MATH_SCORE
  FROM SCORE
  _____ ;

해설

ORDER BY 절은 특정 컬럼을 기준으로 정렬하기 위해 사용한다.

SELECT 컬럼명 [AS ALIAS명] FROM 테이블명 [WHERE 조건식] [GROUP BY 컬럼|표현식] [HAVING 그룹조건식] [ORDER BY 컬럼|표현식 [ASC|DESC]];	ORDER BY 절의 컬럼이나 표현식 조건에 맞게 정렬	
	ASC (Ascending)	조회한 데이터를 오름차순으로 정렬 (기본값이므로 생략 가능)
	DESC (Descending)	조회한 데이터를 내림차순으로 정렬

29

다음과 같이 테이블이 있을 때 SQL 결과 건수를 알맞게 나열한 것을 고르시오.

[TAB1] 테이블

COL1	COL2
B	1
C	2
D	3
E	4

[TAB2] 테이블

COL1	COL2
A	1
B	2
C	3
D	4

㉠ SELECT * FROM TAB1 A INNER JOIN TAB2 B ON (A.COL1 = B.COL1);

㉡ SELECT * FROM TAB1 A LEFT OUTER JOIN TAB2 B ON (A.COL1 = B.COL1);

㉢ SELECT * FROM TAB1 A RIGHT OUTER JOIN TAB2 B ON (A.COL1 = B.COL1);

① ㉠: 3, ㉡: 4, ㉢: 4
② ㉠: 3, ㉡: 3, ㉢: 4
③ ㉠: 4, ㉡: 3, ㉢: 3
④ ㉠: 4, ㉡: 4, ㉢: 4

해설

- INNER JOIN을 하게 되면 다음과 같이 공통 부분만 묶이게 된다.

COL1	COL2	COL1	COL2
B	1	B	2
C	2	C	3
D	3	D	4

- LEFT OUTER JOIN을 하면 왼쪽 테이블인 TAB1을 기준으로 묶이게 된다.

COL1	COL2	COL1	COL2
B	1	B	2
C	2	C	3
D	3	D	4
E	4	NULL	NULL

- RIGHT OUTER JOIN을 하면 오른쪽 테이블인 TAB2를 기준으로 묶이게 된다.

COL1	COL2	COL1	COL2
NULL	NULL	A	1
B	1	B	2
C	2	C	3
D	3	D	4

31

동일한 이름을 갖는 컬럼 중에서 원하는 컬럼만 선택적으로 JOIN하기 위한 SQL을 작성하려고 한다. 다음 SQL 문장의 ㉠ 안에 들어갈 내용을 작성하시오.

```
SELECT B.DEPT_NAME, A.EMP_NAME,
       A.SALARY
FROM EMP A JOIN DEPT B
     ____㉠____ (DEPT_ID);
```

(해설)

동일한 이름을 갖는 컬럼 중에서 원하는 컬럼만 선택적으로 JOIN하는 기법에는 USING 조건절을 이용한다.

30

2개의 테이블을 이용해 데이터를 조회하는 경우, 필요한 조인(Join) 조건은 최소 몇 개인지 고르시오.

① 1개   ② 2개
③ 3개   ④ 4개

(해설)

N개의 테이블로부터 원하는 데이터를 조회하기 위해서는 최소 N-1 개의 조인 조건이 필요하다.

정답 28. ORDER BY MATH_SCORE DESC 29. ❶ 30. ❶ 31. USING

32

다음 테이블들을 대상으로 SQL 문장을 수행한 결과 건수로 가장 적절한 것을 고르시오.

[EMP] 테이블

EMP_ID	EMP_NAME	DEPT_ID
101	김철수	10
102	홍길동	10
103	허준	20
104	정약용	20

[DEPT] 테이블

DEPT_ID	DEPT_NAME
10	개발팀
20	운영팀
30	품질팀

[SQL]
SELECT A.EMP_ID
     , A.EMP_NAME
     , B.DEPT_NAME
  FROM EMP A RIGHT OUTER JOIN DEPT B
    ON A.DEPT_ID = B.DEPT_ID;

① 3건 ② 4건
③ 5건 ④ 6건

해설
- DEPT 테이블의 DEPT_ID를 기준으로 Right Outer Join을 수행한다. EMP 테이블에는 DEPT_ID가 30인 데이터가 없으므로, DEPT_ID가 30일 때에는 A.EMP_ID와 A.EMP_NAME는 NULL이 되고 결과 건수는 5건이 된다.
- SQL 수행 결과는 다음과 같다.

EMP_ID	EMP_NAME	DEPT_NAME
101	김철수	개발팀
102	홍길동	개발팀
103	허준	운영팀
104	정약용	운영팀
NULL	NULL	품질팀

33

SQL Server에서 수학의 차집합과 동일한 기능을 제공하는 연산자로 가장 적절한 것은 무엇인가?

① MINUS   ② UNION
③ INTERSECT ④ EXCEPT

해설
SQL Server에서 차집합과 동일한 연산을 제공하는 연산자는 EXCEPT이며, Oracle에서는 MINUS 연산자가 차집합과 동일한 연산을 제공한다.

34

다음 테이블들을 대상으로 SQL 문장을 수행한 결과 건수로 올바른 것은?

[SQLD] 테이블

COL1	COL2
1	2
1	2
1	2

[SQLP] 테이블

COL1	COL2
1	2
1	3
1	4

[SQL]

SELECT COL1, COL2 FROM SQLD
 UNION
SELECT COL1, COL2 FROM SQLP;

① 3건　　② 4건
③ 5건　　④ 6건

해설

- UNION 연산자는 합집합 연산을 수행하며, 중복된 행은 하나의 행으로 표시한다.
- 따라서, 아래와 같이 중복되는 행을 제거하여 3건의 데이터가 표시 된다.

COL1	COL2
1	2
1	3
1	4

35

다음과 같은 집합이 있을 때, 집합 A와 B에 대해 집합 연산을 수행한 결과가 집합 C가 되게 하는 집합 연산자는 무엇인지 고르시오.

A = {가, 나, 다, 라, 마}
B = {라, 마, 바, 사}
C = {가, 나, 다}

① UNION ALL　　② UNION
③ MINUS　　　　④ INTERSECT

해설

연산의 결과는 집합 A와 집합 B에 대한 차집합연산의 결과이다.
수학의 차집합 연산을 수행하는 것은 MINUS이다.

정답 32.③ 33.④ 34.① 35.③

36

다음 테이블에 대해 SQL을 수행한 결과는 무엇인지 고르시오.

[EMP] 테이블

EMP_ID	EMP_NAME	MGR_ID
101	김철수	NULL
102	홍길동	101
103	장보고	101
104	이순신	103
105	유관순	104
106	박영희	NULL
107	허준	106
108	정약용	106
109	스티브	107

[SQL]
```
SELECT EMP_ID AS EMP_ID
     , EMP_NAME AS EMP_NAME
     , MGR_ID
     , LEVEL
  FROM EMP
  START WITH EMP_ID = '109'
CONNECT BY EMP_ID = PRIOR MGR_ID;
```

①

EMP_ID	EMP_NAME	MGR_ID	LEVEL
106	박영희	NULL	1
107	허준	106	2
108	정약용	106	2
109	스티브	107	3

②

EMP_ID	EMP_NAME	MGR_ID	LEVEL
106	박영희	NULL	1
107	허준	106	2
109	스티브	107	3

③

EMP_ID	EMP_NAME	MGR_ID	LEVEL
109	스티브	107	1
107	허준	106	2
106	박영희	NULL	3

④

EMP_ID	EMP_NAME	MGR_ID	LEVEL
109	스티브	107	1
107	허준	106	2
108	정약용	106	2
106	박영희	NULL	3

해설

역방향 계층형 질의는 계층형 데이터를 하위에서 상위로 전개하는 질의어로써, PRIOR 부모 = 자식 형태를 사용한다. 문제의 SQL 문장은 역방향 계층형 질의로써 ③번의 결과를 출력한다.

37

다음과 같은 계층 구조로 되어있는 데이터에 대해서 다음 SQL 수행 결과로 가장 적절한 것을 고르시오.

[TAB1] 테이블

EMP_ID	MGR_ID	DEPT_NM
A	NULL	HEADROOM
B	A	HEADROOM
C	A	HEADROOM
D	C	TECH
E	C	TECH

[SQL]
```
SELECT COUNT(EMP_ID)
     , COUNT(MGR_ID)
     , COUNT(DEPT_NM)
  FROM TAB1
 START WITH MGR_ID IS NULL
CONNECT BY PRIOR EMP_ID = MGR_ID;
```

① 5, 4, 5   ② 5, 3, 2
③ 5, 2, 2   ④ 4, 2, 2

해설

문제의 SQL은 순방향 계층형 질의이다. MGR_ID가 NULL인 레코드를 시작으로 계층형 구조를 구성한다. EMP_ID 컬럼의 값은 A, B, C, D, E 총 5개이고, MGR_ID 컬럼의 값은 NULL을 제외한 A 2개, C 2개 총 4개이다. 그리고 DEPT_NM 컬럼의 값은 HEADROOM 3개, TECH 2개 총 5개이다.

38

EMP 테이블에 대해서 [조회 결과]와 같이 출력되도록 하는 SQL을 고르시오.

[EMP] 테이블

EMP_ID	EMP_NAME	SALARY	JOB_TITLE
101	김철수	4500000	팀장
102	홍길동	4000000	과장
103	장보고	3500000	과장
104	이순신	3000000	사원
105	유관순	2500000	사원
106	박영희	5000000	팀장
107	허준	4000000	과장
108	정약용	3500000	과장
109	스티브	3000000	사원

[조회 결과]

EMP_ID	EMP_NAME	SALARY	JOB_TITLE
101	김철수	4500000	팀장
106	박영희	5000000	팀장

①
```
SELECT EMP_ID, EMP_NAME, SALARY
     , JOB_TITLE
  FROM EMP
 WHERE EMP_ID IN
       (SELECT EMP_ID
          FROM EMP
         WHERE JOB_TITLE = '과장');
```

② SELECT EMP_ID, EMP_NAME, SALARY
, JOB_TITLE
FROM EMP A
WHERE SALARY > ALL
(SELECT SALARY
FROM EMP
WHERE JOB_TITLE = '과장');

③ SELECT EMP_ID, EMP_NAME, SALARY
, JOB_TITLE
FROM EMP A
WHERE SALARY > ANY
(SELECT SALARY
FROM EMP
WHERE JOB_TITLE = '과장');

④ SELECT A.EMP_ID, A.EMP_NAME
, A.SALARY, JOB_TITLE
FROM EMP A
WHERE EXISTS
(SELECT 1
FROM EMP B
WHERE A.SALARY = B.SALARY
AND JOB_TITLE = '과장');

해설

서브 쿼리를 통한 비교 연산 수행 시에 ALL 연산자는 서브 쿼리 결과의 모든 값을 만족하는 조건을 찾는다. 과장 직급의 급여 최댓값이 4000000이므로, 급여가 4000000보다 큰 직원의 정보가 조회된다.

39

다음과 같은 테이블에 데이터가 있다. 각 SQL에 대한 결괏값이 <u>잘못된</u> 것을 고르시오.

[A] 테이블

COL1	COL2
1	A
2	NULL
3	B
4	C

[B] 테이블

COL1	COL2
1	A
3	B

① SELECT *
FROM A
WHERE COL2 IN (SELECT COL2 FROM B);

COL1	COL2
1	A
3	B

② SELECT *
FROM A
WHERE COL2 NOT IN (SELECT COL2 FROM B);

COL1	COL2
4	C

③ SELECT *
FROM A
WHERE EXISTS(SELECT 'X' FROM B
WHERE A.COL2 = B.COL2);

COL1	COL2
1	A
3	B

④ SELECT *
　　FROM A
　　　WHERE NOT EXISTS (SELECT 'X' FROM B
　　　　　　WHERE A.COL2 = B.COL2);

COL1	COL2
4	C

해설
- NOT EXISTS 구문은 메인 쿼리의 레코드가 서브 쿼리 결과를 만족하지 않으면 결과를 출력한다.
- ④번의 결괏값은 다음과 같다.

COL1	COL2
2	NULL
4	C

40

다음 테이블에서 SQL을 실행할 때 결과로 가장 적절한 것을 고르시오.

[PAY] 테이블

YEAR	GENDER	AGE	PAY_AMOUNT
2020	남자	20대	1210000
2020	남자	30대	1350000
2020	남자	40대이상	1440000
2020	여자	20대	1140000
2020	여자	30대	1200000
2020	여자	40대이상	1390000
2021	남자	20대	1420000
2021	남자	30대	1440000
2021	남자	40대이상	1570000
2021	여자	20대	1270000
2021	여자	30대	1360000
2021	여자	40대이상	1520000

[SQL]
SELECT GENDER
　　, AGE
　　, SUM(PAY_AMOUNT)
　　　AS PAY_AMOUNT
　FROM PAY
　GROUP BY ROLLUP (GENDER, AGE);

①
GENDER	AGE	PAY_AMOUNT
남자	NULL	8430000
여자	NULL	7880000
NULL	NULL	16310000

②
GENDER	AGE	PAY_AMOUNT
남자	20대	2630000
남자	30대	2790000
남자	40대이상	3010000
남자	NULL	8430000
여자	20대	2410000
여자	30대	2560000
여자	40대이상	2910000
여자	NULL	7880000
NULL	NULL	16310000

③
GENDER	AGE	PAY_AMOUNT
남자	20대	2630000
남자	30대	2790000
남자	40대이상	3010000
여자	20대	2410000
여자	30대	2560000
여자	40대이상	2910000
NULL	NULL	16310000

정답 39. ④ 40. ②

④

GENDER	AGE	PAY_AMOUNT
남자	20대	2630000
남자	30대	2790000
남자	40대이상	3010000
남자	NULL	8430000
여자	20대	2410000
여자	30대	2560000
여자	40대이상	2910000
여자	NULL	7880000

> 해설

ROLLUP 함수는 지정된 컬럼의 소계 및 총계를 구하기 위해 사용하는 그룹 함수이다. 문제의 SQL에서 사용한 ROLLUP 함수의 결과는 ②번이다.

41

다음 쿼리 중 결괏값이 다른 하나는 무엇인지 고르시오.

①
```
SELECT DNAME, JOB
     , COUNT(*) "Total Empl"
     , SUM(SAL) "Total Sal"
  FROM EMP A, DEPT B
 WHERE A.DEPTNO = B.DEPTNO
 GROUP BY ROLLUP(DNAME, JOB)
 ORDER BY DNAME, JOB;
```

②
```
SELECT DNAME, JOB
     , COUNT(*) "Total Empl"
     , SUM(SAL) "Total Sal"
  FROM EMP A
 WHERE A.DEPTNO = B.DEPTNO
 GROUP BY GROUPING SETS((DNAME,
          JOB), DNAME, NULL)
 ORDER BY DNAME, JOB;
```

③
```
SELECT DNAME, JOB
     , COUNT(*) "Total Empl"
     , SUM(SAL) "Total Sal"
  FROM EMP A, DEPT B
 WHERE A.DEPTNO = B.DEPTNO
 GROUP BY DNAME, JOB
 UNION ALL
SELECT DNAME, '' AS JOB
     , COUNT(*) "Total Empl"
     , SUM(SAL) "Total Sal"
  FROM EMP A, DEPT B
 WHERE A.DEPTNO = B.DEPTNO
 GROUP BY DNAME
 UNION ALL
SELECT DNAME, '' AS JOB,
       COUNT(*) "Total Empl",
       SUM(SAL) "Total Sal"
  FROM EMP A, DEPT B
 WHERE A.DEPTNO = B.DEPTNO
 ORDER BY 1, 2;
```

④
```
SELECT DNAME, JOB
     , COUNT(*) "Total Empl"
     , SUM(SAL) "Total Sal"
  FROM EMP A, DEPT B
 WHERE A.DEPTNO = B.DEPTNO
 GROUP BY CUBE(DNAME, JOB)
 ORDER BY DNAME, JOB;
```

해설

GROUP BY ROLLUP(DNAME, JOB)	GROUP BY DNAME, JOB UNION ALL GROUP BY DNAME UNION ALL 모든 집합 그룹 결과
GROUP BY CUBE(DNAME, JOB)	GROUP BY DNAME, JOB UNION ALL GROUP BY DNAME UNION ALL GROUP BY JOB UNION ALL 모든 집합 그룹 결과
GROUP BY GROUPING SETS(DNAME, JOB)	GROUP BY DNAME UNION ALL GROUP BY JOB
GROUPING SETS(A, B, C)	GROUP BY A UNION ALL GROUP BY B UNION ALL GROUP BY C

42

다음과 같은 [TABLE_A] 테이블이 있을 때 SQL 수행 결과가 [결과] 테이블과 같이 나올 수 있도록 밑줄친 곳에 들어갈 쿼리를 작성하시오.

[TABLE_A] 테이블

COL1	COL2	COL3
한국	A01	1000
한국	A01	2000
한국	A02	5000
한국	A02	3000
미국	B01	10000
미국	B01	20000
미국	B02	50000
중국	C01	10000
중국	C01	20000
중국	C02	5000

[조회 결과]

COL1	COL2	COUNT(*)	SUM(COL3)
미국	B01	2	30000
미국	B02	1	50000
미국		3	80000
중국	C01	2	30000
중국	C02	1	5000
중국		3	35000
한국	A01	2	3000
한국	A02	2	8000
한국		4	11000
		10	126000

정답 41. ❹ 42. ROLLUP (COL1, COL2)

[SQL]
SELECT COL1, COL2, COUNT(*), SUM(COL3)
  FROM TABLE_A
 GROUP BY _____
 ORDER BY 1, 2;

해설

ROLLUP은 지정된 컬럼의 소계 및 총계를 구하기 위해 사용하는 그룹 함수이다. 문제의 실행 결과에서는 (COL1, COL2)에 대한 소계와 (COL1)에 대한 소계, 그리고 총계에 대한 집계가 계산되었기 때문에 ROLLUP 함수를 사용해야 한다.

43

다음은 부서별 급여 순위를 조회한 결과이다. 다음과 같은 결과를 조회하기 위해서는 어떤 SQL을 실행해야 하는지 고르시오.

[조회 결과]

DEPT_NAME	EMP_NAME	SALARY	순위
개발팀	김철수	4500000	1
개발팀	홍길동	4000000	2
개발팀	장보고	4000000	2
개발팀	이순신	3000000	3
개발팀	유관순	2500000	4
운영팀	박영희	5000000	1
운영팀	허준	4000000	2
운영팀	정약용	3500000	3
운영팀	스티브	3000000	4

① SELECT DEPT_NAME, EMP_NAME, SALARY, RANK( ) OVER(PARTITION BY DEPT_NAME ORDER BY SALARY DESC) "순위"
   FROM EMP;

② SELECT DEPT_NAME, EMP_NAME, SALARY, DENSE_RANK( ) OVER(PARTITION BY DEPT_NAME ORDER BY SALARY DESC) "순위"
   FROM EMP;

③ SELECT DEPT_NAME, EMP_NAME, SALARY, ROW_NUMBER( ) OVER(PARTITION BY DEPT_NAME ORDER BY SALARY DESC) "순위"
   FROM EMP;

④ SELECT DEPT_NAME, EMP_NAME, SALARY, ROWNUM AS "순위"
   FROM EMP;

해설

DENSE_RANK 함수는 동일한 값이 발생한 경우에는 동일한 순위를 부여하고, 동일한 값을 하나의 건수로 취급해서 다음 순위를 계산한다. 문제의 조회 결과는 DENSE_RANK 함수를 사용한 결과이다.

44

다음 SQL을 실행하여 급여를 누적으로 계산하였다. 다음과 같은 결과를 조회하기 위해 밑줄친 ㉠에 작성해야 하는 문장으로 가장 적절한 것을 고르시오.

[조회 결과]

DEPT_NAME	EMP_NAME	SALARY	누적급여
운영팀	박영희	5000000	5000000
개발팀	김철수	4500000	9500000
개발팀	홍길동	4000000	17500000
운영팀	허준	4000000	17500000
개발팀	장보고	3500000	24500000
운영팀	정약용	3500000	24500000
개발팀	이순신	3000000	30500000
운영팀	스티브	3000000	30500000
개발팀	유관순	2500000	33000000

[SQL]
SELECT DEPT_NAME
     , EMP_NAME
     , SALARY
     , SUM(SALARY) OVER (ORDER BY
         SALARY DESC ___㉠___) "누적급여"
  FROM EMP;

① ROWS BETWEEN UNBOUNDED PRECEDING AND CURRENT ROW
② ROWS BETWEEN UNBOUNDED PRECEDING AND UNBOUNDED FOLLOWING
③ RANGE BETWEEN UNBOUNDED PRECEDING AND CURRENT ROW
④ RANGE BETWEEN UNBOUNDED PRECEDING AND UNBOUNDED FOLLOWING

해설

ROWS는 물리적인 ROW를 기준으로 범위를 정의하고, RANGE는 논리적인 값을 기준으로 범위를 정의한다. 문제의 조회 결과에서 SALARY 값이 동일한 레코드는 누적을 함께 계산하므로 ROWS가 아닌 RANGE를 사용했음을 예상할 수 있다.

정답 43. ② 44. ③

45

다음 중 TAB1 테이블에 대하여 다음의 SQL을 실행한 결과로 가장 적절한 것을 고르시오.

[TAB1] 테이블

C1	C2	C3
A	1	2
A	2	4
A	3	6
A	4	8
A	5	10

[SQL]

SELECT C1, C2, C3
    , LAG(C2) OVER (PARTITION BY C1 ORDER BY C2) AS "LAG"
    , LEAD(C3) OVER (PARTITION BY C1 ORDER BY C3 DESC) AS "LEAD"
FROM TAB1;

①

C1	C2	C3	LAG	LEAD
A	1	2	1	2
A	2	4	1	2
A	3	6	2	4
A	4	8	3	6
A	5	10	4	8

②

C1	C2	C3	LAG	LEAD
A	1	2	1	4
A	2	4	1	6
A	3	6	2	8
A	4	8	3	10
A	5	10	4	10

③

C1	C2	C3	LAG	LEAD
A	1	2	NULL	NULL
A	2	4	1	2
A	3	6	2	4
A	4	8	3	6
A	5	10	4	8

④

C1	C2	C3	LAG	LEAD
A	1	2	NULL	4
A	2	4	1	6
A	3	6	2	8
A	4	8	3	10
A	5	10	4	NULL

해설

LAG 함수는 파티션 별 윈도우에서 이전 행의 값을 반환하는 함수이고, LEAD 함수는 파티션 별 윈도우에서 이후 행의 값을 반환하는 함수이다. LAG 함수의 결과는 C2 컬럼을 오름차순으로 정렬했을 때 이전 레코드의 값을 반환하고, LEAD 함수의 결과는 C3 컬럼을 내림차순으로 정렬했을 때 이후 레코드의 값을 반환하게 된다.

46

Oracle에서 OPER 사용자에서 EMP 테이블에 부여된 SELECT 권한을 회수하고자 한다. 다음 SQL 문장의 ㉠ 안에 들어갈 내용을 완성하시오.

```
REVOKE SELECT ON EMP _____㉠_____
OPER;
```

해설

Oracle에서 REVOKE 문법은 다음과 같다.

```
REVOKE 오브젝트 권한
    ON 오브젝트
    FROM 사용자;
```

47

데이터의 입력, 수정, 삭제 등의 DML 문이 수행될 때, 자동으로 실행되는 프로그램으로서 주로 데이터 무결성 유지 및 로그 메시지 출력을 위해 사용되는 절차형 SQL은 무엇인가?

해설

데이터의 입력, 수정, 삭제 등의 DML 문이 수행될 때, 자동으로 실행되는 프로그램이며, 주로 데이터 무결성 유지 및 로그 메시지 출력을 위해 사용되는 절차형 SQL은 Trigger이다.

48

규칙 기반 옵티마이저에서 다음의 액세스 기법 중에서 우선순위가 가장 높은 것은?

① Single row by unique or primary key
② Single row by rowid
③ Single column index
④ Full table scan

해설

규칙 기반 옵티마이저에서 우선순위가 가장 높은 것은 Single row by rowid 이며, 가장 낮은 것은 Full table scan이다.

49

다음 중 인덱스에 대한 설명으로 가장 적절하지 않은 것을 고르시오.

① 관계형 데이터베이스에서 가장 많이 사용되는 인덱스는 Balanced Tree이다.
② 인덱스 컬럼 이외의 데이터를 수정하는 Update 작업에도 성능 저하가 발생한다.
③ Unique Index에는 NULL 값을 포함할 수 있다.
④ 인덱스는 데이터베이스에 저장된 데이터를 빠르게 조회하기 위해서, 테이블에 연관된 정보를 독립적인 저장 공간에 저장한 객체이다.

해설

인덱스 컬럼 이외의 데이터를 수정하는 Update 작업의 경우에는 성능 저하가 발생하지 않는다.

정답 45. ③ 46. FROM 47. Trigger 48. ② 49. ②

50

다음 중 Join에 대한 설명으로 가장 적절하지 <u>않은</u> 것을 고르시오.

① Hash Join은 조인 조건으로 BETWEEN을 사용할 수 없다.
② Nested Loop Join은 전체범위처리가 가능한 상황에서 전체처리속도가 개선된다.
③ Sort Merge Join 하기에 두 테이블이 너무 커서 소트(Sort) 부하가 심할 때는 Hash Join이 유용하다.
④ Sort Merge Join은 조인 조건의 인덱스 유무에 영향을 받지 않아서 Nested Loop Join이 비효율적일 때 사용할 수 있다.

[해설]

Nested Loop Join은 전체범위처리가 아닌 부분 범위처리가 가능한 상황에서 응답 속도가 개선된다.

최종모의고사 2회

01
데이터 모델링의 세 가지 요소에 해당하지 않는 것은 다음 중 무엇인지 고르시오.

① 업무가 관여하는 어떤 것의 행위(Events)
② 어떤 것이 가지는 성격(Attributes)
③ 업무가 관여하는 어떤 것의 관계(Relationship)
④ 업무가 관여하는 어떤 것(Things)

해설
데이터 모델링의 3가지 요소는 Things, Attributes, Relationship이다.

Things	업무가 관여하는 어떤 것
Attributes	어떤 것이 가지는 성격
Relationship	업무가 관여하는 어떤 것의 관계

02
다음 중 학생 관리 시스템을 구축하는데 사용될 엔티티의 이름으로 사용하기에 가장 적절하지 않은 것을 고르시오.

① STUDENT - 학생
② PROFESSOR - 교수
③ SUBJECT - 교과목
④ EMPLOYEE - 사원

해설
엔티티 명명 규칙은 반드시 시스템을 구축하고자 하는 업무에서 필요로 하고 관리하고자 하는 정보여야 한다는 점이다. 문제의 보기에서 '학생', '교수', '교과목'은 학생 관리 시스템에 포함되는 엔티티이지만, '사원' 엔티티는 직원 관리에 사용되는 엔티티로 볼 수 있다.
엔티티 명명 규칙은 다음과 같다.

업무 용어	- 업무에서 사용하는 용어를 우선 사용
약어 미사용	- 약어 사용 시 이해관계자 간 오해 발생 가능
단수 명사	- 서술식이나 복수형보다는 단수형 명사 사용
이름 유일성	- 모든 엔티티에서 유일한 이름 부여
의미와 일치	- 엔티티의 생성 의미대로 이름 부여

03
테이블에서 특정 컬럼만 조회할 때, Disk I/O를 낮추기 위한 반정규화 기법을 고르시오.

① 이력 테이블 추가
② 수직 분할
③ 수평 분할
④ 중복 테이블 추가

해설
테이블에서 특정 컬럼만 조회할 때, Disk I/O를 낮추기 위해서 수직 분할을 이용한다.

04
다음이 설명하는 용어로 가장 적절한 것을 고르시오.

> 속성이 가질 수 있는 값의 범위로 예를 들면 학점은 0.0 이상 4.5 이하의 값으로 -2.5, 7.5와 같은 값을 가질 수 없다.

① 인스턴스(Instance)
② 시스템 카탈로그(System Catalogue)
③ 선택도(Selectivity)
④ 도메인(Domain)

해설

인스턴스	- 어느 특정한 순간에 데이터베이스에 저장되어 나타난 정보의 모임
카탈로그	- 데이터베이스에 저장되는 테이블, 뷰, 인덱스, 접근 권한 등에 대한 정보를 저장하는 데이터베이스
선택도	- 전체 레코드에서 특정 조건에 의해 선택되는 레코드의 비율
도메인	- 속성이 가질 수 있는 값의 범위

정답 01. ① 02. ④ 03. ② 04. ④

05

함수적 종속성은 데이터가 가지고 있는 속성 간의 관계에 의해 결정되고 종속되는 현상이다. 다음 ERD가 표현하는 함수적 종속성 유형을 고르시오.

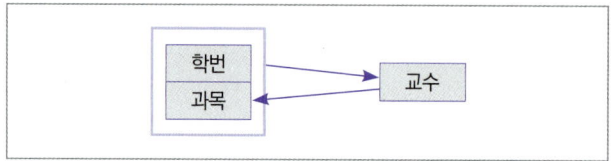

① 부분 함수 종속성
② 완전 함수 종속성
③ 이행 함수 종속성
④ 결정자 함수 종속성

해설

- 결정자 함수 종속성은 후보키가 아닌 결정자가 존재하는 상태이다.
- 함수적 종속성의 유형은 다음과 같다.

부분 함수 종속성	- 복합식별자의 부분적인 속성이 일반 속성을 결정하는 상태
완전 함수 종속성	- 식별자의 전체 속성이 일반 속성을 결정하는 상태
이행 함수 종속성	- 식별자가 아닌 일반 속성이 다른 일반 속성을 결정하는 상태
결정자 함수 종속성	- 후보키가 아닌 결정자가 존재하는 상태

06

다음 학과 엔티티에서 식별자의 특성에 해당하지 <u>않는</u> 것은 무엇인지 고르시오.

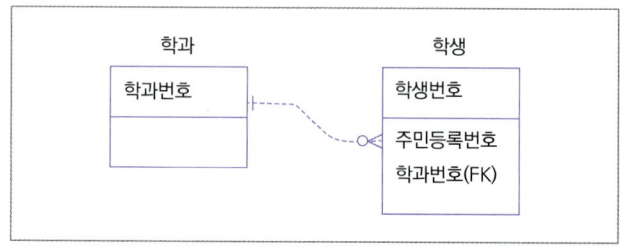

① 내부식별자
② 본질식별자
③ 주식별자
④ 인조식별자

해설

학과번호는 업무적으로 의미 있는 식별자로 일반적으로 학과 인스턴스의 생성과 함께 업무에 의해 만들어진다. 따라서 학과번호는 학과 인스턴스의 본질적인 속성에 해당하므로 인조 식별자가 아닌 본질 식별자로 볼 수 있다.

07

다음 중 DB 구조와 성능에 대한 설명으로 가장 옳지 <u>않은</u> 것은?

① 슈퍼 타입과 서브 타입 데이터 모델은 논리 모델링 단계에서 1:1 타입, 슈퍼+서브 타입, All in One 타입으로 변환할 수 있다.
② 트랜잭션의 특성을 고려하지 않고 슈퍼 타입과 서브 타입 데이터 모델을 변환하면 데이터베이스의 성능이 저하되는 문제가 발생할 수 있다.
③ 물리적인 데이터 모델링을 할 때 PK/FK의 칼럼의 순서 조정, FK 인덱스 생성 등은 성능 향상을 위한 데이터 모델링 작업에 중요한 요소가 된다.
④ 슈퍼 타입과 서브 타입 각각에 업무 트랜잭션이 독립적으로 발생하는 경우에는 1:1 타입으로 변환한다.

해설

슈퍼 타입과 서브 타입 데이터 모델은 논리 모델링 단계가 아닌 물리 모델링 단계에서 1:1 타입, 슈퍼+서브 타입, All in One 타입으로 변환할 수 있다.

08

다음 중 두 개의 엔티티 사이에 관계를 정의할 때 체크하는 사항으로 옳지 않은 것을 고르시오.

① 연관규칙: 두 개의 엔티티 사이에 연관규칙이 존재하는가?
② 관계연결 명사: 업무기술서, 장표에 관계연결을 가능하게 하는 명사(Noun)가 있는가?
③ 정보 조합: 두 개의 엔티티 사이에 정보의 조합이 발생하는가?
④ 관계연결 규칙: 업무기술서, 장표에 관계연결에 대한 규칙이 서술되어 있는가?

해설

두 개의 엔티티 사이에 관계를 정의할 때, 명사(Noun)가 아니라 관계연결을 가능하게 하는 동사(Verb)가 있는지 확인해야 한다.

09

다음은 분산 데이터베이스의 개념을 설명한 것이다. ㉠, ㉡에 들어갈 적절한 단어를 쓰시오.

> 분산 데이터베이스는 네트워크를 통해 (㉠)(으)로 분산된 데이터베이스를 하나의 (㉡) 데이터베이스로 사용하는 시스템이다.

해설

분산 데이터베이스의 개념은 다음과 같다.

> - 분산 데이터베이스는 네트워크를 통해 물리적으로 분산된 데이터베이스를 하나의 논리적 데이터베이스로 사용하는 시스템이다.
> - 다수의 지역으로 노드를 분산시켜 데이터베이스 성능을 향상시킨다.
> - 분산 데이터베이스 구성으로 데이터 백업이 가능하지만, 데이터가 실시간으로 동기화되지는 않는다.

10

대용량 데이터의 성능 저하 원인으로 다음이 설명하는 현상이 무엇인지 작성하시오.

> ( )은/는 하나의 로우(Row)가 다수의 블록에 저장되는 현상을 의미한다. 컬럼의 수가 많아지면 데이터가 다수 블록에 저장되므로, 다수의 I/O를 발생시켜서 성능 저하가 발생한다.

해설

로우 체이닝은 하나의 로우가 다수의 블록에 저장되는 현상이다.

정답 05. ④ 06. ④ 07. ① 08. ② 09. ㉠ 물리적, ㉡ 논리적 10. 로우 체이닝(Row Chaining)

11

다음 SQL 문을 수행한 결괏값을 고르시오. (단, DBMS는 Oracle 기준으로 한다.)

```
CREATE TABLE TAB1 (N1 NUMBER);
INSERT INTO TAB1 VALUES(1);
COMMIT;
INSERT INTO TAB1 VALUES(2);
CREATE TABLE TAB2 (N1 NUMBER);
INSERT INTO TAB2 VALUES(1);
TRUNCATE TABLE TAB2;
ROLLBACK;
COMMIT;
SELECT SUM(N1) FROM TAB1;
```

① 0 ② 1
③ 3 ④ 4

[해설]

- Oracle의 경우 DML 후 자동 COMMIT이 아니나, DDL이 발생하면 DML은 COMMIT이 자동으로 발생하여 전체 트랜잭션이 COMMIT 된다.
- DDL 이후 ROLLBACK이 진행되었으나 이미 COMMIT이 되었으므로 SUM은 3이 된다.

12

다음의 SQL에 대한 실행 결과로서 가장 올바른 것은 무엇인지 고르시오.

[EMP] 테이블

EMP_ID	SAL	MGR
1000	1000	3000
2000	4000	1000
3000	3000	

[SQL]
```
SELECT COUNT(*)
  FROM EMP
 WHERE EMP_ID > 1000 AND SAL >= 4000
    OR MGR IS NULL;
```

① 1 ② 2
③ 3 ④ 4

[해설]

- 연산자 우선순위는 (), NOT, 비교 연산자, AND, OR 순서이다.
- 따라서 (EMP_ID > 1000 AND EMP_SAL >= 4000) OR MGR IS NULL 과 같다.
- EMP_ID가 1000 초과이면서 3000 이하인 데이터가 2건이 조건에 일치한다.

13

EM 테이블이 다음과 같이 생성되고, 사용자 Mark가 EM 테이블에 대한 권한을 다음과 같이 부여하였다. 이후 실행이 가능한 SQL은 다음 중 무엇인지 고르시오.

[EM] 테이블

A	B
100	300
200	800
300	900

Mark: GRANT SELECT, INSERT, DELETE ON EM TO Sam WITH GRANT OPTION;

Sam: GRANT SELECT, INSERT, DELETE ON EM TO Paris;

Mark: REVOKE DELETE ON EM FROM Sam;

Mark: REVOKE INSERT ON EM FROM Sam CASCADE;

① Sam: INSERT INTO EM(A, B) VALUES(400, 600);
② Paris: INSERT INTO EM(A, B) VALUES(500, 700);
③ Sam: DELETE FROM EM WHERE B = 300;
④ Paris: DELETE FROM EM WHERE B = 800;

해설

Mark: GRANT SELECT, INSERT, DELETE ON EM TO Sam WITH GRANT OPTION;

- Sam에게 테이블 EM에 대해 SELECT, INSERT, DELETE 권한을 부여한다.
- Sam은 다른 사용자에게 동일한 권한 부여가 가능하다.

사용자	SELECT 권한	INSERT 권한	DELETE 권한
Sam	○	○	○

Sam: GRANT SELECT, INSERT, DELETE ON EM TO Paris;

- Sam이 Mark에게 EM 테이블에 대해 받은 SELECT, INSERT, DELETE 권한을 Paris에게 준다.

사용자	SELECT 권한	INSERT 권한	DELETE 권한
Sam	○	○	○
Paris	○	○	○

Mark: REVOKE DELETE ON EM FROM Sam;

- Mark가 sam에게 EM 테이블에 대한 DELETE 권한을 회수한다.

사용자	SELECT 권한	INSERT 권한	DELETE 권한
Sam	○	○	
Paris	○	○	○

Mark: REVOKE INSERT ON EM FROM Sam CASCADE;

- Mark가 Sam에게 EM 테이블에 대한 INSERT 권한을 CASCADE 옵션으로 회수한다.
- CASCADE 옵션으로 인하여 Sam에게 부여된 INSERT 권한뿐만 아니라 Sam이 Paris에게 부여한 INSERT 권한도 회수가 된다.

사용자	SELECT 권한	INSERT 권한	DELETE 권한
Sam	○		
Paris	○		○

정답 11. ③ 12. ② 13. ④

14

다음 중에서 사원테이블(EMP)에서 사원이름(ENAME)의 세 번째 문자가 'A'인 사원ID(EMP_ID)를 조회하는 SQL로 가장 올바른 것은 무엇인지 고르시오.

① SELECT EMP_ID FROM EMP WHERE ENAME LIKE 'A%';
② SELECT EMP_ID FROM EMP WHERE ENAME LIKE '_ _A%';
③ SELECT EMP_ID FROM EMP WHERE ENAME LIKE '%%A%';
④ SELECT EMP_ID FROM EMP WHERE ENAME LIKE '[_ _A]%';

해설

1개의 문자를 의미하는 와일드카드 문자는 _ 이다. 사원이름의 세 번째 문자가 'A'이므로 LIKE '_ _A%'가 가장 올바른 LIKE 문이 된다.

15

다음 중 자식 테이블(Child Table)의 외래키(Foreign Key) 데이터 생성 시 부모 테이블(Parent Table)에 기본키(Primary Key)가 없으면 자식 테이블의 데이터 입력을 허용하지 않도록 하는 참조 무결성 규칙은 다음 중 무엇인지 고르시오.

① Restrict
② Cascade
③ Dependent
④ Automatic

해설

Restrict와 Cascade는 삭제 또는 수정 시 참조 무결성 규칙이다.
Automatic은 자식 테이블의 인스턴스 입력을 항상 허용하고, 대응되는 부모 테이블에 인스턴스가 없으면 이를 자동으로 생성한다.

16

다음과 같은 테이블에서 데이터를 조작하려고 한다. 다음 중 COL1의 값이 1인 행에 대하여 COL2의 값을 "SQLD개발자"로 수정하기 위한 SQL 문장으로 알맞은 것을 고르시오.

```
CREATE TABLE SQLD (
  COL1  NUMBER(20),
  COL2  VARCHAR2(30)
);
```

① INSERT INTO SQLD VALUES (1, 'SQLD개발자');
② INSERT INTO SQLD VALUES ('SQLD개발자', 1);
③ UPDATE SQLD SET COL2='SQLD개발자' WHERE COL1=1;
④ UPDATE SQLD SET COL1='SQLD개발자' WHERE COL2=1;

해설

- 값을 수정하기 위해서는 UPDATE 명령어를 이용한다.
- ④번은 COL2의 값이 1인 행에 대해 COL1의 값을 변경하는 문장이므로 오답이다.

17

다음 SQL 문을 실행했을 때 조회되는 결과를 고르시오.

[TAB] 테이블

COL1	COL2	COL3
1	4	9
1	5	10
2	6	11

[SQL]
SELECT COL1, COL2, SUM(COL3)
　FROM TAB
　GROUP BY ROLLUP(COL1, COL2);

①

COL1	COL2	SUM(COL3)
1	4	9
1	5	10
1		19
2	6	11
2		11
		30

①

COL1	COL2	SUM(COL3)
		30
	4	9
	5	10
	6	11
1		19
1	4	9
1	5	10
2		11
2	6	11

①

COL1	COL2	SUM(COL3)
1		19
2		11
	4	9
	5	10
	6	11

①

COL1	COL2	SUM(COL3)
1		19
2		11
	4	9
	5	10
	6	11
		30

> **해설**

- ②번은 CUBE에 대한 결과이다.

　　SELECT COL1, COL2, SUM(COL3)
　　　FROM TAB1
　　　GROUP BY CUBE(COL1, COL2);

- ③번은 GROUPING SETS에 대한 결과이다.

　　SELECT COL1, COL2, SUM(COL3)
　　　FROM TAB1
　　　GROUP BY GROUPING SETS(COL1, COL2);

- ④번은 GROUPING SETS에서 빈 괄호 ( )를 통해 총계까지 조회한 결과이다.(빈 괄호 대신 NULL이나 ''을 넣어도 결과는 동일)

　　SELECT COL1, COL2, SUM(COL3)
　　　FROM TAB1
　　　GROUP BY GROUPING SETS(COL1, COL2, ());

18

다음과 같은 조건에 맞는 SQL 문을 완성하기 위해 ㉠과 ㉡에 들어갈 키워드를 작성하시오.

[조건]
다음 조건을 만족하면서 과목별 점수의 평균이 90 이상인 과목이름, 최소점수, 최대점수를 구하는 SQL 문을 작성하시오.

[SQL]
SELECT 과목이름, MIN(점수) AS 최소점수, MAX(점수) AS 최대점수
　FROM 성적
　__㉠__ 과목이름
　__㉡__ AVG(점수) >= 90;

해설
- 과목이름 별로 최소점수, 최대점수를 구하기 위해서는 GROUP BY 절을 이용해 과목이름으로 그룹을 맺어야 한다.
- 과목별 점수의 평균이 90 이상이라는 조건은 그룹에 대한 조건이므로 HAVING 절을 이용해 조건을 주어야 한다.

19

트랜잭션(Transaction)은 보통 일련의 연산 집합이란 의미로 사용하며 하나의 논리적 기능을 수행하는 작업의 단위이다. 트랜잭션이 가져야 할 특성으로 잘못된 것을 고르시오.

① 원자성(Atomicity)　② 병행성(Concurrency)
③ 격리성(Isolation)　④ 영속성(Durability)

해설

트랜잭션의 특징	
ACID	Atomicity / Consistency / Isolation / Durability

20

다음은 문자형 함수 사용 예시이다. 실행의 결괏값으로 잘못된 컬럼을 고르시오.

[SQL]
SELECT
　SUBSTR('Developer', 1, 3) AS "SUBSTR"
, LTRIM('@@Developer', '@') AS "LTRIM"
, LPAD('Developer', 10, '@') AS "LPAD"
　, REPLACE('012-345-6789', '-', '') AS "REPLACE"
　FROM DUAL;

[조회 결과]

SUBSTR	LTRIM	LPAD	REPLACE
Dev	@Developer	@Developer	0123456789

① SUBSTR　② LTRIM
③ LPAD　④ REPLACE

해설
- LTRIM(문자열[, 지정문자]) 함수는 문자열의 왼쪽에서 연속되는 지정문자를 모두 제거한다.
- LTRIM('@@Developer', '@')의 결과는 'Developer'이다.

21

다음 SQL의 실행 결과로 가장 적절한 것을 고르시오.

> SELECT TO_CHAR (TO_DATE('2022-8-15',
>   'YYYY-MM-DD') + 10,
>   'YYYY-MM-DD HH24:MI:SS')
> FROM DUAL;

① 2022-08-15 10:00:00
② 2022-08-25 00:00:00
③ 2023-06-15 00:00:00
④ 2022-08-15 00:00:10

해설
- 날짜형 데이터에 10을 더하면 10일을 더한 것과 같다.
- TO_DATE('2022-8-15', 'YYYY-MM-DD')의 결과가 2022-08-15 00:00:00이므로, 10일을 더하면 2022-08-25 00:00:00이 된다.

22

다음 중 테이블 생성 시 설정할 수 있는 제약조건(Constraint)에 대한 설명으로 가장 올바르지 않은 것을 고르시오.

① NOT NULL는 NULL 입력을 방지한다.
② PK는 기본키로 테이블당 1개만 생성할 수 있다.
③ UNIQUE는 테이블당 여러 개 생성이 가능하며 NULL 입력이 가능하다.
④ FK는 외래키로 테이블당 여러 개 생성이 가능하며 NULL 값을 가질 수 없다.

해설
FK는 외래키로 테이블당 여러 개 생성이 가능하며 NULL 값을 가질 수 있다.

23

다음 서브 쿼리의 유형은 무엇인지 고르시오.

> SELECT A.EMPNO, A.ENAME
>   FROM EMP A
>   WHERE A.EMPNO = (SELECT 1 FROM
>   EMP_T B WHERE
>   A.EMPNO = B.EMPNO);

① Scalar Subquery
② Inline View
③ Correlated Subquery
④ Un-Correlated Subquery

해설
- EMP 테이블을 사용한 부분이 메인 쿼리이고, EMP_T 테이블을 사용한 부분이 서브 쿼리이다.
- 서브 쿼리에서 메인 쿼리의 컬럼인 A.EMPNO를 가지고 있기 때문에, 연관 서브 쿼리(Correlated Subquery)가 된다.

24

다음 SQL의 수행 결과로서 올바른 것을 고르시오.

> SELECT COALESCE(NULLIF(0,0), 1, 2)
>   FROM DUAL;

① 0　　　　② 1
③ 2　　　　④ NULL

해설
NULLIF(0, 0)의 결과는 NULL이다. 따라서 COALESCE는 첫 번째 NULL이 아닌 값을 반환하므로 정답은 1이 된다.

정답 18. ㉠ GROUP BY, ㉡ HAVING 19. ② 20. ② 21. ② 22. ④ 23. ③ 24. ②

25

다음과 같이 테이블 TAB1에 데이터가 주어졌을 경우에 주어진 SQL 실행 시 정렬 순서상 위에서 3번째 표시되는 값을 고르시오.

[TAB1] 테이블

ID	MGR	SAL
1		5000
2	1	2000
3	1	3000
4	2	4000

[SQL]
SELECT SAL
  FROM TAB1
  START WITH MGR IS NULL
  CONNECT BY PRIOR ID = MGR
  ORDER SIBLINGS BY SAL DESC;

① 5000　② 4000
③ 3000　④ 2000

> 해설

- PRIOR ID = MGR은 PRIOR 자식 = 부모 형태이므로 순방향 전개를 수행한다.
- ID가 1인 노드가 루트 노드이며, ID 2와 3인 노드가 루트 노드의 자식 노드이고, ID가 4는 ID가 2인 노드의 자식 노드이다.
- 제일 먼저 ID가 1인 노드의 데이터가 표시되고, ID가 2인 노드와 3인 노드는 형제 노드이므로 SIBLINGS BY SAL DESC에 의해 순서가 정해진다. 따라서, SAL이 높은 ID가 3인 노드가 먼저 표시되고 다음으로 ID가 2인 노드가 표시된다.
- 따라서 ID가 1인 노드의 SAL인 5000, 다음으로 ID가 3인 노드의 SAL인 3000, 다음으로 ID가 2인 노드의 SAL인 2000, 마지막으로 ID가 4인 노드의 SAL인 4000이 순서대로 표시된다.

26

다음과 같은 EMP 테이블이 있을 때, SQL 실행의 결과로 가장 적절한 것을 고르시오.

[EMP] 테이블

EMP_ID	EMP_NAME	DUTY
101	김철수	SQL 개발자
102	홍길동	SQL 개발자
103	장보고	SQL 개발자
104	이순신	SQL 개발자
105	유관순	SQL 개발자
106	박영희	빅데이터분석기사
107	허준	빅데이터분석기사

[SQL]
SELECT *
  FROM EMP
  ORDER BY DUTY DESC, EMP_ID;

①

EMP_ID	EMP_NAME	DUTY
101	김철수	SQL 개발자
102	홍길동	SQL 개발자
103	장보고	SQL 개발자
104	이순신	SQL 개발자
105	유관순	SQL 개발자
106	박영희	빅데이터분석기사
107	허준	빅데이터분석기사

②

EMP_ID	EMP_NAME	DUTY
107	허준	빅데이터분석기사
106	박영희	빅데이터분석기사
105	유관순	SQL 개발자
104	이순신	SQL 개발자
103	장보고	SQL 개발자
102	홍길동	SQL 개발자
101	김철수	SQL 개발자

③

EMP_ID	EMP_NAME	DUTY
106	박영희	빅데이터분석기사
107	허준	빅데이터분석기사
101	김철수	SQL 개발자
102	홍길동	SQL 개발자
103	장보고	SQL 개발자
104	이순신	SQL 개발자
105	유관순	SQL 개발자

④

EMP_ID	EMP_NAME	DUTY
105	유관순	SQL 개발자
104	이순신	SQL 개발자
103	장보고	SQL 개발자
102	홍길동	SQL 개발자
101	김철수	SQL 개발자
107	허준	빅데이터분석기사
106	박영희	빅데이터분석기사

(해설)

ORDER BY 정렬에 관한 문제이다. ①번은 ORDER BY EMP_ID, ②번은 ORDER BY EMP_ID DESC, ④번은 ORDER BY DUTY, EMP_ID DESC 에 대한 결과이다.

27

다음 중 조인(Join)에 대한 설명으로 가장 적절하지 않은 것을 고르시오.

① 일반적으로 행들은 PRIMARY KEY(PK)나 FOREIGN KEY(FK) 값의 연관에 의해 조인이 성립된다.
② PK, FK의 관계가 없어도 논리적인 값들의 연관만으로 조인이 성립되는 경우도 있다.
③ Equi Join은 Join에 관여하는 테이블 간의 컬럼 값들이 정확하게 일치하지 않아도 사용할 수 있다.
④ Non Equi Join은 '=' 연산자가 아닌 다른 연산자들 (BETWEEN, >, >=, <, <= 등)을 사용하여 JOIN 을 수행한다.

(해설)

- Equi(동등) Join은 두 개의 테이블 간에 컬럼 값들이 서로 정확하게 일치하는 경우에 사용되는 방법이다.
- Equi Join은 '=' 연산자에 의해서만 수행되며, 그 이외의 비교 연산자를 사용하는 경우에는 Non Equi Join이다.

정답 25. ④ 26. ③ 27. ③

28

다음 SQL 결과로 알맞은 것을 고르시오.

[EMP] 테이블

EMP_ID	EMP_NAME	DEPT_ID
101	김철수	10
102	홍길동	10
103	장보고	10
104	이순신	NULL
105	유관순	NULL
106	박영희	20
107	허준	20
108	정약용	20
109	스티브	NULL

[DEPT] 테이블

DEPT_ID	DEPT_NAME
10	개발팀
20	운영팀
30	품질팀

[SQL]
SELECT COUNT(*)
  FROM EMP A, DEPT B
  WHERE A.DEPT_ID = B.DEPT_ID (+);

① 6 ② 7
③ 8 ④ 9

해설
- (+) 기호는 오라클에서 OUTER JOIN을 구현하기 위해 사용되며, (+) 위치에 따라 LEFT OUTER JOIN 혹은 RIGHT OUTER JOIN으로 처리된다.
- 문제에서는 (+) 기호가 오른쪽 테이블에서 사용되었기 때문에 LEFT OUTER JOIN이 된다. LEFT OUTER JOIN에서 왼쪽 테이블(OUTER 테이블)은 조인 성공 여부에 상관없이 항상 결과 집합에 포함되기 때문에, DEPT_ID 컬럼의 값이 NULL이어도 반환된다. 따라서 COUNT(*)의 값은 9이다.

29

다음 중 다음과 같은 집합이 있을 때, 집합 A와 B에 대해 집합 연산을 수행한 결과가 집합 C가 되게 하는 집합 연산자를 고르시오.

A = {가, 나, 다, 라, 마}
B = {다, 라, 마, 바, 사}
C = {가, 나, 다, 라, 마, 바, 사}

① UNION ② UNION ALL
③ INTERSECT ④ MINUS

해설
UNION은 합집합 연산을 수행하면서, 중복된 값을 제거한다. 따라서 정답은 ①번이다.

30

다음의 SQL 문의 밑줄에 들어가는 것으로 올바르지 않은 것을 고르시오.

SELECT _____, AVG(SALARY)
  FROM EMP
  WHERE EMP_ID > 0
  GROUP BY GRADE, DEPT_ID;

① EMP_ID ② GRADE
③ DEPT_ID ④ GRADE, DEPT_ID

해설
SELECT 절에서 집계함수가 아닌 컬럼은 GROUP BY에 있는 컬럼들이 포함되어 있어야 한다.

31

다음 SQL 문을 실행했을 때 조회되는 행 수가 가장 적게 나오는 SQL 문과 가장 많이 나오는 SQL 문을 고르시오.

[TAB1] 테이블

COL1	COL2
1	4
2	5
3	6
4	7

[TAB2] 테이블

COL1	COL2
1	4
2	5
NULL	6
NULL	7

㉠ SELECT * FROM TAB1, TAB2 WHERE TAB1.COL1 = TAB2.COL1;
㉡ SELECT * FROM TAB1 LEFT OUTER JOIN TAB2 ON TAB1.COL1 = TAB2.COL1;
㉢ SELECT * FROM TAB1 RIGHT OUTER JOIN TAB2 ON TAB1.COL1 = TAB2.COL1;
㉣ SELECT * FROM TAB1 FULL OUTER JOIN TAB2 ON TAB1.COL1 = TAB2.COL1;

① ㉠, ㉡
② ㉡, ㉢
③ ㉡, ㉣
④ ㉠, ㉣

해설

- ㉠의 결과는 다음과 같다.

COL1	COL2	COL1	COL2
1	4	1	4
2	5	2	5

- ㉡의 결과는 다음과 같다.

COL1	COL2	COL1	COL2
1	4	1	4
2	5	2	5
3	6	NULL	NULL
4	7	NULL	NULL

- ㉢의 결과는 다음과 같다.

COL1	COL2	COL1	COL2
1	4	1	4
2	5	2	5
NULL	NULL	NULL	6
NULL	NULL	NULL	7

- ㉣의 결과는 다음과 같다

COL1	COL2	COL1	COL2
1	4	1	4
2	5	2	5
3	6	NULL	NULL
4	7	NULL	NULL
NULL	NULL	NULL	6
NULL	NULL	NULL	7

정답 28.④ 29.① 30.① 31.④

32

다음의 GROUP BY 문구와 동일한 SQL 문을 고르시오.

> GROUP BY CUBE(DEPTNO, JOB);

① GROUP BY ROLLUP(DEPTNO, JOB);

② GROUP BY GROUPING SETS (DEPTNO, JOB, (DEPTNO, JOB));

③ GROUP BY DEPTNO
   UNION ALL
   GROUP BY JOB
   UNION ALL
   GROUP BY (JOB, DEPTNO);

④ GROUP BY GROUPING SETS (DEPTNO, JOB, (DEPTNO, JOB), ());

해설

- CUBE 함수는 순서에 상관없이 모든 조합으로 그룹화하는 함수로 문제의 GROUP BY CUBE(DEPTNO, JOB)는 다음과 같다.

> GROUP BY DEPTNO, JOB
> UNION ALL
> GROUP BY DEPTNO
> UNION ALL
> GROUP BY JOB
> UNION ALL
> 모든 집합 그룹 결과

- ①번 결과는 다음과 같다.

> GROUP BY DEPTNO, JOB
> UNION ALL
> GROUP BY DEPTNO
> UNION ALL
> 모든 집합 그룹 결과

- ②번에서 우선 GROUP BY GROUPING SETS (DEPTNO, JOB)은 다음과 같다.

> GROUP BY DEPTNO
> UNION ALL
> GROUP BY JOB

- GROUP BY GROUPING SETS (DEPTNO, JOB);에서 (DEPTNO, JOB)을 추가한 GROUP BY GROUPING SETS (DEPTNO, JOB, (DEPTNO, JOB))은 다음과 같다.

> GROUP BY DEPTNO
> UNION ALL
> GROUP BY JOB
> UNION ALL
> GROUP BY DEPTNO, JOB

- ③번은 ②번과 동일하다.
- ④번은 ②번에 빈 괄호가 추가되었는데, 빈 괄호는 총계를 의미하므로 다음과 같다.

> GROUP BY DEPTNO
> UNION ALL
> GROUP BY JOB
> UNION ALL
> GROUP BY DEPTNO, JOB
> UNION ALL
> 전체 집합 결과

- 문제의 구문과 비교하면 ①번은 GROUP BY JOB이 없고, ②, ③번은 총계(전체 집합 결과)가 없다.

33

다음 SQL의 실행 결과로 가장 적절한 것을 고르시오.

[EMP] 테이블

NAME	SAL	OLD_DEPT	NEW_DEPT	PHONE	EMAIL	FAX
홍길동	NULL	개발팀	개발팀	NULL	NULL	012
장보고	35	개발팀	운영팀	NULL	jbg@sqld.net	NULL
이순신	40	NULL	운영팀	010	NULL	NULL

[SQL]
SELECT NAME
     , NVL(SAL, 0) AS SAL
     , NULLIF(OLD_DEPT, NEW_DEPT) AS "OLD_DEPT"
     , COALESCE(PHONE, EMAIL, FAX) AS "CONTACT"
  FROM EMP;

①
NAME	SAL	OLD_DEPT	CONTACT
홍길동	0	NULL	012
장보고	35	개발팀	jbg@sqld.net
이순신	45	운영팀	010

②
NAME	SAL	OLD_DEPT	CONTACT
홍길동	0	NULL	NULL
장보고	35	개발팀	NULL
이순신	45	NULL	NULL

③
NAME	SAL	OLD_DEPT	CONTACT
홍길동	0	NULL	012
장보고	35	개발팀	jbg@sqld.net
이순신	45	NULL	010

④
NAME	SAL	OLD_DEPT	CONTACT
홍길동	0	개발팀	012
장보고	35	운영팀	jbg@sqld.net
이순신	45	운영팀	010

해설

NVL (표현식1, 표현식2)	• 표현식1의 값이 NULL이면, 표현식 2를 리턴 • 표현식1의 값이 NULL이 아니면, 표현식 1을 리턴
NULLIF (표현식1, 표현식2)	• 표현식1의 값이 표현식2의 값과 같으면 NULL 리턴 • 표현식1의 값이 표현식2의 값과 같지 않으면 표현식1 리턴
COALESCE (표현식1, 표현식2, ⋯)	• NULL이 아닌 첫 번째 표현식을 리턴

정답 32. ④ 33. ③

34

주어진 SQL 문의 빈칸에 올 수 있는 함수로 적절하지 <u>않은</u> 것을 고르시오.

[EMP] 테이블

EMP_ID	EMP_NAME	DEPT_NAME	SALARY
101	김철수	개발팀	450
102	홍길동	운영팀	350
103	장보고	개발팀	600
104	이순신	개발팀	300
105	유관순	운영팀	250
106	박영희	운영팀	500
107	허준	개발팀	400
108	정약용	운영팀	350
109	스티브	개발팀	300

[SQL]
SELECT * FROM EMP WHERE SALARY
(   );

① >= ANY(200, 300, 400, 500)
② <= ALL(200, 300, 400, 500)
③ <= (SELECT MAX(SALARY) FROM EMP GROUP BY DEPT_NAME)
④ IN (SELECT SALARY FROM EMP WHERE DEPT_NAME = '운영팀')

해설

단일 행 서브 쿼리 (Single Row Subquery)	• 단일 행 서브 쿼리는 실행 결과가 1건 이하인 서브 쿼리 • 단일 행 서브 쿼리는 단일 행 비교 연산자와 함께 사용되며, =, <, <=, >, >=, <>를 사용할 수 있음
다중 행 서브 쿼리 (Multi Row Subquery)	• 다중 행 서브 쿼리는 실행 결과로 다수의 로우를 반환하는 서브 쿼리 • 다중 행 서브 쿼리는 다중 행 비교 연산자와 함께 사용되며, IN, ALL, ANY, EXISTS를 사용할 수 있음

35

다음 SQL의 실행 결과로 가장 적절한 것을 고르시오

[TAB1] 테이블

ID	NAME	MGR	SAL
1	이순신		6000
2	홍길동	1	5000
3	강감찬	1	3500
4	김유신		6000
5	임꺽정	4	3600

[SQL]
SELECT ID, NAME, MGR, SAL
  FROM TAB1
 START WITH MGR IS NULL
CONNECT BY PRIOR ID = MGR
   AND SAL < 4000
 ORDER SIBLINGS BY ID;

①

ID	NAME	MGR	SAL
1	이순신		6000
3	강감찬	1	3500
4	김유신		6000
5	임꺽정	4	3600

②

ID	NAME	MGR	SAL
3	강감찬	1	3500
5	임꺽정	4	3600

③

ID	NAME	MGR	SAL
1	이순신		6000
4	김유신		6000

④

ID	NAME	MGR	SAL
1	이순신		6000
3	강감찬	1	3500

> 해설

- START WITH 절의 시작 데이터는 결과에 포함되고, 이후 CONNECT BY 절의 조건에 의해서 결과가 필터링 된다. 따라서 MGR IS NULL의 결과는 결과에 포함이 된다.
- CONNECT BY에 의해서 조회된 데이터는 SAL < 4000에 의하여 필터링 된 데이터가 결과에 포함이 된다.
- 즉, MGR이 NULL인 이순신과 김유신은 결과에 포함이 되고, MGR이 이순신인 홍길동은 SAL이 4000보다 크므로 제외되고 강감찬은 SAL이 4000보다 작으므로 결과에 포함된다.
- MGR이 김유신인 임꺽정은 SAL이 4000보다 작으므로 역시 결과에 포함된다.

36

다음 중 ORDER BY에 대한 설명으로 바르지 않은 것을 고르시오.

① ORDER BY 절은 특정 컬럼을 기준으로 정렬하기 위해 사용한다.
② ORDER BY 절에는 컬럼명, SELECT 절에서 사용한 ALIAS명, 컬럼 순서를 나타내는 정수 등을 사용할 수 있고, 이들을 혼용해서 사용하는 것도 가능하다.
③ 별도로 정렬 방식을 지정하지 않으면 내림차순(DESC)이 적용된다.
④ Oracle에서는 NULL 값이 가장 큰 값으로 간주하고, 이와 달리 SQL Server에서는 NULL 값이 가장 작은 값으로 간주한다.

> 해설

ORDER BY 절에서 별도로 정렬 방식을 지정하지 않으면 오름차순(ASC)이 적용된다.

37

다음 SQL 결과로 알맞은 것을 고르시오.

[A] 테이블

COL1	COL2
1	A
2	
3	B
4	C

[B] 테이블

COL1	COL2
1	A
2	
3	B

[SQL]
SELECT SUM(A.COL1) / COUNT(B.COL1)
  FROM A, B
  WHERE A.COL1 = B.COL1;

① 1
② 2
③ 3
④ 6

> 해설

- A 테이블과 B 테이블을 A.COL1 = B.COL1 조건으로 조인하면 다음과 같이 처리된다.

A.COL1	A.COL2	B.COL1	B.COL2
1	A	1	A
2		2	
3	B	3	B

- 여기서 SUM(A.COL1)은 1 + 2 + 3 = 6 이 되고, COUNT(B.COL1)은 3 이 되기 때문에, 결과는 6 ÷ 3 = 2가 된다.

정답 34.③ 35.① 36.③ 37.②

38

다음과 같은 수행 결과가 나오도록 SQL을 완성하시오.

[SQL]
SELECT MONTH
     , AMOUNT
     , _____ AS TOT_AMOUNT
  FROM SALES
 WHERE MONTH >= '202201';

[조회 결과]

MONTH	AMOUNT	TOT_AMOUNT
202201	1000	12400
202202	2000	12400
202203	3000	12400
202204	1000	12400
202205	400	12400
202206	5000	12400

① SUM(AMOUNT) OVER (ORDER BY MONTH RANGE BETWEEN 1 PRECEDING AND CURRENT ROW)
② SUM(AMOUNT) OVER (ORDER BY MONTH RANGE BETWEEN CURRENT ROW AND UNBOUNDED FOLLOWING)
③ SUM(AMOUNT) OVER (ORDER BY MONTH RANGE BETWEEN UNBOUNDED PRECEDING AND UNBOUNDED FOLLOWING)
④ SUM(AMOUNT) OVER (ORDER BY MONTH RANGE BETWEEN UNBOUNDED PRECEDING AND CURRENT ROW)

해설

- WINDOWING 절의 문법은 다음과 같다.

  ROWS | RANGE BETWEEN start_point AND end_point

- WINDOWING 절에 대한 설명은 다음과 같다.

  - WINDOWING 절에서 윈도우 함수를 적용할 행의 범위를 정의
  - ROWS, RANGE 키워드를 사용하여 값의 물리적, 논리적 기준을 구분

ROWS	• 물리적인 범위(ROW 기준)
RANGE	• 논리적인 범위(VALUE 기준)

  - start_point에는 UNBOUNDED PRECEDING, CURRENT ROW, 값 PRECEDING, 값 FOLLOWING 사용 가능

UNBOUNDED PRECEDING	• 최초의 레코드
CURRENT ROW	• 현재의 레코드
값 PRECEDING	• 값만큼 이전의 레코드
값 FOLLOWING	• 값만큼 이후의 레코드

  - end_point에는 UNBOUNDED FOLLOWING, CURRENT ROW, 값 PRECEDING/FOLLOWING 사용 가능

UNBOUNDED FOLLOWING	• 마지막 레코드
CURRENT ROW	• 현재의 레코드
값 PRECEDING	• 값만큼 이전의 레코드
값 FOLLOWING	• 값만큼 이후의 레코드

- default 값은 RANGE BETWEEN UNBOUNDED PRECEDING AND CURRENT ROW

39

다음은 부서별 급여 순위를 조회한 결과이다. 다음 중에서 아래와 같은 결과를 조회하기 위해서는 어떤 SQL을 실행해야 하는지 고르시오.

[조회 결과]

DEPT_NAME	EMP_NAME	SALARY	순위
개발팀	김철수	4500000	1
개발팀	홍길동	4000000	2
개발팀	장보고	4000000	2
개발팀	이순신	3000000	4
개발팀	유관순	2500000	5
운영팀	박영희	5000000	1
운영팀	허준	4000000	2
운영팀	정약용	3500000	3
운영팀	스티브	3000000	4

① SELECT DEPT_NAME, EMP_NAME, SALARY
, RANK( ) OVER(PARTITION BY DEPT_NAME ORDER BY SALARY DESC) AS "순위"
FROM EMP;

② SELECT DEPT_NAME, EMP_NAME, SALARY
, DENSE_RANK( ) OVER(PARTITION BY DEPT_NAME ORDER BY SALARY DESC) AS "순위"
FROM EMP;

③ SELECT DEPT_NAME, EMP_NAME, SALARY
, ROW_NUMBER( ) OVER(PARTITION BY DEPT_NAME ORDER BY SALARY DESC) AS "순위"
FROM EMP;

④ SELECT DEPT_NAME, EMP_NAME, SALARY
, ROWNUM AS "순위"
FROM EMP;

해설

RANK 함수는 동일한 값이 발생한 경우에는 동일한 순위를 부여하고, 각각을 별개의 건수로 취급해서 다음 순위를 계산한다. 문제의 조회 결과는 RANK 함수를 사용한 결과이다.

40

다음 SQL 결과로 알맞은 것을 고르시오.

[TAB1] 테이블

COL1	COL2
A01	10
A02	20
A03	30
A10	40
A11	50

[TAB2] 테이블

COL1	COL2
A01	가
A02	나
A03	다
A10	라
A11	마

[SQL]
```
SELECT COUNT(*)
  FROM (
        SELECT A.COL1, B.COL2
          FROM TAB1 A
          INNER JOIN TAB2 B
            ON (A.COL1 = B.COL1)
        UNION ALL
        SELECT A.COL1, B.COL2
          FROM TAB1 A
          LEFT OUTER JOIN TAB2 B
            ON (A.COL1 = B.COL1)
        UNION ALL
        SELECT COL1, COL2
          FROM TAB1 NATURAL JOIN TAB2
       );
```

① 1 ② 5
③ 10 ④ 15

〔해설〕

UNION ALL은 합집합 연산을 수행하며, 중복된 행은 그대로 중복되게 표시한다. TAB1과 TAB2에 대해 각각 INNER JOIN, LEFT OUTER JOIN, NATURAL JOIN 한 결과를 합집합 연산을 수행하면서 중복된 값을 허용하면 결괏값은 10이 된다.

41

다음 SQL 문을 실행했을 때 조회되는 결과를 고르시오.

[TAB1] 테이블

COL1	COL2
1	4
1	5
2	6
3	7
3	8

[TAB2] 테이블

COL1	COL2
1	9
1	10
2	11
3	12
3	13
3	14

[SQL]
SELECT COUNT(*) FROM TAB1 A, TAB2 B
WHERE A.COL1 = B.COL1;

① 3   ② 6
③ 11 ④ 30

〔해설〕

- WHERE A.COL1 = B.COL1이므로 COL1에서 같은 값인 행을 비교한다.
- A.COL1에서 1이 2개이고, B.COL1에서 1이 2개이므로 모든 경우를 계산하면 4가지가 된다.

COL1	COL2	COL1	COL2
1	4	1	9
1	4	1	10
1	5	1	9
1	5	1	10

- A.COL1에서 2가 1개이고, B.COL1에서 2가 1개이므로 모든 경우를 계산하면 1가지가 된다.

COL1	COL2	COL1	COL2
2	6	2	11

- A.COL1에서 3이 2개이고, B.COL1에서 3이 3개이므로 모든 경우를 계산하면 6가지가 된다.

COL1	COL2	COL1	COL2
3	7	3	12
3	7	3	13
3	7	3	14
3	8	3	12
3	8	3	13
3	8	3	14

- COL1이 1일 때 4개, COL1이 2일 때 1개, COL1이 3일 때 6개이므로 총 11개이다.

42

다음 SQL의 실행 결과를 고르시오.

[SOO] 테이블

NAME
SOPHIA
OLIVIA
SEMA

[JEBI] 테이블

RULE
S%
%A%

[SQL]
SELECT COUNT(*) CNT FROM SOO CROSS JOIN JEBI
WHERE SOO.NAME LIKE JEBI.RULE;

① 0   ② 2
③ 5   ④ 6

해설

- SOO 테이블과 JEBI 테이블을 CROSS JOIN을 수행하면 다음과 같다.

SELECT SOO.NAME, JEBI.RULE FROM SOO CROSS JOIN JEBI;

[조회 결과]

NAME	RULE
SOPHIA	S%
OLIVIA	S%
SEMA	S%
SOPHIA	%A%
OLIVIA	%A%
SEMA	%A%

- WHERE 조건절이 수행되면 다음과 같다.

SELECT * FROM SOO CROSS JOIN JEBI
WHERE SOO.NAME LIKE JEBI.RULE;

[조회 결과]

NAME	RULE
SOPHIA	S%
SEMA	S%
SOPHIA	%A%
OLIVIA	%A%
SEMA	%A%

- COUNT를 하면 5가 조회된다.

정답 40. ③ 41. ③ 42. ③

43

다음 TAB1, TAB2 테이블에 대해 ㉠, ㉡ 두 개의 SQL을 수행한 결과 건수로 가장 적절한 것을 고르시오.

[TAB1] 테이블

C1	C2	C3
1	A	가
2	B	가
3	C	라

[TAB2] 테이블

C1	C2	C3
2	B	가
3	C	가
4	D	라

[SQL-㉠]
SELECT C1, C2, C3
  FROM TAB1
  UNION
SELECT C1, C2, C3
  FROM TAB2;

[SQL-㉡]
SELECT C1, C2, C3
  FROM TAB1
  UNION ALL
SELECT C1, C2, C3
  FROM TAB2;

① ㉠: 4개, ㉡: 5개
② ㉠: 4개, ㉡: 6개
③ ㉠: 5개, ㉡: 6개
④ ㉠: 6개, ㉡: 5개

(해설)

- ㉠의 결과는 다음과 같다.

C1	C2	C3
1	A	가
2	B	가
3	C	가
3	C	라
4	D	라

- ㉡의 결과는 다음과 같다.

C1	C2	C3
1	A	가
2	B	가
3	C	라
2	B	가
3	C	가
4	D	라

44

다음의 SQL에 대해서 결괏값이 <u>다른</u> 것을 고르시오.

① SELECT FLOOR(7.2) FROM DUAL;
② SELECT TRUNC(7.2) FROM DUAL;
③ SELECT ROUND(7.2) FROM DUAL;
④ SELECT ABS(7.2) FROM DUAL;

(해설)

- ABS는 절댓값을 반환하는 함수로 ABS(7.2)는 7.2를 반환한다.

FLOOR (숫자)	• 숫자보다 작거나 같은 최대 정수를 반환
TRUNC (숫자[, 소수점 자릿수])	• 숫자를 소수점 자릿수에서 버림 • 소수점 자릿수를 생략하면 기본값 0 적용
ROUND (숫자[, 소수점 자릿수])	• 숫자를 소수점 자릿수에서 반올림 • 소수점 자릿수를 생략하면 기본값 0 적용
ABS(숫자)	• 숫자의 절댓값을 반환

45

다음 중 연산자를 설명한 것으로 가장 <u>부적절한</u> 것을 고르시오.

① BETWEEN a AND b는 a와 b를 포함하지 않는 a와 b 사이에 있는 값을 갖는다.
② IN(list)는 list에 있는 값 중에서 한 개 이상 일치한다.
③ LIKE '비교문자열'은 비교 문자열과 형태가 일치한다.
④ IS NULL은 NULL 값을 갖는다.

(해설)

BETWEEN a AND b 연산자는 a와 b 값을 포함해서 a와 b 사이에 있는 값을 갖는다.

46

다음 중 PL/SQL의 특징으로 가장 적절하지 <u>않은</u> 것을 고르시오.

① Block 내에서 DML 문장과 IF, LOOP 등의 절차형 언어를 사용할 수 있다.
② Procedure, User Defined Function, Trigger 객체를 PL/SQL로 작성할 수 있다.
③ PL/SQL 문의 기본 구조로 DECLARE, BEGIN ~ END, EXCEPTION은 반드시 처리해야 한다.
④ Procedure 내부에 작성된 절차적 코드는 PL/SQL 엔진이 처리하고 일반적인 SQL 문장은 SQL 실행기가 처리한다.

[해설]
EXCEPTION은 반드시 처리해야 하는 것은 아니다. 즉 예외처리는 필수가 아니다.

47

다음과 같은 결과를 출력하기 위해 빈칸 ㉠에 들어갈 적절한 연산자를 쓰시오. (단, DBMS는 Oracle 기준으로 한다.)

[SQL]
SELECT 200 (㉠) 'KM' FROM DUAL;

[조회 결과]
200KM

[해설]
문자와 문자를 연결하기 위해서는 합성연산자인 || 를 사용한다.

48

사원 테이블을 대상으로 다음 조회 결과처럼 컬럼명에 별명(ALIAS)을 적용하여 데이터를 추출하고자 한다. 다음 SQL의 ㉠ 안에 들어갈 키워드를 작성하시오.

[사원] 테이블

DEPT_NAME	EMP_NAME
개발팀	김철수
개발팀	홍길동

[조회 결과]

부서명	사원명
개발팀	홍길동

[SQL]
SELECT DEPT_NAME (㉠) "부서명",
EMP_NAME (㉠) "사원명"
　FROM 사원
　WHERE EMP_NAME='홍길동';

[해설]
- ALIAS의 예약어는 AS이다.
- ALIAS는 값에 별명(별칭)을 부여해 접근을 별명으로 지정하는 것으로 데이터, 컬럼, 테이블, 서브 쿼리, WHERE 절 등에 사용할 수 있다.

정답 43. ③ 44. ④ 45. ① 46. ③ 47. || 48. AS

49

다음과 같은 조회 결과에 맞는 SQL 문을 완성하기 위해 밑줄에 들어갈 키워드를 작성하시오.

[TAB1] 테이블

COL1	COL2
1	4
2	5
3	6

[TAB2] 테이블

COL1	COL2
1	4
2	5
4	6

[조회 결과]

COL1	COL2	COL1	COL2
1	4	1	4
2	5	2	5
NULL	NULL	4	6

[SQL]
SELECT * FROM TAB1 _____ TAB2 ON TAB1.COL1 = TAB2.COL1;

> 해설
> - ON TAB1.COL1 = TAB2.COL1이므로 COL1에 대해 조인을 수행한다.
> - COL1에 1, 2는 공통이지만 4는 오른쪽에 있는 TAB2에만 있으므로 오른쪽 조인이다.

50

다음 2개의 SQL에서 동일한 결과를 출력하도록 다음 빈칸을 채우시오.

[EMP] 테이블

DEPT_NAME	EMP_NAME	SALARY
개발팀	김철수	4500000
개발팀	홍길동	4000000
개발팀	장보고	4000000
개발팀	이순신	3000000
개발팀	유관순	2500000
운영팀	박영희	5000000
운영팀	허준	4000000
운영팀	정약용	3500000
운영팀	스티브	3000000

[SQL 1]
SELECT A.DEPT_NAME
     , A.EMP_NAME
     , A.SALARY
  FROM EMP A,
     (
       SELECT DEPT_NAME
            , MAX(SALARY) AS SALARY
         FROM EMP
        GROUP BY DEPT_NAME
) B
 WHERE A.DEPT_NAME = B.DEPT_NAME
   AND A.SALARY = B.SALARY;

```
[SQL 2]
SELECT DEPT_NAME
     , EMP_NAME
     , SALARY
  FROM (
        SELECT DEPT_NAME
             , EMP_NAME
             , SALARY
             , _____ OVER (PARTITION
               BY DEPT_NAME) VAL1
          FROM EMP
       ) A
 WHERE SALARY = VAL1;
```

해설

- SQL 1은 부서에서 가장 많은 월급을 받는 직원을 찾는 쿼리로 이를 윈도우 함수로 표현하기 위해서 MAX 함수를 이용한다.
- SQL 1과 SQL 2의 결과는 다음과 같다.

DEPT_NAME	EMP_NAME	SALARY
운영팀	박영희	5000000
개발팀	김철수	4500000

정답 49. RIGHT OUTER JOIN 50. MAX(SALARY)

찾아보기

1:1 타입(One to One Type)	73
1차 정규화	56
2차 정규화	56
3차 정규화	56
ACID	122
All in One 타입(Single Type)	74
ANSI-SPARC	19
ASCII 코드	151
BCNF(Boyce-Codd Normal Form)	56
B-트리 인덱스	320
Cartesian Product	205
CASE 문	156
Case*Method/Barker	20
COMMIT	122,124
CTAS	96
DB Link	63
DECODE 함수	157
DELETE	111,114
Dirty Read	123
Divide	198
Dynamic SQL	308
Dynamic View	141,251
Equi Join(동등 조인)	186
ERD	18,20
ESCAPE	112
Estimator	313
EXCEPT	219
FK(Foreign Key) 속성	38
Full Outer Join	201,204
Full Table Scan	323
Function	306,307
FUNCTION(함수)	150
Global Single Instance(GSI)	77
GROUP BY	166
GROUPING SETS	260,264
GROUPING 함수	265
Hash Join	327,330
HAVING	167
IE/Crow's Foot	20
Index Full Scan	323
Index Range Scan	323
Index Range Scan Descending	323
Index Skip Scan	323
Index Unique Scan	323
INSERT	111,113
INTERSECT	219,222
IS NULL 연산자	137
Left Outer Join	201
MINUS	219,223
NDV(Number of Distinct Value)	313
Nested Loop Join	327
NewSQL	86
Non Equi Join(비동등 조인)	188
Non-Repeatable Read	123
NoSQL	86
NULL	38,95
NULL 관련 함수	150,155
OLAP(On-Line Analytical Processing)	278,322
OLTP(Online Transaction Processing)	322
ON 조건절	199,208
ORDER BY	174
ORDER BY CASE	175

Phantom Read	123	값(Value)	87
PK(Primary Key) 속성	38	개념 스키마(Conceptual Schema)	19
PL/SQL	305	개념 엔티티(Conceptual Entity)	30
Plan Generator	313	개념적 데이터 모델링	18
Procedure	306,307	개체 무결성	95
Project	198	객체 관계형 데이터베이스	86
Query Transformer	313	객체 지향형 데이터베이스	86
Read Committed	123	격리성(Isolation)	122
Read Uncommitted	123	결정자 함수 종속성	56
Repeatable Read	123	결정자(Determinant)	36,55
Right Outer Join	201,203	계층형 데이터베이스	85
ROLLBACK	122,125	계층형 질의	230
ROWNUM	140	고유키 (Unique Key)	93
SAVEPOINT	122,125	곱집합(Product)	198
SEARCHED_CASE_EXPRESSION	156	관계 대수	197
SELECT	111,112,198	관계 반정규화	62
Serializable Read	123	관계 선택 사양(Optionality)	44
Shared-Lock (공유 잠금)	123	관계 차수(Cardinality)	22
SIMPLE_CASE_EXPRESSION	156	관계 차수(Degree/Cardinality)	43
Sort Merge Join	327,328	관계(Relationship)	42,87
SQL 연산자	131,133	관계명(Membership)	43
SQL 처리 흐름도	316	관계의 페어링(Paring)	42
SQL(Structured Query Language)	87	관계형 데이터베이스	85,86
Top N 쿼리	140	교집합(Intersection)	198
TOP(n)	141	규칙기반 옵티마이저 (RBO: Rule Based Optimizer)	311
Trigger	306,308	그룹 함수(Group Function)	260
T-SQL	305	기본 속성	37
UML	20	기본 엔티티 (Fundamental Entity: Key Entity)	30
UNION	219,220		
UNION ALL	219,221	기본키(PK) 에 의한 컬럼 추가	63
UPDATE	111,113	날짜형 함수	150,153
USING 조건절	199,209	내부 스키마(Internal Schema)	19
WHERE	131	내부 조인 (Inner Join)	199
WINDOWING 절	278		

용어	페이지
내부식별자	48
내장 함수(Built-In Function)	150
네트워크형 데이터베이스	85
논리 연산자	131, 138
논리적 데이터 모델링	18
다중 컬럼 서브 쿼리(Multi Column Subquery)	242, 248
다중 행 함수(Multi-Row Function)	150
다중행 비교 연산자	244
다중행 서브 쿼리(Multi Row Subquery)	242, 244
단일 행 함수(Single-Row Function)	150
단일식별자	48
단일행 서브 쿼리(Single Row Subquery)	242
대체식별자	48
데이터 독립성	19
데이터 모델링	17
데이터 부속어(Data Sub Language)	111
데이터 정의어(DDL; Data Definition Language)	87, 91
데이터 제어어(DCL; Data Control Language)	87, 297
데이터 조작어(DML; Data Manipulation Language)	87, 111
데이터베이스	85
데이터베이스 3단계 구조	19
데이터베이스 정규화	55
데이터베이스관리시스템(DBMS;Database Management System)	85
도메인	38
드리븐 테이블(Driven Table; Inner Table)	327
레인지 파티셔닝(Range Partitioning)	68
레코드(Record)	87, 111
로우 마이그레이션(Row Migration)	67
로우 체이닝(Row Chaining)	67
리스트 파티셔닝(List Partitioning)	69
메타데이터(Metadata)	91
모델링	16
무결성	95
문자형 함수	150, 151
물리적 데이터 모델링	18
반정규화(De-Normalization)	62
병행 투명성	77
보조식별자	48
복합식별자	48
본질식별자	48
부분 함수 종속성	56
부정 SQL 연산자	139
부정 비교 연산자	139
부정 연산자	131, 139
분산 데이터베이스	77
분할 투명성	77
뷰(View)	91, 252
비교 연산자	131, 132
비식별자 관계	49
비연관 서브 쿼리(Un-Correlated Subquery)	249
비용기반 옵티마이저(CBO; Cost Based Optimizer)	311, 312
비율 함수	279, 284
비정규화	62
비트맵 인덱스	320, 321
사건 엔티티(Event Entity)	30
사용자 정의 함수(User Defined Function)	150
산술 연산자	115
상관모델링	30
상관분석(Correlation Analysis)	83
서브 쿼리	242
선택 참여(Optional Membership)	44
선택도(Selectivity)	313

용어	페이지
선행 테이블(Driving Table)	327
설계 속성	37
성능 데이터 모델링	54
셀프 조인(Self Join)	235
속성(Attribute)	36, 87
순방향 계층형 질의	231, 232
순서 함수	279, 282
순수 관계 연산자	197, 198
순위 함수	279, 280
숫자형 함수	150, 152
슈퍼+서브 타입(Plus Type)	73
스칼라 서브 쿼리(Scalar Subquery)	250
스키마(Schema)	91
시스템 권한(System Privilege)	297
시스템 통계 정보	313
식별자	48
식별자 관계	49
실행계획(Execution Plan)	314
엔티티(Entity)	29
역방향 계층형 질의	231, 233
역정규화	62
역할(Role)	300
연관 서브 쿼리(Correlated Subquery)	249
열(Column)	87
영속성(Durability)	122
예약어(Reserved Word)	93
오브젝트 권한(Object Privilege)	297, 299
옵티마이저(Optimizer)	311
와일드카드(WILDCARD)	135
완전 함수 종속성	56
외부 스키마(External Schema)	19
외부 조인(Outer Join)	199, 201
외부식별자	48
원자값(Atomic Value)	56
원자성(Atomicity)	122
위치 투명성	77
윈도우 함수(Window Function)	278
유형 엔티티(Tangible Entity)	30
이력 컬럼 추가	63
이상 현상(Anomaly)	55
이행 함수 종속성	56
인덱스 통계 정보	313
인덱스(Index)	91, 319
인라인 뷰(Inline View)	141, 251
인스턴스(Instance)	29
인조식별자	48
일관성(Consistency)	122
일반 속성	38
일반 집합 연산자	197
임시 컬럼 추가	63
자연 조인(Natural Join)	199, 207
장애 투명성	77
절차형 SQL	305
정규형	57
정규화	18
정보 요구사항	82
정보 요구사항 생명주기	82
제약조건	95
조인(Join)	186, 198
존재에 의한 관계	42
종속자(Dependent)	36, 55
주 식별자(Primary Key; PK; 기본키)	29
주식별자	48
중복 컬럼 추가	63
중복 투명성	77
중복관계 추가	63
중복성의 원리	64
중심 엔티티(Main Entity)	30

항목	페이지
지역사상 투명성	77
집계 함수	279, 281
집계 함수(Aggregate Function)	164
집합 연산자(Set Operator)	219
차집합(Difference)	198
참조 무결성	48, 95
카디널리티(Cardinality)	314
컬럼 반정규화	62
컬럼 통계 정보	313
컴포지트 파티셔닝(Composite Partitioning)	69
크로스 조인(Cross Join)	199, 205
클러스터형 인덱스(Clustered Index)	320
키(Key)	87
테이블	87, 88, 91
테이블 반정규화	62
테이블 병합	63
테이블 분할	63, 67, 70
테이블 추가	63
테이블 통계 정보	313
통계 정보(Statistical Information)	312
튜플(Tuple)	87, 111
트랜잭션 제어어(TCL; Transaction Control Language)	87, 122
트랜잭션(TRANSACTION)	122
파생 속성	37
파생 컬럼 추가	63
파티셔닝(Partitioning)	67, 68
페어링	42
표준 조인	199
필드(Field)	88
필수 참여(Mandatory Membership)	44
함수적 종속성	36, 55
합성 연산자	115
합집합(Union)	198
해시 파티셔닝(Hash Partitioning)	68
행(Row)	87, 111
행위 엔티티(Active Entity)	30
행위에 의한 관계	42
형 변환 함수	150, 154
형 변환(Type Conversion)	116
후보키(Candidate Key)	56
히스토그램(Histogram)	314